영원한 행복의 길 1

박암博菴 설교집

영원한 행복의 길

1

임운길 지음

머리말

이 책은 필자가 8·15광복 직후 천도교에 입교하여 60여년간 신앙생활을 해 오면서 중앙대교당이나 지방 교구 또는 수도원에서 행한 설교, 그리고 과거 『신인간』에 게재했던 신앙상담 내용을 수록한 것입니다. 빈약하지만 '영원한 행복의 길(1)' 이라는 제목으로 엮었습니다. 강론자료집은 '영원한 행복의 길(2)' 로 발행할 계획입니다.

저는 한평생 천도교 생활을 해 오면서 잘 하지는 못했지만 나름대로 수도修道를 하느라고 애써오면서 살아왔습니다. 여기서 한 가지 얻은 것이 있습니다. 잘 사는 길, 영원한 행복의 길이 여기에 있다는 것을 알게 되었습니다. 나와 내 가정의 진정한 행복을 찾고 민족과 인류를 구하는 길이 분명히 인내천 진리에 있다는 것을 확신하게 되었습니다. 따라서 이러한 진리를 세상 사람들에게 널리 알리고 싶은 심정에서 이 책을 만들었습니다.

지금 세상 사람들은 가장 소중한 천심을 잃어버리고 방황하고 있습니다. 그리하여 사회적으로 심각한 과제들이 제기되고 있습니다.

핵전쟁의 위협, 괴질怪疾 만연, 식량과 물과 에너지 부족, 분열과 파쟁, 대기오염과 이상기온, 우리 민족의 분단과 대결 등 생존을 위협하는 심각한 과제들이 제기된 가운데 그 해결책을 찾지 못하고 고심하고 있습니다. 그 근원적 해결의 길이 천도교의 인내천 사상에 있고 이신환성以身換性, 정신개벽 운동에 있다고 볼 때 천도교의 포덕 교화운동이 얼마나 시급하고도 중요한 과제인가를 통감하지 않을 수 없습니다.

천도교가 과거에는 갑오 동학혁명, 갑진 개화혁신운동, 3·1독립운동 등 혁명운동으로 역사를 주도해 왔다면 앞으로는 주로 이신환성, 정신개벽 운동을 통해서 인간성 회복과 질병 극복, 환경 보전, 우리 민족의 자주정신 확립과 통일운동 등으로 새 역사를 열어 나가게 될 것입니다.

이 책을 읽으시는 모든 분들에게 희망과 신념을 갖도록 하고, 생활에 다소라도 도움이 되신다면 큰 보람으로 생각하겠으며, 부족한 점은 독자 여러분의 기탄없는 질정이 있기를 바랍니다.

강론 자료와 수도 요령, 방송원고 등은 별책(2)에 수록하겠습니다. 수고하신 모든 분들에게 감사를 드립니다.

포덕 152(2011)년 9월

박암博菴 임운길 심고

영원한 행복의 길 1

차 례

설교편

부록

송가가사

신앙상담

설교편

정신精神을 개벽開闢코자 하면 먼저 스스로 높은 체하는 마음自尊心을 모실 시侍 자字로 개벽開闢하고, 스스로 높은 체하는 마음自尊心을 개벽開闢코자 하면 의심스럽고 두려운 마음疑懼心을 정할 정定 자字로 개벽開闢하고, 의심스럽고 두려운 마음疑懼心을 개벽開闢코자 하면 아득하고 망령된 생각迷妄念을 알 지知 자字로 개벽開闢하고, 아득하고 망령된 생각迷妄念을 개벽開闢코자 하면 먼저 육신관념肉身觀念을 성령性靈으로 개벽開闢하라.

우리는 왜 천도교를 신앙해야 하나

왜 천도교를 신앙해야 하는가? 천도교를 하면 무엇을 얻는가? 이 문제의 답을 생각해 봄으로써 천도교인으로서의 큰 보람을 느끼는 동시에 더욱 독실하게 천도교를 신앙할 수 있을 뿐만 아니라, 가족과 친척 · 친지 그리고 세상 사람들에게 천도교를 전할 때 말씀을 좀더 체계있게 할 수 있을 것이라고 생각합니다.

왜 천도교를 신앙해야 할까요? 다시 말해, 신앙생활은 왜 해야 하며 또 많은 종교 가운데서 하필 천도교를 신앙해야 할 까닭은 무엇일까요?

우리는 왜 신앙을 해야 하나

사람은 누구나 신앙생활을 해야 합니다. 신앙이 없으면, 깊은 산속에서 길을 잃고 헤매는 사람처럼 방황하거나 금수 같은 사람으로 전락하기 쉽습니다. 사람은 마음이 있고, 마음가짐에 따라서 선인과 악인, 행복과 불행, 건강과 질병, 성공과 실패가 좌우됩니다. 인간만사가 마음가짐에 달려 있습니다. 그런데 마음을 바르게 하려면 신앙을 하는 것이 가장 좋습니다.

마음은 병들기 쉽고 잃어버리기 쉽습니다. 마음을 잃어버리고도 잃은 줄을 모르고 살아가는 것이 세상 사람들입니다. 신앙생활을 하지 않고서는 마음을 잃지 않고, 또 바르게 할 수가 없습니다. 신앙을 해도 어려운데 신앙을 하지 않으면 복잡한 생각을 아니할 수가 없는 것입니다. 평상시에도 그렇지만 특히 어떤 위기에 봉착했을 때 신앙이 있는 사람과 신앙이 없는 사람은 천양지차가 생깁니다. 저는 6 · 25 전란 때 신앙의 필요성을 절실히 느낀 바 있습니다. 전쟁터에서 신앙이 없는 사람들은 허둥지둥 몸부림치다가 결국 죽음에 이르기까지 합니다. 저는 그 전란 시기에 열심히 기도하고 주문을 외우면서 생명을 보전할 수 있었습니다.

신앙하는 사람은 믿음이 있기 때문에 침착해서 기도와 노력으로 어려움을 슬기롭게 극복하여 도리어 전화위복이 될 수 있습니다. 그러나 신앙이 없는 사람은 괴로운 마음으로 당황하면서 허둥지둥하다가 질병에 걸리거나 도리어 반수기앙反受其殃으로 더 큰 앙화를 불러일으키는 것입니다.

신앙은 어릴 때부터 하는 것이 좋습니다. 늦어도 학생 시절에 시작하는 것이 좋습니다. 독실한 신앙을 하는 학생들은 훌륭한 장래를 열어 나갈 수 있습니다. 한평생 살아 가면서 신앙이 없다는 것은 인생의 나아갈 길을 찾지 못했다는 증거입니다. 사람은 세 가지 선택을 잘 해야 한다는 말이 있습니다. 첫째 직업, 둘째 배우자, 셋째 인생관 즉 신앙입니다. 그러면 많은 종교 중에 왜 천도교를 신앙해야 할까요? 그리고 천도교는 어떤 종교일까요?

왜 천도교를 신앙해야 하나

첫째, 천도교는 시천주侍天主의 새로운 신앙 방법을 가르쳐 주는 새 종교입니다. 모든 사람들이 스스로 한울님을 모시고 있다는 것을 알고, 신앙을 바르게 하고, 한울님을 부모님 같이 섬김으로써 빠른 시간 안에 한울님의 감응을 받아 지상신선의 행복을 찾게 하는 종교입니다.

둘째, 천도교는 사람이 곧 한울이라는 인내천人乃天 진리를 밝혀 주는 종교입니다. 사람은 누구나 한울님 이치 기운으로 태어났고 무형한 한울님이 유형화된 것이 인간임을 밝혀 줍니다. 사람이 곧 한울이요 사람을 한울같이 섬겨야 한다는 인내천, 사인여천事人如天의 진리를 밝혀 주는 것입니다. 그리하여 인간의 존엄성과 참모습을 밝혀 주는 종교가 천도교입니다.

셋째, 천도교는 천지무궁天地無窮의 근본을 밝혀 주는 무극대도無極大道입니다. 그리고 모든 사람들이 그 근본을 알고 무극無極의 경지에 이르게 함으로써 빠른 시일 내에 생로병사가 없는 본래의 나를 찾고 자아를 완성하고 장생불사의 영원한 행복을 찾게 하는 종교입니다. 또 천도교는 모든 종교 사상의 근본을 밝혀 모든 종교를 합일하는 만고 없는 무극대도입니다. 천도교는 배타성이 없고 모든 종교인들과 한가족처럼 대화하고 종교 화합, 신앙 합일의 새로운 종교 문화를 이 땅에 실현할 수 있는 종교입니다.

넷째, 천도교는 우리 민족 자주정신이 투철한 종교입니다. 반만 년의 유구한 역사를 통해서 면면히 이어오는 한민족의 혼이 담긴, 그러면서도 온 인류가 한 가족이 되는 새 종교입니다. 우리 민족의 종교인 동시에 온 인류의 종교입니다. 앞으로 온 세상 사람들이 믿고 따르게 될 종교이니만큼 한국 사람부터 먼저 배우고 익혀서 세계 인류를 인도해야 할 것입니다.

다섯째, 천도교는 개인의 행복과 국가·사회 전체의 행복을 동시에 추구하는, 즉 개전일체個全一體의 행복을 추구하는 새 종교입니다. 나도 잘 살고 가정도 행복해지고 나라와 세상도 평화로워지게 하는, 만고 없는 무극대도입니다. 나와 내 가정의 진정한 행복을 찾는 동시에 민족과 인류를 구하는 길을 밝혀 주는 종교입니다. 지금 인류는 개인주의와 전체주의의 모순, 대립·갈등을 해결하지 못하고 서로 싸우면서 살아가고 있습니다. 그 모든 문제의 근원적 해결책이 바로 천도교에 있습니다.

여섯째, 천도교는 모든 사람들로 하여금 빠른 시일 내에 도성덕립道成德立, 자아완성, 지상신선地上神仙이 되게 하는 종교입니다. 『천도교경전』에 "십년을 공부해서 도성입덕道成立德 되게 되면 속성이라 하지마는 무극한 이내 도는 삼년 불성不成 되게 되면 그 아니 헛말인가." "입도한 세상 사람 그날부터 군자되어 무위이화될 것이니 지상신선 네 아니냐."라는 말씀이 있습니다. 지상신선은 가장 행복한 사람, 자아완성된 인격을 말합니다. 인생의 목적은 자아완성과 지상천국地上天國 건설입니다. 그 길을 밝혀 주는 종교가 바로 천도교입니다. 온 인류가 믿어야 할 새 종교입니다.

일곱째, 천도교는 인간의 존엄성을 밝혀 주는 종교입니다. 사람마다 한울님을 모시고 있고 사람이 곧 한울이니 사람을 한울같이 섬겨야 한다는, 시천주 · 인내천 · 사인여천의 새 진리를 밝혀 주는 새 종교입니다.

여덟째, 천도교는 위대한 역사를 이어나가는 종교입니다. 천도교는 불과 150여 년의 짧은 역사를 갖고 있지만 민족과 인류를 위하여 갑오 동학혁명, 갑진 개화혁신운동, 3 · 1독립운동, 신문화운동, 민족통일운동 등을 전개하는 과정에서 수십만의 도인들을 개벽의 전선에 바친 위대한 역사를 이어오는 거룩한 종교입니다.

아홉째, 천도교는 인내천의 새 시대, 새 역사를 열어 나가는 새 종교입니다. 미래는 인내천 시대가 될 것입니다. 지금 아는 사람은 알고 모르는 사람은 모르고, 아는 사람은 적고 모르는 사람이 많지마는 대세는 도도히 인내천 시대로 흘러가고 있습니다. 뜻있는 사람이라면 천도교가 가리키는 밝은 미래를 바라보면서 희망의 새 시대, 새 역사를 열어 나가야 할 것입니다.

천도교는 참으로 희망적입니다. 우리는 이와 같이 훌륭한 천도교를 알게 되고 신앙하게 된 것을 참으로 감사해하면서, 온 가족과 함께 독실한 천도교 신앙을 하면서, 종자를 심는 마음으로 포덕에 힘써야 하겠습니다.

천도교를 잘하면 무엇을 얻나

천도교를 잘 하면 어떻게 되며, 무엇을 얻을까요? 한마디로 지상신선의 대 평화, 대 행복을 찾게 됩니다.한울님의 무궁한 복록을 받는 것입니다.

개인적으로는 첫째, 심화기화하여 항상 즐겁고 편안한 마음으로 살 수 있습니다. 편안한 마음으로 사는 것이 최고의 행복입니다. 마음이 불안하면 돈도 명예도 사랑도 다 소용이 없는 것입니다. 세상 사람들은 온통 마음으로 전쟁을 하면서 살아가고 있습니다. 그런데 천도교를 정성으로 신앙하면 한울님과 나와의 사이에 장애가 없어지기 때문에 마치 어머니의 품에 안긴 듯이 편안한 마음이 됩니다. 수도원에 가서 며칠만 수련을 하면 바로 그런 마음을 체험할 수 있습니다. 일본 고베神戶 교구장님이 화악산수도원에서 7일간 수련을 하고 가면서 소감으로 "천국에 왔다 가는 것 같다"고 말씀하신 바 있습니다. 바로 그러한 경지를 체험하였던 것입니다.

둘째, 건강하게 살 수 있습니다. 마음이 즐거우면 자연히 건강해집니다. 모든 질병이 마음에서부터 비롯됩니다. 수도를 하면 물약자효勿藥自效가 된다고 했습니다. 약 안 쓰고도 질병이 고쳐진다는 말씀입니다. 건강은 최고의 행복으로 가는 지름길입니다. 참된 건강은 참된 신앙에서 나옵니다.

셋째, 장생불사의 큰 복을 받을 수 있습니다. 수운대신사水雲大神師께서 "무궁한 이 울 속에 무궁한 나"라고 분명히 말씀하셨습니다. 육신적으로 무병장수, 성령상으로 덕업장생하며 영원히 장생한다는 것입니다.

넷째, 만사여의의 복을 받을 수 있습니다. 모든 일이 뜻대로 이루어지는 것입니다. 한 생각이 이에 있으면 모든 일이 뜻대로 이루어진다(一念在玆 萬事如意)고 했습니다. 실제로 수도를 잘 하면 마음이 깨끗해져서 모든 일이 뜻대로 되는 것입니다. 집을 나갔던 아들이 어머니가 21일 기도를 마치는 날 집으로 돌아와 동네 사람들이 감동하여 천도교를 신앙하게 되었다는 이야기가 『신인간』에 소개되어 있고 그 비슷한 사례들이 부지기수입니다.

다섯째, 자아완성, 도성덕립이 되는 큰 복을 받을 수 있습니다. 그리고 포덕천하布德天下, 광제창생廣濟蒼生, 보국안민輔國安民, 지상천국地上天國 건설의 큰 일을 할 수 있게 됩니다. 천도교를 잘 하면 한평생 누구보다도 보람 있게 행복하게 또 영원히 사는 한울님의 큰 복을 받을 수 있습니다.

나아가 가정적으로는 가도화순家道和順, 부화부순夫和婦順, 그리고 우환 없는 가정, 만사형통하는 행복한 가정이 된다는 것입니다. 뿐만 아니라 자녀 · 손들에게 영원한 한울님의 정신적 유산을 남겨 주게 되는 것입니다. 또한 국가 · 사회적으로는 도덕 질서가 확립되고 온 세상 사람이 화합하고 평화롭게 물심양면으로 풍요롭게 사는 이상사회를 건설할 수 있게 됩니다.

천도교 신앙을 잘 하려면 어떻게 해야 하나?

천도교를 잘 하려면, 우선 정식으로 입교를 해야 합니다. 그리고 전교인의 인도를 받아 천도교의 기초를 학습하고, 일상생활 속에서 무슨 일이든지 시작할 때와 끝냈을 때 심고心告 잘 하고, 주문 · 청수 · 시일 · 성미 · 기도의 오관五款을 잘 실행하고, 경전 공부와 수련을 열심히 하고, 그리고 성경신誠敬信을 체행하는 단계로 차츰 나아가면 됩니다.

천도교를 잘 하는 것이 나와 내 가정의 진정한 행복을 찾는 길이요, 나라와 세상을 위하는 길입니다. 수련을 해 나가면서 포덕을 하고자 준비를 하고, 포덕에 나서는 과정 자체가 천도교의 최고 공부 과정이라고 할 수 있습니다. 무엇보다 포덕을 하면 더 큰 복을 받습니다.

천도교인들은 때때로 우리가 왜 천도교를 신앙해야 하는지, 내가 천도교를 신앙하겠다고 결심할 때, 입교할 때의 그 처음 마음이 무엇이었는지를 돌이켜보면서, 모두 일년에 한 사람 이상 포덕을 합시다. 그리하여 원처근처 어진 선비 풍운같이 모여 들어 천도교 교당이 가득 차도록 합시다. 그것이 나를 위하는 길이고, 한울님과 스승님의 가르침에 보답하는 길이며, 천지부모님의 그 간절한 바람을 이루어 드리는 최대의 효도입니다.

수운대신사는 인류의 영원한 스승

10월 28일은 수운대신사水雲大神師(崔濟愚, 1824-1864) 탄신 기념일입니다. 이 날을 맞으면서 우리는 다시 한 번 마음을 가다듬고, 수운대신사는 어떤 분인가를 생각해 보면서, 스승님을 모앙하는 마음을 더욱 투철히 하고 신앙 자세를 좀 더 바르게 해야 하겠습니다. 오늘은 '세상 사람들이 수운대신사가 어떤 분이냐고 물어온다면 우리는 어떻게 답변해야 할까'를 생각해 보면서 말씀드리고자 합니다. 수운대신사의 거룩한 인격과 은덕을 짧은 시간에 작은 입을 가지고 어떻게 다 표현할 수 있겠습니까마는 그동안 신앙생활을 하면서 배우고 느낀 것을 종합해서 일부분이나마 말씀드리겠습니다.

무극대도를 받아서 전해 주시다

첫째, 대신사께서는 한울님으로부터 만고 없는 무극대도를 받아 인류의 참된 삶의 길을 밝혀 주셨습니다. 수운대신사는 제세안민濟世安民의 대도大道를 찾기 위하여 구도 수행을 계속하시다가, 37세 되는 해인 경신년(1860) 4월 5일 한울님으로부터 무극대도를 받으시어 노이무공勞而無功하신 한울님의 뜻을 이루어 드리시고, 민족과 인류에게 밝은 광명을 비춰 주셨습니다.

무극대도無極大道란 무엇인가? 무극대도는 천지무궁의 근본을 밝혀 사람마다 지상신선의 영원한 행복을 찾게 하는 큰 도道입니다. 또한 무극無極에 근원하여 무궁히 발전하면서 모든 종교와 학문의 근본을 밝혀 합일 완성하는 대도입니다. 특히 사람이 곧 한울임을 밝혀 준 대도입니다.

또한 우주가 하나의 영체靈體요. 따라서 인류가 한 가족임을 밝혀 동귀일체, 대화합을 이루게 하고 사람마다 지상신선, 나라마다 보국안민 이루고 나아가 이 땅 위에 천국을 건설하는 큰 도道라고 할 수 있습니다. 이 무극대도로 말미암아 인간의 모든 숙제가 풀리게 되었습니다. 무극의 경지에 이르러 진리를 깨닫게 되고 새 사람이 되고 질병에서 벗어나고 한울님의 무한 지혜, 무한 능력을 받게 되고 모든 문제의 해결의 길을 열어 나가게 되었습니다. 무극대도로 말미암아 암흑에서 헤매던 민족과 인류가 큰 희망을 안고 행복하게 살게 되었으니 참으로 거룩한 덕이 아닐 수 없습니다.

수운대신사께서 이 무극대도를 받기 위해서 얼마나 고생을 하셨는가를 생각해 보아야 하겠습니다. 수운대신사는 세상을 건지기 위하여 주유천하周遊天下, 침사沈思명상, 기성종교 연구, 49일기도 등 온갖 노력을 다하셨습니다. 그러다가 정성이 한울에 이르러 한울님의 말씀을 듣게 되었습니다. 백의재상의 부귀, 권모술수, 조화 부리는 것 등 여러 가지 시련과 유혹도 있었지만 그 모든 시련과 유혹을 다 뿌리치고 오로지 제세안민濟世安民의 대도大道를 구하기 위해 정진하셨습니다. 최후에는 11일간이나 단식을 하면서 불철주야 죽음을 각오한 대 정진을 계속하시다가 드디어 한울님으로부터 "아름답도다, 너의 뜻이여. 가상하도다, 너의 절개여! 네 공부 지극하고 네 수련이 도수에 차고 네 행함이 원만해졌도다. 내 너에게 무궁무궁의 도를 내리노라. 내 마음이 곧 네 마음吾心卽汝心이니라" 라고 하셨습니다.

여기서 대신사의 백절불굴의 정신과 고행의 모습을 생각해 보면 우리는 마음가짐을 더욱 새롭게 하는 힘을 얻을 수 있습니다.

시천주의 진리를 깨달아 가르쳐 주시다

둘째, 대신사는 인류 역사상 최초로 사람마다 한울님을 모시고 있다는 시천주侍天主 진리를 깨닫고 무궁한 나를 찾아 천인합일天人合一의 경지에 이르셨습니다. 위대한 발견이요 거룩한 덕이 아닐 수 없습니다. 세상 사람들은 콜럼부스의 미대륙 발견을 칭송합니다. 그리고 라이트 형제의 비행기 발명을 위대한 업적이라고 말합니다. 아인슈타인을 찬양합니다. 그러나 아직 대신사의 시천주 진리와 무극대도 창명을 모르고 있습니다.

우리는 수운대신사의 은덕으로 한울님을 모신 진리를 알게 되었고, 무궁한 이 울 속에 무궁한 나를 알게 되었고, 인생의 의의와 목적을 알게 되었고, 천인합일, 자아완성, 도성덕립道成德立의 길을 찾게 되었습니다. 참으로 거룩한 그 은덕을 생각하면 수운대신사를 흠모하지 않을 수 없습니다.

성심신의 무궁한 세계를 밝혀 주시다

셋째, 대신사께서는 성령性靈을 주체로 하여 근본을 잊지 않고 삼계천三界天의 맨 윗 한울에 계시면서 한울님의 진리를 밝혀 주셨습니다. 『의암성사법설』義菴聖師法說에 "대신사께서 자신을 천황씨天皇氏라고 말씀하신 것은 자신이 한울 위에 계시다는 것이 아니요 다만 성품을 보고 마음을 깨달아 삼계천의 맨 윗 한울에 계시다는 것이 맹백하다"는 말씀이 있습니다. 삼계천은 사람의 성품과 마음과 육신, 즉 성심신性心身의 세 세계를 말합니다.

대신사님도 우리와 똑같이 육신을 가지고 의식주의 생활을 하셨습니다. 그러나 마음은 세속에 얽매이지 않고 언제나 성령의 세계에 계시면서 한울님의 뜻을 받들고 세상을 근심하고 진리를 밝혀 주셨습니다. 참으로 거룩한 덕이 아닐 수 없습니다.

저는 언젠가 추석 연휴 때 어린 손자와 같이 여의도 63빌딩에 올라가 본 일이 있습니다. 63층 전망대에서 서울 시내를 바라보니 고층 아파트들이 마치 장난감, 성냥갑같이 보이고 많은 차량들이 개미 기어 다니는 것같이 보였습니다. 세파에 휩쓸려 아우성치는 억조창생의 참상을 성령의 세계에서 바라보시며 개탄하신 수운대신사의 모습을 생각해 보기도 하였습니다.

『의암성사법설에』 "이 생각을 한번 개벽하면 애애빙설皚皚氷雪의 개결介潔, 청천일랑晴天日朗의 광명光明, 산고수류山高水流의 방정方正, 낙락운학落落雲鶴의 고상한 기자其者가 진개眞個의 정신의 아我이니… 이 나는 한울이 기울어지고 땅이 터지더라도 길이 이와 같을 것이요 바다가 마르고 돌이 녹아도 또한 이와 같을 것이라. 이 미욱하고 미욱한 세계를 돌아보고 개벽함에 무슨 어려움이 있으리오. 우리 대신사를 보라. 이러한 사람이 아니신가" 라는 말씀이 있습니다.

주문과 경전을 전하여 주시다

넷째, 대신사께서는 인류의 영원한 등불이 될 주문呪文과 『동경대전』, 『용담유사』를 남겨 주시고 수행의 방법을 가르쳐 주시었습니다.

주문은 '지기금지 원위대강 시천주 조화정 영세불망 만사지' 至氣今至願爲大降 侍天主 造化定 永世不忘 萬事知 21자로서 지극히 한울님을 위하는 글至爲天主之字이라고 하셨습니다. 또한, 주문은 장생長生하는 글이요, 대우주 · 대정신 · 대생명을 그려낸 천서天書라고 하셨습니다. 이 주문은 과거의 어느 기도문이나 축문보다도 한울님을 지극히 위하는 글이라고 할 수 있습니다. 주문은 천인합일의 자아완성을 이루는 글입니다. 우리는 주문을 열심히 외움으로써 한울님의 감응을 받고, 진리를 깨닫고, 모든 소원을 이루고, 한울님의 지혜와 능력을 받고, 장생長生하고, 자아완성自我完成 · 동귀일체同歸一體하여, 새 세상을 건설하는 대도에 동참하게 됩니다. 천도교의 경전은 과거의 모든 종교 경전의 근본을 밝히고 일이관지一以貫之해서 총결 · 완성한 경전입니다. 천도교 경전은 수행 방법도 확실히 밝혀 주고 있습니다.

억조창생을 살리시고 순도하시다

다섯째, 수운대신사는 명을 주시고 천도 바꾸어 억조창생을 살리셨습니다. 대신사께서 포덕 4년(1863)에 관에 체포되어 대구 감영에서 심문을 받을 때, 동학을 하지 않겠다고 하면 얼마든지 살 수 있었습니다. 동학을 버리면 살 수 있었습니다. 동학을 버리고 생명을 구하느냐, 생명을 버리고 인류를 위해 천도 동학을 구하느냐. 이 절박한 갈림길에서 수운대신사는 분연히 육신을 버리셨습니다. 천명을 받들어 억조창생을 구하기 위해 거룩하게 생명을 바치셨습니다. 수운대신사는 인류의 스승이신 동시에 생명을 구해 준 은인이라고 할 수 있습니다. 그 은혜의 근본을 알아야 합니다.

『천도교경전』에 "한울님께 복록 정해 수명을랑 내게 비네"라는 말씀이 있습니다. 앞으로 후천운수, 즉 개벽운수를 모르고 수운대신사의 도법을 모르면 살 수 없다는 것을 분명히 알아야 합니다. 앞으로 대기번복大氣飜覆 등의 위기가 닥쳐왔을 때 수운대신사의 도법인 이신환성以身換性이 아니면 살 수 없다는 말씀이 있습니다. 그리고 세상 사람들이 지금은 도를 전하면 듣지 않지만 앞으로 손바닥에 시천주 주문을 써달라고 할 날이 있다는 말씀이 있습니다. 명심해야 하겠고 우선 자손들에게 잘 알려 주어야 하겠습니다. 앞으로 온 인류가 대신사의 도법으로 살아가게 된다는 것을 알아야 하겠습니다.

지상신선의 길을 열어 주시다

여섯째, 대신사께서는 사람마다 지상신선地上神仙 되는 길을 밝혀 주셨습니다. 경전에 "입도한 세상 사람 그날부터 군자되어 무위이화될 것이니 지상신선 네 아니냐"라고 하셨습니다. 지상신선은 가장 행복한 경지에 이른 사람, 원만무결한 인격을 연마한 사람, 장생불사의 경지에 이른 사람이라고 할 수 있습니다. 항상 즐겁고 건강하고 장생불사, 만사여의, 도성덕립의 경지에 이르러 세상 사람들에게 진리를 전해 주고 모든 사람 도와주고 봉사하는 사람인 것입니다. 우리는 대신사의 은덕으로 지상신선의 대평화 대행복, 무궁한 복록을 받게 되었으니 감사한 일이 아닐 수 없습니다.

지상천국 건설의 새 길을 열어 주시다

일곱째, 대신사께서는 보국안민, 포덕천하, 광제창생, 지상천국 건설의 길을 열어 주셨습니다. 우리나라를 비롯해서 나라마다 스스로 보국안민하고 이 땅 위에 천국을 건설하는 새 길을 열어 주셨습니다. 억조창생의 살길을 열어 주셨습니다. 경전에 "한울님이 내 몸 내서 아국운수 보전하네." "억조창생 많은 사람 동귀일체 하는 줄을 사십평생 알았던가."라는 말씀이 있습니다. 온 민족과 인류가 꿈에도 그리던 보국안민과 지상천국을 실현하게 되었으니 참으로 감사한 일이 아닐 수 없습니다.

시천주 신앙과 인내천의 새 진리를 온 세상에 밝혀 주시어 사람마다 정신을 개벽하여 새 사람이 되게 하고, 경천순천敬天順天, 지상신선의 생활을 하면서 동귀일체함으로써 전쟁과 질병과 가난 등, 인류의 재앙을 원천적으로 극복하는 동시에 인간성 회복, 질병 극복, 환경 보전, 민족의 통일, 종교 화합 등 모든 어려운 문제들을 근원적으로 해결하고 이상세계를 건설할 수 있다는 큰 희망을 안겨 주셨습니다. 이러한 새로운 신앙, 새로운 진리의 덕택으로 인류는 종말이 아니라 새 세계 건설의 희망을 안고 살게 되었습니다. 참으로 크나 큰 희망이요 거룩한 은덕이 아닐 수 없습니다. 수운대신사는 오만년 무궁토록 온 인류가 모셔야 할 거룩한 스승님이십니다.

무극대도無極大道와 우리의 행복

인류는 선천 오만년 동안 진정한 행복의 길을 찾지 못하고 지내오다가 대신사께서 무극대도를 받음으로써 영원히 행복하게 사는 길을 찾게 되었습니다. 다행히 선각자를 만나 무극대도를 알게 된 것에 감사하면서, 정성을 다해 무극대도를 닦고 깨달아 그 행복한 경지에 이르도록 힘써야 하겠습니다. 그리하여 그 행복함이 넘쳐 흘러서 모든 가족과 친척, 온 세상 사람들을 다 이 무극대도의 길로 인도할 수 있도록 해야 하겠습니다.

동학 · 천도는 무극대도

대신사님은 우리 도를 무극대도無極大道라고 말씀하셨습니다. 저는 무극대도에 대해 생각해 보면서 많은 것을 깨닫게 되고 생활에 많은 도움이 되는 바가 있었고, 우리 인류가 다 같이 행복하게 사는 길이 바로 무극대도에 있다는 것을 알게 되었습니다.

경전에 무극대도에 대한 말씀이 많습니다. "만고 없는 무극대도 여몽여각 득도로다."(「용담가」) "무극대도 닦아 내니 오만년지 운수로다."(「용담가」) "꿈일런가 잠일런가 무극대도 닦아내어…."(「교훈가」) "하원갑 지내거든 상원갑 호시절에 만고 없는 무극대도 이 세상에 날 것이니…."(「몽중노소문답가」) "만고 없는 무극대도 여몽여각 받아내어…."(「도수사」) "성경이자 지켜내어 차차차차 닦아 내면 무극대도 아닐런가 시호시호 그때 오면 도성입덕 아닐런가."(「도수사」) "십년을 공부해서 도성입덕 되게 되면 속성이라 하지마는 무극한 이내 도는 삼년불성 되게 되면 그 아니 헛말인가."(「도수사」) "무극대도 닦아 내어 오는 사람 효유해서 삼칠 자 전해 주니 무위이화 아닐런가."(「도수사」) "만고 없는 무극대도 이 세상에 창건하니 이도 역시 시운이라."(「권학가」) "무극지운 닥친 줄을 세상 사람 어찌 알고…."(「용담가」) "천지의 무궁한 수와 도의 무극한 이치가 다 이 글에 실려 있다.(「논학문」)

『의암성사법설』 「수수명실록」授受明實錄에도 무극대도를 설명한 말씀이 있습니다. "도는 바로 대 선생님의 무극대도라 한 것은 시侍, 정定, 지知 세 글자로써 천지 무궁의 근본을 밝히어 덕을 천하에 펴고 사람마다 덕에 합하고 도를 이루어 한평생 잊지 않게 한다는 것이니 이로써 말하면 그 분석이 어려우니 어리석은 마음으로 헤아려 보면 처음 배워 덕에 들어가려는 사람은 시천주 석 자로써 덕에 합하고 다시 선생의 포덕을 받아 만사지 석 자로써 대도 견성하는 것이 어떠하고 어떠하리오."

무극대도의 의미와 범주

무극대도의 의미를 몇 가지 측면에서 살펴볼 수 있습니다. 무극대도는 천지만물이 생기기 전부터 천지만물이 다한 이후까지를 포괄하는, 즉 우주의 근본을 밝힌 큰 도요, 무한히 큰 도요, 무궁히 발전하는 큰 도입니다. 즉 우주 인생의 근본을 밝혀 주는 큰 도라는 말씀입니다. 무극대도는 이 세상 모든 사람들이 근본을 알고 항상 잊지 않고 생각함으로써, 사람마다 한울사람이 되어 진정한 행복을 찾고, 나라마다 한울나라가 되게 하고, 이 땅 위에 영원히 전쟁과 질병과 가난이 없는, 그리고 불합리 · 부자유 · 불평등이 없는 지상천국을 건설하는 큰 도입니다.

또한 무극대도는 사람과 천지만물의 근본만이 아니라 모든 종교, 사상, 학문, 과학 등 이 세상의 모든 근본을 밝혀 주는 큰 도입니다. 그러므로 모든 종교 사상이 다 이 도에 들어 있다고 할 수 있고 또한 무극대도는 모든 종교사상의 완성이라고 할 수 있습니다. 유교, 불교, 기독교 등 모든 종교의 합일이라고 할 수 있습니다. 그래서 수운대신사님은 "만고 없는 무극대도"라 하셨습니다. 인류 역사상 일찍이 없었던 큰 도라는 말씀입니다. 또 한울님이 선천 오만년 동안 노이무공勞而無功하시다가 수운대신사를 만나 성공하였다고 한 말씀은, 한울님이 무극대도를 펴려고 했지만 그 뜻을 이루지 못하였는데, 수운대신사를 만나 비로소 성공하셨다는 말씀입니다.

저는 매일 아침 잠깐씩이라도 마음을 텅 비우고 아주 고요한 상태, 생각이 없는 본성, 무극의 경지에 이르도록 힘써 보고 있습니다. 잠깐이라도 그렇게 하면 그날은 마음이 굉장히 즐거워지고, 건강 상태도 좋아지고, 하는 일도 원만히 되고, 가정 화목도 잘 되고, 그리고 경전 한 구절 한 구절이 더욱 새롭게 느껴지고 다른 사람의 잘못을 용서하는 마음도 생기고 동귀일체 화합하는 길도 여기에 있다는 것을 느끼게 됩니다. 여기에 도를 통하는 길이 있고 잘 사는 길이 있다는 생각을 비몽사몽간에 해 보기도 합니다. 오늘날 우리 인류가 안고 있는 모든 어려운 문제들을 근원적으로 해결할 수 있는 길도 바로 여기에 있다는 것을 흐뭇하게 느끼면서 천도교인된 보람도 느끼고 신념과 사명감을 더욱 굳게 다지기도 합니다.

우리는 천도교를 하되 막연하게 신앙할 것이 아니라, 또 천도교 안 된다고 근심만 할 것이 아니라, 다시 마음을 가다듬고 수운대신사의 심법을 잘 알고 정심수도 해서 무극대도를 닦아야 합니다. 온 가족과 함께 오관을 성실히 실행하면서 지성으로 수련을 해서 무극대도를 닦고, 무극대도를 깨닫고, 무극대도의 경지를 활연관통하도록 힘써야 할 것입니다. 세상 사람들은 무극대도를 모르고 헤매고 있습니다. 그들에게까지 무극대도의 법력이 무한히 펼쳐질 수 있도록 하는 것이 우리의 사명입니다.

우리는 무극대도에 코드를 맞추고 살아야 합니다. 처음에는 하루에 한 번씩 생각하다가 차차차차 하루 종일 무극대도를 깊이 생각하면서 생활하는 그 경지에 이르도록 정진해야 합니다. 그러면 기쁨과 희망에 넘치는 생활을 하게 되고, 매일매일 새로운 진리를 깨닫게 되고, 모든 소원을 이루고 세상 사람들을 무극대도로 인도할 수 있게 될 것입니다. "무극대도 닦아 내면 무위이화 될 것이요 무위이화 되게 되면 지상신선 될 것이니 좋을시고 좋을시고 … 이같이 쉬운 도를 자포자기 하단말가." 하는 노래가 저절로 나올 것입니다.

무극대도를 닦아야 하는 이유

무극을 모르면 뿌리가 병든 나무처럼 아무 것도 이룰 수 없습니다. 보국안민은 고사하고 자기 개인 문제도 해결하지 못하고 헤맬 수 밖에 없을 것입니다. 한마디로 무극은 근본을 말합니다. 따라서 모든 문제 해결의 열쇠가 바로 무극에 있습니다. 무극은 무한 지혜, 무한 능력, 무한 공급의 원천입니다. 천지만물과 만리 만사의 뿌리가 바로 무극입니다. 무극에서 태극–음양–오행–만물 화생으로 이어진다는 것은 다 잘 알고 있는 사실입니다. 그러므로 무극대도를 닦고 무극대도에 이름으로써 모든 어려운 문제들을 근원적으로 풀어 나갈 수 있을 것입니다. 수학이나 물리학을 공부하는 데 있어서 공식 또는 원리를 알면 모든 문제의 해답을 얻을 수 있는 것처럼, 무극의 경지에 이르는 공부를 자주 하면 모든 문제를 풀어 나갈 수 있는 지혜와 능력을 얻게 될 것입니다.

녹슨 쇳덩어리도 용광로에 들어가면 녹이 다 없어지고 새로운 강철이 되어 나옵니다. 사람은 근본을 밝혀주는 무극대도를 닦고 무극의 경지에 이름으로 써 새 사람이 될 수 있습니다. 우리는 혼탁한 세상 물결에 빠져 헤맬 것이 아니라 극성 수도로 견성각심見性覺心해서 성심신性心身 삼단三端을 깨닫고 무극의 경지에 이르도록 힘써야 할 것입니다. 무극의 경지에 이르면 개인적으로는 자아완성과 만사여의의 복록을 누리고 가정적으로는 행복이 넘치는 가정천국을 이루며, 교회적으로는 진리가 넘치며 동귀일체하여 화합하는 교회가 될 것입니다. 또한 한울님의 무궁 조화를 이 세상 사람들이 알고 누구나 도를 환히 깨달아서 지상신선의 행복을 누리는 지상천국을 실현하게 될 것입니다.

무극은 천지 만물이 생기기 전 우주 본체의 자리요 지기至氣, 이기理氣, 성심性心 본체의 자리입니다. 무극은 무선무악無善無惡, 불생불멸不生不滅, 무루무증無漏無增의 자리요 우리 인간이 추구하는 가장 이상적인 진경이라 할 수 있습니다. 무극은 무형이지만 거기에서 모든 것이 무한량으로 나옵니다. 천지만물과 모든 사람과 그리고 무한 지혜 무한 능력을 무한 공급 하는 무진장의 보물 창고라고 할 수 있습니다.

길을 잃었을 때에는 원점으로 돌아가서 새 출발을 하라는 말이 있습니다. 인류는 하루 속히 무극대도로 돌아와야 합니다. 그래야 전쟁과 질병과 가난이 없는, 그리고 모든 어려운 문제들을 해결하고 영원한 행복을 찾게 됩니다. 지금 세계 도처에서 싸움이 벌어지고 있습니다. 특히 중동 지역에서는 종교전쟁을 처절하게 계속하고 있습니다. 그 근원적 해결책도 바로 무극대도에 있다는 말씀을 드리고 싶습니다.

대신사께서 "무극지운 닥친 줄을 세상 사람 어찌 알까"라고 하셨습니다. 이제 얼마 안 가서 온 세상 사람이 근본을 생각하고 천도교를 바라보고 무극을 찾게 될 것입니다. 필시 대세는 그렇게 귀결되고야 말 것입니다. 그것이 무극지운입니다. 우리는 무극대도를 닦아서 온 세상 사람에게 그것을 가르쳐 주어야 할 책임이 있습니다.

무극대도를 어떻게 닦아야 하는가

그러면 어떻게 무극대도를 닦겠습니까? 다 잘 아시는 바와 같이 우선 천도교에 정식으로 입교해서 온가족과 함께 오관五款을 성실히 실행하면서 수련을 지성으로 해야 할 것입니다. 자나 깨나 "지기금지 원위대강 시천주 조화정 영세불망 만사지"의 주문을 열심히 외우고 시일(일요일) 저녁 기도식 때는 신사주문 "신사영기 아심정 무궁조화 금일지"神師靈氣 我心定 無窮造化 今日至를 105회 묵송하는 것입니다.

또한, 일거일동에 심고를 잘 하고 그리고 수련을 하되, 기본적으로 강령과 강화를 체험하여 한울님 모심을 분명히 깨닫고 사계명을 지키고, 그리고 수심정기 · 성경신 · 천지부모에 효도 · 이신환성 · 성심신삼단 수련을 계속해 나가야 할 것입니다. 자나 깨나 주문 생각을 하면서 수련을 잘 해서 물욕과 감정과 '나'라는 관념을 깨끗이 없애 버리고, 청수와 같은 맑고 깨끗한 마음이 되어야 합니다. 또한 희로애락을 조절 또는 초월해야 하고, 인과를 알고 인과를 고치고 인과를 초월하여 삼계천三界天의 맨 윗 한울에 이르도록 힘쓰는 동시에, 한울님과 스승님과 주문과 경전과 나와 모든 사람과 삼라만상과 하나가 되고 동귀일체가 되도록 힘써야 할 것입니다.

천덕사은을 염념불망하면天德師恩 念念不忘則, 지화지기 지어지성至化至氣至於至聖이라고 하셨습니다. 항상 주문을 외우면서 한울님과 스승님의 은덕을 생각하고 무극대도를 잊지 않고 생각을 하면 지기와 지극히 화해서 한울님과 하나가 되어 지극한 성인이 된다는 말씀입니다.

그리고 "그 마음을 지키고 그 기운을 바르게 하고 한울님 성품을 거느리고 한울님 가르침을 받으면 자연한 가운데 화해 나느니라"守其心 正其氣 率其性 受其敎 化出於自然之中也고 하셨습니다. 수기심守其心은 한울님 마음을 지키는 것이고, 정기기正其氣는 한울기운을 바르게 하여 희로애락을 조절 또는 초월하는 것이고, 솔기성率其性은 한울님 성품을 거느린다는 말씀입니다. 성품 공부에 견성見性, 연성煉性, 각성覺性, 솔성率性의 과정이 있습니다. 솔성은 이신환성以身換性이 되어 생각과 말과 행동을 언제나 천성 그대로 하고, 나아가 임의용지任意用之하는 경지라고 할 수 있습니다. 솔성의 경지에 이르면 한울님의 지혜와 능력을 받고, 모든 일이 자연한 가운데 무위이화로 이루어지고, 무극의 경지에 이르게 될 것입니다. 무극대도에 이르면, 무위이화로 모든 일이 자연히 이루어지고 공도공행 공도공용이 될 것입니다.

또한 "밝음이 있는 바를 알지 못하거든 멀리 구하지 말고 나를 닦으라, 내 마음을 그 땅에 보내라" 不知明之所在 遠不求而修我, - 送余心於其地고 하셨습니다. 마음을 닦아서 본래의 나, 근본, 무극의 경지에 보내면 광명을 찾는다는 말씀입니다. 거기에 성공이 있고 행복이 있습니다.

일상생활 속에서 매사에 심고하고 오관을 실행하고 수심정기 · 성경신을 체행하고, 천지부모에게 효도하고, 사인여천을 실행하고, 수련으로 강령降靈 · 강화降話를 체험하고, 자천자각 · 해탈 · 대도견성을 향해 나아가는 이것이 무극대도를 닦는 길입니다.

성심신性心身 삼단 수련과 이신환성 수련, 그리고 "마음이 성품 깨닫는데 들어가면 그 자리에 있을 것이니 한번 잠잠함에 공적극락이요 한번 기쁨에 천지가 크게 화하고 한번 움직임에 풍운조화니라." 心入性覺 自居其位 一默 空寂極樂 一喜 泰和乾坤 一動 風雲造化는 말씀도 새겨 두어야 할 것입니다. 또 말씀하시기를 "열석 자 주문은 사람된 근본이니 근본을 투철히 하면 조화에 능통하여 이루지 못할 것이 없느니라" 고 하셨습니다. 그리고 "자심자성自心自誠하고 자심자경自心自敬하고 자심자신自心自信하고 자심자법自心自法 하여 일호도 어김이 없으면 가는 것도 없고 오는 것도 없고 위도 없고 아래도 없고 구할 것도 없고 바랄 것도 없어 스스로 천황씨天皇氏가 된다" 고 하셨습니다. 구구절절 무극대도를 닦아나가는 방향을 일러 주신 말씀입니다.

그러나 한울에 구름이 끼면 태양을 보지 못하는 것처럼 마음에 티끌이 남아 있으면 본성本性을 보지 못하고 무극대도에 이르지 못합니다. 또 누구를 미워하거나 내가 누구의 미움을 받아도 무극대도에 이르지 못합니다. "인필상애人必相愛라야 대도필득"大道必得이라, 사람이 서로 사랑을 해야 대도를 얻는다고 하셨습니다. 누구를 미워하거나 미움을 받으면 심령의 다리가 끊어져서 무극대도에 이르지 못합니다. '나' 라는 개체 관념을 버려야 합니다. 개체로서의 나를 버리면 거기에서 욕심도 감정도 없고, 선도 악도 없고, 죽고 사는 것도 없고, 밉고 고운 것도 없고, 돈도 명예도 사랑도 없는 청정무구한 마음이 되어 드디어 무극의 경지에 이르게 되는 것입니다.

나를 버리고 무극대도를 택하느냐, 무극대도를 버리고 나를 택하느냐의 갈림길에서 우리는 무엇을 택하고 무엇을 버려야 하겠습니까? 우리는 모두 포덕천하 광제창생 보국안민 지상천국 건설의 역군이니 만큼 나를 버리고, 즉 개체의식을 과감히 버리고 무극대도를 닦아서 깨닫고 무극대도의 길로 나가야 합니다. 그리하여 나날이 새로워지고 무위이화가 되고 지상신선이 되어 명실공히 동귀일체 새 교단을 이루도록 힘써야 하겠습니다.

한울님과 스승님은 그것을 간절히 바라고 있습니다. 그러면 개개인의 모든 소원도 이루어져서 영원한 행복을 찾는 동시에 교회와 국가 사회의 모든 문제들을 원만하게 풀어 갈 수 있는 길이 활짝 열릴 것입니다. 우리가 지금 고심하고 있는 모든 문제들을 근원적으로 해결할 수 있는 길이, 그 열쇠가 바로 무극대도를 닦는 데 있다는 말씀을 드리고 싶습니다.

육신의 안락을 홀연히 잊어버리고 무극의 경지에 이르게 되면 임의용지任意用之하는 법력法力을 얻게 될 것이요, 드디어 원처근처 어진 선비 풍운같이 모이게 되고 각자위심 세상 사람 동귀일체 이루게 될 것입니다.

보람 있게 사는 길

사람은 누구나 다 보람 있게 살기를 원합니다. 그래서 모든 사람들이 보람 있는 삶을 추구하면서 나름대로 최선을 다하고 있습니다. 그러나 왜 그런지 이 세상에서는 좀처럼 보람을 찾기가 어려운 것 같습니다. 오히려 고통과 슬픔이 훨씬 더 많이 찾아오는 것이 현실이 아닌가 생각됩니다. 그래서 옛날 사람들은 이 세상을 고해苦海라고 하면서 궁극적인 보람과 즐거움을 죽은 후 저 세상에 가서 누리려고 천당 · 극락을 생각했던 것입니다. 그렇다면 이 세상에서 보람 있게 사는 길은 없을까? 만약 세상 사람들이 보람 있게 사는 길을 물어 온다면 무엇이라고 답변하겠습니까?

여러 가지로 이야기할 수 있을 것입니다. 돈이 많아야 한다, 아는 것이 많아야 한다, 아들딸이 많아야 한다, 명예나 권력이 있어야 한다는 등 여러가지로 말할 수 있을 것입니다. 물론 거기에도 약간의 보람은 있을 것입니다. 그러나 그것만으로 진정한, 그리고 영원한 보람이라고 할 수 없습니다. 진시황과 한무제가 천하를 통일하고 돈과 명예와 권리 등 모든 것을 마음대로 할 수 있었지만 결국 영원한 보람을 찾지 못하고 죽고 말았습니다. 진시황과 한무제가 누리던 부귀복락이 우리 인생의 진정한 기쁨과 보람은 아니라는 증거입니다. 그러면 보람 있게 사는 길은 도대체 어디에 있을까요?

큰 목적을 정하고, 열심히 일하고, 열심히 수도해야 한다

첫째, 큰 목적이 있어야 합니다. 목적이 있어야 보람 있게 살 수 있습니다. 목적이 없으면 아무리 돈이 많고 지식이 많고 명예와 권력이 있다 하더라도 진정한 보람을 느끼지 못할 것입니다. 큰 목적이 있으면 아무리 힘들고 어려워도 힘차게 살아갈 수가 있으며, 과정에서는 과정대로, 그 결과에 이르러서는 결과만큼 보람을 찾게 될 것입니다.

라이트 형제가 비행기를 발명한 것도, 콜럼부스가 미 대륙에 도달한 것도, 세종대왕이 한글을 창제한 것도 다 목적이 있었기 때문입니다. 저 산 너머에 그리운 어머니가 나를 기다리고 계시다고 할 적에 그 사람은 어두운 밤길을 헤치며 태산준령을 넘어갑니다. 저 강 건너편에 그리운 애인이 나를 기다린다고 할 적에 그 사람은 위험을 무릅쓰고 큰 물결을 헤치며 건너갈 것입니다. 해월신사님은 대도의 목적 달성을 위하여 36년 풍우상설을 기꺼이 헤치며 다니셨습니다. 천도교를 하는 우리들은 대도의 목적 달성에 신명을 다 바치겠다는 크고 떳떳한 목적을 분명히 세워야 합니다.

천도교인들은 포덕천하, 광제창생, 보국안민, 지상천국 건설, 교회중흥, 민족통일을 위해서 몸과 마음을 바치겠다는 큰 목적을 가진 사람들입니다. 우선 나부터 자아완성 도성덕립하고, 내 집부터 도가완성하여 온 가족이 시일식에 참례하면서, 천도교의 목적과 나의 목적이 하나가 되면 한울님과 스승님이 기뻐하시고 기쁨과 보람은 자연히 찾아오게 되고, "좋을시고 좋을시고. 이내신명 좋을시고." 하면서 살게 될 것입니다.

둘째, 일을 해야 합니다. 사람은 일하기 위해서 태어났습니다. 경전에 "수고롭고, 괴롭고, 부지런하고, 힘쓰는 도는 금수라도 스스로 지키어 떠나지 않거든 하물며 사람이야 이것을 저버리며 떠날 바리오"라는 말씀이 있습니다. 노고근면, 부지런히 일을 해야 진정한 기쁨과 보람을 찾을 수 있습니다. 아무 일도 하지 않고 편안히 노는 것이 즐겁고 보람 있는 생활 같지만, 놀기만 하면 고민과 잡념이 생기고, 방황하게 되고, 병이 생기며, 항산恒產

이 없으므로 삶이 고달파지면서 보람 있는 생활과는 멀어지는 것입니다.

해월신사는 피신 생활 중에도 가시는 곳마다 나무를 심고 멍석을 내고 짚신을 삼고 노끈을 꼬고 일감이 없으면 노끈을 풀었다가 다시 꼬며 일하기를 멈추지 않으셨습니다. "한울님은 잠시도 쉬지 않는데 사람이 어찌 무료하게 놀겠는가" 라고 말씀하셨습니다. 우리는 가정과 이웃과 교회와 나라와 세상을 위해서 열심히 일을 해야 합니다. 온 세상 사람이 이렇게 일을 하면 사람마다 기쁘고 보람 있는 생활을 할 뿐 아니라 집집마다 부자가 되고 우리나라는 선진국이 되고 세계는 천국이 될 것입니다.

셋째, 수도를 해야 합니다. 수도를 해야 정말 보람 있게 살 수 있습니다. 끊임없이 수도를 하면 반드시 큰 보람을 찾게 된다고 확신합니다. 수도하지 않으면 아무리 돈이 많고 아는 것이 많아도, 아무리 일을 열심히 하더라도 어느날 문득 물거품 인생이라는 허무감에 빠지게 됩니다. 저는 최근 '온 세상 사람이 다 이렇게 수도생활을 하면 얼마나 좋겠는가.' 하는 생각을 하면서 꼭 그렇게 되도록 힘써야겠다고 다짐을 하곤 합니다.

천도교 수도의 몇 가지 과제

천도교의 수도를 하는 데 몇 가지 필수 과제가 있습니다.

첫째, 기도입니다. 한울님 모심을 굳게 믿고 한울님을 부모님같이 섬기며 열심히 주문을 외우면서 지성으로 기도를 해야 합니다. 그러면 한울님의 감응을 받게 됩니다. 한울님과 통해서 한울님의 감응을 받으면 무한한 기쁨과 감격과 보람을 느끼게 됩니다. 기도는 한울님의 감응을 받는 길이며, 한울님의 지혜와 능력을 얻는 길이며, 모든 어려운 문제를 해결하는 길이며, 마음의 평화와 육신의 건강을 찾는 길이며, 보람 있는 삶을 추구하는 길입니다.

둘째, 수련을 해서 마음을 닦아야 합니다. 인생만사가 마음가짐에 달려 있습니다. 마음가짐에 따라서 기쁨과 괴로움, 건강과 질병, 성공과 실패, 행복과 불행이 좌우됩니다. 배근지달培根枝達이라는 말이 있습니다. 나무는 뿌리를 잘 북돋아 주어야 무성하게 자란다는 말입니다. 뿌리가 튼튼해야 가지도 건강하게 뻗고 잎도 무성하고 꽃도 화려하고 열매도 맺습니다. 사람도 뿌리가 있습니다. 사람의 뿌리는 마음입니다. 항상 마음을 닦아서 바르고 밝고 착하고 의롭게 해야 합니다. 기쁜 마음, 감사한 마음, 위하는 마음, 자유로운 마음이 되도록 끊임없이 마음을 닦아야 합니다. 그러면 큰 기쁨과 보람을 찾게 될 것입니다. 경전에 "사람이 태어날 때에 실로 한 티끌도 가지고 온 것이 없고 다만 보배로운 거울 한 조각을 가진 것뿐이다" 人生厥初實務一毫持來 只藏寶鏡一片라는 말씀이 있습니다. 우리는 거울 한 개씩 가지고 태어났다는 것입니다. 그 거울을 잘 간직하고 잘 닦으면 모든 것을 알고 모든 것을 이룰 수 있는 능력이 생깁니다. 그런데 세상 사람들은 그 거울을 보물인 줄 모르고 깨뜨려 버리고 잃어버렸기 때문에 불행에 빠지게 되는 것입니다. 그 보물, 그 거울을 다시 찾고 닦아서 제 모습을 나타내야 합니다.

그 거울은 바로 마음입니다. 마음을 닦아야 보람 있는 생활을 하게 됩니다. 마음을 닦지 않으면 암흑 속에서 헤맬 수밖에 없습니다. 마음을 어떻게 닦겠습니까? 주문을 외우면서 참회하고 한울님과 스승님 은덕을 염념불망해야 합니다. 마음의 티끌은 비누로 지워지지 않습니다. 오직 주문과 경전을 외움으로써 깨끗하게 할 수 있습니다. 이렇게 마음을 닦으면 자연히 천심을 회복하게 되고, 고뇌가 다 소멸되어 마음이 편안해지고, 모든 질병이 없어져서 몸이 건강해지고 불로불사 · 장생의 진리를 깨닫고, 모든 일이 뜻대로 이루어지고, 드디어 자아완성 · 지상신선의 가장 큰 기쁨과 보람을 찾게 됩니다. 수련을 계속해서 지기금지원위대강 - 시천주 - 조화정 - 영세불망 - 만사지에 이르러야 할 것입니다. 강령降靈 - 강화降話 - 자천자각自天自覺 - 해탈解脫 - 대도견성大道見性의 경지에 이르러야 합니다. 마음을 닦아서 "성품을 보고 마음을 깨달으면見性覺心 내 마음이 천지요, 내 마음이 극락이요, 내 마음이 풍운조화"라는 말씀 그대로 될 것입니다.

셋째, 진리 연구입니다. 특히 무위이화無爲而化의 원리를 체득해야 합니다. 대신사께서는 "그 마음을 지키고 그 기운을 바르게 하고 한울님 성품을 거느리고 한울님의 가르침을 받으면 자연한 가운데 화해 나는 것"(守其心 正其氣 率其性 受其敎 化出於自然之中也)이라고 하셨습니다. 공연히 방황하지 말고 순일하게 마음을 닦아서 무위이화의 특급열차를 타라는 것입니다. 이것을 체득하면 지상신선이 되는 큰 보람을 찾게 될 것입니다. "입도한 세상 사람 그날부터 군자 되어 무위이화 될 것이니 지상신선 네 아니냐"라고 하신 그대로 될 것입니다. 그리고 만법萬法·만상萬相·화복禍福의 인과를 깨달아 허광심·여여심·자유심의 경지에 이르러야 합니다. 공자는 "아침에 도를 깨달으면 저녁에 죽어도 가하다"朝聞道 夕死可也고 했습니다. 인간 최대의 기쁨과 보람은 수도를 통해 진리를 활연관통하고 도를 통하는 데 있습니다. "진리를 깨달으면 웃으면서 죽고, 진리를 깨닫지 못하면 울면서 죽는다"는 말이 있습니다.

넷째, 실천 행도입니다. 실천이 없는 깨달음은 진정한 깨달음이 아닙니다. 우선 사인여천의 정신으로 모든 사람에게 친절하게 대해야 합니다. 우리는 실천 행도를 통해서 더욱 큰 보람을 느낄 수 있습니다.

다섯째, 포덕입니다. 포덕은 한울님과 스승님 은덕에 감사드리는 동시에 그 덕에 보답하는 길입니다. 또한 장생의 공덕을 쌓는 길입니다. 수도의 최고 경지는 포덕입니다. 모름지기 수도하는 사람, 도를 통하고자 하는 사람은 포덕을 많이 해야 합니다. 포덕을 해 보면 내 도력이 그만큼 높아짐을 느낄 수 있게 되며 수도와 신앙의 보람을 느낄 수 있게 됩니다.

천도교인의 보람은 포덕으로부터

수운대신사님은 제세안민의 대도를 찾아 10여 년간 구도 고행을 한 끝에 드디어 한울님으로부터 만고 없는 무극대도를 받아 노이무공勞而無功하시던 한울님의 뜻 이루어 드리시고 또한 명을 주시고 천도 바꾸어 억조창생, 세계 인류가 영원히 사는 길을 밝혀 주셨습니다. 41세에 순도하셨지만 성령출세하시어 영원히 무사불섭無事不涉, 무사불명無事不命, 무시불명無時不明, 무시불교無時不敎하시는 것입니다. 해월신사는 36년 풍우상설 헤쳐 가며 천도 기초를 공고히 다지셨습니다. 암흑의 은도隱道시대를 불굴의 정신과 도력으로 이겨 내면서 수운대신사님이 가르쳐 주시고 전해 주신 『동경대전』과 『용담유사』를 간행하시고 동학을 전국으로 퍼뜨려, 5만년 무극대도를 반석 위에 올려놓으셨습니다. 의암성사는 파란만장 역경 속에서 대도창명을 이루시고, 갑오 · 갑진 · 기미의 3대 운동을 영도하여 민족과 인류의 살 길을 열어 주셨으며 당대에 수백만의 대교단을 일구셨습니다. 4세 대도주 춘암상사는 일제탄압의 역경 속에서도 굴하지 않고 항상 주문을 외우면서 포덕을 하시어 대도를 굳건히 지키시었습니다.

이와 같이 스승님들은 포덕을 통해 이 세상에서 가장 거룩하고 또 보람 있게 사셨습니다. 현재에도 성령출세하여 장생하시면서 우리의 앞길을 밝혀 주고 있습니다. 이 세상에서 가장 행복한 사람, 가장 보람 있게 사는 사람은 자아완성을 위해 수도하고 대도의 목적 달성을 향해 나아가는 사람, 자기 사명을 알고 그 사명완수를 위해서 불철주야 일하는 사람입니다. 우리 모두 자아완성과 대도의 목적 달성을 위하여 최선을 다함으로써 영원히 보람 있게 살자는 말씀을 다시 한번 간곡히 당부드리면서 마치겠습니다.

우리의 시급한 과제는 정신개벽

우리의 시급한 과제는 정신개벽입니다. 정신개벽을 해야 항상 즐겁게 살 수 있고 모든 일을 원만히 할 수 있기 때문입니다. 특히 세상의 큰 운수가 우리 도에 돌아오는 이때에 우리가 정신개벽을 하지 못하면 민족의 통일과 포덕광제의 거룩한 사명을 수행할 수 없습니다. 정신개벽은 수련을 해서 정신을 깨끗하고 새롭고 간결하게淸新簡潔 하고, 바르고 밝고 착하고 의로운正明善義 마음이 되게 하고, 기쁜 마음, 감사한 마음 위爲하는 마음이 되게 하는 것을 말합니다. 또한 나의 근본과 천지무궁의 근본이 하나임을 깨닫고 청정무구한 본래의 나를 찾는 수행을 말하는 것입니다.

정신개벽의 절차와 도법

먼저 자기 자신의 정신개벽을 위해서 깊은 관심과 끊임없는 노력을 기울여야 할 것입니다. 그래야 무극대도의 깊은 진리를 깨달아 한울사람으로 자아완성을 하고 가도화순할 수 있습니다. 천도교를 신앙하면서도 정신개벽을 소홀히 하면 결국 세상 사람과 같이 혼탁한 세상 물결에 빠져서 헤맬 수밖에 없습니다. 교회가 정신개벽을 하지 못하면 많은 사람이 천도교를 찾아온다 하더라도 이들을 온전히 받아들이지 못하고 다시 등을 돌리게 하는 큰 슬픔을 안게 될 것입니다.

정신개벽은 우리들의 몸과 마음을 병들지 않게 하고 생명력 넘치게 유지하는 지름길이 될 것입니다. 우리는 나 자신과 가정을 위해서, 교회의 발전과 포덕천하 광제창생 보국안민 지상천국 건설을 위해서 한울님과 스승님의 뜻을 받들어서 우선 나 자신의 정신개벽에 힘써야 할 것입니다.

대신사께서는 이 세상이 어지럽게 된 근본 원인은 온 세상 사람이 각자위심各自爲心이 된 데 있다고 하셨습니다. 각자위심은 천심天心이 아닌 자기가 만든 마음, 자기만 위하는 마음, 습관된 마음, 물질에 정을 빼앗긴 물정심物情心을 말합니다. 온 세상 사람이 각자위심하여 불순천리不順天理, 불고천명不顧天命, 불순도덕하기 때문에 세상에 악질이 가득 차고 백성들이 편안할 때가 없다고 하셨습니다. 온 세상 사람이 천심을 잃어버리고 복잡한 마음으로 살기 때문에 온갖 질병과 불행의 함정에 빠지게 되었고 세상이 혼란에 빠지게 되었다는 말씀입니다. 그래서 마음공부를 해야 하고 근본을 잊지 말아야 하고 경천순천敬天順天하는 생활을 해야 한다고 하셨습니다.

의암성사는 포덕 47(1906)년 1월, 오랜 해외 망명 생활을 마치고 귀국하실 때 환영 나온 교역자들로부터 "세상을 구하는 길이 무엇입니까?"라는 질문을 받고 "한울을 뜯어고치기 전에는 별 다른 방법이 없다고 생각하였소"라고 하셨습니다. 한울을 뜯어 고친다는 것은 정신개벽을 해야 한다는 말씀입니다. 그리하여 의암성사는 귀국하자마자 서울에 천도교중앙총부를 설치하는 한편, 당시로서는 궁벽한 산골이었던 우이동에 봉황각을 건립하고 이신환성, 정신개벽을 위한 수도연성(7차에 걸쳐 483명)을 지도하면서 무려 3백만 대교단을 이루었던 것입니다. 『의암성사법설』에 "지금에 그대들은 가히 하지 못할 일을 생각지 말고 각자가 본래 있는 정신을 개벽하면 만사의 개벽은 그 다음 차례의 일이니라. … 후천개벽의 시기에 처한 우리는 먼저 각자의 성령과 육신부터 개벽해야 하느니라. 만일 자기의 정신을 자기가 개벽하지 못하면 포덕광제의 목적을 어떻게 달성하겠느냐"라고 하셨습니다. 또한 "이신환성은 대기 번복의 시기에 살기를 도모하는 유일한 큰 방법"이라고도 말씀하셨습니다. 또 "이 생각을 한번 개벽하면 이에 희고 흰 얼음과 눈의 깨끗함과 한울이 개이고 날이 밝은 광명과 산이 높고 물의 흐름이 방정함과 뜻이 크고 뛰어난 운학의 고상한 그것이 곧 참된 정신의 나이니 이 나는 한울이 기울어지고 땅이 터지더라도 길이 이와 같을 것이요 바다가 마르고 돌이 녹아도 또한 이와 같을 것이라. 이 미욱하고 미욱한 세계를 돌아보고 개벽함에 무슨 어려움이 있으리오"라고 하셨습니다. 정신개벽을 하면 한울님의 무한 지혜, 무한 능력을 받아 어떤 일이라도 할 수 있는 능력이 생긴다는 말씀입니다. 참으로 정신개벽을 하게 되면 임의용지任意用之의 능력을 발휘할 수 있으리라 믿습니다.

주문, 이신환성, 정신개벽, 포덕

정신개벽을 해야 대도 중흥, 민족통일을 성취할 수 있습니다. 정신개벽을 해야 한평생 건강하게 살 수 있고 영원한 행복을 찾을 수 있고 불로불사, 영세무궁할 수 있고 대기번복大氣飜覆이 되더라도 생명을 구할 수 있습니다. 그리고 우리의 대원을 성취할 수 있습니다. 정신개벽을 하지 않으면 인류는 혼란과 멸망의 함정에 빠지게 됩니다. 4세 대도주 춘암상사님은 "참에 살고 거짓에 죽는다"고 말씀하셨습니다. 근원적인 참은 정신개벽을 통해서만 가능한 경지입니다. 정신개벽을 해야 산다는 말씀입니다.

지금 세상 사람들은 정신개혁, 마음 수련, 정신적 근대화를 외치면서도 그 방법을 모르고 헤매고 있습니다. 정신개벽하는 가장 좋은 방법이 천도교에 있습니다. 천도교의 주문과 이신환성과 포덕이 그것입니다.

첫째, 주문입니다. 주문을 열심히 외우면서 천덕사은天德師恩을 염념불망하면 한울님과 스승님의 감응을 받아 정신을 개벽할 수 있습니다. 지성으로 주문을 외워 한울님 모심을 깨닫고 한울님과 하나가 되면 정신개벽의 진경眞境에 이르게 됩니다. 그러면 한울님과 스승님과 주문과 경전과 내(몸, 마음, 성품)가 하나가 될 것입니다. 그것이 정신개벽의 최고 경지입니다. 세상 사람들은 주문을 모르기 때문에 정신개벽을 못하는 것입니다. 앞으로 해월신사님이 말씀하신 대로 세상 사람들이 앞다투어 손바닥에 시천주侍天主 주문을 써 달라고 할 날이 다가오고 있습니다.

둘째, 이신환성以身換性입니다. 의암성사님은 "정신을 개벽코자 하면 자존심自尊心을 모실시侍자로 개벽하고, 자존심을 개벽코자 하면 의구심疑懼心을 정할 정定자로 개벽하고, 의구심을 개벽코자 하면 미망념迷妄念을 알 지知자로 개벽하고, 미망념을 개벽코자 하면 육신 관념을 성령性靈으로 개벽하라" 고 하셨습니다. 이신환성은 "육신은 사람의 한때의 객체요 성령이 영원한 주체" 라는 것을 알고 육신관념을 버리고 성령을 본위로 살아야 한다는 말씀입니다. 생각을 바꾸라는 것입니다. 그것이 정신개벽입니다.

이신환성의 과정을 세단계로 생각해 볼 수 있습니다. 첫 단계는 성령이 사람의 영원한 주체요 육신은 한때의 객체임을 알고 육신과 성령을 반반半半씩 같이 생각하는 단계요, 중간 단계는 육신 보다 성령에 대한 생각을 더 많이 하는 단계요, 최고의 단계는 육신을 홀연히 잊어버리고 성령만 생각하는 가장 높은 단계입니다. 나를 죽었다고 생각하고 나를 버리는 것이 이신환성, 정신개벽의 진경에 이르는 가장 좋은 방법이라고 생각합니다. 죽었다고 생각하고 나를 홀연히 잊어버리면 광명의 새 세계가 열릴 것입니다. '나' 라는 개체 관념에 구애 받지 않게 되면, 돈도 명예도 사랑도, 근심과 괴로움도, 좋은 사람 나쁜 사람의 구분도, 욕심과 감정과 '나' 라는 관념도 다 꿈같이 사라질 것입니다. 불로불사, 영세무궁하는 본래의 나를 찾아 지상신선의 영원한 행복을 누리게 될 것입니다. 그렇게 되면, 내 주위에 자연히 많은 사람이 모이게 되는 것입니다.

그런데 세상 사람들은 하찮은 물욕을 버리지 못하고 '나'를 버리지 못하고 발버둥치고 있습니다. 현애철수懸崖撒手라는 말이 있습니다. 어떤 사람이 길을 가다가 그만 절벽絶壁쪽으로 떨어졌는데, 불행중 다행으로 나무를 붙잡고 매달리게 되었습니다. 나뭇가지를 잡고 발버둥 치는데 공중에서 "손을 놓으라"는 한울님 말씀이 들려왔습니다. 그러나 그는 한울님 말씀을 믿지 못하고 나무에 매달려 몸부림만 치고 있었습니다. 나무를 놓아도 얼마든지 살 수 있는 불과 1m도 안 되는 높이에 매달린 줄을 모르고 이 사람은 한울님 말씀을 믿지 않고 큰 고생을 하였다는 말씀입니다. 우리는 모든 집착執着을 버려야 합니다. 그래야만 진짜 나眞我, 무궁한 본래의 나本來我를 찾는 길이 보이게 됩니다.

셋째, 포덕입니다. 세상 사람에게 덕을 베풀고 교회 사업을 열심히 하여 교회 중흥을 위해 매진하면 한울님의 감응을 받게 되고 정신개벽을 잘 할 수 있습니다. 우리는 포덕을 함으로써 마음공부를 잘 하게 되고, 진리를 깨닫고 한울님의 감응을 받게 될 것입니다. 한 사람 포덕 하면 죽을 사람 한 사람 살리는 것과 같습니다. 천도교가 과거에 갑오동학혁명, 갑진개화혁신운동, 3 · 1독립운동 등 위대한 역사를 이루어 낸 것도 선열들이 평소 포덕에 힘쓰고 지성으로 이신환성, 정신개벽 노력을 했기 때문입니다.

새 역사는 신념과 사명감을 가진 선각자들에 의해서 이루어집니다. 의암성사의 포덕 41(1900)년의 통문通文과 현도 이후의 역사를 살펴보면 앞으로 천도교는 정신을 개벽한 도통군자 500명 육성으로 무극대도의 위대한 역사를 열어나가게 되리라 생각됩니다. 무엇보다 지금 온 세상 사람들의 정신개벽을 갈구하고 있습니다. 우리 천도교인들은 먼저 나의 정신을 개벽하고 나아가 온 민족의 정신개벽 운동을 주도하고 보국안민 포덕광제의 새 역사를 열어 나가는 역군이 되어야 하겠습니다.

동귀일체同歸一體하는 길

지금 천도교는 성운盛運을 맞이하였습니다. 이때에 우리가 인내천人乃天의 새 시대를 열어 나가려면 먼저 동귀일체가 되어야 합니다. 수운대신사께서 "쇠운이 지극하면 성운이 오지마는 현숙한 모든 군자 동귀일체 하였던가"라고 하시고 "억조창생 많은 사람 동귀일체 하는 줄을 사십 평생 알았던가"라고 하신 말씀이 너무도 절실히 다가오고 있습니다.

특히 인류가 한 가족 같이 평화롭고 행복하게 사는 새 세상을 건설하려면, 다시 말해, 포덕천하, 광제창생, 보국안민, 지상천국 건설의 거룩한 목적을 달성하려면, 먼저 천도교인들부터 동귀일체가 되어야 하고 그 정신으로 세상 사람들을 이 동귀일체의 길로 인도해야 할 것입니다.

천심을 회복하고 일체의 원리를 깨달아야

동귀일체란 글자 그대로 한 몸으로 함께 돌아간다는 말씀입니다. 사람마다 얼굴 모습은 각각 다르지만 근본이 하나임을 알고, 우주가 일체라는 원리를 알고 오심즉여심吾心卽汝心으로 한 마음 한 뜻 한결같이 되는 것을 말합니다. 형식적 · 일시적 단결이나 단합이 아니라 진정한 화합, 영원한 정신적 화합이라고 할 수 있습니다.

오늘날 세상이 혼탁해진 근본 원인, 전쟁과 질병과 가난, 그리고 분열과 파쟁과 온갖 고통이 계속되는 근본 원인은 온 세상 사람이 천심을 잃어버리고 각자위심各自爲心하여 불순천리, 불고천명不顧天命하기 때문이라고 수운대신사께서 말씀하셨습니다. 따라서 살기 좋은 새 세상을 건설하려면 먼저 온 세상 사람이 천심을 회복하여 경천순천敬天順天 하면서 동귀일체해야 할 것입니다. 세상 사람이 동귀일체가 되려면 그 선두에 서야 할 천도교인들부터 동귀일체가 되어야 한다는 것은 두 말 할 필요가 없습니다. 인내천 진리가 아무리 좋다 하더라도 또 아무리 빛나는 역사를 이어 나간다 하더라도 우리가 동귀일체하지 못하면 대도의 목적을 실현할 수 없습니다.

동귀일체로 가는 길의 다섯 가지 이정표

그러면 어떻게 해야 동귀일체가 되겠습니까? 첫째, 천심으로 돌아가야 합니다. 욕심으로 가득 찬 습관된 마음으로는 동귀일체를 할 수 없습니다. 습관된 마음은 사람마다 얼굴 모습이 다르듯이 각양각색입니다. 그러나 천심은 오직 하나입니다. 욕심과 감정과 아집으로 가득찬 물정심物情心, 습관된 마음으로는 아무리 발버둥 쳐도 동귀일체가 안 되는 것입니다. 법으로도 안 되고 지식으로도 안 되고 돈으로도 안 되고 핵폭탄으로도 안 됩니다. 오직 한울님 마음을 찾고 한울님 마음을 지켜야만 되는 것입니다. 이 길을 대신사님이 발견하셨습니다. 한울님 마음이 되면 자연히 한 마음 한 뜻이 되고, 천이나 만이나 모두가 하나가 되는 것입니다.

교당이나 수도원에서 많은 사람들이 단체수련을 해 보면 알 수 있습니다. 며칠간 수련을 하면 먼저 화합이 잘 되고 화기애애한 분위기가 되는 것을 분명히 볼 수 있습니다. 많은 사람이 한자리에 모여 열심히 기도와 수련을 해서 천심을 찾고 정신개벽이 되면 능히 동귀일체할 수 있다는 것을 확인할 수 있습니다. 화합과 동귀일체는 말과 글로 외친다고 되는 것은 아닙니다. 천심으로 돌아가야만 이루어진다는 사실을 알아야 합니다.

천도교인들은 주문을 외우면서 천심을 찾아서 지키는 동시에 한 걸음 더 나아가 자심자성自心自誠, 자심자경自心自敬, 자심자신自心自信, 자심자법自心自法하여 일호도 어김이 없는 경지에까지 나아가도록 힘써야 합니다. 그러면 능히 동귀일체를 실현할 수 있습니다. 천도교인뿐만 아니라 온 세상 사람을 동귀일체의 길로 인도할 수 있게 될 것입니다. 천도교가 과거에는 동학혁명, 신문화운동, 독립운동으로 선구적 역할을 하였다면 앞으로는 동귀일체 운동의 횃불을 들어야 할 것입니다. 따라서 앞으로 천심회복, 동귀일체를 위한 대 수련회가 전국 방방곡곡에서 계속 열려야 할 것입니다.

둘째, 일체一體의 원리를 깨달아야 합니다. 우주는 한 이치, 한 기운, 한 생명의 영체靈體입니다. 삼라만상과 온 인류가 각각 떨어져 있고 각양각색의 모습을 보이고 있지만 실은 한 성령이요 한 몸입니다. 너 나가 없습니다. 한 동포, 한 형제, 한 가족입니다. 나무에 수많은 가지와 잎과 꽃과 열매가 달려 있지만 그 뿌리와 생명은 하나인 것과 같습니다. 저는 십여 년 전에 태국에서 개최한 아시아종교인평화회의ACRP 총회에 참석한 일이 있습니다. 그때 총회 주제는 '아시아는 한 이웃이 되자' 였습니다. 저는 토론 시간에 "우주에 신神은 한 분입니다. 신은 한 분인데 사람들이 이름을 달리 붙이고 생각을 달리 하고 있을 뿐입니다. 인류는 한 한울님의 아들딸이며 한 동포, 한 형제, 한 가족이 분명합니다. 세상 사람들이 이 원리를 알면 갈등과 전쟁은 없어질 것입니다. 우리 종교인들은 이 원리를 세상 사람들에게 널리 알려 줍시다"라고 역설하여 여러 사람들의 공감을 얻은 바 있습니다.

셋째, 뜻을 같이 해야 합니다. 인생의 의의와 목적을 알고 운명을 같이 해야 합니다. 우리는 한울님과 스승님의 뜻을 받들어 자아완성과 포덕천하, 광제창생, 보국안민, 지상천국 건설의 천도사업에 적극 참여하고 이 길로 일로매진함으로써 한마음 한뜻 동귀일체를 실현할 수 있게 됩니다.

넷째, 교회 기관을 중심으로 화합을 추구해야 합니다. 분파의식을 버리고 언제나 교회기관을 생각하면서 교회를 중심으로 정신을 집중해야 합니다. 스승님의 교훈과 의절과 교헌을 준수하고 규약을 지켜야 하고, 내 생각과는 다르다 하더라도 일단 회의에서 결정이 되면 한울님의 뜻으로 받아들이고 실행해 나가야 합니다. 그것이 동귀일체로 가는 길입니다.

다섯째, 동귀일체 화합을 위해 내가 해야 할 일이 무엇인가를 생각해 보고, 실행에 옮길 수 있어야 합니다. 소아小我를 버리고 대아大我를 위하라는 말도 있듯이 우리 모두가 근본이 하나라는 생각을 하면서, 또 보국안민 지상천국건설의 역군이라는 생각을 하면서 언제 어디서 무엇을 하든지 화합을 위한 적극적인 노력을 해야 할 것입니다. 어렵고 궂은 일은 내가 하고 공덕은 다른 사람에게 돌려주겠다는 거룩한 한울님 마음이 발동되어야 할 것입니다.

3·1정신이 바로 그 정신이었습니다. 어렵고 궂은 일에는 내가 앞장서고 공功은 다른 사람에게 돌려주겠다는 그 거룩한 정신이 2천만 동포의 심금을 울려 역사상 처음으로 대 화합의 역사를 이루어냈다고 할 수 있습니다.

천도교인들은 일상생활 속에서 나 자신을 참회하고 은악양선隱惡揚善, 다른 사람의 잘못을 말하지 않고 잘 한 것을 찬양하고 인욕관서忍辱寬恕, 욕됨을 참고 너그럽게 용서하고, 정말 사람을 한울같이 친절하게 섬기는데 앞장서야 합니다.

그리고 교회는 교인 한 사람 한 사람을 소중히 여겨야 합니다. 한울님과 스승님은 천도교인들의 동귀일체를 간절히 바라고 있습니다. 그리고 사회가 우리의 동귀일체를 기다리고 있고 촉구하고 있습니다. 마음을 고쳐 동귀일체를 이루면 그 다음은 한울 세상이 우리를 기다리고 있을 것입니다. 재삼재사 생각고 생각하시기를 당부드리면서 마치겠습니다.

수도修道와 시련

이 세상에 시련을 거치지 않고 그저 쉽게 되는 일은 없습니다. 큰 일일수록 시련도 크다고 할 수 있습니다. 수도를 하는 과정에서 겪게 되는 시련도 마찬가지입니다.

농사짓는 사람도 봄철에 씨 뿌리고 무더운 여름에 김매고 비료 주고 또 폭풍우에 잘 대처해야만 가을에 많은 수확을 거둘 수 있습니다. 이러한 일들을 소홀히 하거나 힘든 과정을 포기한다면 겨울의 창고는 텅텅 빌 것입니다. 장사하는 사람도 만난을 극복하면서 부지런히 움직이며 처변하고 사람에게 친절을 베풀어야만 사업이 번창하게 되는 것입니다. 학자는 밤낮없이 연구에 몰두해야 큰 성과를 거둘 수 있습니다. 운동선수도 하루아침에 되는 것이 아닙니다. 땀 흘리며 피나는 훈련을 거듭해야 하는 것입니다.

특히 천도교의 수도는 보이지 않는 마음을 닦고, 자아완성과 도가완성을 하고, 포덕천하 광제창생 보국안민 지상천국 건설의 원대한 목적을 가지고 나아가기 때문에 과정마다 크나큰 시련에 봉착하게 되고 따라서 남다른 고통을 이겨 내지 않으면 뜻하는 바를 이루지 못하는 것입니다.

수련과 시련, 언제나 함께 하는 것

옛날 사람들은 세속을 떠나 깊은 산중에서 도를 닦았기 때문에 환상으로 호랑이나 귀마鬼魔가 나타나 위협하고 미인이 유혹하는 시련이 있었으나 천도교는 일상생활 속에서 도를 닦기 때문에 환상이 아니라 실제로 시련이 닥쳐와 마음을 흔들고 괴롭히곤 하는 것입니다. 아직 과거의 인과因果에서 벗어나지 못하고 육신관념이 남아 있기 때문에, 즉 해탈이 안 되었기 때문에 복잡한 생각과 어려운 일이 꼬리에 꼬리를 물고 일어나는 시련에 빠지게 되는 것입니다. 이런 때를 당하여 수도자는 왜 시련이 왔는가를 겸허히 생각해 보고 최선을 다해서 그 시련을 슬기롭게 극복하도록 힘써야 할 것입니다.

시련에 직면했을 때 그것을 어떻게 처변하느냐에 따라서 성패가 갈리게 됩니다. 가장 중요한 것은 원인을 자기 안에서 찾고 지극한 정성으로 기도와 수련을 하면서 처변의 방도를 찾아야 할 것입니다. 그렇게 되면 도리어 전화위복轉禍爲福의 길이 열릴 것입니다. 그러나 책임을 남에게 돌리고 남을 원망하면서 불평불만 하면 반수기앙反受其殃으로 보다 큰 앙화가 닥쳐올 것입니다. 시련의 원인을 나에게서부터 찾고 순리순수順理順受의 태도를 잃지 않고, 진실로 참회하면서 다른 사람을 용서할 수 있는 힘을 길러야 합니다. 그것이 우리 수도하는 사람들이 취해야 할 자세이기도 합니다.

『해월신사법설』에 "자기를 꾸짖고 참회하고 자기 마음을 살피는 것을 위주로 하라"自責內省爲主는 말씀이 있습니다. 특히 우리는 자아완성, 도성덕립을 추구하니만큼 나 자신에게 끊임없는 질문을 던지고, 나의 일동일정을 돌아보아야 합니다. 나는 누구인가? 나의 근본은 무엇인가? 나는 내 도리를 다하고 있는가? 나의 책임은 무엇인가? 나의 단점과 장점은 무엇인가? 이렇게 끈질기게 물으며 나아가야 합니다.

산을 넘고 물을 건너서

경전과 교사에서 수련 과정에서 겪게 되는 시련에 대해 어떠한 태도로 임하라 하셨는지 스승님들의 교훈의 말씀을 찾아 보아야 할 것입니다.

"겨우 한 가닥 길을 얻어 걸음걸음 험한 길 걸어가노라. 산 밖에 다시 산이 보이고 물 밖에 또 물을 만나는도다. 다행히 물 밖에 물을 건너고 간신히 산 밖에 산을 넘어 왔노라. 바야흐로 들 넓은 곳에 이르니 비로소 대도가 있음을 깨달았노라."(纔得一條路 步步涉險難 山外更見山 水外又逢水 幸渡水外水 僅越山外山 且到野廣處 始覺有大道, 東經大全 詩文) 여기서 겨우 한 가닥 길을 얻었다는 것은 우리가 천도교에 입교를 해서 수도를 하게 된 상황이라고 볼 수 있습니다. 혼탁한 세상 물결에 휩쓸려 방황하며 살다가 다행히 선각자를 만나서 입교하고 수도를 하게 되어 간신히 인생이 나아갈 한 가닥 길을 얻었다는 말씀입니다. 험한 길을 걸어간다는 것은 많은 어려움과 시련을 극복하면서 쉬지 않고 계속해서 수련 정진해야 한다는 말씀입니다. 산 밖에 산, 물 밖에 물을 만난다는 것은 수도 과정에 계속해서 어려움이 닥쳐오는 것을 말씀하는 것입니다.

왜 우리는 그 어려운 시련을 거쳐야 하는가? 시련은 어디서 오는 것인가? 이것은 한울님이 일부러 시험을 하는 것이 아니라 자기가 평소에 생각하고 말하고 행한 원인이 낳은 결과이며 그때의 시련은 새사람이 되는 산통産痛이라고 할 수 있습니다. 대체로 우리가 겪는 시련들은 우리가 이 세상에서 살아가면서 부지불식간에 생각과 말과 행동을 잘못한 것들이 쌓이고 쌓여서 또는 부모 조상 때부터 내려오는 여러 가지 원인들이 결과로 나타난 것인데, 이러한 잘못들을 깊이 참회하고 본래의 나 자리로 되돌아가는 과정이 쉽지 않음을 산과 물이라는 장애로써 상징적으로 말씀하신 것입니다.

다행히 산을 넘고 물을 건넜다는 말은 모든 시련을 슬기롭게 극복했다는 말입니다. 또 들 넓은 곳에 당도하여 대도가 있음을 깨달았다는 것은 모든 시련을 다 극복하고 나서 드디어 도를 깨닫게 되었다는 말씀입니다. 온갖 시련을 극복한 후에 대각大覺의 기쁨이 있다는 것을 알 수 있습니다.

비 바람 서리를 지나야만 한 송이 꽃이 피나니

"바람 지나고 비 지난 가지에 바람 비 서리 눈이 오는구나. 바람 비 서리 눈 지나간 뒤 한 나무에 꽃이 피면 온 세상이 봄이로다."(風過雨過枝 風雨霜雪來 風雨霜雪過去後 一樹花發萬世春) 여기서도 바람 비 지난 가지에 다시 바람 비 서리 눈이 온다는 것은 수도 과정에 당하는 시련의 비유입니다. 시련 한 가지가 지나면 이젠 끝이려니 생각했는데 오히려 더욱 심한 시련이 다가온다는 말씀입니다. 이것은 물론 수도의 초보 과정에서 오는 현상입니다. 풍우상설 지난 후에 한 나무에 꽃이 피니 온 세상이 봄이라는 것은 모든 시련을 다 극복해 나가면, 마침내 깨달음과 기쁨이 소낙비처럼 쏟아져 내리는 활연관통이 된다는 말씀입니다. 수도가 깊어지면서 시련이 아주 극도에 이르렀다가 차차차차 줄어들게 되고 드디어 일년 삼백육십일을 하루같이 지내는 평탄한 경지에 이르게 되는 것입니다.

대신사께서도 구도 과정에 많은 시련이 오고 또 왔지만 모두 극복하셨습니다. 실패와 가산탕진, 조실부모, 비감회심에 빠지는 등 많은 어려움이 있었으나 여기에 굴하지 않았습니다. 특히 수운대신사님은 득도의 마지막 순간에 매우 어려운 시련에 직면하기도 하였습니다. 한울님은 먼저 "네가 지금 그릇된 세상을 건지고 도탄에 빠진 창생을 살리고자 하니 그 뜻을 이루고자 하면 금력과 권력이 필요할 것이다. 그러므로 내 너에게 백의재상白衣宰相을 주어 금력과 권력으로 천하를 다스리게 하리라." 하셨습니다. 수운대신사님은 "부귀는 본래 소원이 아닙니다. 이 세상은 돈과 권세로 망하게 되었거늘 다시 부귀로 세상을 건지라 하시니 이것은 사나운 것으로 사나운 것을 바꾸는 격이라. 저는 그것을 원치 않습니다." 라고 하셨습니다. 한울님은 다시 "권모술수로서 세상을 건지라" 하시니 대신사께서는 "이 세상은 권모權謀와 간교奸巧로서 망하였는데 어찌 다시 작은 꾀로써 백성을 속여 일시의 평안을 도모 하겠습니까. 이것도 원치 않습니다." 하셨습니다. 한울님이 다시 "그렇다면 나에게 조화의 술법이 있으니 이것으로서 세상을 건지라." 하시니 수운대신사님은 "이것은 이치에 어긋나는 일이라, 만물이 모두 무위이화의 이치로 자라고 사는데 어찌 이치를 어기는 술법으로 세상을 건지겠습니까." 하고 대답하셨습니다.

이런 대화 끝에 수운대신사님은 "한울님이 또한 그릇된 도道로써 가르치시니 내 이제부터는 다시 한울님의 명교命教를 듣지 않으리라." 작정하고 11일간이나 단식을 하면서 죽음을 각오하고 침사 명상 수련을 계속하셨습니다. 시련과 시험에 결사 응전하신 끝에 드디어 오심즉여심吾心卽汝心의 경지에 들어가 무궁 무궁의 대도大道를 받으시게 되었던 것입니다.

의암성사님도 공주 가섭사 49일 기도 때 해월신사님의 지시로 솥을 일곱 번이나 고쳐 걸었으나 조금도 불만을 나타내지 않았다는 이야기가 있습니다. 그 또한 시련을 잘 극복하는 공부를 하는 과정이었던 것입니다.

삿된 나를 버리고 천인합덕의 경지로 나아가야

다시 말하지만, 수도 과정에서 시련을 겪는 것은 모두 스스로가 지은 과거의 원인에서 오는 것이라고 할 수 있습니다. 시련이란 그 인과의 고리를 초탈하여 본래의 나로 돌아가는 데 필요한 최소한의 비용이라고 할까요.

수도 과정에서 가장 일반적으로 직면하는 시련은 감정 조절 문제입니다. 희로애락의 감정을 잘 조절하면 달도자達道者요 초월하면 해탈자라고 할 수 있습니다. 그런데 물욕이나 감정의 시련보다 더욱 극복하기 어려운 시련은 나 자신을 버리는 단계입니다. 온갖 유혹과 시련을 극복하고 물욕과 감정과 나 자신을 다 버리고 천인합덕天人合德이 되어야 한울사람이 되고 지상신선, 도성입덕의 경지에 이를 수 있습니다. 욕심과 감정과 나 자신을 버리지 못하는 한, 시련의 악순환은 반복될 것입니다. 그 모든 것을 버려야만 살아서도 신선, 죽어서도 신선이 될 것입니다.

어떠한 어려움과 시련이 오더라도 참고 이기며 사계명을 일심으로 지키면서 끊임없는 전진을 해야 합니다. 수도는 나와의 싸움이요 시련과의 전쟁이라고 할 수 있습니다. 나와의 싸움에서 지고 시련에 굴복하면 낙방입니다. 수도생활 중 대수롭지 않은 일로 부부싸움을 하고 또 교인 간에 갈등이 생겨서 신앙 자체를 포기해 버렸다는 이야기를 들은 적이 있습니다. 물론 그분들은 아직 심주心柱가 서지 않은 초보자일 것입니다. 그 작은 시련에 굴복하는 연약한 마음으로는 무극대도를 닦을 수 없는 것입니다.

시련을 넘어 자유 극락의 새 세계를 건설하는 우리의 수련

우리는 오늘날 많은 시련에 봉착해 있습니다. 개인적 · 가정적으로, 교회적 · 국가적으로 크고 작은 시련의 파도를 헤쳐 나가야 합니다. 그러나 두려워 할 것 없습니다. 그 모든 시련은 행복을 맞이하기 위한 진통이라는 것을 알고 슬기롭게 극복해 나가야 합니다. 그리 하려면 무엇보다도 기어이 한울사람이 되어 한울 나라를 건설하고야 말겠다는 큰 희망과 신념과 의지를 굳건히 해야 합니다. 그리고 경천순천하고 천명에 따르겠다는 마음, 모든 책임을 내가 지고 다른 사람의 잘못을 용서하고 오로지 대도의 목적달성을 향해 전진하겠다는 마음가짐과 생활태도를 취해야 할 것입니다.

우리는 어떠한 시련이 다가 오더라도 사계명을 마음에 새기고 헛된 욕심과 망상에 현혹되거나 굴하지 않고 칠전팔기七顚八起, 일보 후퇴 이보 전진하는 정신으로, 또 서로 협조하고 서로 격려하면서 나가야 합니다. 스승님들의 가르침을 받들어 언제나 바르고 밝고 착하고 의로운 마음, 기쁜 마음, 감사한 마음, 위하는 마음으로 중단 없이 계속 전진해야 할 것입니다.

신앙통일信仰統一과 규모일치規模一致

신앙통일과 규모일치는 대도창명大道彰明의 기본적인 필요조건입니다. 대도창명이 되어야 모든 사람이 행복하게 살 수 있고 민족의 평화통일과 포덕천하 광제창생 보국안민 지상천국 건설의 대도의 목적을 성취할 수 있습니다. 신앙통일과 규모일치를 이루지 못하면 도통은 고사하고 산하의 큰 운수가 다 이 도에 돌아오는 성운을 받아들이지도 못하고 도리어 역사의 뒷전으로 밀려난다는 것을 염려하지 않을 수 없습니다.

무극대도가 아니면 난국에 처해서 생명을 구할 길이 없고, 천도교의 발전 없이는 사회의 혼란을 막을 길이 없고, 도탄에 빠져 헤매는 창생을 구할 길이 없다는 생각을 해 보면 신앙통일과 규모일치가 얼마나 소중하고도 시급한 과제인가를 알 수 있습니다. 우리가 신앙통일과 규모일치를 이루어야 개인 도통과 기관 도통을 이룰 수 있고, 신비적 천계문天啓文과 신총신혜神寵神惠를 베풀면서 인류가 한 가족 같이 사는 새 세계를 실현할 수 있을 것입니다. 뿐만 아니라 천도교가 신앙통일과 규모일치가 되어야 다종교 사회에서 모든 종교의 화합을 주도할 수 있고 나아가 모든 종교의 신앙통일을 이루고 지상천국 건설의 목적을 달성할 수 있게 될 것입니다.

의암성사께서 "각자 자기의 습관천을 믿지 말고 오직 자아 본래의 한울님을 믿는 것으로서 신앙을 통일하라. 교회의 전체 행복은 교인의 신앙통일과 규모일치가 되는 데 있느니라." 고 하시고 "신앙통일은 먼저 정신통일에서 시작되는 것이니 경전의 문구만을 추구치 말고 오로지 대도의 진리를 직각하는 데 노력하여 조용히 천지미판 전의 소식을 들으라" 고 하셨습니다. 또 "규모일치는 행동 통일이니 각자 자기의 지력으로 판단하여 자행자지하지 말고 오직 사회(教會)의 결의에 의하여 제정된 규범을 절대 엄수하라." 하시고 "인내천人乃天의 일대 목적과 성신환신性身換信, 규모일치, 지인공애至仁公愛의 삼대 강령과 성경신법誠敬信法 사과四科와 주문, 청수, 시일, 성미, 기도의 오관은 교회가 제정한 유일한 규모"라고 말씀하셨습니다.

자아 본래의 한울님을 믿으며, 천지미판 전의 소식을 들으라

신앙통일을 이루는 길은 두 가지가 있습니다. 첫째는 "각자가 자기의 습관천을 믿지 말고 자아 본래의 한울님을 믿는 것으로써 신앙을 통일하라" 고 하셨습니다. 한울님 모심을 믿되 내 마음이 바로 한울이라는 것을 알아야 하고, 내 마음이 한울님이라고 믿되 습관된 마음이 아니라 자기 본래의 마음이 한울님이라는 것을 분명히 알고 믿어야 한다는 것입니다. 이것이 천도교 신앙의 기본이라 할 수 있습니다. 마음이 한울이라고 해서 습관된 마음을 한울님으로 생각하면 그것은 옛날 미개한 신앙을 하는 것보다도 못한 결과를 가져올 것입니다.

그러니까 마음의 근본은 하나지만 그 작용을 둘로 나누어 보아야 합니다, 즉 습관된 마음과 본래의 마음입니다. 밉다, 곱다, 괴롭다, 슬프다, 안타깝다 등과 같이 복잡하게 작용하는 마음은 습관된 마음이요 한울님 마음이 아닙니다. 그 안에 본래의 마음이 있습니다. 욕심도 감정도 아집도 없고 선도 악도 없는 어린아이의 마음, 청정무구清淨無垢한 그 본래의 마음이 한울님 마음입니다. 본래의 마음을 믿고 공경하고 정성을 다 해서 섬기고 받들고 합일을 추구해 나감으로써 건전한 신앙을 할 수 있고 신앙통일을 할 수 있습니다. 습관된 마음은 사람마다 얼굴 모습이 다르듯이 각양각색이지만 본래 마음은 오직 하나입니다. 이 마음은 모든 사람과 만물과 우주를 하나로 꿰뚫어 있는 것입니다.

둘째는 천지미판天地未判 전 소식을 들어야 한다고 하셨습니다. 의암성사께서는 교인 각자가 천지미판 전 소식을 들어야 정신통일이 되고 자아 본래의 한울님을 믿게 되고 신앙통일이 되어 교회 전체의 행복과 발전을 이룰 수 있다고 하셨습니다.

여러분! 천지미판 전 뉴스를 들어 보셨습니까? KBS나 MBC 뉴스 말고 천지미판 전 뉴스를 들어야 합니다. 이 세상 소식이 아니라 천지가 생기기 전, 무형의 세계 소식 말입니다. "아니 지금 세상 소식도 모르겠는데 우주가 생기기 전, 그 소식을 어떻게 들으며 또 그것을 들어서 무엇을 하느냐?" 이렇게 의문을 가질 분이 많을 것입니다. 그러나 의암성사님은 분명히 천지미판 전 소식을 들어야 한다고 말씀하셨습니다. 현대인들은 이 세상 소식만 알고 천지미판 전 소식을 알지도 못하고 알려고도 하지 않는 데 문제가 있습니다. 천지미판 전 소식을 모르기 때문에 온 세상 사람이 자기 자신을 잃어버리고 각자위심하여 불순천리 불고천명 하면서 온갖 죄를 저지르고 전쟁과 질병과 가난과 파멸의 함정에 빠져 헤매고 있는 것입니다.

세상 소식을 모르면 세상사에 다소 어둡고 말겠지만 천지미판 전 소식을 모르면 가장 소중한 자기 자신을 잊어버립니다. 천지미판 전 소식은 잊어버린 나를 찾아 주는 소식입니다. 광명의 소식이요 평화의 소식이요, 기쁨과 희망의 소식이요, 만사여의 도성덕립의 소식이요, 나와 내 가정의 진정한 행복을 찾고 민족과 인류를 구하는 희소식입니다.

그러므로 우리는 매일 이 천지미판 전 소식을 들을 수 있어야 합니다. 다시 말씀드리면 천지가 생기기 전 소식을 들음으로써 나의 근본을 알아 본래의 나, 영원한 나, 참 나를 찾을 수 있고, 마음을 깨끗하게 할 수 있고, 모든 죄악에서 벗어나 새 사람이 될 수 있고, 모든 어려움을 슬기롭게 극복할 수 있는 지혜와 능력을 얻게 됩니다. 항상 즐겁게 건강하게 살 수 있고, 모든 일을 뜻대로 할 수 있고, 진리를 깨달을 수 있고, 자아완성 · 도성덕립 할 수 있고, 동귀일체 할 수 있고, 대도大道의 목적을 달성할 수 있게 됩니다.

인생의 모든 문제를 해결할 수 있는 길이 바로 여기에 있습니다. 한울님과 통하면 진리를 직각하는 길을 찾고, 이심위사以心爲師하여 마음의 가르침을 받으면 진리를 직각하는 데 들어가게 되고, 천지미판 전 소식을 들으면 활연관통해서 대도의 진리를 직각하게 될 것입니다. 직각直覺은 누구의 말을 듣고 깨닫는 것이 아니라 한울님과 직접 통하여 깨닫는 것을 말합니다.

천지미판 전 소식을 듣는 주파수는 마음의 0번

그러면 어떻게 천지미판 전 소식을 듣겠습니까? KBS 뉴스는 9번을 누르면 됩니다. MBC 뉴스는 11번을 누르면 됩니다. 천지미판 전 뉴스는 몇 번을 눌러야 할까요? 바로 마음의 0번을 눌러야 합니다. 즉 마음을 비워 고요하게 하고 주문을 열심히 외워야 천지미판 전 뉴스를 들을 수 있습니다. 주위 환경이 시끄러우면 TV 뉴스를 듣지 못하듯이, 내 마음이 복잡하고 교만하면 천지미판 전 소식을 듣지 못합니다. 그러므로 천지미판 전 소식을 들으려면 첫째, 물욕과 감정과 아집 등 육신관념을 다 버려야 합니다. 교만하고 남을 미워하고 높은 체하고 원망하는 마음, 시기하는 마음을 다 버려야 합니다. 그래야 마음을 비워 고요하게 할 수 있고, 그런 연후에야 말도 없고 글도 없는 조용한 속에 은은히 천지미판 전의 소식이 들려올 것입니다.

옛날 중국에 달마대사라는 유명한 스님이 있었습니다. 하루는 어떤 사람이 찾아와서 제자가 되어 수도를 하겠다고 말했습니다. 달마대사는 받아들이지 않고 한마디로 퇴짜를 놓았습니다. 그러나 그 사람은 돌아가지 않고 한 겨울 눈이 펑펑 내리고 찬바람이 부는데도 그 자리에 그대로 서 있었습니다. 사흘이 지나 달마대사가 다시 와서 "작은 꾀와 욕심에 가득 찬 교만한 마음을 가지고 어떻게 도를 닦겠다고 하는가?" 라고 하면서 쫓아내려 했습니다. 그랬더니 그 사람은 그 자리에서 칼로 자신의 팔을 뚝 잘라 버렸습니다. 그제서야 달마는 그 사람을 제자로 받아들였습니다.

진리를 찾기 위해 팔 하나를 기꺼이 잘라 버렸다는 이야기, 그 사람의 구도 정신을 다시 한 번 생각해 볼 필요가 있습니다. 우리는 특히 스물두 번이나 절명絶命하시면서 또 목을 잘리면서도 오직 천명天命을 받드셨던 수운 대신사님의 거룩한 순도정신을 생각하면서 사사로운 욕심과 감정과 아집을 용감하게 잘라 버려야만 천지미판 전 소식을 들을 수 있을 것입니다.

둘째, 경전에 "보였는데 보이지 아니하고 들렸는데 들리지 않는데 이르러야 가히 도를 이루었다 이를 것이요, 밖으로 접령接靈하는 기운이 있음과 안으로 강화降話의 가르침이 있음을 확실히 투득해야 가히 덕을 세웠다 말할 것이니 그렇지 못하면 탁명이나 하였다는 것을 면치 못할 것" 이라는 말씀이 있습니다. 강령 강화의 체험을 통해서 한울님 모심을 깨닫고, 자천자각, 해탈, 견성의 경지에 이르러 마음이 지극히 고요한 경지에 이르러야만 천지미판 전 소식을 들을 수 있다는 말씀입니다. 강령 강화를 체험하지 못하면 견성각심見性覺心을 할 수 없고, 견성각심 공부를 하지 않으면 마음을 비울 수 없고 천지미판 전 소식을 듣지 못하는 것입니다.

셋째, 마음을 스승으로 삼아서以心爲師 마음의 가르침을 받아야 합니다. 초보 과정에서는 선각자의 지도를 받아야 하지만, 차차차차 자천자각이 되면서 마음을 스승으로 삼고 마음의 가르침을 받게 됩니다. 마음으로써 스승을 삼아 굳세어 빼앗기지 아니하며剛而不奪, 정하여 움직이지 아니하며定而不動, 부드러우나 약하지 아니하며柔而不弱, 깨달아 매혹하지 아니하며惺

而不昧, 잠잠하나 잠기지 아니하며默而不沈, 한가하나 쉬지 아니하며閒而不息, 움직이나 어지럽지 아니하며動而不亂, 흔들어도 빼어지지 아니하며擾而不拔, 고요하나 잠기지 아니하며靜而不寂, 보이나 돌아보지 아니하며視而不顧, 능력이 있으나 쓰지 않을 것이니라有能不用 하는 경지에 이르러야 할 것입니다.

그리하여 생각하나 생각하는 것 같지 아니하고思不如思, 보이나 보는 것 같지 아니하고視不如視, 말하지만 말하는 것 같지 아니하고言不如言, 들으나 듣는 것 같지 아니하고聽不如聽, 앉으나 앉은 것 같지 아니하고坐不如坐, 서나 선 것 같지 아니하여立不如立하여 황연한 본래의 맑고 깨끗한 경지에 이르러야 할 것입니다. 그래야만 천지미판 전 소식을 분명히 들을 수 있습니다.

천지미판 전 소식을 들으라

우리가 노래 소리를 들으면 즐겁습니다. 천지미판 전 소식을 들으면 그것과는 비교도 할 수 없는 한없는 기쁨이 솟아오를 것입니다. 언제나 즐거운 마음, 감사한 마음, 남을 위하는 마음으로 살 수 있습니다. 다른 사람의 잘못을 모두 용서하는 너그러운 마음이 될 것입니다. 모든 병이 물약자효勿藥自效가 되어 건강한 몸이 될 것입니다. 모든 일이 생각대로 이루어지고 얼굴은 선풍도골이 되고 많은 사람과 화합하고 진리를 깨달아 천인합일의 경지에 이르게 될 것입니다. 죄악의 암흑에서 헤매던 사람도 천지미판 전 소식을 들으면 하루아침에 광명을 찾고 새 사람이 될 것입니다.

그뿐만이 아닙니다. 천지미판 전 소식을 들으면 대우주, 대정신, 대생명 속에 내가 있음을 깨닫게 되고 따라서 원각성圓覺性, 비각성比覺性, 혈각성血覺性을 마음대로 활용하게 되고 천체자용天體自用, 자지자용自地自用, 오용자유吾用自由가 되어 천지조화를 임의대로 하고 천지만물을 마음대로 쓰고 화와 복을 마음대로 하는 경지에도 이르게 되리라 생각합니다. 필시 그렇게 될 것입니다. 천지미판 전 소식, 우리 모두 이것을 듣도록 노력합시다.

다음으로 우리는 규모일치, 즉 행동 통일을 하도록 힘써야 합니다. 인내천의 일대 목적과 삼강三綱, 사과四科를 체행하는 동시에 우선 온 가족과 함께 오관五款을 실행하면서 수련을 해야 도를 깨닫고 규모일치를 할 수 있을 것입니다. 특히 시일식에는 한 번이라도 빠지면 안 된다고 생각합니다. 부득이 불참할 경우에는 그 시간에 현 위치에서 심고라도 해야 합니다.

그리고 교회의 규범을 잘 지키는 동시에 교회의 각 기관을 존중하고 회의의 결의를 따르면서 수련을 해야 합니다. 모든 교인은 중앙총부와 교구를 비롯한 교회의 각 기관을 존중하고 교회는 교인 한 사람 한 사람을 한울같이 섬기고 모든 의견을 존중하고 수렴해서 회의의 결의를 거쳐 실행에 옮겨야 합니다. 이리하여 교회와 교인이 완전히 하나가 되어야 합니다.

『의암성사법설』에 "우리가 항상 지켜야 할 조건은 신앙을 99분으로 하고 규제를 1분으로 할 것이니…1분의 규제를 위반하는 사람이 어떻게 99분의 신앙을 할 수 있겠느냐…"라는 말씀이 있습니다. 규모일치는 어려운 것 같지만 쉬운 일이고, 먼 것 같지만 가장 기초적인 일인 것입니다.

이와 같이 신앙통일과 규모일치의 수도생활을 잘 해 나가야만 천지무궁天地無窮의 근본과 도道의 무극無極한 이치를 환하게 알게 되고, 대도견성大道見性이 되어서 길흉화복과 천지조화를 임의대로 하게 되고, 만리 만사를 분명히 알게 되고, 무궁한 이 울 속에 무궁한 나를 찾게 되고, 도성덕립道成德立의 정상에 성큼 오르게 되리라 생각합니다. 그 자리에는, 드디어 원처근처 어진 선비 풍운같이 모아드는 거룩한 장면이 펼쳐질 것입니다.

이상으로 신앙통일과 규모일치 - 도통의 길, 도성덕립, 대도중흥, 포덕광제의 시나리오를 한번 작성해 보았습니다. 꿈이나 생각만이 아닌 현실로 다가오기를 여러분과 함께 간절히 바라면서 마치겠습니다.

보국안민의 길

- 민족통일과 천도교

천도교는 개인의 도성입덕과 포덕천하 광제창생 보국안민 지상천국 건설을 목적으로 하는 종교입니다. 한울님의 덕과 인내천 진리를 온 세상에 널리 펴서 사람마다 경천순천敬天順天하고 도성입덕하여 지상신선地上神仙의 대평화 대행복을 찾게 하고, 가정마다 가도화순하여 행복한 가정이 되게 하고, 나라마다 보국안민하여 온 국민이 물심양면으로 풍요로운 생활을 하게 하고, 온 세상 사람이 동귀일체하여 이 땅 위에 전쟁과 질병과 가난, 그리고 불합리 · 부자유 · 불평등이 없는 이상세계, 지상천국을 건설하자는 것이 천도교가 지향하는 큰 목표입니다. 이것은 한울님과 스승님의 간절한 뜻이요, 용담수류사해원龍潭水流四海源의 정신이요 심법心法입니다.

그러므로 우리는 자아완성과 도가완성을 위해 노력하면서 동시에 보국안민을 위한 지극한 기도와 쉼없는 노력을 기울여야 할 것입니다. 그런데 보국안민하려면 우선 우리나라가 안고 있는 과제가 무엇인가를 확실히 알고 그 근본 해결책을 찾아 현명하게 실행해 나가야 할 것입니다. 수운대신사님은 "기험하다 기험하다 아국운수 기험하다" "함지사지 출생들아 보국안민 어찌 할꼬" "우리나라는 악질이 세상에 가득 차서 백성들이 언제나 편안할 때가 없으니…" "보국안민의 계책이 장차 어디서 나올 것인가"라고 하시면서 앞으로 어려운 일이 있을 것을 말씀하시고 나라와 백성을 크게 근심하셨습니다. 그리고 "한울님이 내 몸 내서 아국운수 보전하네" "태평성세 다시 정해 국태민안 할 것이니"라고 희망과 용기를 주시고 사명감을 불러 일으켜 주셨습니다.

오늘날 우리나라가 안고 있는 과제 가운데 가장 중요한 것은 통일입니다. 통일은 우리 민족의 지상 과제입니다. 우리 민족은 장장 60년이 넘도록 분단의 비운을 해결하지 못하고 몸부림치고 있습니다. 통일을 해야 편안하게 살 수 있고, 보국안민해서 선진조국을 건설할 수 있고, 세계평화·지상천국을 실현할 수 있습니다. 천도교는 우리 민족과 운명을 같이 해 왔고 앞으로도 영원히 운명을 같이 해야 할 종교로서 통일의 책임을 스스로 감당해 나가야 합니다. 따라서 천도교인들은, 특히 청년 동덕들은 교회와 이 나라의 주인임을 꼭 명심하고 지극한 기도와 노력으로 통일의 길을 힘차게 열어 나가야 할 것입니다. 천도교는 민족통일의 새 역사를 열어 나갈 때 비로소 대도중흥大道中興의 꽃을 피울 수 있습니다.

보국안민의 지상과제, 민족통일

그러면 우리는 왜 통일을 해야 하는지, 통일이 되지 않는 이유는 무엇인지, 통일의 방법, 통일 조국의 미래상, 통일 성취 과정, 통일의 전망과 우리의 과제 등을 하나하나 살펴보아야 하겠습니다.

첫 번째는 우리는 왜 통일을 해야 하는가라는 문제입니다. 첫째, 우리 민족은 운명을 같이 해야 할 하나의 민족입니다. 요즘들어 다문화 사회로 접어들고 있어서 그동안 강조해 오던 '단일민족' 이라는 용어는 안 쓰자는 사회적인 분위기가 있습니다마는 '민족' 의 개념은 확장하고 심화해 나가야 할 내용이지 폐기해야 할 것은 아니라고 생각됩니다. 둘째, 민족의 분단은 조상에게 죄를 짓고 후손에게 슬픔과 고통을 남겨주게 될 것입니다. 셋째, 분단은 외교, 국방비 등의 국력을 낭비하게 됩니다. 넷째, 이산가족의 고통을 하루속히 해결해야 합니다. 다섯째, 통일이 되지 않으면 전쟁의 위협에서 벗어날 수 없고 항상 불안과 공포 속에서 살아야 합니다. 또한 우리나라의 분단은 동북 아시아의 안정과 세계 평화를 위협하는 요인이 됩니다. 여섯째, 민족의 이질화 현상이 심화되고 있습니다. 생각과 말과 행동이 달라지고 있습니다. 일곱째, 통일이 안 되면 선진국이 될 수 없고 주변국들의 멸시를 받게 됩니다. 중국의 고구려역사 왜곡, 일본의 독도영유권 주장도 그래서 나오는 것입니다.

두 번째로, 통일을 이루지 못하는 대내적 · 대외적 요인을 살펴보아야 하겠습니다. 첫째, 민족 자주정신 상실이 문제입니다. 둘째, 화합정신 부족, 셋째, 이념과 체제 대립의 근원적 해결책인 인내천 사상이 사회적으로 온전히 부각되지 못하고 있습니다. 넷째, 통일주체 세력이 너무나 미약합니다. 다섯째, 민족의 동질성 상실이 심화되고 있습니다. 여섯째, 통일 방안 연구와 기도와 노력 부족도 한 이유입니다. 일곱째, 도덕성 상실, 사회의 부패, 정치 · 경제력의 미약함도 원인이 됩니다. 여덟째, 통일을 이루지 못하는 대내적 근본 원인은 천도교가 침체해 있기 때문이라고 할 수 있습니다. 이에 더하여 대외적으로 미 · 일 · 중 · 러 등 주변국들의 복잡 미묘한 이해관계가 우리의 통일을 어렵게 하고 있습니다. 경전에 '오수부동'五獸不動이라는 말씀이 있습니다. 닭, 개, 사자, 고양이, 범이 한자리에 모이면 서로 견제되어 움직이지 못한다는 말입니다. 지금의 우리 나라를 둘러싼 주변의 형세가 바로 오수부동이라는 생각이 듭니다.

민족의 통일은 3 · 1정신 선양으로부터 시작된다

세 번째로, 통일 대업을 달성하기 위해 남북이 공동으로 내세울 수 있는 3 · 1정신으로 민족의 대화합을 이루고 인내천 진리로 인도하는 문제입니다. 저는 최근에 간성에서 개최한 평안북도 지도자 수련회(약 2백명)와 충주에서 개최한 이북5도 새마을 지도자 연찬회(약 2백명)의 초청으로 강연을 하면서 민족통일은 3 · 1정신으로 해야 한다고 외쳤습니다. 모두들 천도교를 좋아하고 매우 반응이 좋았습니다. 때가 되었다는 생각이 들었습니다. 3 · 1정신은 민족통일 정신의 공통분모라고 할 수 있습니다. 첫째, 민족정기, 민족 자주 정신의 꽃이요 열매입니다. 둘째, 민족 대화합의 핵심 정신입니다. 셋째, 모든 사상을 근원적으로 합일하는 사상입니다. 넷째, 자유 · 평등 · 평화의 이상적 민주국가 건설의 기본 정신입니다. 다섯째, 도의사회道義社會 건설을 위한 정신입니다. 여섯째, 비폭력, 희생정신, 충효정신이요 불합리한 잔재를 혁신하는 정신입니다. 일곱째, 종교화합, 세계평화를 지향하는 정신입니다. 이러한 3 · 1정신은 상해 임시정부의 정신적 기반이 되었으며, 3 · 1정신의 뿌리는 인내천이요 이신환성以身換性이라는 점도 반드시 기억해야 할 것입니다.

네 번째는 통일의 방법론에 관한 것입니다. 통일은 평화통일과 전쟁에 의한 무력통일 또는 체제 붕괴와 흡수통일 등 여러 가지 방법이 있다고 봅니다. 그러나 전쟁은 핵무기로 인한 국토의 초토화, 대량살상 등 공멸共滅의 엄청난 희생이 뒤따르므로 평화통일이 우리가 추구해야 할 유일한 통일 방법론입니다. 전쟁을 통한 통일이라는 것도 어불성설이지만, 북한 체제가 갑자기 무너질 경우 대 혼란과 경제적 큰 부담을 안게 된다는 것도 생각하면서 적극적으로 평화통일을 추구해야 할 것입니다. 평화통일을 성취하려면 하루속히 3 · 1정신을 선양하고 천도교의 발전으로 민족 자주의 정신적 기반을 조성하고, 남북 평화협정 체결과 국제적 협력 보장으로 남북 평화 정착을 이루고, 남북 교류 상호 협력 단계와 2정부 2체제 1연합 조정 과정을 거쳐 1정부 1체제로 융화통일이 되고 완전 통일로 나가야 할 것입니다.

통일조국의 미래상을 구체적으로 그려야

다섯 번째 과제로는 통일조국의 모습, 그리고 미래상을 구체적으로 그려 보는 일입니다. 우리의 통일 조국은 인간의 존엄성(홍익인간, 인내천, 事人如天을 바탕으로)을 최고로 하고 3·1정신과 충효사상의 사상적 기초 위에 온 민족이 자아완성自我完成과 인화人和, 봉사와 도덕을 최고 가치로 알고 스스로 법 질서를 지키면서 이념과 체제 갈등을 극복·초월하는 인내천 사상을 실천하는 나라가 되어야 할 것입니다. 또한 물심양면으로 풍요를 누리는 한편, 모든 종교가 화합하고 진정한 자유·평등·평화의 큰 행복을 누리면서 무궁히 발전하는 이상적 민주 복지국가, 도덕문명 선진국이 되어야 할 것입니다. 그리고 더 이상 약소국이 아니라 인류의 항구적 평화와 세계일가의 새 세계 건설의 선두에 우뚝 서서 인내천 진리의 횃불을 높이 들고 앞장서 나아가는 자랑스러운 나라, 명실공히 부강한 선진국이 되어야 할 것입니다. 그때 비로소 보국안민이 완성되는 것입니다. 수운대신사께서 "한울님이 내 몸 내서 아국 운수 보전하네" "태평성세 다시 정해 국태민안 될 것이니…"라고 하신 것도 바로 그 뜻입니다. 통일이 되면 우리나라는 미래의 태평양시대를 주도하는 선진국이 될 것입니다.

대세는 통일, 그러나 과정은 험난 - 남과 북 모두 변화해야

여섯 번째 과제로 민족 통일의 전망을 어떻게 보느냐 하는 것입니다. 시대의 큰 흐름은 분명 평화통일의 길로 가고 있습니다. 그러나 그 과정에서는 굴곡이 있는 것도 사실입니다. 이런 때일수록 잘못 처변하면 위기에 봉착하여 전쟁과 대 혼란이 야기될 수도 있다는 것을 명심해야 합니다.

지금 갖가지 장애물들이 나타나고 있지만, 궁극적으로 북한 체제는 개방과 변혁의 길로 나아갈 것입니다. 지구촌이 점점 긴밀한 상호 연계의 길로 나아가는 이때에 자유 · 평등 · 평화, 자율 · 민주 · 인화의 도는 거부할 수 없는 흐름으로 북한 체제에 변화를 불러오게 될 것입니다. 또한 전통적인 사회주의 체제가 주창하던 공동소유제도 남 · 북 경협이나 북 · 중 경협의 과정이 심화 확장될수록 새로운 형태로 발전해 가지 않을 수 없게 될 것입니다. 무엇보다 현재 북한 체제는 종교 신앙이 전면적으로 허용되지는 않고 있습니다. 그러나 인간에게서 종교심이 끝끝내 말살될 수도 없거니와 종교심이 상실된 사람들이 꾸려가는 사회는 사막과 같아서 진정한 평화와 도덕성을 실현하지 못하는 것입니다.

남한의 체제와 사회 역시 변화와 변혁이 요구되는 것은 마찬가지입니다. 무엇보다 민족 자주정신과 화합, 도덕 질서 의식을 확립하는 것이 급선무입니다. 그리고 사회에 만연한 분열과 부정부패를 청산해야 할 것입니다.

일곱 번째 과제는 천도교인들의 자세입니다. 온 민족을 포덕 교화할 수 있는 실력 배양과 수용 태세를 갖추어야 할 것입니다. 첫째, 전체 교인이 오관을 실행해야 합니다. 민족 포덕에 앞서 먼저 교인 모두가 오관을 성실히 실행하면서 도가완성이 되도록 힘써야 할 것입니다. 특히 온 가족이 시일식에 참례해야 합니다. 둘째, 정심수도, 극성수도를 해야 할 것입니다. 어려운 때일수록 극성수도를 하면 길이 열립니다. 극성수도로써 강령 · 강화를 체득하여 한울님 모심을 깨닫고 수심정기, 성경신, 이신환성의 수행과 신앙통일 규모일치를 이루고, 나아가 다념多念에서 일념一念, 일념에서 무념無念으로 나아가는 깊은 마음공부를 하여 진리를 직각直覺하고 도력道力을 길러 원만무결한 인격을 갖추고 포덕광제의 사명을 수행해야 할 것입니다. 그러면 진리도 깨닫고 화합도 되고 지혜와 능력을 얻게 되고 대도의 목적을 달성하게 될 것입니다. 셋째, 사인여천事人如天 실행입니다. 모든 사람에게 친절을 베풀고 봉사 활동을 해야 합니다. 넷째, 동귀일체와 포덕입니다. 수도하면서 그 방향으로 마음을 쓰고 노력을 하면 성과가 있으리라 생각합니다. 다섯째, 이신환성 역군을 육성 확보하는 일입니다. 포덕 53년부터 3년간 봉황각鳳凰閣에서 7차에 걸쳐 이신환성 49일 수련으로 483명을 배출하여 3백만 대교단을 이루고 3·1운동을 주도한 그 정신을 재현해야 합니다. 방법은 현실에 맞도록 하고, 수련과 교리 교사연구와 실천 행도가 병행되어야 할 것입니다. 3·1정신의 뿌리는 이신환성입니다. 여섯째, 환경보전 운동입니다. 우리가 살아야 하고 후손들이 영원히 살아가야 할 환경이 죽어가고 있습니다. 환경문제야말로 우리의 생존을 위협하는 심각한 과제입니다. 보국안민 운동과 환경보전, 생명운동을 병행해 나가야 할 것입니다. 천도교에 환경보전의 길이 있습니다.

이상의 일곱 부문에 걸친 과제들을 하나하나 해결해 나가는 노력들이 바로 보국안민을 실천하는 길이요, 오늘 이 시대의 천도교인들이 걸어가야 할 길이라는 말씀을 드리면서 설교를 마칩니다.

천도天道와 우리의 생활

우리는 현재의 삶이 어렵다고 느껴질수록 천도를 알고 천도에 순응하는 생활을 해야 하며 천도와 하나가 되도록 힘써야 합니다. 그래야 천도교인으로서의 보람을 느끼면서 건전하게 살 수 있고, 무궁한 나와 영원한 행복을 찾고 또한 사랑하는 자녀손들에게도 훌륭한 정신과 유산을 남겨 줄 수 있게 될 것입니다. 나아가 세상 사람들을 천도, 무극대도의 길로 인도할 힘을 얻게 될 것입니다. 반대로 천도를 모르고 세파에 휩쓸려 살게 되면 천도에서 이탈하는 생활을 하게 되고 결국 궤도에서 탈선된 기차와 같이 파멸에 직면하게 될 것입니다. 천도를 모르면 탈선, 방황, 질병, 암흑, 죽음의 길로 가게 될 것입니다. 천도를 알고 천도로 나아가면, 기쁨과 행복과 영원한 삶의 길로 가게 될 것입니다.

대신사께서는 경전 각 편 서두에는 반드시 천도를 설명하시면서 세상 사람들이 경천순천하는 생활을 하도록 가르치고 있습니다. 「포덕문」 첫머리에는 봄과 가을이 갈아들고 사시가 성하고 쇠함이 불천불역하는 천도의 질서를 설명하시고, 「논학문」에서는 천도의 무형유적無形有迹과 무위이화, 무왕불복無往不復의 이치를 설명하셨고, 「수덕문」에서는 천도의 원형이정元亨利貞을 말씀하시고, 「불연기연」에서는 천도의 불연기연을 말씀하시고, 「탄도유심급」에서는 산하의 운수가 다 이 도에 돌아오는 천도의 운을 말씀하시면서 우리의 생활 방향을 밝혀 주고 있습니다.

천도의 대의大義와 법성法性을 생각하고 체득하면 우리의 삶을 참된 방향으로 이끌어 나갈 수 있습니다. 저는 그것을 열 가지로 요약해 보았습니다.

천도에 이르기 위하여 거치는 열 개의 관문

첫째, 무극과 무궁입니다. 천도는 무극에 근원하여 무궁으로 흘러갑니다. 그러므로 우리는 무선무악無善無惡, 불생불멸不生不滅의 무극에 마음의 뿌리를 두고 무궁한 천도의 열차를 탐으로써 무궁한 행복을 누리며 무궁히 살아갈 수 있습니다. 우리는 언제나 무극의 근본 자리를 염념불망하면서 무궁한 이 울 속에 무궁한 나의 삶을 살아야 합니다. 그러기 위해서는 주문공부를 해야 합니다. 주문 공부로 마음을 시정지侍定知로 향하게 하고, 밖으로 접령接靈하는 기운과 안으로 강화의 가르침이 있음을 체험함으로써 시천주를 깨닫고 수심정기, 성경신, 이신환성의 수행으로 조화정造化定에 이르러 천덕사은 염념불망하여 만사지萬事知에 이르러야 할 것입니다.

둘째, 무위이화無爲而化입니다. 무위이화는 조화요, 함이 없이 화해 나는 것이요, 무형유적無形有迹이요, 자연의 이치요, 순리순도입니다. 무위이화는 조작이나 강제나 거짓이 없습니다. 사람은 본래 무위이화로 살게 되어 있습니다. 그런데 마음을 잃어버렸기 때문에 모든 일이 무위이화로 안 되고 뜻대로 안 되는 것입니다. 우리가 다시 무위이화의 삶을 회복하려면 수운대신사님 말씀대로 그 마음을 지키고 그 기운을 바르게 하고 한울님 성품을 거느리고 한울님의 가르침을 받아 모든 것이 자연한 가운데 화해 나오는 것(守其心 正其氣 率其性 受其教 化出於自然之中也)을 직접 체득해야 합니다. 그것이 바로 "입도한 세상 사람 그날부터 군자되어 무위이화 될 것이니 지상신선 네 아니냐." 하신 지상신선의 삶입니다. 또한 그것이 도통입니다.

셋째, 무왕불복無往不復입니다. 근본 본성本性은 가는 것도 없고 오는 것도 없지만 현상계는 가고 돌아오지 아니함이 없는 것無往不復이 천도의 이치입니다. 근본은 무거무래無去無來, 무선무악無善無惡, 불생불멸不生不滅, 무루무증無漏無增입니다. 그러나 현상계는 끊임없이 순환하면서 무궁히 발전하는 것입니다. 제자리걸음이 아니라 나선형의 발전적 순환을 합니다. 춘하추동 사계절이 순환하고 흥망성쇠 길흉화복이 전개되면서 새시대를 맞이하게 됩니다. 무원칙하게 순환하는 것이 아니라 천도의 원리에 의해서 순환하는 것입니다.

여기서 우주 질서에 인과의 법칙이 있음을 알 수 있습니다. 원인을 지으면 결과가 반드시 돌아오는 것입니다. 생각과 말과 행동으로 좋은 원인을 지으면 좋은 결과가, 좋지 못한 원인을 지으면 좋지 못한 결과가 돌아오고야 마는 것이 인과의 법칙이요, 무왕불복의 이치입니다. 무왕불복의 이치에 따라 낡은 것과 새것이 갈아들고 원인에는 반드시 결과가 뒤따른다는 것을 알고 모든 사물을 바르게 보고 처리해 나가야 합니다.

넷째, 원형이정元亨利貞입니다. 춘하추동, 성주괴공成住壞空, 생로병사가 자연의 이치요 천도입니다. 봄에 싹트고元 여름에 자라고亨 가을에 결실하고利 겨울에 간직하는貞 이치에 적응하면서 그때그때 맞는 일을 실행하며 또한 성공한 자는 간다成功者去는 원리를 잘 알고 살아야 합니다. 그것이 천도에 순응하는 생활입니다.

다섯째, 불연기연不然其然입니다. 천도는 무형과 유형, 근본과 지엽, 본체와 작용, 초월과 내재, 긍정과 부정 등 불연기연의 양면성을 보여 줍니다. 우리는 일용행사에서 한쪽만 보지 말고 불연기연으로 관찰해야 합니다.

여섯째, 개벽開闢입니다. 끊임없이 새로워지는 것이 천도입니다. 우리는 특히 정신개벽을 위한 수련을 끊임없이 지속해야 합니다. 그래야 천도에 순응하면서 나날이 새로워지는 생활을 하게 되고 새 가정, 새 교회, 새 나라, 새 세계 건설을 추구할 수 있습니다. 정신개벽을 모르면 낙오자가 됩니다. 나날이 새로워지는 사람은 천도에 순응하는 사람이요, 나날이 새로워짐을 느끼지 못하는 사람은 천도에 순응할 줄 모르는 사람입니다.

일곱째, 동귀일체同歸一體입니다. 천도는 동귀일체를 가리키고 있습니다. 우주에 신神은 오직 한 분입니다. 따라서 우주는 하나의 영체靈體요, 하나의 생명체입니다. 따라서 인오동포人吾同胞 물오동포物吾同胞요 인류가 한 가족입니다. 세상 사람이 다 이 원리를 깨달으면 싸움은 하루아침에 없어질 것입니다. 우리는 이 천도의 원리를 분명히 알고 온 세상에 널리 선양하면서 내 주위에서부터 싸움이 없는 살기 좋은 세상을 건설해야 하겠습니다.

여덟째, 원만圓滿입니다. 천도는 편파적 · 폐쇄적이 아니고 원만성 · 포용성을 가르칩니다. 따라서 우리는 편파심 · 독선 · 차별심을 버리고 무차별심으로 나아가 원만무결한 인격을 갖추고 모든 사람과 소통해야 할 것입니다. 그래야 천도에 순응해서 도성덕립이 될 것입니다.

아홉째, 천도는 만물 생성의 근본 원리입니다. 한울님은 만유의 부모로서 무사불섭, 무사불명하시며 잠시도 쉬지 않고 묵묵히 화생변화의 도를 행하십니다. 한울님이 잠시라도 쉬게 되면 우주는 즉시 파멸될 것입니다. 우리는 잠시라도 무위도식하지 말고 해월신사님과 같이 노고근면, 무언실천하면서 살아야 합니다. 그래야 천도에 순응하고 천도와 하나가 됩니다.

열째, 천도는 청정무구합니다. 경전에 '무량광대청정계'無量廣大淸淨界라는 말씀이 있습니다. 천도는 무한히 넓고 맑고 깨끗하다고 하였습니다. 대도는 한울도 아니요 땅도 아니요 산도 아니요 물도 아니요 황연한 본래의 깨끗한 것이라고 하였습니다. 우리는 부단히 마음을 닦고 닦아서 그야말로 청정무구한 진경, 무량광대청정계에 이르러 티끌 하나 없는 맑고 깨끗한 본래의 한울님 마음이 되도록 힘써야 합니다. 문제는 마음입니다. 강령이니 강화니 하는 것은 이 경지에 이르기 위한 수단이요 과정입니다. 청정한 마음이 되면 나와 천도가 하나가 되고 한울사람으로 자아를 완성하게 됩니다. 그러면 한울님의 지혜와 능력을 얻고 만사가 뜻과 같이 되고 진리를 깨닫고 무궁한 나와 영원한 행복을 찾게 될 것입니다.

천도에 이르는 관건은 마음을 비우는 것

우리는 마음을 비워야 합니다. 정말 마음을 비우려면 나를 죽었다고 생각하는 것이 좋습니다. 수도는 나와의 싸움입니다. 국가 간 전쟁, 종교·종족 간 전쟁, 사상 전쟁 등 온갖 싸움 중에서도 가장 어려운 것은 나와의 싸움입니다. 나와의 싸움에서 이기려면 나를 죽여야 합니다. 죽는 나는 거짓 나입니다. 내가 죽어야 희로애락을 초월하고 이신환성이 됩니다.

기독교에서는 죽어서 천당 간다 하지만 죽지 않고도 죽은 상태, 이것이 이신환성의 진경입니다. 충무공의 "살려면 죽고 죽으려해야 산다"生卽死 死卽生는 말씀도 같은 맥락입니다. 나를 죽었다고 생각하여 청정무구한 마음이 되면 몸은 청풍명월과 같이 지상신선이 되고 가정은 천국이 되고 우주가 내 집이 되고 기쁨과 희망이 가득 찬 희희아喜喜我 희희물喜喜物이 된다고 하셨습니다. 이리하여 나와 한울, 나와 천도가 하나가 되면 즉 아천아도我天我道하면 천도무량天道無量이 나에게 매이게 되어 천지조화를 임의대로 할 수 있게 되며 성심신삼단, 삼계천三界天의 가장 높은 경지에 이르게 된다고 하셨습니다.

관심일법觀心一法 총섭제행總攝諸行이라는 말이 있습니다. 마음을 비우면 우주를 지배할 수 있는 힘을 얻는다는 말입니다. 『무체법경』에 진심불염眞心不染이 되면 천체자용天體自用, 자지자용自地自用, 오용자유吾用自由라는 말씀이 있습니다. 진실로 참마음이 되면 천지조화, 우주질서를 임의대로 하고 천지만물을 자유로이 쓰고 길흉화복을 자유자재로 하게 된다는 말씀입니다. 온 세상 사람이 천도를 알고 천도의 길로 나가도록 가르치기 위하여 무극대도가 창명된 것입니다. 우리 모두가 극성으로 수도해서 천도를 알고 천도에 순응하고 천도와 하나가 되어 무극대도를 깨닫고 무궁한 나와 영원한 행복을 누리면서 온 민족과 인류를 이 천도의 길로 인도하는 천도의 큰 길에서 만나게 되기를 바랍니다.

천도天道의 법성法性

우리는 천도교를 하니만큼 천도의 법성法性을 잘 알고 천도와 나와 하나가 되도록 정심수도를 해야 할 것입니다. 천도에 다섯 가지 큰 법성이 있습니다.

첫째, 무궁無窮입니다. 천도는 무궁의 법성을 보여줍니다. 천도는 무궁에서 무궁으로 흘러가고 있습니다. 천도의 무궁성을 알고 무궁한 이 울 속에 무궁한 나를 찾고 무궁히 살면서 한울님의 무궁한 복록을 받도록 수련에 힘써야 하겠습니다. 나아가 세상 사람들로 하여금 천도의 무궁성을 알고 무궁의 삶을 살도록 인도해야 할 것입니다. 경전에 무궁에 대한 말씀이 많이 있습니다. "너는 무궁무궁의 도에 이르렀다.", "너에게 무궁무궁의 도를 주노니…." 及汝無窮無窮之道…, "무궁히 살펴내어 무궁히 알았으면 무궁한 이 울 속에 무궁한 내 아닌가.", "지기금지사월래 시천주 영아장생 무궁무궁 만사지" 至氣今至四月來 侍天主 令我長生 無窮無窮萬事知, 先生呪文 "신사영기 아심정 무궁조화금일지" 神師靈氣 我心定 無窮造化今日至, 神師呪文, "도道는 바로 대 선생님의 무극대도라 한 것은 시정지侍定知 세 글자로서 천지무궁의 근본을 밝히어 덕을 천하에 펴고 사람마다 덕에 합하고 도를 이루어 한평생 잊지 않게 한다는 것"(『의암성사 법설』「수수명실록」)이라고 하였습니다. 또 '무량광대청정계' 無量廣大清淨界라는 말씀이 있습니다. 그리고 신앙통일과 규모일치의 법설에 "조용히 천지미판天地未判 전前의 소식을 들으라"는 말씀이 있습니다. 그렇게 함으로써 무궁의 세계를 알고 활연관통해서 한울님의 무한지혜 무한능력 무한공급을 받게 될 것입니다. 무궁을 깨달을 때 생활에 놀라운 변화가 일어나게 되고 천인합덕, 도통의 길이 활짝 열리리라 생각합니다.

둘째, 무왕불복無往不復입니다. 「논학문」에 "지금 천령이 선생님께 강림하였다 하니 어찌된 일입니까?"라는 질문에 대하여 "무왕불복의 이치를 받은 것이니라"고 하신 말씀이 있습니다. 무왕불복은 가는 것도 없고 오는 것도 없다는 뜻과 가고 돌아오지 않는 것이 없는 무궁순환의 두 가지 뜻이 있습니다. 근본은 가는 것도 없고 오는 것도 없지만 현상계는 자연계와 인간계 모두가 순환하면서 발전하는 것입니다. 천체계天體界는 만법萬法의 인과因果에 따라 무위이화의 원리에 의해서 일월성신이 순환하고 춘하추동 사계절이 순환하고 만물이 순환합니다. 자연계自然界는 만상萬相의 인과因果를 따라 음양합덕, 원형이정元亨利貞, 이천식천以天食天의 원리에 의하여 생성화육이 순환합니다. 인간계人間界는 화복禍福의 인과因果에 의해 생각과 말과 행동에 따라 흥망성쇠, 길흉화복, 행복 · 불행이 순환합니다. 우리는 이 무왕불복의 이치와 후천운수의 근본, 순환지리, 인과의 법칙, 경천순천, 원만무궁의 길을 알고 여기에 맞는 생활을 해야 하겠습니다.

셋째, 무위이화無爲而化입니다. 대신사께서 동학과 서학과의 다른 점을 말씀하시면서 우리 도는 '무위이화'라 하시고 "그 마음을 지키고 그 기운을 바르게 하고 한울님 성품을 거느리고 한울님 가르침을 받으면 자연한 가운데 화해 나느니라"守其心 正其氣 率其性 受其教 化出於 自然之中也라고 하셨습니다. 이 말씀을 하나하나 체득하여 모든 일을 순리대로 하여 무위이화의 진경에 이르도록 힘써야 하겠습니다. "입도한 세상사람 그날부터 군자 되어 무위이화 될 것이니 지상신선 네 아니냐"라고 하셨습니다.

넷째, 개벽開闢입니다. "나도 또한 개벽 이후 노이무공 하다가서 너를 만나 성공하니 나도 성공 너도 득의 너의 집안 운수로다." "지금에 그대들은 가히 하지 못할 일을 생각지 말고 각자 고유의 정신을 개벽하면 만사의 개벽은 그 다음 차례의 일이니라." "만일 자기의 성령 육신을 자기가 개벽하지 못하면 포덕광제의 목적을 어떻게 달성하겠느냐." "정신을 개벽코자 하면 먼저 스스로 높은 체하는 마음을 모실 시侍 자로 개벽하고, 스스로 높은 체하는 마음을 개벽코자 하면 의심스럽고 두려운 마음을 정할 정定 자로 개벽하고, 의심스럽고 두려운 마음을 개벽코자 하면 아득하고 망령된 생각을 알지知 자로 개벽하고, 아득하고 망령된 생각을 개벽코자 하면 먼저 육신관념을 성령으로 개벽하라." "이 생각을 한번 개벽하면 이에 희고 흰 얼음과 눈의 깨끗함과 한울이 개이고 날이 밝은 광명과 산이 높고 물의 흐름이 방정함과 뜻이 크고 뛰어난 운학의 고상한 그것이 곧 참된 정신의 나이니, 이 나는 한울이 기울어지고 땅이 터지더라도 길이 이와 같을 것이요 바다가 마르고 돌이 녹아도 또한 이와 같을 것이라. 이 미욱하고 미욱한 세계를 돌아보고 개벽함에 무슨 어려움이 있으리오."(인여물개벽설) 이 모든 말씀이 우리의 급선무인 정신개벽의 당위성과 방향을 밝혀주고 있습니다.

다섯째, 동귀일체同歸一體입니다. 우주는 하나의 생명체요 인류는 한 가족입니다. 인오동포 물오동포人吾同胞 物吾同胞입니다. 그러나 온 세상 사람이 각자위심하여 불순천리 불고천명 하기 때문에 사회는 혼란의 악순환이 계속되고 있습니다. "쇠운이 지극하면 성운이 오지마는 현숙한 모든 군자 동귀일체 하였던가." "불과수삭 못하여서 각자위심 그 사람이 동귀일체 되었으니…." 우리는 동귀일체의 정신으로 화합의 선구적 역할을 해야 합니다. 선천시대에는 투쟁적이고 혁명적이어야 했지만 미래사회는 동귀일체의 원리를 알고 도덕적이고 화합과 평화를 추구해야만 합니다.

우리는 항상 천도의 법성法性을 생각하면서 여기에 맞는 생활을 해 나가면서, 나아가 세상 사람들을 이 길로 인도해야 하겠습니다.

천지미판전天地未判前 소식을 들읍시다

『의암성사법설』「신앙통일과 규모일치」에 "경전의 문구만을 추구치 말고 대도의 진리를 직각하는데 노력하여 조용히 천지미판 전의 소식을 들으라"는 말씀이 있습니다. 이 말씀은 『동경대전』「팔절」 첫머리에 있는 "밝음이 있는 바를 알지 못하거든 멀리 구하지 말고 나를 닦으라. 내 마음을 그 땅에 보내라"(不知明之所在 遠不求而修我. 送余心於其地)는 말씀을 풀어서 설명한 것이라고 생각합니다.

"천지미판 전의 소식을 들읍시다"라는 말씀은 깊은 공부를 하지 않고서는 무슨 뜻인지 알 수 없는 매우 어렵고 심오한 뜻이 담겨 있는 말씀입니다. 그러나 천도교인들은 반드시 거쳐야 할 중요한 과제라는 것을 알아야 합니다. 이 말씀은 천도교 수도생활에 반드시 거쳐야 할 세 가지 큰 관문 중의 하나입니다. 그 제1관문은 강령降靈이요, 제2관문은 수심정기守心正氣요, 제3관문은 이신환성以身換性과 견성見性 그리고 천지미판 전의 소식을 듣는 일입니다. 이 관문을 통과하지 않고서는 진리를 깨달을 수 없고 자아완성에 이를 수 없습니다. 이 관문을 거치지 않고서는 한울님의 무궁한 복록을 받을 수 없고 지상신선의 대평화 대행복의 진경에 이를 수 없습니다. 모든 교인들이 이 공부를 지성으로 해야 천지무궁의 근본을 깨닫고 동귀일체의 새 교단을 이루고 보국안민 포덕광제의 목적을 성취할 수 있습니다.

관건은 수도입니다. 수도를 하되 극성수도를 해야 합니다. 천도교에 입교를 하고도 수도를 하지 아니하면 학교에 입학하고도 공부를 하지 않는 것과 같습니다. 수도를 하되 길을 잘 알고, 절차와 과정을 잘 알고 정심수도正心修道를 해야 할 것입니다. 먼저 강령의 관문을 통과하고 이어서 영부靈符와 강화降話를 받음으로써 한울님 모심을 몸과 마음으로 증험해서 시천주侍天主를 깨달아야 합니다. 자세를 바르게 하고 지난 날의 모든 허물을 참회하고 한울님과 스승님의 은덕을 간절히 생각하면서 열심히 주문을 외우면 한울님 기운과 내 기운이 하나가 되고, 한울님 마음과 내 마음이 하나가 되면서 강령이 되고, 강령이 되면 영부를 받게 되고, 한울님의 가르침을 받는 강화의 단계에 이르게 되는 것입니다. 세상 사람들은 이것을 모르기 때문에 진정한 신앙을 하지 못하는 것입니다. 강령, 강화를 체험하면 기쁜 마음, 감사한 마음, 위하는 마음이 저절로 솟아오르고 건강한 몸이 되고 새 사람이 되는 것입니다. 진리를 하나하나 깨닫게 되고 하는 일이 뜻대로 이루어지는 것입니다. 진정한 행복 영원한 행복을 찾는 길이 바로 여기에 있다는 것을 알게 될 것입니다.

다음은 수심정기守心正氣 의 관문을 통과해야 합니다. 초등학교를 졸업하고 중학교에 가는 것과 같습니다. 수심정기는 마음을 지키고 기운을 바르게 하는 공부입니다. 한울님과 스승님의 은덕을 간절히 생각하면서 주문을 열심히 외우고 복잡한 마음을 일심이 되게 하고 마음이 몸 안에서 떠나지 않게 하는 공부입니다. 그리고 희로애락을 조절하여 항상 바르고 밝고 착하고 의로운 마음가짐과 생활태도를 취하도록 노력하는 것입니다. 수심정기 일념으로 수도생활을 계속하면서 성경신誠敬信을 체행하고 자심자성自心自誠, 자심자경自心自敬, 자심자신自心自信, 자심자법自心自法하여 일호도 어김이 없이 하면 내 마음이 바로 한울임을 깨달아 자천자각自天自覺이 되고 조화정造化定의 경지에 이르게 될 것입니다.

다음은 제3관문입니다. 제3관문에 세 가지 과제가 있습니다. 이신환성

공부, 견성 공부, 그리고 천지미판 전 소식을 듣는 공부가 그것입니다.

이신환성에도 몇 가지 단계가 있습니다. 사람은 성령性靈과 육신이 있다는 것과 육신은 한때의 객체客體요 성령이 영원한 주체主體라는 것을 아는 단계, 육신과 성령에 대한 생각을 반半 반半 하는 단계, 육신보다 성령에 대한 생각을 더 많이 하는 단계, 그리고 육신에 대한 생각을 홀연히 잊어버리고 오로지 성령에 대한 생각을 하면서 사는 단계가 있습니다. 마지막 단계는 보통사람은 할 수 없는 신인神人의 경지입니다. 우리 스승님들이 바로 그러한 분들이십니다. 이 경지에 이르면 비가 와도 옷이 젖지 아니하고雨中不濕 물 가운데 그냥 걸어가는水中渡行 신통력이 생긴다는 말씀이 있습니다.

다음은 성품을 보는 견성見性 공부를 해야 합니다. 무형한 성품을 어떻게 보겠습니까? 마음으로 보는 것입니다. 즉 마음이 성품과 같이 비고 고요한 경지, 심위공적계心爲空寂界에 이르는 것입니다. 견성見性에서 성품을 깨닫는 각성覺性, 성품을 거느리는 솔성率性의 경지로 나아가야 할 것입니다. 또한 해탈, 대도견성, 만사지의 경지에 이르도록 정진해야 할 것입니다.

또 한편 천지미판 전의 소식을 듣는 공부를 함으로써 한울님의 무한 지혜, 무한 능력, 무한 공급을 받는 경지에 이르게 되면 모든 어려운 문제들을 해결할 수 있는 지혜와 능력을 얻게 될 것입니다. 그 자리에 이르게 되면 무한한 기쁨이 넘쳐흐르게 되고 활연관통해서 진리를 대각大覺하게 될 것입니다. 또한 천지조화를 임의대로 하고 지화지기至化至氣 지어지성至於至聖, 생사일여生死一如의 경지, 비상비비상처非想非非想處의 경지에 이르러 본래의 나, 참나眞我를 찾게 되고 무궁한 이 울 속에 무궁한 나를 찾고 천지미판 전, 억억 만년이 나로부터 시작되었음을 깨닫게 될 것입니다. 그리하여 천체天體를 내 마음대로 활용하고 천지만물을 임의용지하고 인간의 길흉화복을 마음대로 하고 모든 사람의 마음을 마음대로 움직일 수 있게 될 것입니다. 모든 것이 나로부터 시작되고 내가 우주의 주인이기 때문입니다.

그렇다면 천지미판 전 소식을 어떻게 듣겠습니까? 눈앞에 있는 지방 소식도 잘 모르는데 몇 억만년 전, 천지가 생기기 전의 소식을 어떻게 듣겠습니까? 부산에 가야 부산의 실정을 알 수 있습니다. 산에 가야 새 소리를 들을 수 있습니다. 우리가 천지미판 전 소식을 들으려면 천지미판 전, 그 근본자리로 가야 할 것입니다. 그런데 천지가 생기기 전 그 근본 자리에 어떻게 가겠습니까? 마음으로 가는 것입니다. 마음은 천만년이 한 순간이요 천만리가 손바닥 안이라고 할 수 있습니다.

마음으로 천지만물이 생기기 전 그 근본자리를 깊이 생각함으로써, 그리고 청정무구한 경지에 이름으로써 천지미판 전 소식을 들을 수 있습니다. 복잡한 마음을 모두 버리고 다심多心에서 일심一心, 일심에서 무심 상태에 이르러야 할 것입니다. 물욕과 감정과 나라는 개체관념, 돈도 명예도 사랑도 다 버려야 할 것입니다. 미운 사람도 없고 고운 사람도 없고 나도 없다는 생각을 해야 할 것입니다. 공공적적空空寂寂, 무념무상의 경지에 이르러야 합니다. 그러면 천지미판 전 소식을 들을 수 있게 될 것입니다.

매일 매일 천지미판 전의 소식을 들음으로써 즐겁게 살 수 있고 한울님의 무궁한 복록을 받을 수 있고 불로불사 영세무궁 하는 생활을 하게 됩니다. 성공적인 일생을 살아갈 수 있게 될 것입니다. 한울님의 지혜와 능력을 얻어 모든 어려운 문제를 해결할 수 있는 길이 바로 여기에 있습니다. 활연관통해서 도를 통하게 되고 한울님과 하나가 되고 나아가 동귀일체의 새 교단을 이루고 포덕천하 광제창생 보국안민 지상천국 건설의 대원을 성취하는 새 역사를 열어나가게 될 것입니다.

우리는 하루 속히 이 과정을 체득하고 이 소식을 자녀들에게 알려 주고 온 세상 사람들에게 알려 주어야 하겠습니다 .

정신개벽精神開闢과 이신환성以身換性

지금 우리 사회는 어느 때보다도 정신개벽이 절실히 요청되고 있습니다. 정신개벽 없이는 개개인의 진정한 행복도 찾기 어렵고 교회와 국가 사회의 건전한 발전을 도모할 수 없기 때문입니다. 나무는 뿌리가 튼튼해야 하듯이 사람은 정신이 건전해야 올바르게 행복하게 살 수 있습니다. 정신이 건전치 못하면 모든 것이 부실해지고 실패로 돌아가는 것입니다.

정신개벽은 정신을 쇄신해서 맑고 새롭게, 복잡한 것을 간결하게 하는 것을 말합니다. 그러니까 우리는 끊임없이 마음을 닦고 단련해서 욕심과 감정과 나라는 개체관념, 복잡한 잡념을 다 버리고 한울님 마음으로 돌아가서 바르고 밝고 착하고 의로운 마음이 되어야 한다는 말씀입니다.

정신개벽은 이신환성의 수행을 통해서 이룰 수 있습니다. 이신환성은 육신 관념을 성령 관념으로 바꾸는 것을 말합니다. 생각을 바꾸는 것입니다. 생각이 육신에 치우치면 마음을 바르게 할 수 없습니다. 육신은 백년 안팎에 없어지는 한때의 객체요 성령이 나의 영원한 주체라는 것을 확실히 알고 항상 무형한 성령의 세계를 생각하면서 살아야 한다는 것입니다. 이신환성을 통해 정신개벽을 하지 않고서는 행복할 수도 없고 새 세상을 건설 할 수 없다는 것을 알아야 하겠습니다.

『의암성사법설』에 "지금에 그대들은 가히 하지 못할 일을 생각지 말고 각자가 본래 있는 정신을 개벽하면 만사의 개벽은 그 다음 차례의 일이니라"라는 말씀이 있습니다. 또 "자기의 성신性身을 자기가 개벽하지 못하면 포덕광제의 목적을 어떻게 달성하겠느냐"라고 하셨습니다. 그리고 "이신환성은 대신사의 본지"本旨라고 말씀하셨습니다. 모든 사람들이 이신환성으로 정신개벽을 하게 하는 것이 대신사의 근본 뜻이라는 말씀입니다.

우리는 교회와 세상을 근심하기 전에 먼저 각자의 정신개벽부터 해야 합니다. 교인 개개인의 정신개벽 없이는 천도교를 발전시킬 수도 없습니다. 그러기 위해서 정신개벽과 이신환성을 동시에 추구하는 수도생활을 하도록 힘써야 하겠습니다. 그래야 항상 즐겁게 건강하게 살 수 있고 모든 일을 뜻대로 할 수 있고 사리事理를 바르게 판단할 수 있고 많은 사람과 화합할 수 있고 자아완성 도성덕립에 이를 수 있을 것입니다. 또한 교회 발전과 포덕광제의 목적을 달성할 수 있을 것입니다. 정신개벽과 이신환성, 여기에 영원한 행복과 교회중흥, 민족통일의 길이 있습니다.

이신환성과 정신개벽으로 신인간이 되어야

오늘날 세상 사람들은 정신개벽을 모르는데 문제가 있습니다. 천심을 잃어버리고도 잃은 줄을 모르기 때문에 온갖 괴로움과 질병과 불행을 안고 살아가는 것입니다. 정신개벽은 생각지도 않고 행복과 발전을 바라고만 있으니 답답한 일이 아닐 수 없습니다. 과거의 사상가, 사회운동가 들은 제도개혁과 사회개조만 생각하고 정신개벽과 신인간 창조를 몰랐기 때문에 결국 실패로 끝났다고 할 수 있습니다. 공산주의가 실패한 것도 정신개벽, 신인간 창조를 몰랐기 때문입니다. 오늘날 사회가 싸움과 질병과 혼란의 악순환을 되풀이하는 것도 정신개벽을 모르기 때문입니다.

우리는 주문을 지성으로 외우고 경전 공부 열심히 하면서 이신환성의 수련을 함으로써 빠른 시일 내에 정신을 개벽하여 새 사람이 될 수 있다는 것을 몸과 마음으로 증험하고 깨달아서 하루속히 온 세상 사람을 이 길로 인도해야 하겠습니다. 이신환성으로 정신을 개벽함으로써 마음의 평화와 육신의 건강을 찾고 모든 일을 뜻대로 이루는 지혜와 능력을 얻고 진리를 깨달아 지상신선의 영원한 행복을 찾을 수 있다는 것을 널리 알려 주어야 하겠습니다. 우리는 정신을 개벽함으로써 어떠한 괴질이나 대기번복과 같은 위기가 오더라도 능히 극복할 수 있다는 확신을 가지고 더욱 힘 있게 전진해 나가야 하겠습니다. 정신을 개벽하면 이 세상에서만 행복하게 사는 것이 아니라 육신이 환원한 후에도 성령출세 하여 영원히 살아 갈 수 있을 것입니다. 정신개벽, 이신환성은 영원히 사는 길이요 육신관념은 죽는 길입니다. 우리는 정신을 개벽함으로써 모든 어려움을 슬기롭게 극복할 뿐만 아니라 그 어려움을 도리어 전화위복이 되게 할 수 있다고 생각합니다.

포덕 27년에 전국적으로 괴질이 전염되어 많은 사람이 죽었습니다. 그러나 동학교도들은 괴질에 걸리지 않았습니다. 특히 해월신사께서 기거하시던 상주 전성촌에는 괴질이 들어오지도 못했습니다. 그해 4월에 해월신사께서 "금년은 괴질이 많이 돌 것이니 특별히 수도에 힘쓰고 청결에 유의하라" 고 말씀하신 바 있었습니다. 동학에 대한 지목이 심했지만 많은 사람들이 해월신사님을 찾아와 동학에 입도했다고 합니다.

우리가 영원한 행복을 추구하고 새 세상을 건설하려면 기본적으로 이신환성, 정신개벽, 신인간 창조 운동이 바탕이 되어야 한다는 것을 분명히 밝혀 주어야 하겠습니다. 아무리 좋은 말 많이 하고 아무리 좋은 사상 좋은 제도라 할지라도 정신개벽이 없으면 모두가 구두선에 그치고 만다는 것을 알아야 하겠습니다. 앞으로 머지않아 사회적으로 대 정신개벽 운동이 일어나리라 생각됩니다. 이것이 없이는 살 수 없기 때문입니다. 그 정신개벽 운동은 반드시 천도교에서부터 온 세상으로 퍼져 나갈 것입니다. 정신개벽 하는 가장 좋은 방법이 천도교에 있기 때문입니다.

정신개벽은 이신환성으로

그렇다면 정신개벽 하는 가장 좋은 방법은 무엇이겠습니까? 경전에 "정신을 개벽코자 하면 먼저 스스로 높은 체하는 마음을 모실 시侍 자로 개벽하고, 스스로 높은 체하는 마음을 개벽코자 하면 의심스럽고 두려운 마음을 정할 정定 자로 개벽하고, 의심스럽고 두려운 마음을 개벽코자 하면 아득하고 망녕된 생각을 알 지知 자로 개벽하고, 아득하고 망녕된 생각을 개벽코자 하면 육신관념을 성령으로 개벽하라"는 말씀이 있습니다. 시정지侍定知로 요약되는 것입니다. 사실은 간단한 것인데 우리가 아직 완성하지 못한 것을 참회하지 않을 수 없습니다. 육신 관념을 성령으로 바꾸어서 정신을 개벽하면 새 사람이 된다는 것을 알아야 하겠습니다.

수운대신사께서는 육신의 안락을 홀연히 잊어버리시고 성령을 주체로 생각하시면서 엄청난 변화가 일어났습니다. 근심과 괴로움이 다 없어지고 한없는 기쁨이 솟아 올랐습니다. 그래서 "좋을시고, 좋을시고 이내 신명 좋을시고 영세 무궁 하단말가"라고 노래하셨습니다. 한울님과의 합일이 이루어지고 무궁한 이 울 속에 무궁한 나를 찾고 한없는 감격과 즐거움이 솟아 올랐던 것입니다. 영부靈符와 심고心告로 병든 사람 고쳐 주고 죽어 가는 사람 살리기도 하였습니다. 드디어 만고 없는 무극대도를 받으시고 원처 근처 어진 선비 풍운 같이 모여들었습니다. 많은 사람을 포덕 교화하시다가 순도殉道의 길을 가셨습니다. 육신관념으로는 상상도 할 수 없는 기적이 일어났고 거룩한 행적을 남기셨습니다.

우리는 좁은 육신의 세계만 볼 것이 아니라 무한히 넓은 성령의 세계를 체득해야 합니다. 성령의 세계는 죽고 사는 것이 없습니다. 너 나가 없고 싸움이 없고 질병이 없습니다. 시간과 공간을 초월하므로 천만년이 하루요 천만리가 한 곳과 같습니다. 따라서 인류가 한 가족이요 만물이 나의 동포임이 여기서 분명해지는 것입니다. 여기에 진리가 있고 무진장의 보물창고가 있고 진정한 평화와 행복이 있습니다. 이 경지에 이르면 무엇이든지 알 수 있고 생각하는 대로 이루어질 것입니다. 우리는 좁고 복잡한 이 세상에서만 맴돌 것이 아니라 무한히 넓은 무형의 성령의 세계를 생각하면서 살자는 말씀입니다. 그러면 모든 문제가 다 이루어지리라 생각됩니다.

수도원이나 교당에서 며칠 동안 단체수련을 할 때 우리는 놀라운 사실을 발견할 수 있습니다. 모두가 기쁨에 충만해 있고 불평불만이 없고 싸움이 없고 환자가 발생하지 않습니다. 저마다 솔선해서 청소하고 밭에 나가 김매고 설거지를 하고 모두가 노고근면勞苦勤勉하는 신선 생활의 모습을 볼 수 있습니다. 놀라운 일이 아닐 수 없습니다. 이것이 바로 정신개벽, 이신환성 수련의 결과라고 생각합니다. 몇 년 전 일본 고베교구 김동성 교구장님이 수도원에서 7일 수련을 마치고 가시면서 "천국에 왔다 가는 것 같다"는 소감을 말한 일이 있습니다. 사람은 다 같습니다. 누구나 마음을 바꾸면 금방 새 사람이 되는 것을 알 수 있습니다.

3 · 1운동도 이신환성, 정신개벽으로 가능

온 세상 사람이 정신을 개벽하여 이신환성의 경지에 이르면 이 세상은 하루아침에 천국이 될 것입니다. 오늘의 물질문명과는 비교도 안 되는 거룩한 도덕문명의 새 시대가 전개되는 것입니다. 지금 세상사람들은 육신과 물질만 생각하고 성령의 세계를 생각지 않기 때문에 여러 가지 복잡한 문제를 안고 서로 싸우면서 몸부림치고 있습니다.

우리는 정신개벽을 해야 합니다. 과거 천도교인들이 3백만 대교단을 이루고 위대한 3 · 1운동을 주도한 것도 이신환성 수련으로 정신을 개벽했기 때문에 가능했던 것입니다. 일본에게 나라를 빼앗기자 의암성사님은 "10

년 안에 나라를 되 찾겠다"는 의지를 표명하고 착착 진행한 것이 봉황각 건축과 이신환성 49일 수련입니다. 포덕 53년 4월 15일부터 3년간 7차에 걸쳐 21명, 49명, 49명, 49명, 105명, 105명, 105명 등 모두 483명이 49일간씩 이신환성, 정신개벽 수련을 했습니다. 그분들이 중심이 되어 3백만 대교단을 이루고, 2천만 동포를 한 마음 한 뜻이 되게 하고, 민족자주의 3 · 1 독립운동을 전개한 것입니다. 이신환성으로 정신을 개벽하니까 스스로 화합할 마음이 생기고 애국심이 생기고 순도순국 정신이 생기고 도덕성과 평화정신이 발동 된 것입니다. 3 · 1정신의 뿌리는 이신환성, 정신개벽에 있습니다. 그 정신을 가졌기 때문에 먼 앞날을 내다보면서 위력의 시대는 가고 도의의 시대가 온다고 외치면서 무저항 비폭력으로 역사적인 민족 자주 독립운동을 전개했던 것입니다. 총칼을 두려워하지 않고 폭력이나 무장 투쟁을 하지 않고 맨손으로 당당하게 만세를 불렀습니다. 이것이 3 · 1운동의 위대한 점입니다. 투쟁은 투쟁을 낳고 무력은 무력을 부릅니다. 거룩한 희생정신을 기반으로 조국 광복과 민족자주의 전선에 떨쳐 나선 그 정신이 이천만 동포의 심금을 울렸고 한 마음 한 뜻이 되게 했던 것입니다.

저의 고향 평안북도 정주에서는 만세 행렬의 선두에서 태극기를 들고 만세를 부르며 나갈 때 일본 헌병이 일본도日本刀로 태극기를 든 오른팔을 자르자 왼손으로 기를 들고 만세를 불렀고 또 왼팔을 내리치자 이번에는 입으로 태극기를 물고 계속 만세, 만세를 부르다가 목이 잘려 장렬하게 순국하자 그 다음 사람이 또 그 뒤를 이었다는 일화가 있습니다. 최 제일, 김사걸 두 선생이 그렇게 하셨다고 합니다.

우리는 오늘날 교회중흥과 민족통일 두 가지 큰 과제를 안고 있습니다. 국제 열강의 각축과 민족 분단이라는 악조건하에서 이 두 가지 큰 과제를 성취하려면 우선 힘을 길러야 합니다. 힘에는 재력, 지력, 체력, 권력 등 여러 가지가 있습니다. 힘 가운데 가장 큰 힘은 이신환성, 정신개벽에서 오는 도력道力, 법력法力입니다. 우리가 비록 교인 수는 적지만 선열들과 같이 이신환성 수련으로 정신을 개벽하면 한울님의 무궁한 능력을 얻어서 능히 그 목적을 달성할 수 있으리라 확신합니다. 문제는 정신개벽과 이신환성을 위해 얼마나 노력하는지, 노력하는 사람이 얼마나 되며 어느 정도에 이르렀는지, 또 그것을 결집할 수 있는지가 중요한 문제라고 생각합니다.

저는 최근에 "동시 합류의 원리"라는 말을 만들어 보았습니다. 수운회관 엘리베이터를 타고 9층 번호를 누르고 올라가는데 어떤 분이 5층에서 내리면 나도 무심코 따라서 내리는 경우가 종종 있습니다. 이것을 저는 "동시합류의 원리"라고 명명하고 이 원리를 교회 발전에도 적용할 수 있다는 생각을 해 보았습니다. 이신환성 수련으로 정신개벽을 하여 한울님의 감응을 받는 교인들이 처음에는 적은 숫자라도 굳게 뭉쳐서 지성으로 주문을 외우면서 시일식과 특별수련 행사를 하고 전국 각지에서 인내천 진리를 선양하면서 모였다 헤어졌다 하는 행사를 거듭하면 자연히 삼천리강산에 시천주 소리 울려 퍼지고, 인내천, 도풍道風이 일어나서 교회 중흥 이루고 7천만 동포를 동귀일체의 길로 인도하게 되리라 믿습니다. 정신개벽, 이신환성의 선구적 역할을 담당할 역군 육성이 매우 시급한 과제로 제기되고 있습니다. 정신개벽, 이신환성 역군 5백명이 굳게 뭉치면 온 민족의 마음을 움직일 수 있을 것입니다. 민심은 초상지풍草上之風과 같습니다.

우리는 몇 년 전에 월드컵 응원단의 위력을 잘 보았습니다. 몇백명의 "대한민국" 외침 소리에 온 민족의 동참이 이루어졌던 것입니다. 우리는 다같이 나와 내 가정의 영원한 행복을 찾고 대도중흥, 민족통일, 세계평화를 위하여 각자가 정신개벽과 이신환성을 위한 기도와 수련을 더욱 성실하게 더욱 적극적으로 해 나가자는 말씀을 드리면서 마치겠습니다.

만사여의萬事如意의 능력을 기릅시다

우리가 이 세상을 잘 살아 가려면 능력이 있어야 합니다. 지금은 돈이 있는 사람이나 없는 사람이나 능력이 있는 사람이나 없는 사람이나 다같이 잘 사는 사회가 아니고 경쟁을 통해서 사회 발전을 도모하는 냉엄한 경쟁 시대이니만큼 무엇보다도 능력이 있어야 합니다. 개인도 그렇고 교회나 일반 단체, 국가 사회도 마찬가지입니다. 그래서 세상 사람들은 능력을 얻기 위해 안간힘을 쓰면서 살아가고 있습니다.

천도교 신앙의 보람은 도력을 얻어야 성취

힘에는 지식의 힘知力, 돈의 힘財力, 체력, 정신력 등 여러 가지가 있습니다. 그러나 무엇보다 소중한 것은 도력道力입니다. 도력은 모든 일을 뜻대로 할 수 있는 이 세상에서 가장 위대한 한울님의 힘이기 때문입니다. 특히 천도교인들은 스승님이 가르쳐 주신 대로 이 만사여의萬事如意의 도력을 얻도록 힘써야 하겠습니다. 그래야 천도교를 신앙하는 보람을 느끼게 되고 개개인의 모든 소원을 이루어 진정한 행복을 찾게 되고 또한 교회와 사회에 크게 기여하게 될 것입니다. 우리가 천도교를 신봉하면서도 도력道力을 얻지 못하면 아무리 진리가 좋고 목적이 좋다 하더라도 그것을 실현하지 못하고 결국은 허사로 돌아가고 말 것입니다.

오랫동안 천도교 수도修道생활을 해 오면서도 환란과 불행 속에서 헤매고 있다면 그것은 아직 만사여의의 도력을 얻지 못했거나 과거의 인과因果

에서 벗어나지 못했기 때문입니다. 또한 믿음이 부족하거나 정성, 공경이 부족하거나 마음가짐이 바르지 못하거나 수련을 게을리했기 때문이라고 할 수 있습니다. 천도교가 훌륭한 진리와 위대한 역사를 가지고 있으면서도 아직 침체의 늪에서 벗어나지 못하는 것은 한마디로 교인들의 신앙심과 도력 부족 때문이라고 보아야 할 것입니다. 물론 교회 침체의 원인을 여러 가지로 이야기할 수 있습니다. 교육기관의 부재, 외래사상의 유행과 민족자주 세력의 불리한 입지조건, 교역자의 능력부족, 재력부족 등 여러 가지로 이야기 할 수 있습니다. 그러나 일차 문제는 우리 자신의 정성과 도력 부족이라고 보아야 할 것입니다. 모든 교역자와 교인들이 지성으로 수도하여 기도의 열기가 한울에 사무쳐야 이 난국을 헤쳐 나갈 수 있습니다.

최근 수도 기풍이 확산되면서 약간의 도력이 생겼다고 할 수 있으나 아직은 대부분 개인의 안락과 행복 추구에만 쓰고 그 능력을 교단, 기관적으로 결집하여 교회 발전에 집중하지는 못하기 때문에 결국 교회는 여전히 쇠잔한 모습을 보이고 있지 않나 생각합니다. 과거 우리 선열들이 거대한 동학혁명을 일으키고 또 갑진 개화혁신운동, 기미 3 · 1독립운동을 주도하고 역사의 전면에 나설 수 있었던 것은 교인들이 그만한 도력이 있었고 그 도력을 기관적으로 결집 동원할 수 있었기 때문입니다.

기도와 수련이 끊이지 않을 때 교회의 발전이 있었다

저는 최근 교회 역사를 틈틈이 살펴보고 있습니다. 역사적인 3 · 1운동을 주도하고 또 어린이운동, 청년운동, 농민운동, 여성운동, 출판문화운동 등을 활발히 전개하여 민족계몽에 앞장섰고 오심당吾心黨운동, 무인 멸왜 기도운동 등 항일독립운동을 여러 가지 형태로 계속한 빛나는 업적에 감탄하지 않을 수 없었습니다. 그런데 차츰차츰 일제의 탄압으로 기도와 수련의 열기가 식어간 사실을 발견할 수 있었습니다.

포덕 40년대- 50년대에는 49일기도를 줄기차게 시행하였음을 알 수 있습니다. 특히 53년부터 3년간은 우이동 봉황각에서 무려 7차의 49일 수련을 통해 483명이 배출되어 교회의 중추 역할을 담당했다는 것은 여러분이 다 잘 아는 사실입니다. 그러나 그 후 차차 21일, 7일로 줄어들다가 나중에는 그것도 제대로 하지 못하는 실정에 이르렀으니 그것이 바로 교회 침체의 근본 원인이 아닐까 하는 생각이 듭니다. 선열들은 수련의 힘으로 사회운동을 활발히 전개하였으나 그 후학들은 수련이 부족하여 정신적인 영양실조로 쇠약해져서 서로 시비만 하고 책임을 타인에게만 전가하였기 때문에 결국 쇠퇴의 길을 걸을 수밖에 없었다는 사실을 알아야 하겠습니다.

수련이 없으면 환란과 질병과 파쟁과 분열의 악순환이 반복 될 수밖에 없습니다. 수련은 곧 마음을 닦는 것인데 우리의 마음은 닦으면 닦을수록 새로워지고 너그러워지고 원만해지고 풍성한 수확을 얻게 되고 위대한 만사여의의 힘을 발휘하게 됩니다. 그와 반면에 마음을 방치하여 닦지 않으면 시간이 흐를수록 앙상해지고 황폐해지고 병들고 방황하고 죄를 저지르고 불평불만, 싸움과 퇴보의 길로 치닫게 됩니다.

그러면 우리는 어떻게 만사여의의 도력을 얻을 수 있겠습니까? 우선 경전에 있는 말씀을 살펴보아야 하겠습니다. 「탄도유심급」에 "한 생각이 이에 있으면 만사가 뜻과 같이 된다" 一念在玆萬事如意는 말씀이 있습니다. 그리고 천리천명天理天命에 순응하고 진실로 경천순천敬天順天하는 것이 만사여의의 길이라고 할 수 있습니다. "심령으로 그 심령을 밝히면 현묘한 이치와 무궁한 조화를 가히 얻어 쓸 수 있으니 쓰면 우주 사이에 차고 폐하면 한 쌀알 가운데도 감추어 지느니라." 以心靈으로 明其心靈이면 玄妙之理와 無窮之造化를 可得而用之니 用之則 滿乎宇宙之間이요 廢之則 藏乎一粒之中矣니라.(『해월신사법설』)

"마음이 곧 한울이요 한울이 곧 마음이니 마음을 지키고 기운을 바르게 하면 통하지 못할 것이 없느니라." 心卽天이요 天卽心이라 守其心 正其氣하면 無所不通也니라.(『의암성사법설』) "천지일월이 가슴속에 드니 천지가 큰 것이 아니요 내 마음이 큰 것이라 군자의 말과 행동은 천지를 움직이나니 천지조화는 내 마음대로 할 것이니라." 天地日月 入胸中 天地非大 我心大 君子言行 動天地 天地造化 吾任意(『의암성사법설』) "십삼자 주문은 사람 된 근본이니 근본을 투철히 하면 능히 조화를 통하여 하지 못할 것이 없느니라." 十三字 其文은 爲人之根本也니 透徹根本則 能通造化하여 無所不爲일세(『의암성사법설』)

세상 사람들은 워싱턴이나 나폴레옹이나 비스마르크의 힘을 크다고 하는데 도력은 그보다 더 큰 힘을 발휘하는 것입니다. 포덕 51년 일본이 우리나라를 강점했을 때 의암성사님은 10년 안에 나라를 찾겠다는 결연한 의지를 표하셨습니다. 그 후 포덕 52년도에 1년간 신포덕 호수가 무려 16만 6천여호, 근 100만에 달하는 사람이 천도교에 입교한 사실이 있습니다. 그리고 53년부터 3년간은 봉황각에서 49일씩 교역자 수련을 7차 실시하여 483명을 배출하였을 뿐만 아니라 무려 300만 대교단을 이루고 포덕 60년에는 넘기 어려운 종교의 두터운 장벽을 넘어서 온 민족을 한 마음 한 뜻이 되게 하고 역사적인 3·1독립운동을 주도하였습니다. 이 모든 것은 의암성사님을 위시한 선열들의 높으신 도력으로 이루어진 것입니다.

개인적 만사여의

그러면 우리는 어떻게 해야 하겠습니까? 우리 역시 만사여의의 도력을 길러 우리의 모든 소원을 힘차게 성취해야 하겠습니다. 저는 이 만사여의에 대하여 세 가지로 나누어서 말씀드리고자 합니다.

첫째, 개인적 만사여의입니다. 나 자신이 생활 속에서 만사여의의 힘을 발휘하려면 먼저 기도를 해서 한울님과 통해야 할 것입니다. 지식이 많은 사람과 친하면 많은 지식을 얻을 수 있고, 돈 많은 사람과 친하면 급할 때 돈을 융통할 수 있을 것입니다. 한울님과 통하면 어떻게 되겠습니까? 한울님은 전지전능하시고 무엇이든지 무진장으로 이루시는 무형의 이치 기운이며 대우주 대정신 대생명이시며 우리의 부모이십니다. 수련을 통해서 강령, 강화를 받고 한울님과 만나야 합니다. 한울님과의 은밀한 교제가 이루어져야 합니다. 말도 없고 글도 없는 조용한 속에 조화의 자취를 홀로 들으면서 한울님의 응답을 들을 수 있어야 합니다. 그때 한울님께 우리의 소원을 간절히 전하는 것입니다. 그러나 천도교의 기도는 개인의 행복만을 기원하는 기복신앙이 아닙니다. 그리고 한울님의 감응을 가만히 앉아서 기다리기만 하는 것이 아니라, 기도에 앞서 노력을 기울여야 하는 것입니다.

먼저 마음을 닦아야 합니다. 마음을 닦아야 깨끗해지고 일념一念이 됩니다. 닦지 않으면 흐려지고 복잡해지는 것이 우리 마음입니다. 일념이 되면 무한한 힘을 발휘하게 되고 만사가 뜻과 같이 되지만 흐린 마음, 복잡한 마음으로는 아무 것도 이룰 수 없습니다.

마음을 어떻게 닦겠습니까? 다른 도리가 없고 지난날의 모든 허물을 진심으로 참회하고 천덕사은天德師恩 염념불망念念不忘하면서 주문 공부를 열심히 하는 것입니다. 다심多心에서 일심一心, 일심에서 무심無心, 그리고 일묵一默, 잠잠한 상태에 이르도록 정진하는 것입니다. 그리하여 그 잠잠한 선상에 자기 소원을 올려놓고 골똘히 생각하고 응시하는 것입니다. 이미 되었다고 생각하는 것입니다. 생각은 현실화된다는 사실을 알아야 합니다. 의암성사 법설에 "사람이 세상에 태어날 때에 실로 털끝만한 것 하나 가지고 온 것 없지마는 다만 보배로운 거울 한 조각 간직하고 태어났다"(人生厥初 實無一毫持來 只藏寶鏡一片)는 말씀이 있습니다. 보배로운 거울은 마음입니다. 마음을 잘 닦고 간직하면 바른 사람, 밝은 사람, 착한 사람, 의로운 사람이 되는 동시에 만사여의가 되고 마음을 닦지 않고 잃어버리면 어둡고 능력 없는 사람이 된다는 말씀입니다.

그리고 천인합일天人合一의 경지에 이르면 만사가 뜻과 같이 됩니다. 나아가 무위이화無爲而化가 되고 임의용지任意用之가 되는 것입니다. 수심정기守心正氣 성경신誠敬信 이신환성以身換性의 수련을 잘 해서 천인합일天人合一이 되면 모든 일이 뜻대로 이루어질 뿐만 아니라 무위이화, 임의용지 하는 경지에 이르게 되리라 믿습니다. 활연관통豁然貫通하여 만사지萬事知가 되고 천지조화오임의天地造化吾任意, 공도공행公道公行, 공도공용公道公用, 자유극락, 지상신선地上神仙의 경지에 이르게 될 것입니다.

가정적 만사여의

둘째, 가정적 만사여의입니다. 가정에서 만사형통이 되려면 온 가족이 천도교를 신앙하면서 오관 실행을 독실하게 해야 합니다. 온 가족이 주문 열심히 외우고 매일 저녁 9시에 청수를 봉전하여 기도식을 봉행하고, 시일에는 가정에 궁을기 게양하고, 온 가족이 시일식에 참여하고, 가족 수대로 성미 떠 바치고 기도 성실히 봉행하면 차차차차 가중차제 우환 없이 일년 삼백육십일을 일조같이 지내는 행복한 가정이 되는 것입니다. 특히 부화부순에 힘쓰고 가화家和가 되도록 노력하면서 직업에 충실하고 부지런히 일하고 지극한 정성으로 수도생활을 하는 것이 가정적 만사여의의 길이 될 것입니다.

교회적 만사여의

셋째, 교회적 만사여의입니다. 한울님과 스승님의 뜻을 받들어 모든 교역자와 교인들이 오관실행을 철저히 하고 수도 연성에 전념하는 것이 유일한 길입니다. 뜨거운 신앙의 열기가 교단 내에 가득 차야 합니다. 그리하여 신앙통일과 규모일치를 이루고 전체 교인의 도력을 결집하여 화합과 교회 발전에 힘써 나가야 합니다. 교회 발전을 위한 심고, 합동 수련 실시, 전 교인의 시일식 참여운동, 동귀일체 화합운동, 특성금 모금 운동, 교당 건립 추진, 학교 설립 추진 등 희망적인 일을 내세우고 일심동체가 되면 가히 만사여의의 교단이 되리라고 믿습니다.

넷째, 국가 사회적 만사여의입니다. 국가사회의 건전한 발전을 도모하려면 사회에 건전한 종교가 뿌리를 내려야 합니다. 『의암성사법설』에 "인화하는 방책은 도가 아니면 할 수 없고 도로써 백성을 화하면 다스리지 않아도 절로 다스려진다"人和之策非道不能 以道和民則 無爲而可治也는 말씀이 있습니다. 그리고 정신개벽, 신인간 창조운동이 활발히 전개되어야 합니다. 그러면 가히 국태민안 될 것이며 만사가 뜻과 같이 되는 나라가 될 것입니다.

천도교는 하루속히 발전되어야 합니다. 민족과 인류 구제의 길이 천도교에 있기 때문입니다. 하루속히 새로운 모습으로 발전하여 민족통일을 주도하고 온 민족을 교화하는 교회로 성장을 해야 합니다. 그렇게 되려면 모든 교인들이 확고한 신념과 사명감, 그리고 만사여의의 도력이 있어야 합니다. 도가道家마다 행복이 가득 찬 가정이 되어야 하고 교회가 신앙의 열기로 충만하여 사인여천을 실행하고 동귀일체 된 모습을 보이고 사회에 기여하는 교회로 부각됨으로써 민중 감화력,응집력, 사회 확산력 등 도력이 발동되어 명실공히 민족과 인류를 교화하는 교회가 될 것입니다. 우리 모두 만사여의萬事如意의 도력을 얻도록 정진해 나아갑시다.

신앙과 철학과 제도

『의암성사법설』에 천도교의 신앙생활을 하는 데 있어서 또 교회 발전을 도모하는 데 있어서 신앙과 철학과 제도, 이 세 가지를 잘 병행해야 한다는 말씀이 있습니다. 신앙만 해도 안 되고, 철학만 해도 안 되고, 또 제도 문제만 추구해도 안 되고 세 가지를 다 잘해서 조화를 이루어야 건전한 발전을 할 수 있다는 말씀입니다.

신앙은 사람이 한울님에 다가붙어서 그 몸이 스스로 있음을 잊어버리는 것이라 하였습니다. 즉 기도와 수련으로 천인합일의 경지에 이르는 것을 말합니다. 철학은 성품과 몸 두 가지의 진핵眞核을 음미하여 성령은 영원한 주체요 육신은 일시 객체라는 것을 깨닫고 이신환성의 정신으로 살아야만 성령 육신 쌍방으로 행복하고 건전하게 살 수 있다는 말씀이라고 생각합니다. 또한 철학은 경전과 교리, 교사를 연구하고 인내천 진리를 이론적으로 체계화하고 온 세상에 펴 나가는 것입니다. 제도는 한울님과 사람이 합일하는 요점을 추출하여 성령인의 바른 목적과 육신인의 바른 제도를 정하여 신선한 면목이 하나의 큰 천국을 구성하는 것이라고 하였습니다.

바꾸어 말하면 신앙은 기도와 수련이요, 철학은 경전과 교리, 교사 연구와 진리를 천명하는 것이고, 제도는 의절과 교헌과 교회의 제도, 제반 규정에 대한 연구와 실천운동을 말한다고 할 수 있습니다. 즉 수련과 교리 천명과 제도의 실현을 병행해야 한다는 말씀입니다. 그러니까 기도와 수련, 경전과 교리, 교사 연구, 제도의 정착과 개선 그리고 사회적 실천운동을 다 잘하도록 힘써야 할 것입니다. 나무에 비유하면 신앙은 뿌리와 같고 철학은 줄기, 가지와 같고 제도는 잎이나 꽃과 같다고 할 수 있습니다.

우선은 신앙을 독실하게 하면서 그 바탕 위에서 교리 교사 연구, 제도와 실천운동을 전개해야 하며, 기도와 수련을 하되 교리 교사와 제도에 대한 연구 및 개선 그리고 실천 행도를 병행해야 할 것입니다. 또한 교회는 특별 기도와 수련회를 지속적으로 개최하여 개인적으로 기관적으로 한울님의 감응을 받도록 힘쓰는 한편, 경전 및 교리 교사 연구를 심화하여 진리를 밝히고 포덕 교화에 힘써야 할 것입니다. 또한 의절과 교헌과 제반 규정을 현실에 맞게 개선해 나가는 한편 사회적으로 제기되어 있는 모든 문제들을 해결하는 방향으로 나아가야 할 것입니다. 예를 들면 인간성회복 문제라든가 민족통일운동, 환경보전운동, 정신개벽운동 등이 그것입니다. 기도와 수련만 하고 교리 연구와 실천 운동을 소홀히 해도 안 되고, 기도와 수련은 아니 하고 교리 연구만 해도 안 되고, 수련과 교리 연구는 아니 하고 제도 개선과 사회개혁 등 실천운동만 하고자 해도 안 될 것입니다.

기도와 수련, 교리연구와 실천은 상호 보완적

기도와 수련만 하고 교리연구와 사회적 실천운동을 아니하면 개인 행복만 추구하거나 맹신, 광신, 미신에 빠지기 쉽습니다. 또 기도와 수련은 아니 하고 교리 교사 연구만 하면 결국 사지사견私知 私見에 빠져 오류를 범하기 쉽고, 또 수련과 교리 연구는 아니하고 제도 문제만 생각하고 사회 개조 운동만 하려 하면 그것은 마치 뿌리에 병든 나무에 꽃을 피우려는 것과 같아서 결국 구두선에 그치고 말 것입니다.

교회에서 간혹, 서로 엇갈리는 생각과 주장을 하면서 갈등을 일으키는 것을 볼 수 있습니다. 기도와 수련만 하면 되는 것이지 무슨 교리 연구 토론이니 사상 계몽이니 통일운동이니 하고 떠드느냐? 또는 수련은 해서 무엇 하나. 교리 연구해서 이론 체계를 세워서 밝히고 사상 계몽운동과 통일운동을 해야지 만날 눈감고 앉아 있기만 해서 무엇 하느냐? 이렇게 생각을 달리 할 수도 있는데 실은 세 가지를 다 해야 합니다. 수련과 교리 연구와 실천운동에 대해서 하나하나 좀 더 자세히 생각해 보겠습니다

수련 성도의 길이 뚜렷한 것이 천도교의 특징

첫째 수련입니다. 수련은 오관 실행과 아울러 천도교 신앙생활에서 기본적으로 해야 할 일입니다. 기본이 튼튼해야 모든 일이 순조롭게 됩니다. 기본이 튼튼치 못하면 아무 것도 이루어질 수 없습니다. 수련을 하되 오관五款을 성실히 실행하면서 또한 경전 공부를 함께 해야 합니다. 오관 실행은 하지 않고 수련만 치중하면 다소 심령은 밝아지겠지만 대인관계가 원만치 못하고 기관 중심으로 화합할 줄 모르고 결국 진리를 온전히 깨닫지 못하는 것입니다. 수련을 일상수련, 특별수련, 독공수련으로 구분할 수 있습니다. 일상수련은 생활 속에서 수시로 수련하는 것이고, 특별수련은 특별한 목적과 시간표와 기간을 설정하고 특별 장소에서 하는 수련이고, 독공수련은 특별 장소에서 기간을 설정하고 오로지 수련에 전념하는 것입니다.

수련을 할 때는 특히 주문의 뜻과 수련의 과정을 잘 알고 해야 합니다. 주문의 뜻은 논학문論學文에 자세히 밝혀져 있습니다. 수련의 과정은 주문에 나타난 그대로 지기금지 원위대강 - 시천주 - 조화정 - 영세불망의 과정을 거쳐서 만사지에 이르는 것입니다. 이를 요약하면 시侍, 정定, 지知가 되는 것입니다. 또한 강령降靈, 강화降話, 자천자각自天自覺, 해탈解脫, 대도견성大道見性으로 나아가는 것이 순로順路요 도성덕립의 바른 길일 것입니다. 강령 공부로 지기금지至氣今至 원위대강願爲大降이 되고, 강령 · 강화 · 영부를

체험함으로써 시천주侍天主를 깨닫고, 수심정기守心正氣, 성경신 공부로 자천자각이 되어 조화정造化定에 이르고, 천덕사은 염념불망하여 영세불망永世不忘이 되고, 이신환성, 해탈, 대도견성의 경지에 이르러 만사지萬事知가 되어야 할 것입니다. 도를 깨닫고 자아완성에 이르는 길이 바로 이것입니다.

이것이 천도교의 특징이요 자랑입니다. 옛날 종교에는 수련 성도의 길이 이렇게 명확히 밝혀져 있지 않았기 때문에 미래 사회는 인내천人乃天 진리로 인류를 교화하게 될 것입니다.

기도와 수련, 교리연구와 실천은 상호 보완적

둘째, 교리 연구입니다. 기도와 수련으로 천인합일을 추구하는 동시에 정심수도를 위해서, 또한 진리를 세상에 펴기 위하여 경전 공부를 성실히 하면서 교리 교사를 연구하고 이론 체계를 세워야 합니다. 경전 공부는 『동경대전』, 『용담유사』, 『해월신사법설』과 『의암성사법설』을 같이 공부해서 일이관지一以貫之가 되어야 할 것입니다. 경전 공부를 통해 스승님의 인격을 배우고 무극대도의 근본을 알고 심법을 배워야 합니다. 그 바탕 위에서 교리를 연구해야 합니다. 인내천의 개념은 무엇인가? 많은 종교 가운데 왜 천도교가 생겼을까? 천도교와 재래종교와의 차이점은 무엇인가? 천도교는 독특한 역사적 사명과 신관神觀이 있고, 우주관이 있고, 세계관이 있고, 내세관이 있으므로, 그에 대한 이론적 체계를 세워 나가야 할 것입니다.

교사 연구에 있어서는 역사에 사실사事實史, 비판사批判史, 이상사理想史가 있다는 것을 알고 사실사를 보고 연구해야 할 것입니다. 그리고 사회를 떠나서 천도교가 따로 존립할 수 없고 또 사람으로 하여금 한울사람이 되게 하고 사회로 하여금 천국이 되게 하려는 것이 천도교이니만큼 사회 제반 문제에 대한 연구 비판, 대책 강구가 있어야 할 것입니다. 그리고 수도 요령은 경전과 교사와 의절과 그리고 스승님과 선열들의 행적을 총망라해서 거기에 근거해서 절차와 요령을 찾아야 할 것입니다.

제도와 실천으로 결실을 거두는 천도교 신앙

셋째, 제도와 실천운동입니다. 인내천 진리를 제도화하는 문제는 매우 중요한 과제입니다. 모든 종교는 그 교리에 입각한 제도가 정착됨으로써 사회에 뿌리를 내리는 것입니다. 그때 그때 맞는 제도를 제정하도록 연구해야 합니다. 또 한편 사회적 실천을 부단히 전개해 나가야 할 것입니다.

천도교의 생활을 입도入道, 수도修道, 행도行道 세 가지로 요약할 수 있습니다. 실천 행도가 없으면 탁상공론으로 구두선에 그치고 말 것이며 죽은 것이나 다를 바 없을 것입니다. 실천운동을 통해서 그 종교의 진면목이 드러나는 것입니다. 실천은 개인적 인격 완성 차원의 실천운동과 천도교의 진리 구현과 사회 개조를 위한 실천운동으로 나누어 볼 수 있습니다. 그러니까 대인접물待人接物과 규칙적인 생활 등 개인적인 실천, 행도에 심혈을 기울이는 한편 교회적인 실천 과제가 무엇인지 또는 사회적 실천 과제가 무엇인지 그때 그때 제기되는 과제들을 파악하고 실천에 옮겨야 할 것입니다. 예를 들면 교회적으로 제기되는 가정포덕운동을 어떻게 할 것인가? 사인여천 운동을 어떻게 할 것인가? 동귀일체 운동을 어떻게 전개할 것인가? 이에 대한 대책 강구, 실천운동이 있어야 합니다. 또 사회적으로 제기되는 인간성 회복운동, 환경보전운동, 종교 화합, 민족통일운동을 어떻게 할 것인가에 대한 계획과 실천운동이 있어야 할 것입니다.

하루 속히 모든 교인들이 기도와 수련, 교리 교사 연구와 진리 천명, 그리고 제도 구현과 실천운동을 아울러 전개하는 차원 높은 방향으로 전진하게 되기를 바랍니다.

무위이화無爲而化

수운대신사께서는 우리 도道는 무위이화라고 말씀하셨습니다. 무위이화는 함이 없이 절로 된다는 말씀입니다. 우리는 무위이화를 알아야 하고 무위이화가 되도록 힘써야 합니다. 그래야 천도교인 된 기쁨과 희망을 안고 더욱 깊은 신앙을 하게 되고 영원한 행복을 추구하면서 포덕 교화사업에 크게 힘쓰게 될 것입니다. 무위이화의 진리를 알면 어떤 어려움이라도 해결할 수 있고 전화위복의 길을 열어 나갈 수 있습니다. 세상 사람들은 무위이화의 원리를 모르기 때문에 방황하면서 괴롭게 살아가고 있습니다. 우리는 참으로 행복한 사람들입니다. 무위이화를 알고 참되게 영원히 사는 진리를 알게 되었기 때문입니다.

스승님의 간절한 당부, 무위이화의 법칙을 알아야

수운대신사께서는 무위이화無爲而化를 간곡하게 말씀하셨습니다. "입도한 세상 사람 그날부터 군자되어 무위이화될 것이니 지상신선 네 아니냐" 라고 하셨습니다. 혼탁한 세상 물결에 휩쓸려 방황하다가 다행히 선각자를 만나 천도교에 입교함으로써 수도를 하게 되고, 수도를 함으로써 자연히 도덕군자가 되고, 군자사람으로서 더욱 지성으로 수도를 하여 무위이화가 되어 모든 일이 생각하는 대로 자연히 이루어지고, 드디어 지상신선의 대 평화 대 행복, 자아완성의 경지에 이르게 된다는 말씀입니다. 여기서 우리는 천도교 신앙의 기본 방향을 알 수 있습니다.

그리고 대신사께서는 동학과 서학과의 차이를 말씀하시면서 "우리 도는 무위이화라. 그 마음을 지키고 그 기운을 바르게 하고 한울님 성품을 거느리고 한울님의 가르침을 받으면 자연한 가운데 화해나느니라."라고 하셨습니다. 수련을 열심히 해서 강령과 강화의 체험을 얻음으로써 한울님 모심을 깨닫고侍天主, 수심정기 · 성경신 · 이신환성의 수행을 통해서 성품을 거느리어率其性 항상 근본을 생각하면서 생각과 말과 행동을 한울님 뜻과 같이 함으로써天人合一 한울님의 지혜와 능력을 얻어 도가 자연히 이루어지고 순리순도하게 되고 모든 일이 생각하고 노력하는 대로 자연히 이루어진다는 말씀입니다. 또 "오는 사람 효유해서 3 · 7자 전해 주니 무위이화 아닐런가"라고 말씀하셨습니다. 새로 입도한 사람들에게 3 · 7자 주문을 외우게 하니 무위이화로 자연한 가운데 새 사람이 되더라는 말씀입니다. 포덕 교화하는 방법을 말씀하신 것입니다.

『해월신사법설』에 "십삼자로써 만물화생의 근본을 알고 무위이화로써 사람이 만물과 더불어 천리와 천도에 순응함을 안 연후에 수심정기로써 천지가 크게 화하는 원기를 회복하면 능히 도에 가까움인저"라는 말씀이 있습니다. 천덕송에도 "십삼자를 알고 보니 만물화생 근본일세. 지성으로 늘 부르면 무위이화 되리로다"라는 가사가 있습니다.

무위이화의 뜻

무위이화無爲而化의 뜻을 다음과 같이 몇 가지로 구분해 볼 수 있습니다. 첫째, 함이 없이 자연히 이루어진다는 뜻입니다. 모든 일이 억지로 발버둥치고 몸부림치면서 되는 것이 아니라 마음을 깨끗이 하고 근본 · 성품 보는 공부를 깊이 하면서 생각하고 노력을 하면 자연히 도가 이루어지고 모든 일이 뜻대로 이루어진다는 말씀입니다. 그렇다고 해서 팔짱 끼고 가만히 앉아서 저절로 된다는 것이 아니라 최선을 다해서 노력을 하되 복잡한 마음을 버리고 열심히 수련을 하면서 깨끗한 마음을 가지고 힘써야 한다는 말씀입니다. 한마디로 이신환성의 정신으로 하면 모든 일이 자연히 된다는 말씀입니다. 둘째, 순리순도하여 천리천명에 순응하라는 뜻입니다. 천도天道의 진리에 순응하는 생활을 하면 모든 일이 순리대로 이루어집니다. 부산행 기차를 타고 규칙을 잘 지키면 그대로 부산에 당도하는 것과 같습니다. 셋째, 무위이화는 천지만물 화생의 원리요 자율적 창조진화自律的創造進化의 법칙이라고 할 수 있습니다. 넷째, 한울님과 스승님의 덕화에 감화되어 세상이 잘 다스려진다는 것입니다. 『의암성사법설』에 "인화人和하는 방책은 도道가 아니면 할 수 없고 도로써 백성을 화和하면 다스리지 않아도 절로 다스려진다" 人和之策 非道不能 以道和民則 無爲而可治也는 말씀이 있습니다. 다섯째, 사람은 무형한 한울님이 유형화有形化된 것입니다. 천지만물과 모든 사람은 무형한 한울이 유형화된 것임을 알고 항상 무형의 세계, 근본을 생각하면서 살면 모든 일이 생각하고 노력하는 대로 자연히 이루어진다는 것입니다. 여섯째, 항상 성령에 대한 생각을 하면 무형의 세계에서 무한 지혜, 무한 능력을 받아 모든 일을 자연한 가운데 이룰 수 있다는 것입니다. 일곱째, 유형과 무형의 세계를 활연관통해서 하나가 됨으로써 자연히 영원한 생명을 알게 되고 생사일여生死一如, 장생불사의 길을 열어 나가게 된다는 것입니다.

우리는 이 무위이화의 진리를 알고 무위이화를 굳게 믿고 무위화기 되어야 하겠습니다. 그리고 더욱 정성 공경 믿음을 다해 정심수도 해서 무위이화의 진리를 깨닫고 무위이화의 생활을 하도록 힘써야 하겠습니다. 그리하여 온 세상 사람에게 이 무위이화의 진리를 알려서 다함께 행복하게 살도록 포덕에 힘써야 하겠습니다.

천덕사은天德師恩에 보답하는 길

우리는 한울님과 스승님의 은덕으로 세상을 살아가고 있습니다. 그러므로 우리는 한울님의 덕과 스승님의 은혜를 잘 알아야 하고 항상 감사한 생각을 하면서 살아야 하겠습니다. 그리고 한 걸음 더 나아가 천덕사은에 만분의 일이라도 보답하는 생활을 하도록 힘써야 하겠습니다. 즉 천덕사은을 알고, 아는 것으로 끝날 것이 아니라 감사할 줄 알고, 또한 감사하는 것으로 끝날 것이 아니라 보답하는 데까지 나가자는 말씀입니다. 즉 지은知恩에서 사은謝恩, 사은에서 보은報恩으로 나가자는 것입니다. 그래야 더욱 보람 있고 건전하게 살 수 있고 자아완성, 도성덕립에 이를 수 있습니다. 우리 모든 교인들이 다 이렇게 되어야 천도교의 목적을 달성할 수 있습니다.

경전에 "한울님과 스승님의 은덕을 잊지 않고 늘 생각하면 한울님의 기운과 지극히 화해서 지극한 성인의 경지에 이른다"天德師恩 念念不忘則 至化至氣 至於至聖는 말씀이 있습니다. 한울님과 스승님의 은혜를 알아야 부모님의 덕도 알게 되고 대자연의 덕과 국가 사회의 덕도 알게 되고 새 사람이 되어 새 세상을 건설하게 됩니다. 한울님과 스승님의 덕을 모르면 인생의 의의와 보람을 찾을 길이 없습니다.

우리가 살아가는 것은 한울님의 덕 - 항상 잊지 아니하는 것이 도리

"저 옛적부터 봄과 가을이 갈아들고 사시가 성하고 쇠함이 옮기지도 아니하고 바뀌지도 아니하니 이 또한 한울님 조화의 자취가 천하에 뚜렷한

것이로되 어리석은 사람들은 비와 이슬의 혜택을 알지 못하고…"라는 말씀이 있습니다. 사람은 한울님의 덕을 알고 살아야 한다는 말씀입니다. 현대인은 대체로 한울님의 덕을 모르기 때문에 부모님의 덕도 모르고, 국가사회의 덕도 모르고, 금수 같은 사람으로 전락되었다고 할 수 있습니다. 위의 경전 말씀은 한울님의 덕을 모르겠거든 자연 질서만 보더라도 알 수 있지 않느냐라는 뜻입니다. 춘하추동 사계절이 변함없이 순환하고 풍우상설이 그 때를 잃지 않는 것만 보더라도 한울님의 덕을 알 수 있다는 말씀입니다. 팔절八節에 "덕이 있는 바를 알지 못하거든 내 몸이 화해 난 것을 헤아리라. 말하고자 하나 넓어서 말하기 어려우니라"라는 말씀이 있습니다. 한울님의 은덕을 모르겠거든 내가 어떻게 태어났으며 어떻게 살고 있는지를 생각해보라는 말씀입니다. 참회문에는 "저는 이 나라에 태어나 살면서 욕되이 인륜에 처하여 천지의 덮고 실어주는 은혜를 느끼며 일월이 비추어주는 덕을 입었으나 아직 참에 돌아가는 길을 깨닫지 못하고 오랫동안 고해에 잠기어 마음에 잊고 잃음이 많더니…"라는 말씀이 있습니다. 또 "마음을 닦아야 덕을 알고 덕을 밝히는 것이 도니라"라는 말씀이 있습니다. 그리고 "한울님이 내 몸 내서 아국 운수 보전 하네." "나는 도시 믿지 말고 한울님을 믿었어라. 네 몸에 모셨으니 사근취원 하단 말가." "마음이 곧 한울이요 한울이 곧 마음이라." "천지는 곧 부모요 부모는 곧 천지니 천지부모는 일체니라"라는 말씀이 있습니다. 그리고 『의암성사법설』에는 "보려 해도 볼 수 없고 들으려 해도 들을 수 없고 물으려 해도 물을 곳이 없고 잡으려 해도 잡을 곳이 없는지라. 항상 머무는 곳이 없어 능히 움직이고 고요함을 볼 수 없으며 법으로써 법하지 아니하나 만법萬法이 스스로 몸에 갖추어지며 정으로써 능히 기르지 아니하나 만물이 자연히 나는 것이니라. 변함이 없으나 스스로 화해 나며 움직임이 없으나 스스로 나타나서 천지를 이루어 내고 도로 천지의 본체에서 살며 만물을 생성하고 편안히 만물 자체에서 사니 다만 천체를 인과로 하여 무선무악, 불생불멸不生不滅하나니 이것이 이른바 본래의 나니라." "한울은 사람에 의지하여 변화가 무궁하고 사람은 밥에 의지하여 만사를 행하는지라."라는 말씀이 있습니다.

이상의 말씀들을 종합해 볼 때, 한울님은 천지일월 성신과 만물을 이루어 놓으시고 만물과 더불어 같이 계시면서 모든 일을 간섭하고 명령하고 가르쳐 주시고 도와주시는 만유萬有의 부모님임을 알 수 있습니다. 또한 한울님은 무형의 이치 기운으로서 인격적이면서 사람을 통해 계속 뜻을 이루어 나가시는 분임을 알 수 있습니다. 또한 초월적이면서 내재적이고 내재적이면서 초월적인 특성을 보여 주고 있습니다. 그리고 우리의 마음이 곧 한울이요 또한 본래의 나가 바로 한울임을 알 수 있습니다. 눈으로 물건을 보고 음식을 먹고 길을 걸어가는 것도 내 몸에 한울님을 모시고 있기 때문에 이루어진다는 사실도 이에서 분명해집니다. 한울님의 간섭이 잠깐이라도 끊어지면 우주는 파괴 되고 우리는 죽는 것입니다.

스승님의 은혜, 감사와 감격의 심정으로 돌아보며

다음으로 우리는 스승님의 은혜를 염념불망해야 합니다. 제세안민濟世安民의 대도를 찾아서 오랫동안 구도 고행을 거듭한 끝에 만고 없는 무극대도를 받음으로써 노이무공勞而無功하신 한울님의 뜻 이루어 드리시고 민족과 인류의 살 길을 열어 주신 수운대신사님, 명命을 주시고 천도天道를 바꾸어 억조창생을 살리신 수운대신사님, 인류의 영원한 등불이 될 경전經典을 남겨 주시고 육신은 비록 환원하셨지만 성령으로 출세出世하시어 항상 우리의 앞길을 밝혀 주시고 도와 주시는 수운대신사님의 그 거룩한 은혜를 우리는 잊어서는 안 되는 것입니다.

그리고 수운대신사의 심법心法을 이어 받아 천도의 기초를 공고히 다지신 해월신사님. 36년 풍우상설 무서운 추격과 탄압에도 불구하고 방방곡곡 전전하시면서 포덕布德 교화를 전개하시고 목판으로 새겨서 경전을 간행하시고 그리고 사인여천, 부화부순, 천지부모, 삼경설, 이천식천, 용시용활, 향아설위 등 많은 법설을 남겨 주신 해월신사님, 나라와 세상을 구하고 억조창생을 살리려고 애쓰시다가 역시 순도의 길을 걸으신 해월신사님, 그리고 성령으로 출세하시어 우리를 항상 도와 주시고 길을 밝혀 주시는 해월신사님의 은혜에 감사드리지 않을 수 없습니다.

또 의암성사님은 파란만장의 역경 속에서 동학을 천도교로 대고천하大告天下하시고 갑오 동학혁명, 갑진 개화혁신운동, 기미 3 · 1독립운동을 직접 영도하시어 새 역사를 열어 주셨습니다. 그리고 권도문, 무체법경, 이신환성설, 성령출세설, 천도태원경, 각세진경, 삼전론, 명리전, 인여물개벽설, 신앙통일과 규모일치 등 많은 법설로 천도의 진리를 확명하여 주신 의암성사님, 나라와 세상을 위하여 순도하신 후에도 성령으로 우리의 앞길을 항상 밝혀 주시는 의암성사님의 은혜에 감사드리지 않을 수 없습니다.

그리고 제4세 대도주 춘암상사님은 성경신법 그대로 스승님들의 심법을 이어 나가시면서 일제치하의 암흑 속에서 온갖 박해에 추호도 굴하지 않으시고 항일독립운동과 교육사업을 전개하셨으며, 특히 무인 멸왜기도를 지도하시는 등 꿋꿋이 대도를 지키시고 또 성령으로 계속 도와 주시는 그 은혜에 우리는 감사드리지 않을 수 없습니다.

만약 스승님들이 안 계셨더라면 세상은 어떻게 되었으며 우리는 어떻게 되었겠습니까? 생각하면 할수록 머리가 숙여지고 감사의 마음을 갖지 않을 수 없습니다. 그렇다면 이러한 천덕사은에 보답하는 길은 무엇이겠습니까? 우선 모든 교인들이 독실한 신앙과 수도연성으로 도성덕립의 길로 나가야 합니다. 그리고 교회의 발전과 포덕천하, 광제창생, 보국안민, 지상천국 건설 사업을 적극 추진해 나가야 하겠습니다. 또한 미래를 내다보면서 현실을 직시하고 새 역사를 열어 나가기 위한 만반의 준비 태세를 갖추어 나가야 할 것입니다. 임진왜란 전에 이율곡 선생은 왜적의 침략이 있을 것을 예견하고 10만 양병론을 주창한 바 있습니다. 그러나 당시 집권층에서는 태평성세에 무슨 10만 군대를 양성하느냐면서 무시해 버렸고, 결국 8년 전쟁의 비참한 임진왜란을 겪고야 말았습니다. 의암성사님은 경술국치를 당하자 10년 안에 나라를 찾겠다는 결연한 의지를 표하고 7차의 49일 수련으로 이신환성以身換性 역군 483명을 육성하여 3백만 대교단을 이루고 위대한 3·1독립운동을 주도하셨습니다. 그것이 바로 준비의 힘입니다.

천덕사은에 보답하는 길

그러면 교인 각자가 해야 할 일을 생각해 보겠습니다. 첫째, 천덕사은을 잊지 않고 보답하는 일입니다. 자나 깨나 잊지 않고 늘 생각하는 것이 보은報恩의 시작입니다. 천덕사은 염념불망하면서 일용행사에 심고 잘 하는 것이 천덕사은에 보답하는 첫 번째 길입니다.

둘째, 오관五款 실행입니다. 한울님과 스승님 은덕에 보답하는 길은 오관을 잘 실행하는 데 있습니다. 온 가족과 함께 주문, 청수, 시일, 성미, 기도 등의 오관을 성실히 실행하는 일입니다.

셋째, 자아완성과 도가완성입니다. 한울사람으로 자아를 완성하는 것이 천덕사은에 보답하는 길입니다. 우리는 끊임없는 수련을 통해서 시정지侍定知로 자아완성을 추구해 나가야 합니다. 강령, 강화를 체험함으로써 시천주를 깨닫고 수심정기, 성경신의 수행을 통해서 조화정에 이르고 천덕사은 염념불망, 이신환성으로 만사지에 이르러야 합니다. 수기심守其心, 정기기正其氣, 솔기성率其性, 수기교受其敎, 화출자연化出自然을 체득해서 무위이화無爲而化를 알고 체행해야 할 것입니다. 또한 견성각심見性覺心으로 도성덕립해야 합니다. 인생의 목적은 자아완성이요 지상천국 건설입니다. 또 이것이 한울님과 스승님의 간절한 소원입니다. 스승님들께서 자아완성의 길을 분명히 가르쳐 주셨는데도 불구하고 이를 무관심하거나 노력도 하지 않는다면 이는 불효요 배은망덕이 됩니다.

넷째, 환경보전입니다. 지금 사회는 환경보전 문제가 매우 심각한 과제로 제기되고 있습니다. 해월신사님은 "침을 멀리 뱉고 코를 멀리 풀고 물을 멀리 뿌리면 곧 천지부모님 얼굴에 뱉는 것"이라 하시고 "나무라도 생순을 꺾지 말고 땅 아끼기를 어머니 살같이 하라"고 하셨습니다. 저는 원주 송골 해월신사 추모비 제막식에 참례한 일이 있습니다. 그때 주최측인 고미술동우회 고문 장일순 씨의 축사 내용이 지금도 기억에 생생합니다. 그는 천주교인인데도 천도교 경전 「천지부모」를 봉독하고 『해월신사법설』을 환경보전, 생명운동의 실천 강령으로 삼아야 한다고 역설하였습니다. 또 우리는 항상 집 안과 밖을 깨끗이 할 것은 물론 우리 주변에 담배꽁초나 휴지, 쓰레기 등이 보이면 방치할 것이 아니라 하나라도 수거하는 모범을 보여야 하겠습니다. 보은취회 때 2만여 명이 20여 일간 집단생활을 하였지만 일체 오물이 눈에 띄지 않았습니다. 그 정신을 이어가는 것이 천덕사은에 보답하는 한 가지 길입니다.

다섯째, 도덕질서입니다. 얼마 전 경주 관광지에 일본 학생과 한국 학생들이 수학여행을 왔다가 한자리에서 식사를 하게 되었다고 합니다. 한쪽에서 한국 학생들이 마구 떠들고 쓰레기를 여기저기 버리는 무질서한 모습을 보이자 일본 학생들이 선생님께 왜 저러느냐고 물었습니다. 선생님은 말하기를 과거에 우리 일본이 한국을 통치한 일이 있다고 하면서 일본인의 우수성을 은근히 심어 주었다는 이야기를 들은 적이 있습니다. 옛날부터 우리나라는 동방예의지국이라고 하였습니다. 도덕질서를 잘 지키는 우리 민족의 품성을 회복하는 것이 천덕사은에 보답하는 길입니다.

여섯째, 동귀일체입니다. 지금 세상은 온통 싸움판입니다. 온 세상 사람이 정신개벽, 천심 회복운동을 해서 모두가 한울님의 아들딸임을 알고 인류가 한 가족 같이 사는 세상을 만들어 나가는 것이 천덕사은에 보답하는 길이 될 것입니다.

일곱째, 포덕입니다. 지금 온 세상 사람들은 길을 잃고 함정에 빠져 헤매고 있습니다. 온 세상 사람이 각자위심各自爲心하여 불순천리, 불고천명하기 때문에 이 세상에 악질이 가득 찼다고 수운대신사께서 개탄하셨습니다. 하루속히 온 세상 사람이 한울님과 스승님의 덕을 알고 경천순천하는 생활을 하도록 진리를 알려 주고 길을 인도해야 하겠습니다. 우리는 나와 내 가정의 진정한 행복을 찾고 민족과 인류를 구하는 길이 분명히 천도교에 있다는 것을 알았습니다. 그러므로 안으로는 자아완성과 도가완성을 위한 노력을 하는 동시에 밖으로는 자나깨나 포덕에 힘을 기울여야 하겠습니다. 한 사람 포덕하는 것이 죽을 사람 살리는 동시에 보국안민, 지상천국의 기초를 다지는 일입니다. 이것이 천덕사은에 보답하는 길입니다.

이상과 같이 천덕사은에 보답하는 길을 일곱 가지로 생각해 보았습니다. 천덕사은 염념불망, 오관실행, 자아완성, 환경보전, 도덕질서, 동귀일체와 포덕입니다. 우리가 진정으로 천덕사은에 보답하는 생활을 하게 되면 한울님과 스승님은 우리에게 또한 무궁한 복록과 도성덕립으로 보답하리라 생각합니다.

포덕을 합시다

천도교는 포덕천하, 광제창생, 보국안민, 지상천국 건설을 목적으로 하는 종교입니다. 우리는 이 거룩한 목적을 달성하기 위해서 천도교에 입교하였습니다. 그러므로 모든 천도교인들은 포덕에 대해서 깊은 관심과 노력을 기울여야 합니다. 과거 선열들은 일왈一曰 포덕, 이왈二曰 포덕, 삼왈三曰 포덕이라 하여 포덕을 최우선 과제로 삼았음을 알아야 하겠습니다. 그런데 근래에 오면서 그만 신앙이 해이해지고 기성종교와 외래사상에 위축되어 차차 포덕의 열기가 식어가는 것이 눈에 띄게 나타나고 있습니다. 그리하여 가족들은 뿔뿔이 흩어져 다종교의 복잡한 현상을 보여 주고 있고 교회는 노령화되어 침체에서 벗어나지를 못하고 있습니다. 가정 교화가 제대로 안 되니까 교인 한분이 환원하면 도가道家 하나가 없어지고 두 분 돌아가면 두 도가가 없어지는 딱한 실정이 오래도록 계속되고 있습니다. 이대로 방치하다가는 돌이킬 수 없는 상태가 되지 않을까 염려하지 않을 수 없습니다. 우리는 지금 포덕에 대해서 비상한 관심과 노력을 기울여야 할 매우 중요한 시점에 서 있습니다.

우리가 오관실행을 독실히하고 진실로 한울님을 공경하고 수도를 하면 포덕할 마음이 자연히 생기게 마련입니다. 포덕은 한울님과 스승님의 간절한 소원이기 때문입니다. 따라서 포덕을 해야 한울님의 감응을 받는 교인이 되고 도성입덕도 되는 것입니다. 포덕을 많이 해야 나와 내 가정의 영원한 행복을 찾을 수 있습니다. 포덕을 많이 해야 교회중흥도 되고 민족통일도 되고 세계평화를 이룰 수 있습니다. 포덕을 하지 않으면 좋은 종자를 가지고도 심지 않는 것과 같습니다. 오늘은 포덕에 대해서 다 함께 생각해 보자는 뜻에서 말씀을 드리고자 합니다.

포덕이란 무엇인가?

포덕이란 글자 그래도 덕을 편다는 말씀입니다. 세상 사람들이 한울님의 덕과 진리를 알고 자기 도리를 다하면서 경천순천하는 생활을 하도록 인도하는 것입니다. 방황하는 세상 사람을 천도교에 입교하도록 인도하고, 교인들을 바르게 수도하도록 교화하는 것이 포덕입니다. 세상 사람을 위해서 봉사하며 자기가 가진 아무 것이라도 베푸는 것도 포덕입니다. 교회에 성금 내는 것도 포덕이고 교당 청소하는 것도 포덕입니다. 사람들에게 친절을 베푸는 것도 포덕입니다. 그리고 수도와 포덕은 둘이 아닙니다. 수련과 진리 연구와 행도, 포덕을 합해서 수도라고 할 수 있습니다.

불교는 수도의 방법으로 제일 먼저 보시布施를 하게 되어 있습니다. 그들은 보시, 지계持戒, 인욕忍辱, 정진精進, 지관止觀의 다섯 가지를 말합니다. 먼저 남을 위해 무엇인가 베푸는 마음을 가지라는 뜻인 줄 압니다. 기독교도 포교 활동을 굉장히 중시한다는 것을 여러분이 다 아실 줄 믿습니다. 우리는 그 사람들 보다 더 포덕에 대한 생각과 노력을 해야 할 것입니다.

왜 포덕을 해야 하나?

세상 사람들이 한울님의 덕과 진리를 모르고 천만 티끌 구덩이에 빠져 헤매고 있기 때문입니다. 그리하여 사회가 계속 혼미상태를 보이고 있고 민족은 분단의 비극을 해결하지 못하고 고통을 받고 있기 때문입니다. 이대로 방치할 수도 없고 구경만 할 수는 없지 않겠습니까? 특히 세상을 구해야 할 천도교가 침체 상태에 있기 때문에 포덕을 해야 합니다. 인내천 진리가 아니고서는 세상을 건질 수 없겠기 때문에 포덕을 해야 합니다. 교인 한 사람 한 사람이 포덕을 열심히 해야 천도교가 일어나고 천도교가 크게 발전되어야 우리의 소원인 포덕천하 광제창생 보국안민 지상천국 건설이 이루어질 것입니다. 그리고 포덕을 해야 도성덕립도 되고 도가완성도 됩니다. 다른 사람을 위해서 덕을 베풀면 나에게도 덕이 돌아오는 것입니다. 포덕을 많이 하면 나도 많은 복을 받고 세상도 밝아지고 자손들에게도 큰 유산을 남겨주게 되는 것입니다. 물질은 나누어 주면 없어지지만 덕은 베풀어 주면 점점 더 커집니다. 포덕을 하면 도와 덕이 점점 더 높아지는 것도 같은 이치입니다. 지식의 힘이나 육신의 용맹보다 더 위대한 힘은 덕의 힘입니다.

경전에 "인지소귀 덕지소재"人之所歸 德之所在라는 말씀이 있습니다. 덕이 있는 곳에 사람이 모인다는 말씀입니다. 최후의 승리는 덕을 베푸는 사람에게 돌아간다는 사실을 알아야 하겠습니다. 그러면 포덕이 안 되는 이유는 무엇일까요? 저는 몇 년 전 정부 중요 기관장을 대상으로 하는 교육장에서 천도교에 대한 강의를 한 일이 있습니다. "천도교의 유래와 중심사상"이라는 주제로 자료를 배부하고 정성을 다해서 말씀드렸습니다. 질문 시간에 "천도교의 역사와 교리가 참 좋습니다. 그런데 왜 포교가 안 됩니까?"라는 질문을 받았습니다. 저는 이렇게 답변을 하였습니다.

"천도교의 포덕이 잘 안 되는 이유는 첫째, 현재의 교역자와 교인들의 능력 부족이요 노력 부족에 있습니다. 둘째, 사회 여건이 포덕을 매우 어렵게 하고 있습니다. 크리스마스나 석가탄일은 국정공휴일로 정하고 온 국민이 경축하지만 천도교의 천일기념일은 정부 요로에 수 차 진정을 해도 번번히 보류되어 천도교가 널리 알려지지 못하고 있습니다. 군대 정훈 교육도 기독교, 불교, 천주교, 원불교만 허용하고 천도교는 허용되지 않고 있습니다. 이처럼 민족 종교가 소외되고 있습니다." "이런 판국에 어떻게 천도교 포덕이 되겠습니까?"라고 말씀하셨습니다.

포덕을 몇 가지로 구분해 볼 수 있습니다

첫째, 가정포덕입니다. 내 가정부터 천도교화하는 것입니다. 부인, 남편, 아들, 딸, 며느리, 손자, 손녀, 사위 등 온 가족이 천도교를 신앙하도록 해야 합니다. 그리고 일가 친척을 포덕해야 할 것입니다. 좋은 음식을 나 혼자 먹을 수 있습니까? 스승님들은 먼저 사모님부터 포덕했습니다. 그리고 처남 매부 포덕을 하라고 하셨습니다. 온 가족이 천도교를 하면 참으로 행복한 가정이 될 수 있으며, 세상 역시 평화롭고 건전해질 수 있습니다.

둘째, 일반 포덕입니다. 수운대신사님은 "어진 사람 만나거든 시운시변 의논하고 백년신세 말하거든 이 글 주고 결의해서 붕우유신하여 보세"라고 말씀하셨습니다. 특히 청소년 학생들에 대한 포덕의 중요성을 명심해야 하겠습니다. 2차 대전 후 중국에서 장개석과 모택동이 대결 투쟁을 하였는데 장개석은 부유한 기성 세대를 포섭하고 모택동은 청년 학생층을 포용하였습니다. 결국 장개석은 밀려나고 모택동이 중국을 통일하였습니다.

셋째, 마당포덕입니다. 한두 사람이 아니요 많은 사람이 일시에 입교하는 것을 말합니다. 대세의 급격한 변화, 천재지변, 전쟁, 질병 등 위기에 봉착했을 때 살 길을 찾아 많은 사람들이 천도교로 모여 들어 일시에 입교하는 것을 마당포덕이라고 합니다. 과거 동학혁명 때 그랬고 갑진개화운동과 3·1운동 때 대거 마당포덕이 일어났습니다. 8·15광복 직후 그리고 6·25전란으로 무법천지가 되었을 때도 많은 포덕이 있었습니다. 교사를 보면 포덕 27년에 많은 포덕이 있었습니다. 그해 4월에 해월신사님은 "금년은 괴질이 많이 돌 것이니 수도에 더욱 힘쓰고, 먹던 밥 새 밥에 섞지 말고 침과 코가 땅에 떨어지거든 닦아 없이 하라"는 등 위생을 철저히 지키라고 하셨습니다. 그 해 여름에 콜레라가 전국을 휩쓸어서 많은 사람이 죽어나갔습니다. 그러나 동학을 하는 사람들은 신사님 말씀대로 수도를 지성으로 한 결과 병에 걸리지 않았습니다. 동학에 대한 탄압이 극심했지만 우선 살아야 하겠으니까 많은 사람들이 찾아와 입도하기에 이르렀습니다. 앞으로도 그런 일이 있을 것입니다.

포덕은 여러 가지 방법으로 할 수 있습니다. 첫째, 높은 인격과 도력에 감화되어 스스로 찾아와서 입교하는 포덕, 둘째, 말과 글을 통한 포덕, 셋째, 텔레비전, 인터넷, 라디오, 신문, 잡지 등 홍보 매체를 통한 포덕, 넷째, 어려운 사람 도와 주고 봉사 활동을 통해서 하는 포덕, 다섯째, 포덕 대상자를 선정하여 많은 기도를 하고 감응을 받아서 하는 포덕, 여섯째, 전쟁, 질병 등 사회적 혼란시에 진리를 설파하는 포덕 등 여러 가지 방법을 활용할 수 있습니다.

포덕으로 그려 보는 천도교의 내일

다음은 앞으로의 전망입니다. 천도교는 미래가 밝습니다. 온 민족이 천도교를 찾을 날이 다가오고 있습니다. 인내천 시대가 다가오는 것입니다. 진리가 여기에 있고 살 길이 여기에 있기 때문입니다. 경전을 보면 "한울님께 복록 정해 수명을랑 내게 비네." "한울님이 뜻을 두면 금수 같은 세상 사람 얼풋이 알아내네"라는 말씀이 있습니다. 그리고 "산하의 큰 운수가 다 이 도에 돌아온다"고 하셨고 "지금은 도를 권하면 세상 사람들이 믿지 아니하나 일후에 손바닥에 시천주 주문을 써달라고 할 날이 있으리라"고 하셨습니다. 이 말씀들을 깊이 생각해 보면 천도교의 장래가 참으로 밝다는 것을 알 수 있고 희망찬 미래가 있다는 것을 알 수 있습니다.

저는 앞으로 마당포덕의 기회가 몇 번 있을 것으로 예상합니다. 첫째, 앞으로 남북 간에 평화협정이 체결되어 남북 교류가 활발하게 진행될 때 마당포덕이 일어나리라 생각합니다. 이때에 민족적 대 자각운동이 일어날 것이며, 이제는 우리 정신을 찾자는 부르짖음이 남과 북에서 동시에 일어날 것입니다. 이때가 천도교 대거 마당포덕의 절호의 기회입니다. 필시 그렇게 귀결될 것입니다. 우리는 이때를 놓치면 안됩니다. 이때를 대비해서 철저한 준비를 해야 합니다.

둘째는 이상기온이나 대기번복과 같은 천재지변, 사회혼란 등으로 많은 사람들이 생명의 위협에 직면했을 때 임사호천이라는 말씀과 같이 또한 마당포덕이 일어나리라는 생각을 하게 됩니다. 주문을 외우면 살 수 있으니까 천도교를 찾을 수밖에 없을 것입니다. 그때가 손바닥에 시천주 주문을 써 달라고 할 때가 아닐까 생각됩니다. 수도를 지성으로 해서 많은 사람을 살리고 포덕을 해야 할 것입니다.

셋째는 '금사옥사 우옥사'라는 말씀과 같이 천도교에서 많은 도통군자들이 나와서 그 도덕 풍화에 감화되어 많은 포덕이 일어날 것으로 예상됩니다. 원처근처 어진선비 풍운 같이 모여드는 거룩한 장면이 재현될 것입니다. 역시 준비가 있어야 할 것입니다.

서두르거나 실망하지 말고, 바른 길로 걸어갑시다

우화를 한 말씀 드리겠습니다.

옛날 어느 산 골짜기에 많은 금수들이 모여 회의를 했습니다. 임금님을 선출하는 회의였습니다. 여러 가지로 의논한 끝에 내일 아침 동쪽에서 떠오르는 태양빛을 먼저 보는 자를 임금으로 모시기로 하였습니다. 금수들도 왕이 좋았던지 모두 한 자리에서 밤을 새웠습니다. 새벽이 되어 오자 저마다 높은 곳을 차지하려고 또 목을 길게 빼고 발버둥 치면서 찍짝 찍짝 야단법석이 벌어졌습니다. 그 중에 제일 작은 꿀뚝새는 그 속에 들어갔다가는 치어죽을 것만 같아서 아예 한 걸음 물러서서 맨 뒤에서 뒷짐 지고 반대편 서쪽 봉오리만 바라보고 있었습니다. 날이 훤히 밝아오자 동물들은 최후 발악을 하며 야단법석들이었습니다. 그런데 이게 웬일입니까? 반짝 하고 서쪽 봉오리에 햇빛이 비쳤습니다. 서쪽 봉오리가 높았기 때문입니다. 꿀뚝새는 엉겹결에 "내가 봤다." 하고 외쳤습니다. 결국 제일 작고 약한 꿀뚝새가 금수의 왕이 되었습니다.

천도교인의 수가 적다고 실망하지 맙시다. 우리는 가장 높은 봉우리를 보고 있으므로, 반드시 태양빛을 먼저 보게 될 것입니다. 문제는 마당포덕을 위한 철저한 준비를 해야 한다는 것입니다. 모든 교인들이 수도 잘 해서 도성입덕이 되어야 할 것입니다. 모든 교인들은 온 가족과 함께 저녁마다 청수를 봉전하고 기도하고 시일식에 참례하고 오관실행을 독실히 해야 할 것입니다. 만약 그렇지 못하면 새 사람들이 천도교에 들어왔다가도 등을 돌리게 될 것입니다. 또한 교회 분위기가 정말 동귀일체 화합이 잘 되고 사인여천을 실행하고 도덕군자들의 모습을 보여 주어야 할 것입니다. 조금 마음이 열렸다고 해서 거만해져서는 안 될 것입니다. 그래야 많은 사람들이 와서 모일 것입니다. 덕이란 것은 겸손하고 정성과 공경을 다하여 나의 도리를 다하는 것이라고 하셨습니다. 그리고 덕이 있는 곳에 사람이 모인다고 했습니다. 수용태세가 잘 되어 있어야만 포덕천하 광제창생을 할 수 있습니다. 우리 모두 합심해서 온 민족을 포덕하고 나아가 포덕천하 할 수 있는 만반의 준비를 갖추자는 말씀을 드리면서 설교를 마치겠습니다

불로불사不老不死의 길

만약 늙지도 않고 죽지도 않고 영원히 사는 약이나 비결을 개발하였다면 어떻게 될까요? 아마 돈을 산더미처럼 이고 지고 사람들이 벌떼처럼 모여들 것입니다. 그런데 여러분, 놀라지 마십시오. 저는 요사이 그 불로불사, 장생불사의 길을 찾아가 보았습니다. 그래서 간신히 불로불사약이 있는 그 비밀장소를 알았습니다. 이것은 몇백, 몇천 억 원을 내야 알려 줄 수 있는 참으로 소중한 보물이라고 할 수 있습니다.

오늘은 그 불로불사의 비밀장소를 특별히 여러분과 함께 생각해 보고 함께 찾아가 보고자 합니다. 불로불사, 장생불사는 선천 5만년 동안 인류가 추구해 온 간절한 꿈이었습니다. 그런데 놀랍게도 대신사께서 포덕 원년(1860)년에 그 불사약을 발견하셨습니다. 수운대신사님은 너무 좋으셔서 "좋을시고 좋을시고 이내신명 좋을시고 불로불사 하단 말가." "진시황 한무제가 무엇 없어 죽었는고. 내가 그때 났었더면 불사약을 손에 들고 조롱만상 하올 것을 늦게 나니 한이로다"라고 노래하셨습니다.

그런데 그 불로불사약은 언젠가부터 그만 진토중에 묻혀 버리고 빛을 보지 못하고 있습니다. 등잔 밑이 어둡다고 하듯이 천도교를 하면서도 불사약인 줄 모르는 사람이 너무나 많습니다. 지금 이 세상에는 가짜 불로불사약, 위조제품이 나와서 세상을 어지럽게 하고 있습니다. 자 그러면 참된 불로불사의 비결은 무엇일가요?

첫째, 심화기화心和氣和입니다. 마음이 화하고 기운이 화하여 항상 심신이 편안한 생활을 해야 합니다. 이것이 장생의 첫 번째 비결입니다. 수운대신사께서 "얻기도 어렵고 구하기도 어려우나 실은 이것이 어려운 것이 아니니라. 마음이 화하고 기운이 화하여 봄같이 화하기를 기다리라" 得難求難 實是非難 心和氣和 以待春和고 하셨습니다. 마음이 괴로우면 병에 걸리고 빨리 늙고 빨리 죽는 것입니다. 마음이 항상 기쁘고 편안해져야 무병장수, 불로장생의 길을 갈 수 있습니다. 마음의 평화를 유지하려면 부득불 수도를 해야 합니다. 수도를 하지 않고서는 결코 마음의 평화를 찾을 수 없습니다. 지성으로 수도를 해야 마음의 평화를 찾고 불로불사 할 수 있습니다.

둘째, 음식 조절입니다. 과음 과식은 결과적으로 역천逆天입니다. 그것은 노화老化를 촉진하고 죽음을 재촉하는 지름길이기 때문입니다. 소식小食이 장생불사의 두 번째 비결입니다. 제 시간에 적당한 양의 식사를 해야 합니다. 생존을 위한 최소한의 양을 먹으라는 것이 아니라, 이천식천의 이법을 알고, 다시 말해 한울님이 나에게 허락하신 맛과 양을 늘 생각하면서 공경하는 마음으로 음식을 섭취해야 한다는 말입니다.

셋째, 노고근면勞苦勤勉입니다. 잠시도 쉬지 않고 일을 해야 하고 그리고 적당한 운동으로 몸을 많이 움직여야 할 것입니다. 편안히 노는 것이 좋을 것 같지만 실은 그렇지가 않습니다. 항상 일을 하면서 살아야 합니다. 일을 하지 않으면 이 세상에 필요 없으니까 죽는 것입니다. 노고근면, 부지런히 일하는 것이 장생불사의 세 번째 비결입니다.

넷째, 믿음입니다. 사람이 생각하는 대로, 믿는 대로 이루어지는 것이 사실입니다. 믿어야 합니다. 수운대신사의 불로불사에 대한 말씀을 믿어야 하고 사람은 본래 무형無形한 한울님이 유형화有形化된 한울님으로서 죽지 않는 영원한 존재라는 것을 꼭 믿어야 합니다. 죽는다고 믿으니까 죽는 것입니다. 영원함을 믿는 것이 장생불사의 중요한 비결입니다.

다섯째, 영부靈符와 주문呪文입니다. 이것이 장생의 길입니다. 수운대신사님은 "가슴에 불사약을 지녔으니 궁을 기형이요 입으로 장생하는 주문을 외우니 그 글자는 스물한 자"라고 말씀하셨습니다. 영부를 받아 탄복함으로써 본래의 마음이 한울임을 확신하게 되고 제인질병濟人疾病, 장생불사長生不死의 진리를 깨닫게 되는 것입니다. 수운대신사님은 "진시황 한무제가 무엇 없어 죽었는고. 내가 그때 났었더면 불사약을 손에 들고 조롱만상하올 것을 늦게 나니 한이로다"라고 하셨습니다. 또한 주문은 장생의 글이라고 말씀하셨습니다. 자나 깨나 주문을 열심히 외움으로써 대우주 대정신 대생명과 하나가 되어 불로불사의 길을 열어 나갈 수 있습니다.

여섯째, 기도입니다. 기도해서 한울님의 감응을 받는 것이 불로불사하는 길입니다. 간절히 기도해서 한울님의 감응을 받아야 하고, 한울님을 부모님같이 섬기고 항상 한울님과 함께 살아야 하고, 지성으로 기도해서 한울님과 하나가 되어야 할 것입니다.

일곱째, 수련修煉입니다. 수련을 해서 이신환성以身換性으로 정신을 개벽해야 합니다. 의암성사님은 "정신을 개벽코자 하면 자존심을 모실 시侍 자로 개벽하고, 자존심을 개벽코자 하면 의구심을 정할 정定 자로 개벽하고, 의구심을 개벽코자 하면 미망념을 알 지知 자로 개벽하고, 미망념을 개벽코자 하면 육신관념을 성령으로 개벽하라"고 하셨습니다. 다시 말하자면, '나'라는 개체의식을 용천검으로 과감하게 잘라 버려야 합니다. 그리고 강령降靈, 강화降話, 자천자각自天自覺, 해탈解脫, 대도견성大道見性이 되어야 합니다. 수련을 해서 다심多心에서 일심一心, 일심에서 무심無心으로 나가야 합니다. 『의암성사법설』에 "대도大道는 생각하나 생각하는 것 같지 아니하고, 보나 보는 것 같지 아니하고, 말하나 말하는 것 같지 아니하고, 들으나 듣는 것 같지 아니하고, 앉으나 앉는 것 같지 아니하고, 서나 선 것 같지 아니하여 변하지 않는 사이에 황연한 본래의 맑고 깨끗한 것이니라." 라고 하셨습니다. 그리고 대수大壽는 "죽고 사는 것도 없고無死生, 선하고 악한 것도 없고無善惡, 움직이는 것도 없고無動作, 비고 고요함도 없고無空寂, 빛깔과 형상도 없고無色相, 위도 아래도 없고無上下, 예와 이제도 없고無古今, 말과 글도 없는 것無言書이라 "고 하셨습니다. 유형의 현상계는 생로병사, 흥망성쇠가 무상하지만 무형의 세계, 본성 자리는 생로병사, 흥망성쇠, 길흉화복, 남녀노소, 희로애락, 행복불행이 없는 무량광대청정계清淨界의 진경입니다. 여기에 이르러야 합니다. 또한 "본체성本體性을 깨달으면 혈각성血覺性의 선악과 강유에 있어서도 능히 천만년 전 사람이나 천만년 후 사람이나 현대 사람이 같은 것을 알 것이니 이것을 깨달은 사람은 대신사요, 깨닫지 못한 사람은 범인이니라."라고 하셨습니다. 여기에 무궁한 이 울 속에 무궁한 나를 찾는 길이 있고 불로불사의 비결이 분명히 있습니다. 여러분 우리 다 같이 정심수도 해서 불로불사, 장생의 길을 열어 나갑시다.

사사상수師師相授, 자재연원自在淵源

수운대신사께서는 사사상수師師相授, 자재연원自在淵源이라는 말씀을 간곡하게 하셨습니다. 우리가 도성덕립하고 포덕천하 광제창생 보국안민 지상천국 건설의 대원을 성취하려면 사사상수 자재연원의 뜻을 잘 알고 그 정신으로 극성 수도를 해야 할 것입니다. 특히 오래 전부터 신앙을 해 오는 분들은 이 말씀을 깊이 생각해야 할 것입니다. 사사상수는 스승과 스승이 서로 전해 받는 것이고 자재연원은 스스로에게 연원이 있다는 말씀입니다. 말씀은 간단하지만 여기에 깊은 뜻이 담겨 있습니다.

"그 중에 현인달사 내 말 잠깐 들어 보소. 합기덕 알았으니 무위이화 알지마는 그러나 자고급금 사사상수 한다 해도 자재연원 아닐런가." 우리는 「흥비가」에 있는 이 말씀의 뜻을 깊이 생각하고 그대로 실행하도록 힘써야 하겠습니다. 그래야 도성덕립도 되고, 연원 윤리도 확립되고, 그 기초 위에서 대도창명의 새 역사를 열어 나가게 될 것입니다. 반면에 이 뜻을 잘 헤아리지 못하면 수도는 하지마는 제자리 걸음만 되풀이하게 될 것입니다. 이 말씀을 생각해 보면 '합기덕'合其德 '무위이화'無爲而化 '사사상수' '자재연원'의 네 가지를 잘 알고 체득해 나가야 한다는 것을 알 수 있습니다.

합기덕合其德

첫째, 합기덕입니다. 합기덕은 한울님 덕에 합한다는 말씀입니다. 천인합덕이 되어야 한다는 것입니다. 천도교의 수도의 기본 방향은 시侍 정定

지知 세 글자에 있습니다. 한울님 모심을 깨닫고, 한울님 덕에 합하고, 만사지에 도달하는 것입니다. 그러니까 수도하는 사람들은 우선 열심히 수련을 해서 강령降靈 강화降話를 체험함으로써 한울님 모심을 몸과 마음으로 증험해서 시천주侍天主를 깨달아야 하고, 그 다음은 수심정기 공부를 통하여 자천자각自天自覺을 함으로써 한울님 덕에 합하고 한울님 마음과 하나가 되어 조화정造化定이 되어야 한다는 것입니다. 그리고 더욱 정진해서 해탈解脫, 대도견성大道見性에 이르러 드디어 도를 통하는 만사지에 도달해야 할 것입니다. 다시 말해 한울님 모심侍天主을 깨닫고, 조화정 공부를 잘 해서 한울님 덕에 합하고, 한울님 마음과 하나가 되는 합기덕이 되어야 합니다. 수심정기의 깊은 공부와 성경신을 체행하면서 경천순천하는 생활을 함으로써 한울님과 하나가 되어야 한다는 것입니다.

무위이화無爲而化

둘째, 무위이화無爲而化입니다. 합기덕이 되면 무위이화가 된다고 하였습니다. 무위이화는 천리천명에 순응함으로써 모든 일이 자연한 가운데 이루어진다는 말씀입니다. 모든 일은 억지로 몸부림친다거나 잔재주로 되는 것이 아니라 천도의 진리에 순응하게 되면 자연히 이루어진다는 말씀입니다. 수운대신사께서 동학과 서학의 다른 점을 말씀하시면서 우리 도는 한마디로 '무위이화' 라고 하셨습니다. 서학 하는 사람들은 이 무위이화를 모르는 것입니다. 뿐만 아니라 세상 사람들은 이 진리를 모르고 천도의 열차에서 탈선된 생활을 하기 때문에 온갖 불행의 함정에 빠져서 헤매고 있습니다. 또 "입도한 세상 사람 그날부터 군자 되어 무위이화 될 것이니 지상신선 네 아니냐"라고 말씀하셨습니다. 우리는 무위이화의 진리를 알고 무위이화의 생활을 함으로써 천도교 하는 보람을 더 한층 흐뭇하게 느끼게 될 것입니다.

사사상수師師相授

셋째, 사사상수師師相授입니다. 대신사의 심법心法을 스승과 스승이 서로 전해 받는 이 윤리를 잘 알고 항상 스승님 은덕을 감사히 생각하고 그 뜻을 잊지 말아야 한다는 말씀입니다. 수운대신사님의 무극대도가 사사상수의 정신으로 스승님들에게 이어지면서 면면히 흘러서 전교인傳教人을 통해서 내가 입교하게 되었고, 그리고 선각자의 교화로 진리와 수도 절차를 알게 된 것을 감사히 생각하면서 정심수도를 해야 한다는 말씀입니다. 스승님이 안 계셨다면 우리는 진리를 알 수 없고 수도의 절차를 알 수 없을 것입니다. 전교인이 아니면 천도교에 입교할 수 없는 것입니다. 한울님과 스승님 은덕에 항상 감사하고 또한 나에게 도를 전해 주신 전교인과 진리를 가르쳐 주신 교역자 여러분께 항상 감사한 생각을 하면서 정심수도에 힘써야 할 것입니다. 이것이 연원 윤리입니다. 따라서 약간 깨달음이 생겼다고 해서 사사상수의 정신을 망각하고 자만에 빠져서는 안 됩니다. "한울님께 복록 정해 수명을랑 내게 비네", "밥은 한울님 은혜를 생각하고 도는 스승님 은혜를 생각하라"는 말씀을 잊지 말아야 하겠습니다.

자재연원自在淵源

넷째, 자재연원自在淵源입니다. 합기덕 · 무위이화 · 사사상수가 모두 중요하지만 더욱 중요한 것은 자재연원입니다. 자재연원이 안 되면 농사는 많이 짓고도 결실을 거두지 못하는 것 같은 실패작이 될 것입니다. 정상에 오르느냐 못 오르느냐? 이것은 자재연원을 아느냐 모르느냐에 달려 있습니다. 자재연원은 글자 그대로 나 자신에게 연원이 있다는 뜻입니다. 즉 자천자각自天自覺이 돼서 내 마음이 한울임을 깨닫고 마음을 스승으로 삼아以心爲師 언제나 마음의 가르침을 받게 되어야 한다는 말씀입니다. 또한 자심자성自心自誠하고 자심자경自心自敬하고 자심자신自心自信하고 자심자법自心自法하여 털끝만큼도 어김이 없어야 한다는 말씀입니다. 스승님은 진리와 수도의 절차와 방향을 가르쳐 주실 뿐입니다. 이를 행하는 것은 내가 하는 것입니다. 그러니까 자재연원이 되어야 도를 통할 수 있습니다. 수운대신사님은 "나는 도시 믿지 말고 한울님을 믿었어라. 네 몸에 모셨으니 사근취원 하단 말가"라고 하셨습니다. 지성으로 수도해서 '시천주' 단계를 거쳐서 '합기덕', '무위이화', '사사상수'를 차례로 알고 '자재연원'이 되어야만 도를 통하게 된다는 말씀입니다.

특히 사사상수와 자재연원이 병행되어야 할 것입니다. 사사상수만 알고 자재연원을 모르면 의타적 신앙에 빠지게 되고, 자재연원만 알고 사사상수를 모르면 자만과 고립적 신앙에 빠져 결국 도를 이루지 못하게 될 것입니다. 한쪽으로는 사사상수, 또 한쪽으로는 자재연원, 이 두 기둥이 튼튼히 서서 잘 조화를 이루어야만 하는 것입니다. 그래야 도를 통하게 되고 연원윤리가 확립이 되고 대도중흥의 새 역사를 열어 나가게 되는 것입니다.

포덕 41년도 의암성사 통문通文에 "용담수류사해원龍潭水流四海源은 포덕천하의 이치요 사사상수 자재연원의 명교命教는 오백원五百員 도통道通의 이치이니 어찌 명념銘念하지 않으리오"라는 말씀이 있습니다. 이 말씀에 따라서 경술국치 후 포덕 53년부터 3년간 서울 우이동 봉황각에서 7차의 이신환성 특별수련을 봉행하여 483명의 지도자를 육성, 3백만 대 교단을 이루고 기미 3·1독립운동을 주도했다는 것을 알아야 하겠습니다.

수운대신사의 심법을 이어나가는 것이 연원입니다. 사사상수 자재연원 정신이 확립되어야 도를 통하게 되고 이 정신이 전 교회적으로 확산되어야 원처근처 어진 선비 풍운같이 모아드는 거룩한 도풍道風이 일어나게 될 것입니다. 또한 교단적으로 사사상수 · 자재연원의 정신이 확립되어야 많은 도통군자가 나오고, 5백명 도통군자의 수도연성과 포덕교화의 대행진이 일어나야 대도중흥, 민족통일, 천도교의 세계화가 이루어지고 포덕천하 광제창생 보국안민 지상천국 건설의 거룩한 역사를 힘차게 열어 나가게 될 것입니다.

우리가 다 함께 공감하고 힘을 합하면 머지않아 우리 앞에 그날이 성큼 다가올 것입니다. 새 역사는 진리를 깨닫고 확고한 신념과 불타는 사명감이 있는 사람들에 의해서 창조되는 것입니다.

한울사람이 됩시다

『의암성사법설』「후경」에 "사람은 해와 달같이 분시가 아니니 단연코 백년 슬픔을 만들지 말라"(人如日月非分時 斷然不作百年悲)라는 말씀이 있습니다. 해와 달은 오고 가고, 오고 가고 이렇게 순환하지만 사람은 한번 왔다 가면 다시 오지 못합니다. 이 한 번밖에 없는 백년 일생을 살아가면서 수도할 줄 모르고 허송세월만 하거나 죄를 짓게 되면, 죽음에 임해서 슬픔을 안고 간다는 말씀입니다. 특히 천도교인으로서 한울사람으로 자아완성을 하지 못하면 죽음에 임해서 돌이킬 수 없는 큰 슬픔을 안고 간다는 말씀입니다. 일생을 마치기 전에 반드시 한울사람이 되도록 열심히 수도하라는 간곡한 교훈의 말씀이라고 생각합니다. 일생을 마치기 전에 반드시 한울사람이 되어 대도중흥, 보국안민, 포덕광제의 사명을 완수해야 하겠습니다.

천도교 신앙의 기본 방향을 한마디로 요약하면 한울사람이 되어 한울나라, 한울 세상을 건설하는 것이라고 할 수 있습니다. 모든 사람이 다 한울사람이 되고 나라마다 한울나라가 되고, 온 세상, 온 우주가 하나의 천국이 되게 하려는 것이 한울님의 뜻이요 스승님의 간절한 소원입니다. 이것이 수운대신사님의 심법입니다.

그러면 한울사람이란 과연 어떤 사람일까요. 한울사람이라고 해서 공중을 날아다니거나 저 푸른 하늘 위에서 사는 사람이 아니고, 이 세상에서 우리와 같이 살면서 수도를 잘 해서 마음이 한울님 마음과 하나가 된 사람을 말합니다. 수심정기, 성경신, 이신환성以身換性의 수행을 통해 물욕과 감정과 '나' 라는 개체의식이 다 없어지고 성령인性靈人으로 거듭나서 청정무구한 마음으로 무위자연, 지상신선의 생활을 하는 사람입니다. 근심과 괴로움이 다 없어지고 항상 기쁜 마음, 감사한 마음, 위하는 마음으로 사는 사람입니다. 생각과 말과 행동을 언제나 바르고 밝고 착하고 의롭게正明善義 하면서 다른 사람에게 한울님의 지혜와 덕을 베풀어 포덕에 정성을 기울이고는 교회와 나라와 세상을 위해 일하는 사람입니다. 그리고 한울나라는 온 국민이 한울사람이 되어 한마음 한뜻이 되어 싸움과 질병과 가난이 없고 부정부패, 불합리, 부자유, 불평등이 없는 이상적인 민주국가를 말합니다.

그러면 사람마다 한울사람이 되고 나라마다 한울나라가 되려면 어떻게 해야 할까요? 우선 나부터, 천도교인들부터 한울사람이 되도록 힘써야 할 것입니다. 수도하는 우리들이 먼저 한울사람이 되어야 합니다. 그리고 한울사람이 되려고 수도 정진하는 그 정신, 그 분위기가 온 세상에 확산되도록 해야 할 것입니다. 우리가 한울사람이 되지 못하면 영원한 행복을 찾을 수 없고 한울나라를 건설할 수 없습니다. 눈먼 장님이 어떻게 길안내를 하겠습니까. 흙을 가지고는 떡을 만들지 못합니다. 쌀이 있어야 떡을 만듭니다. 새 사람이 되어야 새 나라를 건설할 수 있고 한울사람이 되어야 진정한 행복을 찾을 수 있고 한울 나라를 건설할 수 있습니다. 우리가 한울사람이 되지 못하면 나와 내 가정의 진정한 행복도 찾지 못하고 산하의 큰 운수가 다 이 도에 돌아온다 하더라도, 온 민족이 천도교에 들어온다 하더라도 그것을 받아들이지 못하는 큰 슬픔을 안게 될 것입니다. 우리들 스스로 한울사람 되는 것이 매우 시급한 과제라는 것을 알아야 하겠습니다.

그러면 한울사람이 되려면 어떻게 해야 할까요? 첫째, 마음으로 항상 한울님 생각을 해야 할 것입니다. 금수 같은 생각을 하면 금수 같은 사람이 되고 사기 협잡할 생각을 하면 사기 협잡꾼이 됩니다. 마찬가지로 한울님 생각을 하면 한울사람이 됩니다. 둘째, 한울사람 되는 길을 밝혀 주신 스승님의 은혜를 간절히 생각해야 합니다. 경전에 "한울님과 스승님의 은덕을 염념불망하면 지기와 지극히 화하여 지극한 성인에 이른다"天德師恩 念念不忘則 至化至氣 至於至聖고 하셨습니다. 그러나 말은 쉽지만 실지로 행하기는 매우 어렵습니다. 우리의 마음은 수시로 변하고 물들고 빼앗기기 쉽기 때문입니다. 항상 잊지 않고 한울님과 스승님 생각을 하려면 지성으로 주문을 외우면서 수도를 해야 합니다. 수도하지 않고서는 결코 한울님 생각을 계속할 수 없고 한울사람이 될 수 없습니다.

산골짜기에 금수들이 모여 간담회를 했습니다. 이 세상을 살아가는데 애로사항이 무엇인가를 한마디씩 하기로 했습니다. 까마귀는 배가 고파서 못 살겠다고 했고 뱀은 신경질이 나서 못 살겠다, 비둘기는 짝이 없으면 못 산다, 여우는 아니꼬와 못살겠다고 했습니다. 사람은 어떤 애로가 있을까요? 사람은 우주의 열매와 같아서 그 모든 애로사항을 다 가지고 있습니다. 따라서 수도를 하지 않으면 금수만도 못한 사람으로 전락되고 만다는 사실을 알아야 할 것입니다. 수도를 하되 스승님들이 밝혀 주신 절차와 도법을 잘 알고 해야 합니다. 우선 믿고 정성 들이라고 했습니다. 선신후성先信後誠으로 수도해서 한울사람이 되려면 우선 굳은 의지가 있어야 하고 확고한 신념이 있어야 합니다. 어떤 어려움이라도 극복하고 기어이 한울사람이 되고 한울 나라 건설에 기여하겠다는 굳은 의지와 신념이 필요합니다. 그리고 끊임없는 수련으로 한울님 모심을 깨닫고(시천주) 한울님을 부모님같이 섬기고 무위이화의 진리를 따르고(조화정) 한울님 마음과 하나가 되고 영세불망해서 활연관통, 순리순도, 만사지에 이르러야 할 것입니다.

그 모든 것이 한울사람이 되는 일이요, 한울사람의 기쁨일 것입니다. 우리 모두 한울 사람 되어 한울나라 건설에 총력을 경주합시다.

진심불염眞心不染

「무체법경」 마지막 장에 '진심불염' 眞心不染에 대한 말씀이 있습니다. 수도하는 사람들은 이 진심불염 네 글자를 마음속 깊이 새기고 반드시 그렇게 되도록 힘써야 하겠습니다. 진심불염은 결국 세파에 물들지 않는 참마음을 찾아야 한다는 말씀입니다. 참마음은 물들지 않는다는 말씀입니다. 물들지 않는 참마음이 되어야 우리의 목적을 달성할 수 있습니다.

"진심眞心은 불이불염不二不染이니 천체자용天體自用, 자지자용自地自用, 오용자유吾用自由니라"고 하셨습니다. "참마음은 둘도 아니요 물들지도 아니하나니 천체를 스스로 쓰며 내 땅을 스스로 쓰며 나를 자유로 쓰느니라"라는 뜻입니다. 진심불염. 물들지 않는 참마음을 찾으면 천지조화를 임의대로 하고 천지만물을 자유로 활용하고 나와 모든 사람의 마음을 마음대로 움직일 수 있다는 말씀입니다. 진심불염眞心不染의 경지에 이르면 바로 한울사람이 되니까 그렇게 될 것입니다.

우리는 정심수도正心修道를 해서 시侍, 정定, 지知로 나가야 하고 그 실천 단계로서 강령降靈, 강화降話, 자천자각自天自覺, 해탈解脫, 대도견성大道見性에 이르러야할 것입니다. 견성見性공부를 잘 하여 원각성圓覺性, 비각성比覺性, 혈각성血覺性을 깨닫고 그리고 허광심虛光心, 여여심如如心의 단계를 거쳐 자유심自由心이 되어야 할 것입니다.

우리가 이렇게 대도견성, 자유심, 만사지萬事知의 최고 경지에 이르려면 어떠한 복잡한 환경에 빠지더라도 동요되지 않는 마음, 자유로운 마음, 물들지 않는 참마음을 찾아야 할 것입니다. 진심불염眞心不染, 물들지 않는 참마음은 티끌 하나 없는 청정무구한 본래本來의 마음이요 한울님 마음을 말합니다. 수심정기, 성경신, 이신환성以身換性의 극치에 이른 경지라 할 수 있고 한울님 성품을 거느리는 솔성率性의 높은 경지라 할 수 있습니다. 천도교인들은 수도를 잘 해서 반드시 진심불염이 되어야 할 것입니다. 그래야 자아완성, 도성덕립에 이를 수 있고 대도의 목적을 달성할 수 있습니다.

인생만사가 마음가짐에 달려 있습니다

수도의 최고의 경지는 물들지 않는 참마음을 찾는 데 있습니다. 이것이 수운대신사의 심법心法입니다. 세상 사람들은 참마음을 잃어버리고 물질에 정을 빼앗긴 물정심物情心, 육신관념에 사로잡힌 복잡한 마음, 제2천심을 가지고 살아가고 있습니다. 우리의 마음은 물들기 쉽고 잃어버리기 쉽고 병들기 쉬운 것이 사실입니다. 병들고도 병든 줄을 모르고 빼앗기고도 빼앗긴 줄을 모르고 방황하면서 살아가는 것입니다. 여기에서 여러 가지 괴로움이 오고 질병이 생기고 싸움이 일어나고 온갖 불행과 죽음이 오는 것입니다. 문제는 마음입니다. 가장 소중한 것은 마음입니다. 인생만사가 마음가짐에 달려 있습니다. 물들지 않는 참마음을 찾느냐 못 찾느냐, 여기서 행복과 불행, 성공과 실패, 삶과 죽음이 좌우되는 것입니다. 도를 이루느냐 이루지 못하느냐? 이 열쇠가 바로 여기에 있습니다.

우리가 정말 수도를 잘 해서 물들지 않는 참마음을 찾아, 진심불염이 되면 모든 문제가 해결될 것입니다. 어렵고 복잡하고 괴롭던 티끌세상에서 벗어나게 될 것입니다. 활연관통豁然貫通이 될 것입니다. 진심불염의 경지에 이르면 항상 기쁜 마음, 감사한 마음, 위하는 마음으로 살 수 있고 건강한 몸으로 살 수 있고 모든 일이 뜻대로 이루어질 것입니다. 또한 생사일여

生死一如, 불로불사不老不死할 수 있고 도를 통해서 자아완성, 도성덕립의 경지에 이를 수 있을 것입니다. 온 가족이 화목할 수 있고 동귀일체의 교단을 이루고 민족통일, 세계평화를 실현하게 될 것입니다.

임의용지任意用之 분명하다는 말씀이 있습니다. 진심불염이 되면 모든 것을 마음대로 하고 마음대로 쓴다는 말씀입니다. 얼마나 좋습니까. "좋을시고 좋을시고 이내신명 좋을시고." 이것이 지상신선이 아니겠습니까.

그러면 진심불염이 되려면 어떻게 해야 할까요? 다른 도리가 없고 오직 극성수도를 해야 합니다. 반드시 오관五款실행을 하면서 특히 주문을 열심히 외우면서 천덕사은天德師恩 염념불망해야 할 것입니다. 강령, 강화로 시천주를 깨달아야 하고 자천자각으로 조화정에 이르러야 하고 해탈, 대도견성으로 만사지에 이르러야 할 것입니다. 수도를 하되 물욕과 감정과 나를 버려야 할 것입니다. 가장 중요한 관건은 나를 송두리째 버리는 것입니다. 나를 티끌로 보라고 했습니다. 이 '나'라는 것은 아무 보잘 것 없는 하나의 티끌에 지나지 않는다는 것입니다. 티끌의 나를 버리면 참 나, 죽지 않는 나를 찾게 됩니다. 그것이 진심불염입니다. "일심으로 지켜내면 도성입덕 된다"고 하셨고 "천덕사은 염념불망하면 지기에 지극히 화하여 지극한 성인의 경지에 이른다"(天德師恩 念念不忘則 至化至氣 至於至聖)고 하셨습니다.

스승님들께서 말씀하신 진심불염

대신사 시문詩文에 "바야흐로 들 넓은 곳에 이르니 비로소 대도가 있음을 깨달았노라"(且到野廣處 始覺有大道)라는 구절이 있습니다. 그리고 우음偶吟에 "겹겹이 쌓인 티끌을 내가 씻어 버리고 표연히 학을 타고 선대로 향하리라"(百疊塵埃吾欲滌 飄然騎鶴向仙臺)는 구절이 있습니다. 여기서 진심불염의 진경을 흐뭇하게 느낄 수 있습니다. 또 『해월신사법설』에는 "보였는데 보이지 아니하고 들렸는데 들리지 않는데 이르러야 가히 도를 이루었다 할 것이요, 밖으로 접령하는 기운이 있음과 안으로 강화의 가르침이 있음을 확실히 깨달아야 가히 덕을 세웠다 말 할 것이니 그렇지 못하면 탁명이나 했다는 것을 면치 못할 것이니라”(視之不見 聽之不聞 可謂成道也 外有接靈之氣 內有降話之敎 丁寧透得 可謂立德也 不然則 未免托名矣) 하시고 『의암성사법설』에는 “내 마음을 내가 지키어 잃지 아니하고(自心自守而不失) 굳게 하여 흐르지 아니하면(固而不流) 내 마음이 자연히 해탈이 되나니(自心自然解脫) 만법 만상이 일체 마음에 갖추어져서(萬法萬相 一切具心) 일과 이치가 엇갈리지 아니하면(事理不錯) 나와 한울이 둘이 아니요(我天不二) 성품과 마음이 둘이 아니요(性心不二) 성인과 범인이 둘이 아니요(聖凡不二) 나와 세상이 둘이 아니요(我世不二) 삶과 죽음이 둘이 아니니라(生死不二)” 고 하셨습니다.

진심불염에 이르는 마음의 상태

자기 마음을 자기가 지키어 잃지 않아야 할 것입니다. 불이不二의 마음이 되어야 할 것입니다. 후경에 열한 가지 아니 할 사항과 여섯 가지 같지 않은 상태, 여덟 가지 없는 경지에 대한 말씀이 있습니다.

열한 가지 아니할 사항이란, “강이불탈(剛而不奪: 굳세게 하여 빼앗기지 아니하며), 정이부동(定而不動: 정하여 움직이지 아니하며), 유이불약(柔而不弱: 부드러우나 약하지 아니하며), 성이불매(惺而不昧: 깨달아 매혹하지 아니하며), 묵이불침(默而不沈: 잠잠하나 잠기지 아니하며), 한이불식(閒而不息: 한가하나 쉬지 아니하며), 동이불란(動而不亂: 움직이나 어지럽지 아니하며), 요이불발(擾而不拔: 흔들어도 빼어지지 아니하며), 정이부적(靜而不寂: 멈추었으나 고요하지 아니하며), 시이불고(視而不顧: 보이나 돌아보지 아니하며), 유능불용(有能不用: 능력이 있으나 쓰지 아니함)할 것” 이라 한 것이 그것입니다.

여섯 가지 같지 아니한 상태란, “사불여사(思不如思: 생각하나 생각하는 것 같지 아니하고), 시불여시(視不如視: 보나 보는 것 같지 아니하고), 언불여언(言不如言: 말하나 말하는 것 같지 아니하고), 청불여청(聽不如聽: 들으나 듣는 것 같지 아니하고), 좌불여좌(坐不如坐: 앉으나 앉는 것 같지 아니하고), 입불여립(立不如立: 서나 선 것 같지 아니하여), 변하지 않는 사이에 황연한 본래의 맑고 깨끗한 것" 이라 하신 말씀입니다.

여덟 가지 없는 경지란, "죽고 사는 것도 없고無死生, 선하고 악한 것도 없고無善惡, 움직이는 것도 없고無動作, 비고 고요함도 없고無空寂, 빛깔과 형상도 없고無色相, 위도 아래도 없고無上下, 예와 이제도 없고無古今, 말과 글도 없는無言書 여덟 가지 경지로서, 이는 형용하기도 어렵고 말하기도 어려운 것" 이라 하셨습니다.

우리는 위의 말씀들을 마음속 깊이 새기고 빠른 시일 내에 진심불염의 진경에 이르러야 하겠습니다. 그래야 한울사람으로서의 영원한 행복을 찾게 됩니다. 또한 진심불염의 경지에 이른 도통군자들이 많이 나와야 대도의 목적을 달성할 수 있을 것입니다. 한울님과 스승님은 그날이 오기를 기다리고 있습니다.

본래의 나를 찾읍시다

우리의 시급한 과제는 본래의 나를 찾는 일입니다. 우리는 가장 소중한 나 자신을 잃어버렸기 때문입니다. 나를 찾아야 행복하게 살 수 있습니다. 나를 찾아야 행복한 가정이 될 것입니다. 온 세상 사람이 다 본래의 나를 찾게 되면 이 세상은 천국이 될 것입니다. 그렇게 되면 현대의 물질문명과는 비교도 할 수 없는 찬란한 후천개벽의 새 문명·새 시대를 열어 나가게 될 것입니다. 우리는 하루 속히 나를 찾는 운동을 전개해야 합니다.

본래의 나를 잃어버린 현대인, 모든 문제의 근원

"아니 나를 찾다니… 나 여기에 있는데 찾긴 무엇을 찾아? 저 사람 정신 나간 사람 아니야? 무슨 소리 하는 거야?" 혹 이렇게 말씀하실 분이 있을지도 모르겠습니다. 나를 찾자는 말은 본래의 나, 진짜 나, 죽지 않는 영원한 나를 찾자는 말씀입니다. "무궁한 이 울 속에 무궁한 나"를 찾자는 말씀입니다. 현재의 나는 본래의 나가 아닙니다. 이것은 변화무쌍한 가짜 나요 허상에 불과합니다. 언젠가는 없어지는 나입니다. 우리는 잃어버린 본래의 나를 찾아야 행복하게 보람 있게 또 영원히 살 수 있습니다.

현대인은 본래의 나를 잃어버린 데 문제가 있습니다. 물질만능주의 풍조, 육신적 쾌락에 빠져 자기 자신을 잃어버리고도 잃은 줄을 모르고 있는데 큰 문제가 있습니다. 여기서 근심과 괴로움이 오고 싸움과 질병이 생기고 온갖 불행이 오는 것입니다.

수운대신사께서는 "온 세상 사람이 각자위심各自爲心하여 천리를 순종치 아니하고 천명을 돌아보지 않는다." 하시고 "세상에 악질이 가득 찼다"고 개탄하셨습니다. 그리하여 오랫동안 제세안민濟世安民의 대도大道를 구하기 위한 구도고행求道苦行을 거듭하시다가 드디어 만고 없는 무극대도를 받음으로써 우리는 가장 소중한 본래의 나를 찾을 길을 얻게 된 것입니다. 감사한 일이 아닐 수 없습니다. 그러면 본래의 나는 과연 어떤 모습일까요?

본래의 나는 천지가 생기기 전 본래부터 있었고 불생불멸하는 존재

『의암성사법설』「무체법경」에 "성천性天의 근본은 천지가 갈리기 전에 시작하여 이때에 억억 만년이 나로부터 시작되었고 나로부터 천지가 없어질 때까지 이때에 억억 만년이 또한 나에게 이르러 끝나는 것이니라"(性天之所根本 始乎天地未判之前而 是時億億萬年 自我而始焉 自我至天地之無而 是時億億萬年 亦至我而終焉) 하시고, 또 "나에게 한 물건이 있으니 물건이란 것은 나의 본래의 나니라. 이 물건은 보려 해도 볼 수 없고, 들으려 해도 들을 수 없고, 물으려 해도 물을 곳이 없고, 잡으려 해도 잡을 곳이 없는지라. 항상 머무는 곳이 없어 능히 움직이고 고요함을 볼 수 없으며, 법으로써 능히 법하지 아니하나 만법이 스스로 몸에 갖추어지며, 정으로써 능히 기르지 아니하나 만물이 자연히 나는 것이니라. 변함이 없으나 스스로 화해 나며, 움직임이 없으나 스스로 나타나서 천지를 이루고 도로 천지의 본체에서 살며, 만물을 생성하고 편안히 만물 자체에서 사니, 다만 천체를 인과로 하여 무선무악하고 불생불멸하나니 이것이 이른바 본래의 나니라"라고 하셨습니다.

그러면 본래의 나를 찾게 되면 어떻게 될까요? 『의암성사법설』에 "천체자용天體自用, 자지자용自地自用, 오용자유吾用自由"라고 하셨습니다. 본래의 나를 찾게 되면 천지조화를 임의대로 하고 만물을 마음대로 쓰고 화禍와

복福을 마음대로 하고 모든 사람을 생각하는 대로 움직일 수 있다는 말씀입니다. 임의용지任意用之한다는 말씀입니다. 또 「후경」後經에 "신재청풍명월身在清風明月이요 가재우주강산" 家在宇宙江山이라는 말씀이 있고, "희희아희희물" 喜喜我 喜喜物이라는 말씀이 있습니다. 본래의 나를 찾으면 몸은 청풍명월과 같이 깨끗하고 건강하고 행복한 사람이 되고, 온 우주가 내 집이 되고 가정천국이 된다는 말씀입니다. 그리고 사람을 보아도 기쁘고 물건을 보아도 기쁘고 항상 기쁘고 즐겁게 살 수 있다는 말씀입니다.

그리고 "아천아도我天我道하면 천도무량天道無量이 역계아야亦繫我也니 아존아존我尊我尊이 무상무상無上無上하여 존어삼천지상尊於三天之上이니라" 라는 말씀이 있습니다. 본래의 나를 찾으면 이렇게 기쁜 마음이 되고 지상신선, 천인합덕天人合德의 그 진경眞境에 이른다는 말씀입니다. 또한 천인합덕이 되면 무궁한 이 울 속에 무궁한 나를 알게 되고 나의 존엄성, 나의 사명을 알게 되고 즐겁게 보람 있게 살 수 있다는 말씀입니다.

『의암성사법설』「이신환성설」에는 "사람은 누구나 각자 본래의 성품인 본체성本體性을 깨달으면 혈각성血覺性의 선악과 강유에 있어서도 능히 천만 년 전 사람이나 천만 년 후 사람이나 현대 사람이 같은 것을 알 것이니, 이것을 깨달은 사람은 대신사요 깨닫지 못한 사람은 범인凡人이니라" 는 말씀이 있습니다. 우리는 여기서 인간의 그 참모습을 느낄 수 있습니다. 극성수도, 정심수도를 해서 본래의 나를 찾음으로써 무궁한 나를 알게 되고 인류가 한 동포, 한 가족, 한 몸이라는 것을 알게 된다는 말씀입니다. 동귀일체의 원리를 깨닫게 되는 것입니다.

그러면 그 본래의 나를 어떻게 찾겠습니까?

첫째, 주문입니다. 주문을 열심히 외워야 할 것입니다. 대신사께서 "차

제도법이 오직 스물한 자일 뿐"(次第道法 猶爲二十一字而已)이라고 말씀하셨습니다. 주문을 열심히 외우면서 한울님과 스승님의 은덕을 간절히 생각하면 자연히 본래의 나를 찾게 될 것입니다. 주문은 한울님을 지극히 위하는 글이요, 장생하는 글이요 진리를 직각直覺하는 글이요, 정신을 통일하는 글이요, 만사여의萬事如意의 능력을 얻는 글이요, 그리고 본래의 나를 찾는 글이요, 한울사람으로 자아를 완성하는 글입니다.

주문을 열심히 외우면서 수련을 하여 시侍, 정定, 지知의 과정을 거쳐 정신을 개벽하고 또한 강령降靈, 강화降話, 자천자각自天自覺, 해탈解脫, 대도견성大道見性의 경지에 이르는 공부를 함으로써 본래의 나를 찾을 수 있습니다. 강령 · 강화로 한울님 모심을 깨닫고 수심정기, 성경신의 수행으로 나의 본래의 마음이 곧 한울임을 깨닫고, 또한 끊임없는 이신환성 수련으로 과거의 모든 인과와 희로애락의 구애垢碍에서 해탈하여 청정무구淸淨無垢한 마음, 성품과 같이 비고 고요한 그 진경에 이르게 되면 드디어 무궁한 나, 본래의 나를 찾는다는 말씀입니다. 우리 모두 주문을 더욱 열심히 외우면서, 천덕사은天德師恩 염념불망念念不忘하여, 정신을 개벽하고 해탈, 대도견성에 이르러 본래의 나를 찾도록 합시다.

습관된 나, 개체의식의 나를 버려야

둘째, 나를 버려야 할 것입니다. 현재의 이 나는 습관된 나요 본래의 나가 아닙니다. 이 나를 과감하게 버려야 본래의 나를 찾을 수 있습니다. 나를 버리라는 말은 육신을 죽여 버리라는 것이 아니라 '나'라는 관념, 개체의식個體意識을 버리라는 말씀입니다. 생각을 바꾸라는 말씀입니다. 나와 세상 만물은 실상이 아닌 허상에 불과하다는 생각을 하면서 나에 대한 집착을 버려야 합니다. 수도란 바꾸어 말하면 나를 버리는 일이라고 할 수 있습니다. 나와의 전쟁이라고도 할 수 있습니다. 나를 버리느냐 못 버리느냐? 본래의 나를 찾는 관건이 바로 여기에 있다고 할 수 있습니다. 충무공 이순신 장군의 난중일기에 "죽고자 하면 살고 살고자 하면 죽는다"死則生, 生則死라는 말이 있습니다. 수운대신사님은 검무를 추셨다고 합니다. 수도자들은 파사현정破邪顯正의 정신을 길러야 하고, 모든 사특하고 망령된 생각을 버려야 하고, 나 자신을 용감하게 버려야 한다는 뜻이 담겨 있다고 생각합니다. 나를 버리는 것이 영원한 본래의 나를 찾는 길이기 때문입니다.

성령은 곧 사람의 영원한 주체

셋째, 항상 성령性靈을 생각해야 합니다. 눈으로 보이는 유형의 세계만 보지 말고, 무형의 성령의 세계를 생각하면서 살아야 합니다. 무형無形한 한울님이 유형화有形化된 것이 나요 만물입니다. 나의 근본은 무형한 성령입니다. 이신환성以身換性의 극치極致에 이르러야 할 것입니다. 수운대신사님은 불망기본不忘其本하라고 간곡하게 말씀하셨습니다. 그리고 의암성사님은 "이신환성은 대신사의 본지本旨"라고 말씀하시고 "성령은 곧 사람의 영원한 주체요 육신은 곧 사람의 한때 객체客體니라"고 말씀하셨습니다. 세상 사람들은 일시객체一時客體인 육신이 나의 전체인 줄 착각하고 본래의 나인 성령은 생각지도 않고 돌아보지도 않고 살아가고 있는 것입니다. 이것이 불행의 원인입니다. 이것이 문제입니다. 또 수운대신사님은 삼계천三界天의 맨 윗 한울에 계셨다는 말씀이 있습니다. 성심신性心身 삼단 중 항상 성령에 대한 생각을 하면서 성심신을 자유롭게 하는 신인神人이셨다는 말씀입니다. 우리는 항상 성령에 대한 생각을 하면서 살아감으로써 건강하게 살 수 있고 무위이화無爲而化의 생활을 할 수 있고 본래의 나를 찾을 수 있고 지상신선의 영원한 행복을 찾을 수 있습니다.

무극의 경지에 이르는 수도생활

넷째, 무극의 경지에 이르는 수도생활을 해야 합니다. 우리는 이신환성 수련으로 정신을 개벽하여 본성을 깨닫는 동시에 한 걸음 더 나아가 매일 아침 또는 수시로 무극無極의 진경에 들어가는 무극대도를 닦는 수련을 해야 할 것입니다. 이신환성 수련과 무극의 진경에 이르는 수련을 병행함으로써 빠른 시일 내에 본래의 나를 찾을 수 있다고 생각합니다. 무극은 아무것도 없는 경지, 무無의 극치, 천지만물의 근본, 무형의 세계를 말합니다.

무극無極은 무선무악無善無惡, 불생불멸不生不滅, 무루무증無漏無增, 무거무래無去無來, 무상무하無上無下의 경지입니다. 무사생無死生, 무선악無善惡, 무동작無動作, 무공적無空寂, 무색상無色相, 무상하無上下, 무고금無古今, 무언서無言書. 생로병사도 없고 희로애락도 없고 흥망성쇠도 없고 남녀노소, 성패도 없는, 참으로 아무 것도 없는 텅 빈 무량광대청정계無量廣大清淨界, 무궁한 이울 속에 무궁한 나의 자리입니다. 그 무극의 세계에 들어가는 공부를 해야 한다는 것입니다. 그리하여 무구무망無求無望, 즉 구할 것도 바랄 것도 없는 마음이 되어야 할 것입니다. 그러면 무심행無心行, 무애행無碍行, 공도공행公道公行, 공도공용公道公用, 자유극락, 지상신선의 경지에 이르러 드디어 한울사람, 무궁한 나, 본래의 나를 찾게 될 것입니다. 범인, 방황자에서 구도자, 입도자, 수도자修道者, 승리자, 성공자, 완성자, 사명자가 되는 것입니다.

우리 천도교인들은 하루속히 본래의 나를 찾아 지상신선의 대 평화, 대행복의 생활을 하면서 함정에 빠져 헤매는 세상 사람들을 이 길로 인도하도록 정진해야 하겠습니다.

무량광대청정계無量廣大淸淨界

- 영원한 행복의 길

세상 사람들은 모두 행복하게 살기를 원합니다. 그러나 행복의 길을 찾지 못하고 방황하고 있습니다. 천도교를 신봉하시는 여러분은 모두 행복의 길에 들어선 분들이라고 저는 생각합니다. 천도교인이 이 세상에서 가장 행복한 사람들이라고 생각합니다. 나와 내 가정의 진정한 행복을 찾고 민족과 인류를 구하는 길이 바로 천도교에 있기 때문입니다.

우리는 천도교 수도생활을 함으로써 진정한 행복, 영원한 행복의 길을 찾을 수 있습니다. 참으로 감사한 일이 아닐 수 없습니다. 우리가 천도교의 가르침대로 극성 수도하면서 하나하나 단계를 거쳐서 마침내 무량광대청정계에 도달이 되면 일반적 · 일시적인 행복만이 아니라 영원한 행복을 찾을 수 있다고 생각합니다. 영원무궁토록 행복할 수 있다는 말씀입니다.

수도의 최고 정상, 인간의 이상향, 무량광대청정계無量廣大淸淨界

"무량광대청정계"無量廣大淸淨界라는 말씀은 『의암성사법설』 「후경」에 있는 말씀입니다. 무량광대청정계는 한량없이 넓고 크고 맑고 고요한 무형의 세계를 말합니다. 세상 사람들은 깨어 있는 세계, 잠자는 세계, 꿈꾸는 세계 이 세 가지 세계밖에 모릅니다. 이것 말고 무량광대하고 청정한 세계가 있습니다. 천도교인들은 수도를 해서 이 무량광대청정계를 찾아 그곳에 정착해서 살 수 있어야 합니다. 그곳에 영원한 행복이 있기 때문입니다. 그곳에 진정한 행복, 지상신선의 대 평화 대 행복이 있기 때문입니다.

수운대신사께서 "입도한 세상 사람 그날부터 군자되어 무위이화될 것이니 지상신선 네 아니냐"라고 말씀하셨습니다. 그리고 '영세무궁'을 말씀하시고 '불로불사 장생불사'를 말씀하시고 "무궁한 이 울 속에 무궁한 나"라고 말씀하셨습니다. 또한 "바야흐로 들 넓은 곳에 이르니 비로소 대도가 있음을 깨달았노라"(且到野廣處 始覺有大道)고 하셨습니다. 들 넓은 곳, 거기에 대도가 있다고 하셨습니다. 이 말씀에 따라서 의암성사께서 '무량광대청정계'를 말씀을 하셨다고 생각합니다. 그 무량광대청정계에 도달하면 어떻게 될까요? 우리의 모든 문제가 해결될 것입니다. 거기에서 우리는 영원한 행복을 찾게 될 것입니다.

의암성사님은 "내 한울을 내 도로 하면 천도의 한량없는 것이 또한 내게 매었으니 내가 높고 높음이 위도 없고 위도 없어 세 한울 위에 높이 있느니라"(我天我道 天道無量 亦繫我也 我尊我尊 無上無上 尊於三天之上)고 하셨습니다. 또한 나와 내 가정에 지상신선의 영원한 행복의 길이 있다(身在淸風明月 家在宇宙江山)는 말씀도 하셨습니다. 무량광대청정계는 수도의 최고 정상입니다. 우리 인간이 추구하는 가장 이상적인 경지입니다. 높은 산에 올라가면 모든 것이 환하게 보입니다. 무량광대 청정계에 도달하면 활연관통해서 모든 문제가 풀릴 것입니다. 우리가 안고 있는 모든 문제가 해결되는 것입니다. 거기에는 근심도 없고 괴로움도 없고 질병도 없고 안 되는 일도 없고 죽고 사는 것도 없고 모르는 것도 없고 싸움도 없고 밉고 고운 것도 없고 너와 나도 없습니다. 진진여여眞眞如如, 청정무구淸淨無垢할 뿐입니다. 여기에서 인오동포人吾同胞 물오동포物吾同胞요, 우주와 내가 하나임을 알게 되고 자유극락, 지상신선의 새 세계가 열리게 되는 것입니다.

여러분은 지금 행복하다고 생각하십니까? 우리는 현실만 보고 일시적 행복만 추구할 것이 아니라 무량광대 청정계를 찾아야 하겠습니다. 거기에 영원한 행복이 있습니다. 거기에 지상신선의 대 평화 대 행복이 있습니다. 그 넓은 곳에 이르면 심화기화心和氣和가 되어 항상 기쁜 마음, 감사한 마음, 위하는 마음으로 살 수 있고 건강한 몸으로 살 수 있고 장생불사 할 것입니다. 모든 일이 뜻대로 이루어지고 진리를 환하게 깨닫게 될 것입니다. 뿐만 아니라 사회적으로 제기되어 있는 모든 문제의 근원적 해결의 길을 찾게 될 것입니다. 지금 우리 사회는 핵전쟁의 위협, 질병, 빈곤, 분열과 투쟁, 환경 파괴, 이상 기온, 종교분쟁, 민족의 분단 문제 등 생존을 위협하는 심각한 과제들이 제기된 가운데 그 해결책을 찾지 못하고 혼란이 계속되고 있습니다. 그 모든 문제들의 근원적 해결의 길도 바로 무량광대 청정계에서 찾을 수 있습니다.

미래는 도력의 시대가 될 것입니다, 500명의 도통군자가 먼저 나와야

『무체법경』에 "근근불이勤勤不已, 진진불퇴進進不退, 심입성각心入性覺이면, 자거기위自居其位리니, 일묵一默에 공적극락空寂極樂이요, 일희一喜에 태화건곤泰和乾坤이요, 일동一動에 풍운조화風雲造化니라"는 말씀이 있습니다. 그리고 "진심眞心은 불이불염不二不染이니 천체자용天體自用하며 자지자용自地自用하며 오용자유吾用自由니라"는 말씀이 있습니다. 천지조화를 임의대로 하고 천지만물과 모든 사람의 마음을 임의용지任意用之할 수 있다는 말씀입니다. 우리가 샘물을 찾으면 끊임없이 솟아오르는 샘물을 언제든지 마실 수 있습니다. 세상 사람들은 고여 있는 물을 마시고 있습니다. 무량광대청정계에 도달하면 한울님의 무궁조화를 받고 한울님의 무한 지혜, 무한 능력, 무한 공급을 받을 것입니다.

과거에는 지력知力, 권력權力, 체력體力, 재력財力이 인류를 지배해 왔다면 미래는 도력의 시대, 도덕문명의 새 시대가 되리라 전망됩니다. 포덕 41년도 의암성사 통문通文에 의하면 도통군자 500명이 나온다는 말씀이 있습니다. 우선 무량광대청정계에 도달된 사람이 500명이 나와야 하리라 생각됩니다. 무량광대청정계에 이르고 천지무궁의 근본을 깨달은 사람이 한사람 나오면 한 가정이 천국이 될 것이고, 49명이 나오면 천도교의 신앙적 기초를 공고히 다지게 되고, 105명이 나오면 대도중흥의 새 역사가 열리고, 300명이 나오면 민족통일의 길이 열리고, 500명이 나오면 포덕천하 광제창생 보국안민 지상천국 건설의 거룩한 횃불을 밝히게 될 것입니다.

극성 수도로 무량광대청정계에 도달할 수 있어

그러면 무량광대청정계에 이르려면 어떻게 해야 할까요? 다른 묘법이 없고 수도를 해야 할 것입니다. 극성 수도를 해서 활연관통, 대도견성에 이르러야 할 것입니다. 대도견성大道見性이 되려면 해탈解脫이 되어야 하고 해탈이 되려면 자천자각自天自覺이 되어야 하고 자천자각이 되려면 강화降話의 가르침을 받아야 하고 강화가 되려면 강령降靈이 되어야 하고 강령이 되려면 수련修煉을 해야 할 것입니다.

강령, 강화로 시천주侍天主를 깨닫고, 자천자각으로 조화정造化定이 되고, 해탈, 대도견성으로 만사지萬事知에 이르러야 할 것입니다. 또한 수심정기, 성경신, 이신환성으로 정신을 개벽하여 천지무궁의 근본 자리에 이르러야 할 것입니다. 물욕과 감정과 나 자신을 버리고 마음을 텅 비워야 할 것입니다. 마음을 비우면 우주를 지배한다는 말씀이 있습니다. 그리고 일념재자 만사여의一念在玆 萬事如意에서 한 걸음 더 나아가, 구할 것도 바랄 것도 없는 무구무망無求無望의 경지에 이르러야 할 것입니다.

근근불이勤勤不已, 진진불퇴進進不退, 중단 없는 전진을 하고 또 해서 모든 과정을 다 거쳐서 생각하나 생각하는 것 같지 아니하고(思不如思), 보이나 보이는 것 같지 아니하고(視不如視), 말하나 말하는 것 같지 아니하고(言不如言), 들으나 듣는 것 같지 아니하고(聽不如聽), 앉으나 앉는 것 같지 아니하고(坐不如坐), 서나 선 것 같지 아니하여(立不如立), 같고 같은 사이에 황연한 본래의 맑고 깨끗한 진경에 이르러야 할 것입니다.

그리고 죽고 사는 것도 없고(無死生), 선하고 악한 것도 없고(無善惡), 움직이는 것도 없고(無動作), 비고 고요함도 없고(無空寂), 빛깔과 형상도 없고(無色相), 위도 아래도 없고(無上下), 예와 이제도 없고(無古今), 말과 글도 없는(無言書) 이 경지에 이르러 드디어 무량광대청정계에 도달하게 될 것입니다.

여러분! 우리 모두 주저하지 말고 내 마음속에 있는 무량광대청정계를 향해서 달려갑시다. 거기에 영원한 행복의 길이 있습니다. 지기금지원위대강 시천주 조화정 영세불망 만사지至氣今至願爲大降 侍天主 造化定 永世不忘 萬事知. 자나 깨나 주문을 열심히 외우면서 전진 또 전진합시다.

무극無極의 경지에 들어가는 공부를 합시다

대신사께서는 우리 도道를 무극대도라고 말씀하셨습니다. 만고 없는 무극대도라고 분명히 말씀하셨습니다. 인류 역사상 일찍이 없었던 무극대도라는 말씀입니다. 그러므로 천도교인들은 무극대도가 무엇인가를 잘 알아야 하겠습니다. 그리고 무극대도를 잘 닦아서 무극의 경지에 이르도록 힘써야 하겠습니다. 특히 오래 전부터 수도하시는 분들은 이제부터는 한 차원 높여서 무극의 경지에 이르는 깊은 공부를 해야 할 것입니다. 그리고 초보과정에 있는 분들도 수도의 기본 방향인 시侍, 정定, 지知와 강령, 강화, 자천자각, 해탈, 대도견성의 수도의 계단을 잘 알고 앞서가는 분들의 안내를 받아가면서 속보속진速步速進해서 빠른 시일 내에 무극의 경지에 이를 수 있도록 힘써 공부해야 하겠습니다.

인류의 오랜 숙제, 무극의 경지에서 모두 풀려

무극, 무극의 경지. 여기에 우리 인간의 모든 문제 해결의 길이 있습니다. 우리는 무극의 진경을 찾아가야 합니다. 무극은 천지 미판 전 무형의 근본 자리입니다. 그 무극의 경지에 이름으로써 활연 관통해서 천도의 진리를 깨달을 수 있고, 새 사람이 되어 도성덕립, 도가완성할 수 있고, 모든 소원을 이룰 수 있게 됩니다. 무극의 경지에 이르는 수련을 지속함으로써 속보속진해서 만사지萬事知의 최고 경지에 이르게 될 것입니다.

학생들도 매일 아침 잠깐이라도 무극의 경지를 생각하면 건강도 좋아지고 정신이 총명해져서 공부가 잘 될 것입니다. 무슨 일을 하든지 늘 무극의 경지를 생각하면 모든 일이 잘 되리라 믿습니다. 뿐만 아니라 많은 사람들에게 감화를 주고 천지조화를 임의대로 할 수 있는 법력法力을 얻게 될 것입니다. 그리고 동귀일체해서 대도중흥 보국안민 포덕광제의 길을 더욱 힘차게 열어나갈 수 있게 될 것입니다. 우리 인류의 오랜 숙제가 풀리게 되는 것입니다. 그래서 수운대신사께서 "만고 없는 무극대도"라고 하셨구나 하는 생각을 하게 됩니다. 또 그래서 한울님도 "노이무공勞而無功하다가서 너를 만나 성공하니 나도 성공 너도 득의"라고 말씀하셨다고 생각합니다.

스승님들은 한결같이 무극대도를 말씀하셨습니다

경전에 무극대도라는 말씀이 참으로 많습니다. 「논학문」에서는 "천지무궁의 수와 도의 무극한 이치가 다 이 글에 실려 있다"天地無窮之數 道之無極之理 皆載此書고 하셨고, 「교훈가」에서는 "꿈일런가 잠일런가 무극대도 받아내어 정심수신 하온 후에 다시 앉아 생각하니 우리집안 여경인가 순환지리 회복인가" "만고 없는 무극대도 받아놓고 자랑하니 그 아니 개자한가"라고 하셨습니다. 「용담가」에서는 "글로 어찌 기록하며 말로 어찌 성언할까. 만고 없는 무극대도 여몽여각 득도로다" "어화세상 사람들아 무극지운 닥친 줄을 너희 어찌 알까보냐" "구미산수 좋은 승지 무극대도 닦아내니 오만년지 운수로다"라고 하셨습니다. 「몽중노소문답가」에서는 "하원갑 지내거든 상원갑 호시절에 만고 없는 무극대도 이 세상에 날것이니"라고 하셨고, 「도수사」에서는 "천은이 망극하여 만고 없는 무극대도 여몽여각 받아내어" "성경이자 지켜내어 차차차차 닦아내면 무극대도 아닐런가 시호시호 그때 오면 도성입덕 아닐런가" "십년을 공부해서 도성입덕 되게 되면 속성이라 하지마는 무극한 이내 도는 삼년 불성 되게 되면 그 아니 헛말인가" "내 역시 이 세상에 무극대도 닦아내어 오는 사람 효유해서 삼칠자 전해주니 무위이화 아닐런가"라고 하셨습니다. 「권학가」에서는 "홀연히 생각하니 시운이 둘렀던가 만고 없는 무극대도 이 세상에 창건하니 이도 역시 시운이라"라고 하셨습니다. 「흥비가」에서는 "글도 역시 무궁이요 말도 역시 무궁이라 무궁히 살펴내어 무궁히 알았으면 무궁한 이울 속에 무궁한 내아닌가"라고 하셨습니다.

『해월신사법설』「강시」에는 "무극대도를 작심으로 정성 드리니 원통봉 아래서 또 통하고 통하였노라"無極大道作心誠 圓通峰下又通通라고 말씀하셨고, 『의암성사법설』「수수명실록」에서는 "「도는 바로 대 선생님의 무극대도라」 한 것은 시侍 정定 지知 세 글자로써 천지무궁의 근본을 밝히어 덕을 천하에 펴고 사람마다 덕에 합하고 도를 이루어 한평생 잊지 않게 한다는 것이니…"道是大先生主 無極大道也云者 以侍定知三字 以明天地無窮之根本 布于天下人人合德成道 永世不忘者也라고 하셨습니다. 또 「명심장」明心章에서는 "수심정기하고 일심 정기하여 무극의 경지에 혼연히 들어가면 강화의 적실함을 밝게 알 것이니라"라고 하셨습니다.

미래는 무극의 문명시대

미래는 무극대도, 인내천人乃天 시대입니다. 물질문명과는 비교할 수 없는 찬란한 무극의 문명시대가 될 것입니다. 온 세상 사람이 무극을 찾고 무극의 경지에 들어가려고 무극대도를 닦는 무극지운이 시시각각 도래하고 있습니다. 산하대운山河大運이 다 이 도道에 돌아오는 이때에 우리가 대도의 목적을 달성하려면 먼저 우리 스스로가 극성수도를 해서 정신을 개벽하고 무극의 경지에 도달해야 할 것입니다. 그래야 온 민족의 정신개벽을 주도할 수 있습니다.

천도교가 과거에 혁명 운동, 독립 운동, 사회개혁 운동 등으로 새 역사를 이루어 왔다면 앞으로는 온 민족의 정신개벽 운동을 주도함으로써 또 다시 역사의 전면에 서서 보국안민 포덕광제의 거룩한 목적을 달성해 나갈 수 있을 것입니다. 우리 다 같이 무극의 경지에 이르는 깊은 공부를 하도록 합시다. 무극의 경지에 들어가는 수련을 함으로써 모든 어려운 문제들을 원천적으로 해결 할 수 있는 지혜와 능력을 얻을 수 있습니다.

『의암성사법설』에 "수심정기하고 일심정기 하여 무극의 경지에 혼연히 들어가면 강화의 적실함을 분명히 알 것이라"는 말씀이 있습니다. 그리고 "진심불염眞心不染이면 천체자용天體自用, 자지자용自地自用, 오용자유吾用自由 라는 말씀이 있습니다. 임의용지任意用之할 수 있는 신통력이 생긴다는 말씀입니다.

그러면 무극이란 과연 무엇인가? 무극은 천지만물이 생기기 이전 근본 자리를 말합니다. 음양이 갈리기 이전 무형의 본성 자리를 말합니다. 가고 오는 것도 없고, 죽고 사는 것도 없고, 너 나가 없고, 네 것과 내 것도 없고, 음양도 없고 남녀도 없고, 말도 없고 글도 없고, 좋고 나쁜 것도 없고, 생로병사도 없고, 인과因果와 희로애락도 없는 지극히 고요한 경지, 청정무구淸淨無垢한 경지, 그리고 천지만물과 만리만사를 낳아 놓을 수 있는 근본, 본성 자리를 말합니다. 무루무증無漏無增, 불생불멸不生不滅, 무선무악無善無惡의 진경을 말합니다.

무극의 경지에 이르러야 영원한 행복을 찾는다

'아니 아무 것도 없는 텅 빈 그곳에 가서 무엇을 하느냐?' 이렇게 생각하는 사람이 있을지도 모르겠습니다. 그러나 그렇지가 않습니다. 녹슨 쇳덩어리를 용광로에 넣으면 강철이 됩니다. 목욕탕에 들어가면 몸이 깨끗해집니다. 우리는 무극의 경지에 들어감으로써 새 사람이 될 수 있고, 참되게 보람 있게 살 수 있고, 영원한 행복을 찾을 수 있습니다. 한울님의 무궁한 복록, 무한 지혜, 무한 능력, 무한 공급을 받을 수 있습니다. 무극은 무진장의 보물창고입니다. 무엇이든지 없는 것이 없고 못하는 것이 없습니다.

그러면 어떻게 그 무극의 경지에 들어가겠습니까? 다른 도리가 없고 오직 정심수도, 극성수도를 해야 할 것입니다. 어떤 어려운 시련이 있더라도 좌절하지 말고 끊임없이 전진해야 합니다. 자나 깨나 주문 생각, 천덕사은 염념불망하면서 기본적으로 오관五款을 성실히 실행해야 합니다. 주문, 청수는 물론 시일식에 빠지지 말고 사계명과 여덟 가지 수칙 등 수계사항을 잘 지키고, 지극한 수련으로 강령降靈, 강화降話를 체험하여 시천주를 깨닫고, 수심정기 공부와 성경신을 체행하고, 천지부모에 효도함으로써 자천자각自天自覺하여 조화정에 이르고, 정신을 개벽하여 해탈, 대도견성에 이르는 수련을 끊임없이 계속해야 할 것입니다.

또한 만법萬法, 만상萬相, 화복禍福의 인과因果를 깨닫고 허광심虛光心, 여여심如如心, 자유심自由心에 이르도록 속보속진해야 할 것입니다. 물욕과 감정과 '나' 라는 관념을 다 버리고 그리고 미워하는 마음, 화나는 버릇, 다 버리고 마음을 텅 비워야 합니다. 불로不怒, 불원不怨, 불망不忘하는 마음이 되어야 할 것입니다. 마음에 털끝만큼이라도 티끌이 있으면 무극의 경지에 들어가지 못합니다. 누구로부터 미움을 받아도 안 됩니다. 무차별심이 되어야 하고 나 자신도 버려야 하는 것입니다. 한 걸음 더 나아가 천지미판天地未判 전 소식을 듣고 무량광대청정계에 이르고 천지무궁의 근본을 깨달아야 합니다. 그러기 위해서는 이신환성以身換性의 극치에 이르러야 할 것입니다. 마음을 텅 비우면 혼연히 무극의 진경에 들어가게 될 것입니다.

이렇게 공부해 나아가면 모든 일이 생각하는 대로 이루어지리라 생각합니다. 무극의 경지에 들어가는 공부를 하면서 지극히 생각을 하면 이루어지는 것입니다. 생각은 현실화되는 것입니다. 다시 말씀드리면, 일심一心이 되면 만사여의萬事如意가 되고 무심無心이 되면 무위이화無爲而化가 되고 자유심自由心이 되면 자유극락을 누리고 무극의 경지에 들어가면 임의용지가 될 것입니다. 천지조화를 임의대로 하고 천지만물을 마음대로 활용하고 길흉화복을 임의대로 할 것입니다. 임의용지 분명하다고 했습니다.

다가오는 민족통일도 무극의 경지에 이른 도통군자들이 주도

무극의 경지에 자주 들어가면 진리를 깨닫고 모든 일이 뜻대로 될 뿐만 아니라 신통력神通力이 생겨 모든 사람의 마음을 움직일 수 있게 될 것입니다. 교당에 많은 사람이 모이게 되고 동귀일체가 될 것입니다. 3 · 1운동 때 2천만 동포가 한마음 한 뜻이 된 것도 의암성사님 그리고 이신환성 49일 수련으로 무극의 경지에 도달된 선열들의 그 능력으로 이루어진 것입니다. 앞으로 다가올 남북통일도 그렇게 될 것입니다.

문제는 우리가 무극의 경지에 들어가는 깊은 공부를 하느냐 못하느냐에 달려 있습니다. 무극의 경지에 들어가는 도인이 5백 명이 나와야 개개인의 행복은 물론 기관 도력이 발동해서 대도중흥, 민족통일, 종교화합, 신앙통일의 거룩한 뜻을 이루고 포덕천하 광제창생 보국안민 지상천국 건설의 목적을 달성하게 될 것입니다.

우리 다 같이 속보속진해서 무극無極의 경지에 들어가는 깊은 공부를 하도록 합시다.

영세불망永世不忘

한울님과 스승님 감응으로 "내 마음이 곧 네 마음"이라는 오심즉여심吾心卽汝心의 심법을 받아 강령, 영부, 강화로 시천주를 깨닫고 수심정기, 성경신, 천지부모에 효성, 자천자각하여 조화정에 이르고,이신환성으로 정신을 개벽하여 해탈, 대도견성, 만사지를 향해 전진, 전진, 또 전진…. 오늘도 통하고 내일도 통하고, 금일명일우통통今日明日又通通 만법, 만상, 화복의 인과를 깨닫고, 허광심, 여여심, 자유심으로 나아가고 또 나아가니 드디어 천지 미판 전 소식을 듣고 무량광대청정계를 바라보고 천지무궁의 근본을 생각하면서, 더욱 정진하여 자나 깨나 주문 생각, 천덕사은 염념불망, 드디어 무극의 진경에 혼연히 당도하니, 내가 바로 한울이요 한울이 바로 나일세, 어찌 나밖에 다른 한울이 있겠는가. 몸도 한울, 마음도 한울, 성품도 한울이라. 천인합일, 자아완성, 만사지가 이것이 아니겠는가. 좋을시고 좋을시고 이내 신명 좋을시고 불로불사 하단말가. 영세무궁 하단말가. 도성덕립 하단말가. 포덕천하 하단말가. 좋을시고 좋을시고, 원처근처 어진선비 풍운같이 모아드니 낙중우락 아닐런가.

이러한 노래를 생각해 보면서 무극대도를 같이 닦아 나가는 동덕 여러분에게 감사와 축하의 말씀을 드리면서 다시 한번 우리의 자세를 생각해 보려고 합니다. 수도생활을 하는 데 있어서 가장 중요한 것은 영세불망하는 일입니다. 영세불망을 해야 천인합일, 도성입덕에 이를 수 있고 대도의 목적을 달성할 수 있습니다. 영세불망을 하지 못하면 아무리 수도를 잘 한다고 해도 모두가 허사로 돌아갈 것입니다. 영세불망은 잊지 않고 항상 생각하는 것을 말합니다.

그렇다면 무엇을 영세불망해야 하겠습니까? 자나 깨나 주문 생각을 해야 하고 천덕사은을 잊지 말아야 하고 근본을 잊지 말아야 할 것입니다. 우리는 부지불식간에 주문을 잊어버리고 천덕사은을 망각하고 근본을 잊어버리고 엉뚱한 생각에 빠지기 쉽습니다. 아직 육신관념을 버리지 못했고 해탈이 안 되었기 때문입니다. 수도하는 사람들은 영세불망을 위해서 각별한 관심과 노력을 기울여야 할 것입니다. 그래서 스승님들도 49일 특별기도와 독공 수련을 수시로 하셨다고 생각합니다. 그리고 영세불망 하라는 말씀을 무엇보다도 간곡하게 하셨습니다. 우리 마음은 잃어버리기 쉽고 병들기 쉬운 것입니다. 세상 사람들은 마음을 잃어버리고도 잃은 줄을 모르고 모든 불행이 거기서 시작된다는 것도 모르고 각자위심하여 마음을 함부로 쓰면서 살아가고 있습니다. 두려운 일이 아닐 수 없습니다.

우리가 영원한 행복을 추구하고 도성덕립하고 보국안민, 포덕광제의 거룩한 목적을 달성하려면 스승님이 말씀하신 대로 항상 주문을 외우면서 천덕사은과 우리의 근본을 잊지 말아야 할 것입니다. 수도생활의 성패가 바로 영세불망을 하느냐 못하느냐에 달려 있다고 할 수 있습니다. '영세불망' 네 글자를 꼭 명심해야 하겠습니다. 우선 21자 주문을 보더라도 영세불망이 얼마나 중요한가를 알 수 있습니다. '지기금지 원위대강 시천주 조화정 영세불망 만사지'의 주문은 수도의 절차를 밝혀 주고 있습니다. 그리고 참회문懺悔文에도 '영시불망'永侍不忘이라는 말씀이 있습니다. 경전을 보면 영세불망 하라는 말씀이 참으로 많습니다.

「논학문」에서는 "명명기덕 염념불망즉 지화지기 지어지성明明其德 念念不

忘則 至化至氣 至於至聖이라 하셨고, 「교훈가」에서는 "심학이라 하였으니 불망기의 하였어라" "효박한 이 세상에 불망기본 하였어라" 하셨습니다. 또 「권학가」에서는 "우매한 이내 말씀 잊지 말고 생각하소" "한울님을 우러러서 조화 중에 생겼으니 은덕은 고사하고 근본조 차 잊을소냐. 가련한 세상사람 각자위심 하단말가 경천순천 하였어라. 효박한 이 세상에 불망기본 하였어라"라고 하시고 「도수사」에서는 "우매한 이 내 사람 잊지 말고 생각하소"라고 하셨습니다. 『의암성사법설』 「수수명실록」에서 "도는 바로 대선생님의 무극대도라 한 것은 시 정 지 세 글자로써 천지무궁의 근본을 밝히어 덕을 천하에 펴고 사람마다 덕에 합하고 도를 이루어 한 평생 잊지 않게 한다는 것이니" "천덕사은을 생각하고 생각하여 잊지 아니하면 지기와 지극히 화하여 지극한 성인에 이르는 것이니라"라고 하셨습니다.

우리는 스승님의 말씀을 명심하고 영세불망 하도록 힘써야 하겠습니다. 그러면 우리는 도대체 무엇을 잊지 말아야 할까요? 저는 영세불망할 사항을 열 가지로 정리해 보았습니다.

나의 영세불망 십개조. 첫째, 주문呪文 외우는 것을 잊지 말자. 둘째, 천덕사은天德師恩을 잊지 말자. 셋째, 심고心告하는 것을 잊지 말자. 넷째, 근본을 잊지 말자. 다섯째, 사계명과 십무천, 임사실천십개조를 잊지 말자. 여섯째, 팔절八節을 잊지 말자. 일곱째, 법문法文을 잊지 말자. 여덟째, 사인여천事人如天을 잊지 말자. 아홉째, 동귀일체, 신앙통일, 규모일치를 잊지 말자. 열째, 포덕천하 광제창생 보국안민 지상천국 건설의 사명을 잊지 말자.

이것은 오늘의 내가 있기까지의 근본적인 사항들인 천지무궁의 근본, 나의 근본, 모든 사물의 근본, 살아가는 근본, 후천운수의 근본 , 스승님 은혜의 근본, 화복의 근본을 생각하면서 정리해 본 것입니다. 다소라도 수도생활에 도움이 되시기를 바랍니다.

도전道戰에서 이기는 길

오늘의 세계는 의암성사께서 말씀하신 대로 도전道戰, 재전財戰, 언전言戰 등 세 가지 싸움이 치열하게 전개되는 시대입니다. 의암성사님은 앞으로 세계 모든 나라가 다 강해져서 오수부동五獸不動과 같이 된다고 보시고 '삼전론' 三戰論을 말씀하셨습니다.

오수부동이란 다섯 가지 짐승, 즉 닭·개·범·사자·고양이가 한자리에 모이면 서로 두려워서 움직이지 못한다는 말입니다. "불민한 나로서 세계 대세를 살펴보니 온 세상이 모두 강해져서 비록 싸운다 할지라도 같은 적수가 서로 대적하여 싸운 공이 없으리니, 이것을 오수부동이라 말하느니라. 그러면 무기로만 싸운다는 것은 자연히 쓸데없이 되는 것이요, 무기보다 더 무서운 것 세 가지가 있으니, 첫째 도전이요, 둘째 재전이요, 셋째 언전이라, 이 세 가지를 능히 안 뒤에라야 가히 문명에 나아가 보국안민과 평천하의 계책을 가히 얻어 이루리라. 이러므로 말을 거듭 청하여 삼전론을 말하노라" 고 하셨습니다.

삼전론 중에서도 도전이 가장 중요

「삼전론」은 도전, 재전, 언전을 말하며 '전' 戰 자는 싸움 전 또는 경쟁할 전으로 새기고 '전쟁' 또는 치열한 '경쟁' 으로 풀이됩니다. 그러니까 세계는 무기로 싸우는 전쟁보다 더 무서운 세 가지 치열한 경쟁이 벌어진다는 말씀입니다. 전쟁을 해서 나라를 정복당하는 것도 무섭지만 경제적으로 예속되거나 외교전에 참패하여 나라를 잃어버리는 것은 다시 돌이킬 수 없는 무서운 결과를 가져온다고 할 수 있습니다. 그 중에서도 특히 도전이 더 어렵고 중요하다고 보아야 할 것입니다.

지금 세상 사람들은 외교, 언전과 재(경제)전은 어느 정도 알고 있는데 도전이 더 어렵다는 것을 알지 못하고 있습니다. 도전道戰은 정신을 지배하는 사상 싸움이요, 진리 싸움이요, 문화 싸움이요, 종교 싸움이기 때문에 도전에 실패하면 모든 것을 영원히 상실하게 되는 것입니다. 과거 강대국들이 해외로 진출하고 식민지를 확보할 때 군함과 대포를 앞세우고 그들의 종교를 폈다는 사실을 알아야 할 것입니다

병(무기)전에 진 것은 몇십 년이면 회복할 수 있지만 도전에 지면 몇백 년, 아니면 영원히 지배를 당한다는 사실을 역사에서 똑똑히 볼 수 있습니다. 그리고 아무리 부강한 나라라 할지라도 도전에 지고 정신과 문화면에서 패하면 결국 상대방에 흡수되고 망한다는 사실을 또한 알아야 합니다. 중국의 만주족의 역사가 그것을 말해 주고 있습니다. 만주족은 강력한 나라로 한족이 다스리던 중원을 정복했지만 도리어 한족의 정신과 문화에 흡수되어 망하고 말았습니다. 우리 민족은 강대국의 지배를 받으면서도 동화되지 않고 굳세게 나라를 지켜온 특성을 보여 주고 있습니다. 또한 유대 민족의 강인한 정신을 생각해 볼 수 있습니다. 유대인들은 천년 이상을 나라 없이 유랑생활을 했지만 그들의 강인한 민족성과 신앙심으로 2차 대전 후 다시 나라를 세웠습니다. 도전이 중요한 것입니다. 도전의 승리는 모든 승리를 의미합니다.

도전은 다음 세 가지 방법으로 진행됩니다. 첫째는 무력으로 침공·점령하여 그들의 도道와 종교를 펴는 방법이고, 둘째는 무력은 사용하지 않지만 국력을 배경으로 그들의 종교와 문화를 펴는 방법입니다. 셋째는 높

은 수준의 도력과 진리를 펴서 상대방에 감화를 주고 인화人和를 도모하여 민중으로 하여금 자연스럽게 그 도에 동화同化되게 하는 방법입니다.

다종교 사회에서의 도전의 의의

지금 우리 사회는 다종교 사회의 현상을 보여 주고 있습니다. 세계의 많은 종교가 우리나라에 들어와 공존하면서 마치 종교 전시장, 종교백화점 같은 모습을 보여 주고 있습니다. 도전이 치열하게 전개되고 있는 것입니다. 문화체육부에서 발행한 『한국의 종교현황』만 보더라도 우리나라의 다종교 현상을 역력히 알 수 있습니다. 천도교를 위시한 천주교, 기독교와 같은 주요 종교 외에도 태극도, 갱정유도회, 천존회, 수운교, 증산교, 증산법종교, 미륵불교, 청우일신회, 한불교, 성덕도, 대순진리회, 영주교 등 민족종단 신도 수도 수십만 되리라 믿습니다. 북한에도 천도교, 불교, 기독교, 천주교 등 수많은 종교인이 있습니다. 그리고 종교연합기구로, 한국종교연합, 민족종교협의회, 한국종교인평화회의, 한국종교지도자협의회 등이 있으며 그러한 단체의 활동으로 종단 간의 마찰을 없애고 공존과 조화를 이루며 건전한 발전을 도모하고 있습니다.

지금 세계 도처에서는 종교분쟁이 쉴 사이 없이 일어나고 있습니다. 이스라엘은 유대교와 이슬람이, 보스니아는 세르비아 정교와 이슬람이, 필리핀은 가톨릭과 이슬람이, 레바논과 수단은 기독교계와 이슬람이, 영국 북아일랜드는 가톨릭과 개신교가, 이란은 이슬람 수니파와 시아파가, 인도는 힌두교와 이슬람이, 스리랑카는 소승불교와 힌두교가 서로 적개심과 살육을 일삼고 있습니다. 우리도 그러한 종교간 분쟁으로부터 자유로운 것이 아닙니다. 최근 몇 년 사이에 한국 기독교 해외 선교사의 납치 살해 사건, 23명의 선교 여행단 납치와 2명의 피살 사건 등만 보더라도 종교 간의 갈등이 얼마나 심각한가를 잘 보여주고 있습니다. 다행하게도 우리나라 안에서는 아직 종교 전쟁은 없습니다. 앞으로도 우리나라는 종교 전쟁은 없을 것입니다. 모든 종교 사상을 포괄하는 무극대도 천도교가 있어 완충 역할을 해 주고 있기 때문입니다. 그리고 우리 민족성이 모든 종교를 포용하기 때문입니다. 그러나 종교마다 신념 체계가 다르고 우월성을 강조하면서 정치 권력과의 결탁 관계 때문에 종교 갈등이 없지는 않습니다. 이러한 갈등을 해소하고 종교 화합을 이루는 것은 어려운 과제가 아닐 수 없습니다. 이와 같은 상황에서 우리는 어떻게 대처해야 하겠습니까?

도전을 승리로 이끄는 길

우리는 종전과 같은 수준 낮은 힘 겨루기, 약육강식弱肉强食의 싸움이 아니라, 너는 죽고 나만 살아야겠다는 식의 승부와 흥망성쇠의 희비극이 교차하는 처절한 싸움이 아니라, 모든 종교, 인류 전체에게 승리를 안겨 주고 태평성세를 이루는 대도 · 대덕을 찾아야 하겠습니다. 오늘의 인류는 그 길을 찾아야 할 매우 중요한 시점에 서 있다고 생각합니다. 이와 관련하여 저는 앞으로의 세상은 너도 살고 나도 살고, 다 같이 잘 사는 싸움이 되도록 하는 것이 도전에서 이기는 길이며, 그 방책이 천도교 인내천人乃天 진리에 있다고 확신하면서 도전을 승리로 이끄는 길을 말씀드리자 합니다.

첫째, 진리를 천명해야 합니다. 우주 질서에 진리가 있고 법칙이 있습니다. 온 인류가 한 동포 한 형제가 되는 길이 분명히 있습니다. 종교가 하나로 화합하는 그 진리를 깨달아야 하고 온 세상에 펴야 할 것입니다. 특히 우주에 신神은 오직 한 분이라는 진리가 밝혀져야 합니다. 신은 오직 한분인데 사람들이 이름을 달리 붙이고 생각을 달리 할 뿐입니다. 이 원리를 알면 인류가 한 가족이요 종교의 근원이 하나임을 알게 되고 싸움은 없어질 것입니다. 또한 우리나라에서 창명된 인내천人乃天 진리야말로 신이 오직 한 분임을 밝히고, 모든 사람들이 지상신선의 대 평화 대 행복을 찾고, 이 세상에 전쟁과 질병과 가난이 없도록 하며 자유 평등 평화를 실현하고, 지상천국을 건설할 수 있는 무극대도無極大道요, 도전을 모두의 승리로 이끌어나갈 진리가 분명하다는 말씀을 드리고 싶습니다.

저는 몇 년 전 아시아종교인평화회의에서 이런 말을 한 일이 있습니다. "사람에게 마음이 있고 생명이 있듯이 우주에도 마음이 있고 생명이 있습니다. 그것을 신神이라고 하는 것입니다. 우주에 신은 오직 한분입니다. 신은 한 분인데 사람들이 이름을 달리 붙이고 생각을 달리 하고 믿음을 달리 할 뿐입니다. 신이 한 분이니까 이 세상 모든 사람은 한 한울님의 아들딸입니다. 따라서 인류는 한 동포, 한 형제, 한 가족이 분명합니다. 포도 넝쿨에 많은 포도알이 달려 있지만 그 줄기와 뿌리는 하나입니다. 우리 종교인들은 이 진리를 온 세 사상 사람에게 알려 줍시다. 세상 사람들이 이 진리를 깨닫는 날, 싸움은 영원히 살아질 것입니다."

태양이 솟아오르면 암흑은 가고 잔잔한 별빛은 자취를 감추게 되고 광명천지가 열립니다. 진리의 태양이 솟아오르면 속이고 훔치고 빼앗고 죽이는 처절한 싸움은 자취를 감추고 마는 것입니다. 우리는 인내천 진리를 연구하고 깨달아서 거대한 태양이 되어 온 누리에 광명을 비추어야 하겠습니다. 이것이 도전을 승리로 이끄는 첫 번째 방책입니다.

새로운 진리와 도력, 수련을 통해 도력을 길러야

둘째 , 도력道力입니다. 무력 전쟁에 이기려면 훈련된 군사와 새로운 무기가 있어야 합니다. 재전財戰, 즉 경제전에 이기려면 풍부한 자원과 고도의 기술과 상술이 있어야 합니다. 언전言戰, 외교전에 이기려면 풍부한 지식과 언력言力이 있어야 합니다. 도전道戰에서 승리하려면 어떻게 해야 할 까요? 새로운 진리가 있어야 하고 모든 사람에게 감화를 주고 동귀일체시킬 수 있는 도력이 있어야 할 것입니다. 진리와 도력이 없으면 도전에서 이기지 못합니다. 인류가 한 가족이라는 새로운 진리가 밝혀져야 하고 동시에 도력이 있어야 합니다. 모든 사람에게 영원한 행복과그리고 모든 종교의 화합의 길을 열어 줄 수 있는 도력이 있어야 합니다.

그러면 그 도력은 어떻게 얻겠습니까? 무엇보다 먼저 수련을 해야 할 것입니다. 도력은 수련修煉를 통해서 얻을 수 있습니다. 운동을 하면 체력이 생기듯이 수련을 하면 도력이 생기는 것입니다. 기도와 수련으로 한울님의 감응을 받고 견성각심見性覺心을 해야 할 것입니다. 기도와 수련을 잘 해서 일심一心이 되면 만사여의가 되고 무심無心이 되면 무위이화가 되고 자유심이 되면 자유극락을 찾게 될 것입니다. 나아가 혼연히 무극의 경지에 이르게 되면 한울님의 무궁조화를 받게 될 것입니다. 한울님의 무한지혜, 무한능력, 무한공급을 받게 되고 베풀게 될 것입니다. 무구무망無求無望의 경지에 이르면 임의용지가 될 것입니다. 천지조화를 임의대로 하고 천지만물을 마음대로 활용하고 화복을 자유로 한다는 말씀이 있습니다.

무극의 진경에 들어가는 깊은 공부를 하면 영원한 행복을 찾고 모든 사람의 마음을 움직이고 동귀일체를 실현할 수 있는 도력을 발휘하게 될 것입니다. 힘에는 지식의 힘, 경제력, 체력 등 여러 가지가 있습니다. 가장 위대한 능력은 도력입니다. 우리 모두 정심수도, 극성수도를 해서 그 도력을 얻도록 합시다. 그리고 도력에는 개인적인 도력과 단체 수련으로 얻는 기관 도력이 있습니다. 기관 도력이 더욱 위대하다고 할 수 있습니다. 우리는 개인도력과 기관도력을 동시에 추구해야 할 것입니다.

셋째, 인화人和입니다. 도전에 대비하는 최고의 방책은 많은 사람이 수도를 하여 높은 도력으로 감화를 주고 인화를 도모하여 한마음 한뜻 동귀일체同歸一體하는 일입니다. 도전의 핵심은 인화에 있습니다. 인화, 즉 화합을 못하면 그 도道는 역사에서 물러나야 합니다. 미래 사회는 투쟁이 아니라, 혁명이 아니라, 누가 무슨 도道로써 화합을 도모하느냐의 덕德을 베푸는 싸움이 될 것입니다. 경전에 천시天時가 지리地利만 같지 못하고 지리가 인화만 같지 못하다는 말씀이 있습니다. 또 "인화하는 방책은 도가 아니면 할 수 없고 도로써 백성을 화하면 다스리지 않아도 절로 다스려진다"人和之策非道不能 以道和民則 無爲而可治也는 말씀이 있습니다. 도道로써 백성을 화하게 하면 사회는 저절로 밝아진다는 말씀입니다.

오늘날 사회가 혼탁한 것은 건전한 도가 펴지지 못했기 때문입니다. 오늘의 사회 혼란은 종교인들이 자기 본분을 다하지 못하기 때문입니다. 종교인들은 신앙과 수도를 잘하여 성인의 가르침을 세상에 펴서 인화의 꽃을 피워야 할 것입니다. 궂은일은 내가 하고 공功은 남에게 돌려주는 거룩한 정신, 수운대신사의 순도 정신이 발동되어야 할 것입니다. 천도교인이 있는 곳에는 화합의 꽃이 활짝 피어야 할 것입니다.

경전에 "성인聖人의 덕행은 춘풍태화의 원기가 초목군생에 펴짐과 같고 성인의 교화는 가물던 한울에서 비가 내리는 것 같아서 만물이 각각 스스로 기쁘게 번영한다"는 말씀이 있습니다. 그리고 "도와 덕 앞에는 적이 없다"此無奈道前 無敵者乎는 말씀이 있습니다. "성인은 세상 사람에게 항상 온화한 기운으로 덕성을 베풀어 훈육하고 성인의 덕화는 자기를 버리어 사람에게 덕이 되게 하고 세상 사람의 사사로운 마음은 자기만 이롭게 하고 사람을 해롭게 한다"고 하셨습니다. 인화가 잘 되면 이 세상은 하루아침에 도덕문명의 새 세계가 되고 또한 우순풍조가 될 것입니다. 천재지변도 없어질것입니다. 이것이 도전에 이기는 길입니다.

나무의 열매 속에 나무 전체의 성분이 다 들어 있다

넷째, 시대적 요청에 부응하고 시대의 선구자가 되어야 할 것입니다. 시대가 무엇을 구하고 있는지, 세계가 어디로 가고 있는지, 한울님의 뜻이 무엇인지를 잘 알아야 합니다. 그리고 실천에 옮기며 개척하는 선구적 역할을 담당해야 합니다. 시대적 · 사회적 요청이 무엇인지도 모르고 또 실천할 줄 모른다면 그 종교는 이미 불필요한 존재가 될 것입니다. 오늘날 사회는 인간성 회복, 도덕질서 확립, 전쟁(싸움)과 질병과 경제 위기의 극복, 공동체 의식의 확립, 환경보전, 남북통일, 종교인들의 화합 등 심각한 과제들이 제기된 가운데 혼란이 계속되고 있습니다. 이것을 어떤 종교가 어떻게 근원적으로 해결하느냐 – 이것이 도전의 핵심 관건이 될 것입니다.

인내천은 이것을 근원적으로 해결할 수 있는 진리가 분명합니다. 실천운동을 통하여 입증되어야 도전을 승리로 이끌어갈 수 있을 것입니다. 실천 없는 종교는 공리공론이요 역사에서 사라지고 말 것입니다. 천도교는 실천종교입니다. 우선 내 가정부터 도가완성을 해서 온가족 시일식 참여, 주변 청소, 친절과 화합 운동 등을 하나 하나 실천해 나가야 할 것입니다.

다섯째, 지도자 육성입니다. 무슨 일이든지 일꾼 없이 되는 일은 없습니다. 도전을 승리로 이끌어 나갈 지도자를 하루속히 많이 육성해야 합니다. 우선 모든 교인들이 수도 잘 해서 도통군자가 되어야 합니다. 많은 도통군자들이 나와야 인내천 새 진리를 온 누리에 펴나갈 수 있습니다. 이것이 도전을 승리로 이끄는 길입니다. 의암성사님 통문에 5백인 도통군자설이 있습니다. 수련과 교리교사 연구와 실천력을 겸비한 그리고 성경신誠敬信의 인격을 갖춘 이신환성 개벽군 5백명 육성이 시급한 과제라고 생각합니다.

여섯째, 포덕布德입니다. 인내천 진리와 도력, 화합과 실천, 행도行道, 그리고 지도자 육성으로 기초를 공고히 다지는 동시에 포덕운동으로 도전을 승리로 이끌어 나가야 합니다. 온 민족과 전 인류를 포덕한다는 큰뜻을 품고 우선 내 가정부터 도가로 완성해야 할 것입니다. 모든 교인들이 포덕운동을 적극 전개함으로써 도전을 승리로 이끌어 나가게 될 것입니다.

천도교는 종교 화합, 신앙 통일의 사명을 갖고 창명되었다고 생각합니다. 수운대신사께서 우리 도를 만고 없는 무극대도라고 말씀하셨습니다. 모든 종교 진리의 본원인 천도에 모든 종교의 진리가 다 들어 있다는 말씀입니다. 유교의 윤리, 불교의 견성見性, 선교의 양기양생, 기독교의 사랑博愛 등 모든 종교 진리가 다 포괄되어 있는 것입니다. 나무의 열매 속에 나무 전체의 성분이 다 들어 있는 것과 같습니다. 그러므로 천도교인들은 다른 종교인들을 이단으로 보거나 배타적으로 대하지 않습니다. 다 같은 종교인으로서의 원만성 · 포용성 · 친근감을 보여 주게 됩니다. 그래서 다종교 사회에 적응하기가 좋습니다.

천도교인들은 이와 같은 차원 높은 정신으로 수도와 포덕 교화에 힘쓰고 종교연합 · 종교화합을 도모하는 한편 우리나라에서 종교 화합 신앙통일의 새로운 종교문화의 꽃을 피우고 온 인류에게 도전道戰의 승리자로서의 영광을 안겨주는 거룩한 천도교가 되도록 힘써야 하겠습니다.

만사지萬事知를 향하여

천도교의 교리와 수도의 핵심인 21자 주문 "지기금지원위대강 시천주 조화정 영세불망 만사지"至氣今至願爲大降 侍天主 造化定 永世不忘 萬事知의 마지막 구절은 '만사지'로 되어 있습니다.

주문은 한울님을 지극히 위하는 글인 동시에 수도의 절차와 방법을 밝혀 주고 있습니다. 우리는 수도를 통해 '지기금지 원위대강'이 되어야 하고 '시천주'가 되어야 하고 '조화정'이 되어야 하고 '영세불망' 해서 '만사지'가 되어야 합니다. '지기금지 원위대강'은 한울님의 기운과 내 기운이 하나로 화하기를 기원하는 것이고, '시천주'는 한울님 모심을 깨닫고 한울님을 부모님 같이 섬기겠다는 것이고, '조화정'은 한울님의 무위이화無爲而化의 진리에 순응하고 한울님 덕에 합하고 한울님 마음으로 마음을 확정하겠다는 것이고, '영세불망'은 한평생 잊지 않고 생각을 보존하겠다는 것이고, '만사지'는 모든 일을 하는데 한울님의 도를 알고 한울님의 지혜를 받는다는 것입니다. 그러니까 한마디로 수도의 목표가 바로 만사지가 되는데 있습니다. 등산하는 사람은 정상에 올라가는 것이 목표이듯이 천도교인들은 '만사지'를 향해 나가야 하고 만사지에 도달해야 할 것입니다. 어떤 어려움이 있더라도 한 걸음 한 걸음 나아가고 나아가 반드시 만사지의 정상에 이르러야 하겠습니다.

만사지가 되어야 지상신선도 되고 영원한 행복도 찾고 대도견성, 도성덕립도 되고 포덕천하, 광제창생, 보국안민, 지상천국 건설의 대원을 성취할 수 있을 것입니다. 만사지에 도달하지 못하면 결국 모든 것이 구두선에 그치고 말 것입니다. 등산하는 사람이 정상까지 오르지 못하고 중간에서 헤매기만 하면 어떻게 되겠습니까?

이상적인 인생 항로는 만사지를 향해서 나아가는 길

『의암성사법설』에 "사람은 일월과 같이 분시가 아니니 단연코 백년의 슬픔을 짓지 말라" 人如日月非分時 斷然不作百年悲는 말씀이 있습니다. 해와 달은 오고 가는 것이 계속 반복되지만 사람은 한번 왔다 가면 그것으로 끝나는 것이니 죄를 저지르거나, 특히 무극대도인 천도교를 하면서도 진리를 깨닫지 못하고 만사지에 이르지 못하여 슬픔을 안고 인생백년을 마감하는 일이 단연코 없도록 하라는 말씀입니다. 또 "사나이 마음을 두면 한울도 쉬지 않나니 그 목숨은 반드시 백년의 앎을 만드리라" 男兒留心天不休 其壽必作百年知고 말씀하셨습니다. 사람이 한울님의 뜻을 따르기로 마음을 확정하고 변함없이 수도를 하면 반드시 인생의 의의를 알고 만사지에 이르는 한울의 축복을 받는다는 말씀입니다. 우리는 백년의 슬픔百年悲을 안고 가느냐, 만사지에 이르는 축복을 받느냐의 갈림길에 서 있다고 할 수 있습니다. 사람 살아가는 길이 여러 가지가 있습니다. 돈과 명예와 사랑을 추구하는 길도 있고 학문과 기술과 음악, 운동을 하면서 살아가는 길도 있습니다. 그 중에서도 가장 보람 있고 이상적인 인생 항로는 만사지를 향해서 나아가는 길입니다. 진리를 모르면 울면서 살다가 울면서 죽고 진리를 알면 웃으면서 살다가 웃으면서 환원하게 될 것입니다.

그러면 만사지란 무엇인가. 수운대신사께서는 "지라는 것은 그 도를 알고 그 지혜를 받는 것" 知其道而受其知이라고 하셨습니다. 모든 일을 함에 있어서 그 도를 알고 한울님의 지혜를 받는다는 말씀입니다. 모든 일을 순리대로 하고 무슨 일이든지 생각하면 알게 되고, 천덕사은을 생각하면서 노력하면 자연스럽게 이루어지고 활연관통해서 만리 만사를 환하게 다 알게 되고, 모든 일이 뜻대로 이루어지는 경지라 할 수 있습니다. 또한 성심신性心身삼단을 환하게 깨달아 자유로이 할 수 있고, 모든 사물의 근본과 삶과 죽음의 세계를 환하게 알고 다른 사람의 생각을 꿰뚫어볼 수 있고 다른 사람들의 마음을 움직일 수 있는 경지라고 생각합니다.

사람이 어떻게 그렇게 되느냐고 의심할 분이 있겠지만 곰곰이 생각해 보면 그렇게 될 수 있음을 알게 될 것입니다. 사람은 한울님의 성품性과 마음心이 있기 때문입니다. 성품은 만리만사를 이룰 수 있는 원리원소요 마음은 만사를 환히 비춰볼 수 있는 좋은 거울과 같기 때문입니다. 깨끗이 닦기만 하면 만리만사를 알 수 있고 무슨 일이든지 능히 이룰 수 있다는 확신을 가지게 될 것입니다. 그런데 사람은 누구나 신비스러운 보물을 가지고 있으면서도 있는 줄을 모르고 불행하게 살아간다고 할 수 있습니다. 해월신사님은 "지知는 즉 통通이므로 만사 무위無爲 중에서 화하나니 무위는 순리순도를 이름이니라." 하시고 "만사지는 식일완"萬事知 食一碗이라고 하셨습니다.

그러면 어떻게 하면 만사지가 될까요?

먼저 확고한 의지와 신념과 사명감이 있어야 할 것입니다. 반드시 만사지에 이르러 자아완성, 도성입덕을 성취하겠다는 투철한 의지가 있어야 하고 간절한 꿈과 신념과 사명감이 있어야 합니다. 되도 그만 안 되도 그만, 그렇게 반신반의하면 안 됩니다. 반드시 이루어서 포덕천하, 광제창생, 보국안민, 지상천국 건설에 이바지하겠다는 마음가짐이 투철해야 할 것입니다.그리고 정성이 있어야 합니다. 정성 없이는 아무 것도 이룰 수 없습니다. "도성입덕 하는 법은 한 가지는 정성이요 한 가지는 사람"이라고 하셨습니다. 그러한 정신적 기초 위에서 다음 몇 가지를 실행하면 누구든지 만사지가 되리라 생각합니다.

첫째, 주문을 지성으로 외워야 할 것입니다. 주문을 외우지 않고서는 만사지에 이를 수 없습니다. "열세 자 지극하면 만권시서 무엇 하며 심학이라 하였으니 불망기의 하였어라. 현인군자 될 것이니 도성입덕 못 미칠까. 이 같이 쉬운 도를 자포자기 하단말가"라고 수운대신사께서 분명히 말씀하셨습니다. 열심히 주문을 외우면 누구든지 만사지가 된다는 말씀입니다. 주문을 외우되 천덕사은을 염념불망하면서 외워야 할 것입니다. 주문을 외우면서 잡생각을 하면 빗나가게 될 것입니다. 마음의 잣대를 한울님과 스승님께 두고, 만사지를 바라보면서 일로매진해야 하리라 생각합니다.

주문을 외우면서 무슨 생각을 하느냐? 이것이 매우 중요합니다. 지난날의 허물을 진심으로 참회하고 한울님을 간절히 생각하면 한울님의 감응을 받고 한울님 마음과 하나가 될 것입니다. 스승님을 간절히 생각하면 스승님의 무극대도를 이어 받게 될 것입니다. 그러나 주문을 외우면서 돈 생각을 많이 하면 돈은 생기는데 물욕에 빠지게 되고, 이성을 그리워하면 정욕에 빠져 헤매게 되고, 남을 미워하면 점점 더 미워지면서 내가 미움을 받게 되고, 명예와 권력을 생각하면 그것이 어느 정도 이루어지기는 하지만 자존심과 '나'라는 개체의식에 빠져서 만사지가 안 되는 것입니다. 모든 것을 마음에서 다 버리고 오로지 천덕사은 염념불망 하면서 텅 빈 마음, 바른 마음으로 주문을 자나 깨나 열심히 외워야 할 것입니다. "한울님의 덕과 스승님의 은혜를 잊지 않고 늘 생각하면 지기와 지극히 화하여 지극한 성인에 이르느니라"天德師恩念念不忘則 至化至氣 至於至聖고 하셨습니다. 특히 한울님을 두렵게 생각하고 잠깐이라도 모앙하는 마음을 늦추지 말라는 말씀을 명심해야 하겠습니다.

수기심守其心 정기기正其氣 솔기성率其性 수기교受其教

둘째, "그 마음을 지키고, 그 기운을 바르게 하고 그 성품을 거느리고 그 가르침을 받으면 자연한 가운데서 화해 나오는 것"守其心 正其氣 率其性 受其教 化出於自然之中也이라는 이치를 실지로 체득해야 할 것입니다. 수기심守其心은 한울님 마음을 지킨다는 말씀입니다. 마음이 몸 안에서 떠나지 않도록 하고 한울님 생각을 잊지 말아야 할 것입니다. 정기기正其氣는 기운을 바르게 하는 것이며 희로애락을 과도히 하지 않는 것이라고 하셨습니다. 특히 화를 내지 말아야 할 것입니다. 인간의 모든 불행의 근본 원인은 한울님 마음을 잃어버리고 화를 참지 못하는 데서 온다는 것을 알아야 하겠습니다. 희로애락을 조절할 수 있으면 도가 높은 경지에 달한 사람이고, 희로애락을 초월하면 도를 통한 사람이라고 할 수 있습니다.

『의암성사법설』에 "마음이 곧 한울이요 한울이 곧 마음이라 수기심 정기기 하면 통하지 못할 것이 없느니라"는 말씀이 있습니다. 솔기성率其性은 한울님 성품을 거느린다는 말씀입니다. 수심정기에서 한 단계 더 나아가 무선무악, 불생불멸, 무루무증의 본성 자리를 찾아서 성심신을 자유자재로 하는 경지입니다. 즉 다심多心에서 일심一心, 일심에서 무심의 경지, 마음이 작용하지 않는 상태에 자유로이 오고갈 수 있는 경지입니다. 그것이 이신환성以身換性의 진경에 이른 상태라고도 할 수 있습니다. 수기교受其教는 한울님의 가르침, 즉 한울님의 지혜를 받는다는 말씀입니다. 마음을 깨끗하게 하고 성품과 같이 고요하게 하고 나서 어떤 문제를 생각하면 그 문제에 대한 깨달음이 자연히 나오고 이루어진다는 말씀입니다. 화출어자연化出於自然은 자연한 가운데 화해 나온다는 말씀입니다. 저는 일상생활 속에서 몇 차례의 체험을 통해서 주문을 열심히 외우면서 생각을 하면 모든 일이 그렇게 자연한 가운데 이루어진다는 확신을 갖게 되었습니다.

셋째, 정신을 개벽해야 할 것입니다. 이신환성以身換性 수련을 통해서 정신을 개벽해야 만사지에 도달할 수 있습니다. 물욕과 감정과 개체의식 등 육신관념과 과거의 모든 인과관계가 남아 있는 한 만사지의 경지에 이르지는 못할 것입니다. 우리가 천도교를 하면서도 아직 만사지가 안 되는 원인의 핵심은 일심一心이 안 되었기 때문입니다. 다시 말하면 마음에 아직 티끌이 남아 있기 때문이며 또한 마음의 방향이 잘못되었기 때문입니다. 그리고 정성이 부족하거나 과거의 모든 인과관계에서 벗어나지 못했기 때문일 것입니다.

『의암성사법설』에 "처음 배워 덕에 들어가려는 사람은 시천주 석자로써 덕에 합하고 다시 선생의 포덕을 받아 만사지 석자로써 대도견성하는 것이 어떠하고 어떠하리오"라는 말씀이 있습니다. 우선 한울님 모심을 깨달아 덕에 합하고 그 다음은 반드시 천덕사은 염념불망해야 만사지가 되고 대도견성을 한다는 말씀입니다.

지금 사회는 천도교의 인내천 진리가 절실히 요구되고 있습니다. 사회가 안고 있는 모든 문제들을 근원적으로 해결할 수 있는 길이 인내천 진리에 있기 때문입니다.

우리 수도하는 사람들은 천덕사은 잊지 말고 주문을 열심히 외우는 동시에 수심정기 공부와 성품을 거느리는 공부를 잘해서 한울님의 지혜를 받고 또한 이신환성으로 빠른 시일 내에 만사지의 경지에 이르러서 가정포덕은 물론 온 민족을 포덕 교화하여 대도중흥, 민족통일, 포덕천하, 광제창생, 보국안민, 지상천국 건설의 거룩한 목적달성을 향해 힘차게 전진해 나가야 하겠습니다.

성령性靈을 주체로 사는 사람이 됩시다

우리는 성령을 주체로 사는 사람이 되어야 하겠습니다. 사람은 성령과 육신이 있는데 육신은 백년 사는 한때의 객체客體요 성령性靈이 나의 영원한 주체라는 것을 확실히 알고 항상 성령을 주체로 생각하면서 살아야 한다는 말씀입니다. 다시 말하면 수도하는 사람들은 육신관념에서 일어나는 복잡한 생각을 다 털어 버리고 청정무구清淨無垢, 공공적적空空寂寂한 성령의 세계를 생각하면서 살아야 한다는 말씀입니다. 그래야 성령 육신 쌍방으로 건전하게 살 수 있고 행복하게, 영원히 살 수 있다는 말씀입니다.

성령을 주체로 삼아야 진리를 깨닫고 영원한 행복을 찾을 수 있다

우리는 육신관념을 버리고 성령을 주체로 삼고 살아야 하겠습니다. 그래야 항상 즐겁게 살 수 있고, 모든 질병에서 벗어나 건강하게 살 수 있고, 모든 소원을 이룰 수 있으며, 진리를 깨달을 수 있으며, 장생하면서 지상신선의 대 평화 대 행복을 누릴 수 있습니다. 나아가 도통군자가 되어 보국안민 포덕광제의 큰 사명을 수행하게 될 것입니다. 수도를 한다고 하면서도 오래도록 육신관념을 버리지 못하면 백년을 해도 도통은 구두선에 그치고 말 것입니다. 우리는 성령 사람으로 거듭나야 합니다. 이것이 우리 수도하는 사람들의 시급한 과제입니다. 나와 내 가정의 진정한 행복을 찾고 민족과 인류를 구하는 길이 바로 여기에 있는 것입니다.

의암성사께서 "이신환성以身換性은 대신사의 본지"本旨라고 분명히 말씀하셨습니다. 이 세상 모든 사람들이 성령을 주체로 생각하면서 사는 사람이 되도록 하려는 것이 대신사의 본뜻이요 무극대도가 나가는 기본 방향이라는 말씀입니다. 우리가 진실로 성령을 주체로 생각하면서 살게 되면 모든 문제가 해결될 것입니다. 개인 문제와 가정 문제는 물론 교회와 사회의 제반 문제, 그리고 민족과 인류가 안고 있는 모든 문제를 근원적으로 해결할 수 있는 길이 바로 여기에 있다는 말씀입니다. 전쟁과 질병과 가난, 분열과 파쟁, 환경보전, 종교분쟁 등 현대사회가 안고 있는 모든 문제의 근원적 해결의 길이 바로 온 세상 사람들로 하여금 정신을 개벽하여 성령을 주체로 사는 사람이 되도록 하는 데 있다는 것을 알아야 하겠습니다. 의암성사께서 "그대들은 가히 하지 못할 일을 생각지 말고 먼저 각자 고유의 정신을 개벽하면 만사의 개벽은 그 다음 차례의 일이니라" 고 하신 뜻도 바로 성령을 강조하신 말씀입니다. 세상 사람들은 이것을 모르고 가장 소중한 성령은 생각지도 않고 육신만 생각하면서 살기 때문에 온갖 불행의 함정에 빠져 헤매고 있는 것입니다.

성령인의 요건과 성령인의 삶

그러면 성령을 주체로 생각하면서 사는 성령 사람이 되려면 어떻게 해야 할까요? 경전의 「이신환성설」을 기본으로 성령인이 갖추어야 할 몇 가지 요건을 간추려 볼 수 있습니다.

첫째, 육신은 사람의 한때의 객체요 성령이 영원한 주체라는 것을 알아야 합니다. 둘째, 육신은 백년 사는 한 물체요 성령은 천지 미판 전 억억 만년 전, 본래부터 있었고 원원충충圓圓充充하여 우주에 가득 차 있고 불생불멸의 영원한 주체라는 것을 알아야 합니다. 셋째, 성령을 주체로 하면 영원한 복록을 받고 육신을 주체로 하면 모든 일이 재화에 가깝다는 것을 알아야 합니다. 넷째, 그러나 성령을 주체로 하면 육신은 험하고 괴로움이 많고 육신을 주체로 하면 성령의 앞길이 범범泛泛하여 뿌리가 들뜬 나무와 같이 된다는 것을 알아야 합니다. 다섯째, 그러나 계속 수련을 하여 정진하면 차차 험고가 안락으로 바뀌어 항상 즐겁게 살 수 있음을 알아야 합니다. 여섯째, 나아가 수련의 극치에 이르러 육신의 안락을 홀연히 잊어버리면 법력法力이 생긴다는 것을 알아야 하겠습니다. 즉 육신관념을 문득 잊어버릴 정도가 되면 이신환성의 진경에 이르러 한울님의 법력을 활용하게 된다는 말씀입니다. 일곱째, 대신사의 법력은 생전 사후가 같다고 했습니다. 수중도행水中徒行 우중불습雨中不濕은 대신사의 생전 법력이요, 한여름에 청수에 얼음이 얼고 성미기에 성미가 불어나는 것은 사후 법력이라고 하신 이치를 알아야 할 것입니다. 수운대신사님은 치병治病의 능력이 있었고 많은 사람이 스스로 모여드는 법력을 보여 주시었습니다. 여덟째, 특히 대기번복大氣飜覆의 시기에 생명을 구하고 많은 사람을 살리는 길 이 '이신환성' 이 되는 데 있다고 하신 이치를 알아야 할 것입니다. 아홉째, 수련의 극치에 이르러 성령을 주체로 하고 대신사의 성령출세를 알아야 하겠습니다. 이는 대신사의 성령과 나의 성령이 하나가 된다는 말씀이라고 생각합니다. 열째, 또한 수운대신사의 성령출세를 알고 천만 년 전 사람이나 천만년 후 사람이나 현대 사람이 같은 것을 알아야 합니다. 즉 영원한 나를 알아야 한다는 말씀입니다. 열하나째, 후천개벽의 시기에 처한 우리는 먼저 각자의 성신性身부터 개벽開闢해야만 포덕광제의 목적을 달성할 수 있다고 말씀하셨습니다. 즉 성령을 주체로 사는 사람이 되어야 한다는 말씀입니다. 천도교가 과거에는 사회혁명운동으로 역사를 주도해 왔다면 앞으로는정신개벽운동으로 새 역사를 열어나가게 된다는 것을 알아야 할 것입니다. 열둘째, 대신사께서 "한울님께 복록 정해 수명을랑 내게 비네" 라고 하신 것은 이신환성을 말씀한 것이라고 하셨습니다. 즉 앞으로는 성령을 주체로 해야 살 수 있다는 것을 알아야 할 것입니다. 열셋째, 미래는 이신환성을 추구하는 시대가 될 것입니다. 우리는 그 선구자가 되어야 하겠습니다. 모든 사람이 성령 수련을 하게 될 것입니다. 그렇게 되면 오늘의 물질문명과는 비교도 할 수 없는 놀라운 도덕 문명시대가 될 것입니다.

성령인이 사는 모습

성령을 주체로 사는 사람이 되려면 다른 도리가 없고 "자나 깨나 주문 생각 천덕사은 염념불망" 해야 할 것입니다. 그러면 성령을 주체로 생각하면서 살게 되면 어떻게 될까요. 첫째, 항상 기쁨에 넘치는 생활을 하게 될 것입니다. 그리고 언제나 건강한 몸 으로 살게 될 것입니다. 둘째, 모든 일이 뜻대로 이루어질 것입니다. 셋째, 진리를 깨닫게 되고 장생불사의 길을 열어나가게 될 것입니다. 넷째, 특히 나날이 새로워지는 생활을 하게 될 것입니다. 다섯째, 과거의 모든 인과에서 초월하게 되고 지상신선의 영원한 행복을 찾게 될 것입니다. 여섯째, 신비적神秘的 천계문天啓文과 신총신혜神寵神惠를 베푸는 성현의 경지에 이르게 될 것입니다. 일곱째 포덕천하 광제창생 보국안민 지상천국 건설의 거룩한 사명을 수행하는 보람 있는 생활을 하게 될 것입니다. 특히 아침마다 새로운 깨달음을 얻게 될 것입니다.

저는 최근 이런 생각을 하면서 수련의 의미를 더욱 간절히 생각하고 있습니다. 아침수련 때 문득 무아無我 · 무심상태, 공공적적한 진경에 이르니 그곳이 바로 무극이요 본성 · 무체성 · 본래아, 근본 자리로서, 그리고 그곳은 바로 무루무증無漏無增, 불생불멸, 무선무악, 진진여여眞眞如如, 무량광대청정계라는 흐뭇한 생각을 해 봅니다. 또한 무왕불복, 무위이화, 지상신선의 참 모습을 마음속으로 그려봅니다. 그러면 하루 종일 즐겁게 지내게 되고, 모든 일이 생각하는 대로 이루어지고 어려운 문제도 척척 해결되는 것을 느끼게 됩니다. 어느날 아침 문득 이런 생각이 떠올랐습니다. "무극경지 당도하니 내가 바로 한울이요 한울이 바로 나일세. 어찌 나 밖에 다른 한울이 있겠는가. 몸도 한울, 마음도 한울, 성품도 한울, 천인합일, 자아완성의 길이 바로 이것이 아니겠는가."

『해월신사법설』에 "사람마다 마음을 공경하면 기혈이 크게 화하고, 사람마다 사람을 공경하면 많은 사람이 와서 모이고, 사람마다 만물을 공경하면 만상이 거동하여 오니, 거룩하다 공경하고 공경함이여"라는 말씀이 있습니다. 우리가 정말 수도를 잘 해서 모든 사람을 한울같이 공경하면 천도교에 많은 사람이 모일 것입니다. 물건을 공경하면 많은 돈이 모일 것입니다. 5백명 이상 시일식 봉행하는 교구를 전국 방방곡곡에 건설하게 될 것입니다. 그리고 머지않아 중앙 대교당에서 5백명 이신환성 특별수련회를 개최할 것입니다. 그러면 바로 대도중흥, 민족통일의 길로 나아가게 될 것입니다.

또 「후경」에 "'어떤 것을 큰 도大道라고 합니까?' 대답하기를 '큰 도는 한울도 아니요 땅도 아니요 산도 아니요 물도 아니요 사람도 아니요 귀신도 아니니 생각하나 생각하는 것 같지 아니하고, 보나 보는 것 같지 아니하고, 말하나 말하는 것 같지 아니하고, 들으나 듣는 것 같지 아니하고, 앉으나 앉은 것 같지 아니하고, 서나 선 것 같지 아니하여 변하지 않는 사이에 황연한 본래의 맑고 깨끗한 것이니라.' 묻기를 '큰 도가 여기서 그치나이까?' 대답하시기를 '그 성품을 닦아 그 도를 얻은 사람은 진실로 지극히 다할 것이나 그러나 성품에서 마음이 생기면 몸은 청풍명월淸風明月에 있고 집은 우주강산宇宙江山에 있느니라. 천지를 나에게서 보면 나도 세상도 있어 나와 나, 만물과 만물이 각각 그 천성을 이루며 각각 그 도를 지키며 각각 그 직분을 얻나니 기쁜 나와 기쁜 만물이 어찌 극락세계가 아니겠는가' "라는 말씀이 있습니다. 성령를 주체로 생각하면서 마음의 뿌리를 성품 자리에 두고 청정무구한 마음으로 생각을 하면 몸은 청풍명월과 같이 항상 맑고 건강하고 마음은 항상 즐겁고 기쁨과 보람이 넘치는 지상신선이 된다는 말씀입니다. 그리고 가정은 항상 화목한 분위기 속에 우환 없는 가정, 세상을 위해 봉사하는 참으로 행복한 가정이 되는 동시에 온 우주가 내 집이 되는 것입니다.

그리고 "기쁜 나와 기쁜 만물이 어찌 극락세계가 아니겠는가"(喜喜我 喜喜物 豈非極樂世哉)라고 말씀하시고, 또 "도를 자기 성품에서 구하고 법을 자기 마음에서 구하라. 성품과 마음이 있는 곳은 저기도 아니요 여기도 아니요, 위도 아니요 아래도 아니요. 다만 내가 내게 있는 것이니라. 내 한울을 내 도로 하면 천도의 한량없는 것이 또한 내게 매었으니 내가 높고 높음이 위도 없고 아래도 없어 세 한울의 위에 높이 있느니라"라고 하셨습니다. 도통의 진경을 밝혀 주신 말씀입니다.

『해월신사법설』「수도법」에는 "명덕명도明德命道 네 글자는 한울과 사람이 형상을 이룬 근본이요, 성경외심誠敬畏心네 글자는 물체(몸)를 이룬 뒤에 다시 갓난아이의 마음을 회복하는 노정절차니 자세히 팔절을 살피는 것이 어떠할꼬" "물욕을 제거하고 도리를 환하게 깨달으면 지극히 큰 지극한 한울이 지기와 지극히 화하여 지극한 성인에 이르는 것이 도무지 나이니라. 성경외심誠敬畏心과 대인접물은 모든 일의 한울이니 지기와 지극히 화하여 지극한 성인에 이르는 절차 노정이니라." 고 말씀하셨습니다.

이러한 스승님들의 말씀을 명심하면서, 성령을 주체로 삼고 극성수도를 하면 성큼 도통의 진경에 도달할 것입니다.

도통道通의 정상을 향해 나갑시다

천도교는 포덕천하 광제창생 보국안민 지상천국 건설을 목적으로 하는 새 종교입니다. 이 거룩한 목적을 달성하려면 교인 각자가 낡고 부패하고 이기적이고 분파적인 각자위심各自爲心을 벗어던지고 자아완성하여 포덕광제의 성업을 수행할 수 있어야 할 것입니다. 개인이나 가정의 행복을 추구하는 데에도 자아완성 노력이 선행되어야 할 것입니다. 도통의 정상을 향해 나아가야 하는 것입니다. 우리는 나와 내 가정의 진정한 행복을 찾는 동시에 민족과 인류를 구하고, 민족과 인류를 구하는 동시에 나와 내 가정의 진정한 행복을 찾기 위하여 우선 자아 인격의 완성을 위한 각별한 관심과 노력을 기울여야 할 것입니다. 인격이 그 사람의 운명을 좌우하고 민족성이 그 민족의 운명을 결정한다고 할 수 있습니다. 현대인의 시급한 과제는 자아완성입니다. 개인의 행복, 국가와 민족의 번영 발전도 모든 사람의 자아완성, 신인간 창조 운동이 바탕이 되어야 가능하기 때문입니다.

자아완성의 길은 수도에서부터

그렇다면 자아완성은 어떻게 성취하는가? 자아완성을 하려면 우선 수도修道를 해야 합니다. 수도를 해서 진리를 깨달아 도道를 통해야 할 것입니다. 먼저 천도교인들이 도통군자가 되도록 정심수도, 극성수도를 해야 할 것입니다. 천도교인들이 앞서서 도통을 해야 포덕광제의 사명을 수행할 수 있습니다. 도통道通 군자가 많이 나와야 참된 안내자가 되어 동귀일체를 이루고 포덕천하 광제창생 보국안민 지상천국 건설의 목적을 달성하게 될 것입니다. 『천도교경전』은 빠른 시일 내에 도통하는 길, 도성덕립하는 길을 분명히 밝혀 주고 있습니다. 수운대신사께서는 "십년을 공부해서 도성입덕 되게 되면 속성이라 하지마는 무극한 이내 도는 삼년불성 되게 되면 그 아니 헛말인가"라고 말씀하셨습니다. 포덕 41년에 반포한 의암성사 통문通文에 5백 명 도통군자가 나오는데, 특히 그 가운데에 상재上才 오십명이 먼저 나온다는 말씀이 있습니다. 우리는 이 말씀을 명심하고 그 기초를 다져나가야 할 것입니다. 왜 5백 명일까요? 임계수치臨界數値라는 말이 있습니다. 물이 99도가 넘으면 수증기로 변합니다. 도통군자 5백 명이 한 자리에서 주문을 외우고 기도를 하고 외치면 온 누리에 울려퍼져 나가리라고 생각합니다.

확고한 신념을 갖고 수련으로 정진

도통을 하려면 우선 대도大道의 목적 달성에 대한 확고한 신념과 사명감을 갖고, 수도의 절차와 방법을 잘 알고 한 단계씩 체득하면서, 모든 시련을 극복하고 중단 없는 전진을 해야 할 것입니다. 했다 말았다 하면 안 되는 것입니다. 마라톤하는 사람이 쉬지 않고 달리듯이, 등산하는 사람이 땀을 흘리면서 묵묵히 정상을 향해 올라가듯이, 근근불이勤勤不已 진진불퇴進進不退해서 마음이 성품 깨닫는 데 들어가心入性覺, 도통道通의 정상에 도달해야 할 것입니다. 이러한 맥락에서 천도교는 진리도 좋고 역사도 좋은데 왜 침체의 늪에서 벗어나지 못하고 있을까를 생각해 보면, 우선 교역자와 교인들이 수도를 소홀히 하는 데 그 주된 원인이 있다고 말할 수 있습니다. 자아완성, 도성덕립에 대한 의지와 신념과 노력이 부족하고 따라서 교단적으로 신앙심이 쇠약해진 데 침체의 원인이 있는 것입니다.

종교는 신앙이 뿌리입니다. 뿌리에 병든 나무는 크지 못하고, 죽고 마는 것입니다. 전국의 교구 현황을 보더라도 수련을 열심히 하는 교구는 발전이 되고 수련하지 않는 교구는 침체 상태에 있음을 알 수 있습니다.

천도교인들이 먼저 도통하고 세상을 선도해야

천도교가 과거에 혁명 운동, 개혁 운동, 독립운동, 여성 운동, 어린이 운동 등 사회운동으로 새 역사를 이루어 왔다면 앞으로는 정신개벽 운동으로 또다시 새 역사를 열어 나가야 할 것입니다. 지금 사회는 의식개혁운동이 절실히 요청되고 있습니다. 사회적으로 진정한 정신개벽 운동이 일어나지 않으면 인류는 혼란의 함정과 공멸의 위기를 벗어나지 못할 것입니다. 그런데 그 방법이 바로 천도교에 있습니다. 시급을 요하는 생명 · 환경 운동도 정신개벽 운동이 바탕이 되어야 실효를 거둘 수 있습니다. 우리의 책임이 실로 막중함을 통감하지 않을 수 없습니다. 세상 사람들의 정신개벽을 주도하려면 우선 우리 수도하는 사람들이 속히 도통의 경지에 도달해야겠다는 생각을 하면서, 수도의 과정과 세 관문 그리고 도통의 진경에 이르는 마음가짐과 실천행도, 도력과 동귀일체 등을 생각해보고자 합니다.

첫째는 수도의 과정입니다. 수도의 기본 과정은 먼저 시侍, 정定, 지知의 세 단계로 나아가야 하며, 최고의 경지를 대도견성大道見性이라고 표현하기도 합니다. 또한 수도하는 사람은 허광심虛光心, 여여심如如心, 자유심自由心의 방향으로 마음을 진전시켜 나가야 할 것입니다. 일반적으로 우리 천도교에서는 수도의 계단을 강령降靈, 강화降話, 자천자각自天自覺, 해탈解脫, 대도견성의 단계로 나누어 설명합니다. 그리고 수도에 있어서 가장 중요한 성품공부는 연성煉性 · 견성見性 · 각성覺性 · 솔성率性, 무체성無體性 · 유체성有體性, 본성本性, 원각성圓覺性 · 비각성比覺性 · 혈각성血覺性 등을 잘 알고 공부해 나가야 할 것입니다. 이렇게 해서 자리적自利的 주관적主觀的 신앙 단계에서 출발하여 확고한 신념과 사명감이 서는 단계를 거쳐 천인합덕天人合德에 이르는 완성 단계까지 쉬지 않고 나아가야 할 것입니다.

수도의 세 관문 - 강령, 수심정기, 이신환성

수도하는 사람에게는 통과해야 할 세 관문이 있다고 생각합니다.

제1관문은 강령입니다. 수도자는 우선 강령을 체험해야 하고, 그리고 영부를 받고 강화를 받고 시천주를 깨닫는 방향으로 나아가야 합니다.

제2관문은 수심정기守心正氣입니다. 수심정기 일념으로 성경신誠敬信을 체행하고 천지부모에 효도함으로써 내 마음이 바로 한울님이라는 것을 깨닫는 자천자각이 되어야 할 것입니다. 그리고 자심자성自心自誠, 자심자경自心自敬, 자심자신自心自信, 자심자법自心自法해야 할 것입니다. 그렇게 하면 조화정造化定에 이르게 될 것입니다.

제3관문은 이신환성以身換性입니다. 육신은 사람의 한때의 객체요 성령이 사람의 영원한 주체임을 알고 물욕과 감정과 '나' 라는 개체 관념을 버리고 이신환성의 관문을 통과함으로써 정신을 개벽하여 해탈, 대도견성大道見性에 이르러야 할 것입니다.

도통진경으로 나아가는 마음가짐과 생활 태도

『해월신사법설』「강시」 등에 보면 "한 기운을 꿰뚫어보니 마음을 바르게 한 곳" 이라는 구절이 있고, "무극경지 바라보니 도통진경道通眞境이 바로 여기일세" 라는 구절도 있습니다. 다음으로 살펴보아야 할 것은 바로 도통진경을 향해 나아가는 생활에 대한 것입니다.

첫째, 이신환성 · 정신개벽으로 무극의 경지에 들어가는 공부를 해야 할 것입니다. 먼저 습관된 마음을 버리고 한울님 마음만 작용하는 마음이 되어야 할 것입니다. 물욕과 감정과 '나' 라는 개체 관념을 버려야 할 것입니다. 남녀 이성 관념과, 희로애락을 조절하고 초월한 마음이 되어야 할 것입니다. 인과를 알고 인과를 고치고, 인과를 초월하는 마음이 되어야 할 것입니다. 천지만물과 모든 사람을 내 몸같이 생각하는 마음이 되어야 할 것입니다. 다른 사람의 죄를 내 죄로 생각하고 참회하고 용서하는 마음이 되어야 할 것입니다. 미워하거나 화내지 아니하고 청정무구淸淨無垢한 마음이 되어, 미운 사람도 없고 내가 미움을 받아도 안 될 것입니다. 남이 나를 미워하고 원망해도 순리순수하는 마음이 되어야 할 것입니다. 모든 것을 한울님께 맡기고 '나' 라는 관념을 홀연히 잊어버린 마음이 되어야 합니다. 항상 주문을 외우면서 천덕사은天德師恩 염념불망念念不忘하는 마음이 되어야 합니다. 스승님의 순도殉道 정신을 생각하면서 바르고 밝고 착하고 의로운 마음이 되어야 할 것입니다.

둘째, 생활 자세입니다. 인간이 추구하는 가장 이상적인 인간상이라고 할 수 있는 성경신을 체행하도록 힘써야 합니다. 그리고 경천 · 경인 · 경물의 삼경과 동귀일체 정신으로 모든 사람과 화합하고 포덕 · 교화 · 봉사활동, 공도공행公道公行 · 공도공용公道公用, 천지부모에 효도, 자연환경 보전운동 참여 등의 생활 자세가 자연히 우러나오도록 해야 할 것입니다.

도력과 신통력과 동귀일체

셋째, 도력道力과 신통력神通力을 얻어야 합니다. 수련을 하면 모든 일에 영감靈感이 생기고 신통력을 발휘하게 됩니다. 차차 모든 일이 뜻대로 이루어지고 모든 사람의 마음을 움직일 수 있게 될 것입니다. 천체자용天體自用, 자지자용自地自用, 오용자유吾用自由의 경지에 이르게 될 것입니다. 대체로 초보단계인 강령강화 단계에서 천이통天耳通, 타심통他心通, 그리고 치병治病의 능력이 생기고 차차 언력言力, 만사여의의 능력이 생기고 무위이화가 될 것입니다. 자천자각이 되고 해탈, 대도견성, 견성각심이 되면 천지조화 오임의(天地造化吾任意)가 될 것입니다. 또한 신비적神秘的 천계문天啓文과 신총신혜神寵神惠를 베풀게 되고, 무극의 경지에 이름으로써 많은 사람들과 동귀일체를 이루고 임의용지任意用之하는 경지에 이르게 될 것입니다.

넷째, 동귀일체同歸一體입니다. 이신환성으로 정신을 개벽하고 무극無極의 경지에 이르게 되면 대우주, 대정신, 대생명과 나와 하나요, 천지만물과 나와 하나요, 모든 사람과 나와 하나임을 알게 되고 또한 한울님과 스승님과 주문과 경전과 나와 하나가 되어 동귀일체의 새 생활을 하게 될 것입니다. 인류가 한 동포 한 형제 한 가족이요 모든 사람이 나와 하나임을 깨달으면, 불로불사 영세무궁 하는 지상신선의 새 생활을 하게 될 것입니다. 나아가 도통의 정상을 향해 나가는 보람 있는 생활을 하게 될 것입니다. 우리는 하루속히 도통의 진경에 이르는 차원 높은 수련을 하여 5백 명 도통군자 육성의 기반을 닦고 대도중흥, 민족통일, 보국안민, 포덕광제의 거룩한 사명을 수행해야 하겠습니다.

한울의 능력을 발휘합시다

우리가 오매불망 염원하는 포덕천하 광제창생 보국안민 지상천국 건설의 대도의 목적을 성취하려면 많은 도통군자들이 나와서 한울의 능력을 발휘하게 되어야 할 것입니다. 한울님의 능력이 아니고서는 오늘의 황폐한 인심을 향도할 수 없으며, 방황하는 민중을 무극대도의 길로 인도 할 수 없습니다. 온 민족의 정신개벽을 주도하고 인류를 구하려면 많은 도통군자들이 나와서 한울님의 법력을 발휘하게 되어야 할 것입니다.

역사를 돌이켜 보면 예로부터 나라와 세상이 위기에 처했을 때에는 위대한 인물이 나와서 가히 초인적인 능력을 발휘하여 나라를 구했다는 것을 알 수 있습니다. 을지문덕 장군의 수나라 침략군 격퇴가 그러하고, 충무공 이순신 장군이 임진왜란 때 왜군을 격퇴한 사실이 그러합니다. 한 걸음 더 나아가 예수, 석가와 같은 성인들의 행적을 생각해 볼 때 그분들은 보통 상식으로는 헤아릴 수 없는 능력을 발휘하면서 진리를 폈습니다. 과거 위대 한 성인, 종교 지도자들은 한울님의 능력을 발휘하면서 세상에 진리를 폈다고 생각합니다. 나라와 세상을 위해 진실로 일하려는 사람은 한울님의 감응으로 큰 능력을 발휘하게 되는 것입니다.

스승님들의 법력, 천도를 이 땅에 펼치고 세상에 전하다

대신사께서는 비오는 날 멀리 부친의 묘소에 다녀왔지만 옷이 젖지 않았습니다. 말 타고 낙동강을 그냥 건너시었고, 중병에 걸린 사람을 수마심념手摩心念으로 고쳐 주시는 등 법력을 발휘하면서 창생을 구하시고 포덕교화에 모든 힘을 기울이셨습니다. 이 법력에 많은 사람들이 감화가 되어 원처근처 어진 선비들이 풍운같이 모여 들었던 것입니다. 해월신사님도 독공수련 때 그 정성이 한울에 이르러 천어天語를 들으시었고, 박대여의 집에 은거해 계시던 수운대신사님의 거처를 심고心告로 알고 찾아가시는 등 영력을 발휘하면서 수도와 포덕교화에 전력을 기울이셨던 것입니다.

『해월신사 법설』에 "심령으로 심령을 밝히면 현묘한 이치와 무궁한 조화를 가히 얻어 쓸 수 있으니, 쓰면 우주 사이에 차고 폐하면 한 쌀알 가운데도 감추어지느니라"는 말씀이 있습니다. 또 포덕 27년 4월에 해월신사님은 "금년에는 악질惡疾이 크게 유행하리니 도인들은 일층 기도에 힘쓰는 동시에 특히 청결을 주로 하라"고 말씀하셨습니다. 그 해 6월에 악질이 전국을 휩쓸어 많은 사람이 죽었지만 도인들은 무사하였습니다. 특히 해월신사님이 계시던 상주 전성촌 40여 호는 한 사람도 병에 걸린 사람이 없었습니다. 그리하여 많은 사람들이 신사님을 찾아와 입도하였다고 합니다.

포덕 51년에 콜레라가 널리 전염되어 교인들도 모두 공포에 떨고 있을 때 의암성사님은 "수도하는 도인들이 전염병을 두려워해서야 되겠는가. 도인들의 정신을 신계에 복귀시키겠다"고 하시며 신사주문 "신사영기 아심정 무궁조화 금일지"神師靈氣我心定 無窮造化今日至를 지으시어 모든 도가에 써붙이고 열심히 외우도록 하였습니다. 과연 도인들은 악질에 걸린 사람이 한 사람도 없었다고 합니다.

3 · 1운동 때 2천만 동포가 한마음이 되어 만세를 부른 것도 우연이 아닙니다. 의암성사님을 위시하여 이신환성 49일 특별기도와 수련을 봉행한 483명과 3백만 천도교인들의 법력으로 이루어졌다는 사실을 알아야 할 것입니다. 앞으로 민족통일도 그렇게 된다는 것을 깊이 명심하고 그 준비를

서둘러야 하겠습니다. 21세기를 맞이한 천도교인들에게는 대도중흥, 민족통일, 세계 포덕 등 인내천의 새 시대, 새 역사를 열어나가야 할 실로 막중한 사명이 부여되어 있습니다. 이러한 역사적 사명을 성공적으로 수행하고, 새 역사를 창조하려면 한울님의 능력을 발휘하게 되어야 할 것입니다.

한울의 능력을 얻는 길은 오직 수련

그러면 어떻게 해야 한울의 능력을 쓸 수 있을까요? 운동을 하면 체력이 향상되듯이 수련을 해야 도력을 얻습니다. 도력에 대하여 영력靈力, 심력心力, 법력法力 등 여러 가지 말씀이 있습니다. 영력 · 심력을 얻으면 천이통天耳通, 천안통天眼通, 타심통他心通, 숙명통宿命通이 된다는 말이 있습니다. 강령降靈, 강화降話, 영부靈符를 받게 되면 영력을 얻고 치병治病의 능력이 생겨 다른 사람의 병을 고쳐 주기도 하고 천안통, 천이통이 되어 멀리 있는 것을 영안으로 보거나 듣기도 하고, 자천자각自天自覺이 되면 다른 사람의 생각과 과거를 알아보기도 하는 것입니다.

치병 능력을 세 가지로 구분할 수 있습니다. 이수치병以手治病은 강령을 모신 손으로 어루만져 병을 고치는 것이고, 이부치병以符治病은 영부를 받아 병을 고치는 것이고, 이심치병以心治病은 심고로 병을 고치는 것입니다. 이수치병은 하재下才, 이부치병은 중재中才, 이심치병은 상재上才라는 말씀이 있습니다. 그리고 해탈解脫, 대도견성大道見性에 이르고 이신환성以身換性의 진경, 무극無極의 경지에 이르는 깊은 수련을 하게 되면 임의용지任意用之의 법력法力이 생겨 모든 사람의 마음을 움직일 수 있고 천지만물을 마음대로 활용하고 천지조화를 임의대로 하는 능력을 발휘하게 될 것입니다.

한울님의 도력을 얻는 길은 오로지 극성수도에 있다는 말씀을 드리면서 마치겠습니다.

인류의 행복과 천도교

천도교는 인류의 영원한 행복을 실현하기 위하여 창명된 새 종교입니다. 인류의 모든 재앙을 근원적으로 극복하고 영원한 행복을 추구하기 위하여 무극대도가 창명된 것입니다. 사람마다 지상신선의 행복을 찾게 하고 나라마다 보국안민하고 이 땅 위에 전쟁과 질병과 가난이 없는 천국을 건설하기 위하여 천도교가 창명된 것입니다.

천도교는 만고 없는 무극대도로서 천지무궁의 근본을 밝히어 사람마다 그 덕에 합하여 한울사람이 되게 하고 지상신선의 행복을 누리게 하는 새 종교입니다. 따라서 우리는 천도교를 신봉함으로써 나와 내 가정의 진정한 행복을 찾을 수 있고, 민족과 인류의 영원한 행복의 길을 열어 나갈 수 있습니다. 참으로 기쁘고 감사한 일이 아닐 수 없습니다. 한울님께서도 너무 기쁘셔서 "노이무공 하다가서 너를 만나 성공하니 나도 성공 너도 득의 너의 집안 운수로다"라고 수운대신사에게 말씀하셨습니다.

각자위심을 버리고 동귀일체를 해야

그런데 우리 인류는 아직도 진정한 행복, 영원한 행복의 길을 찾지 못하고 혼란 속에서 살아가고 있습니다. 아득한 옛날부터 행복을 추구해 왔지마는 날이 갈수록 점점 더 어려운 일이 생기고 있습니다. 왜 그럴까요? 왜 우리 인류는 불행 속에서 살아야 할까요? 수운대신사께서는 "온 세상 사람이 각자위심各自爲心하여 불순천리不順天理, 불고천명不顧天命하기 때문에 이 세상에 악질이 가득 찼다"고 말씀하셨습니다. 각자위심이 문제인 것입니다. 각자위심은 천심을 잃어버린 습관된 마음, 욕심에 가득찬 마음, 물정심物情心을 말합니다. 이 각자위심이 인류의 불행의 근본 원인이 된다는 말씀입니다. 대신사께서는 후천천황씨로서, 인류의 불행의 근본 원인은 각자위심이 된 데 있다는 것을 정확히 진단하셨습니다. 그리고 그 근원적 해결책으로 시천주의 새로운 신앙 방법을 밝혀 주셨습니다. 수심정기, 성경신의 새로운 수행을 통해서 한울님 마음을 회복하여 동귀일체하는 길을 밝혀 주신 것입니다.

또 해월신사께서는 삼재三災를 말씀하시고 그 재앙을 극복하는 방법을 밝혀 주셨습니다. 인류 역사 이래 우리를 괴롭히고 있는 세 가지 큰 재앙인 전란과 흉년과 질병을 근본적으로 극복할 수 있다는 것입니다.

우선 전란 문제입니다. 우리 인간은 선천 5만년 동안 서로 싸우면서 살아 왔습니다. 인류 역사는 전쟁의 역사라고 해도 과언이 아닐 것입니다. 개인 간의 싸움, 계층 · 부족 간의 싸움, 국가 · 민족 간의 싸움 등등 온통 싸움판이었습니다. 인류는 잠시도 쉴 사이 없이 계속 싸우면서 살아 왔습니다. 우리 민족은 무려 930여 회나 침략을 당했다는 기록이 있습니다. 그리고 우리 민족은 총명하고 부지런한 것은 좋은데 분열적 파쟁병이 있어 화합을 잘 하지 못한다는 말이 있습니다. 싸우지 않고 한 가족같이 평화롭게 살아가는 방법은 없을까? 사람은 왜 금수만도 못하게 서로 싸우면서 살아야 할까? 참으로 한심한 일이 아닐 수 없습니다. 특히 최근에는 핵무기가 인류를 공포에 떨게 하고 있습니다. 이제 인류는 일순간에 수많은 사람을 몰살시킬 수 있는 엄청난 위험을 안고 살아가게 되었습니다.

그리고 또 무서운 재앙이 흉년입니다. 즉 기근과 굶주림, 가난입니다. 저장한 양식도 없는데 흉년이 들면 굶어 죽을 수밖에 없을 것입니다. 어떤 나라에서는 지금 이 순간에도 많은 사람들이 굶어서 죽어가고 있습니다. 우리나라는 녹색혁명으로 획기적인 식량 증산을 이룩하고 쌀이 남아 도는 시절을 맞이하였지만, 식량 자급률은 오히려 예전만 같지 못한 점도 있습니다. 오늘날 세계는 점점 식량 자원을 무기화한다는 이야기도 있습니다. 자연적인 흉년, 기근, 빈곤은 물론이고 사회적 · 제도적인 측면에서 흉년(식량부족, 가격폭등)과 상대적 빈곤을 걱정해야 하는 시대라고 할 수 있습니다. 이러한 흉년과 기근 그리고 빈곤을 극복하는 길은 무엇일까요?

그리고 질병 역시 인류를 여전히 공포에 떨게 하고 있습니다. 수많은 전염병이 사라지고 난치병이 정복되었습니다만, 오늘 이 첨단 과학문명의 시대인데도 이 세상에는 인간의 생명을 위협하는 무서운 질병이 끊임없이 발생하고 퍼져나가고 있습니다. 온갖 새로운 질병이 사람을 괴롭히고 있습니다. 사람은 왜 질병에 걸려야 하는지? 그리고 질병을 뿌리째 없애 버리는 방법은 없는지? 참으로 문제가 아닐 수 없습니다.

삼재보다 더 심각한 환경 재난의 시대

전란과 기근과 질병. 이 세 가지 전통적인 재앙 말고 우리 시대에 와서 새롭게 인류의 안녕과 생존을 위협하는 재난이 있습니다. 바로 생태계 문제입니다. 이상기온과 해마다 규모가 커지는 자연재해는 모두 하나의 고리를 이루고 있습니다. 반기문 유엔사무총장은 세계 곳곳을 순방하면서 이상기온과 지구환경 파괴의 심각성을 역설한 바 있습니다. 미국에서는 엄청난 규모의 토네이토가 발생하여 집이 날아나고 자동차가 날아가고 많은 나무가 뿌리째 뽑혀 나가는 피해가 해마다 발생하고 있습니다. 중국에서도 수만 명이 일시에 몰살하는 대지진이 몇 년 전에 일어난 적이 있고, 미얀마에서는 몇 년 전 전대미문의 쓰나미(지진해일)이 밀어닥쳐 수십만 명이 한꺼번에 몰살을 당했고, 일본 역시 엄청난 쓰나미와 원전 고장으로 전세계가 공포에 떨어야 했습니다. 또한 화산 폭발로 큰 피해를 본 나라도 있습니다. 언제 어디서 어떤 일이 일어날지 알 수 없는 불안 공포 속에서 인류는 살아가고 있습니다. 설상가상으로 또 경제위기가 위협하고 있습니다. 어느 학자는 인류는 3F 위기에 처해 있다고 했습니다. 금융FINANCE 위기, 석유FUEL 위기, 식량FOOD 위기, 이 세 가지 위기에 처해 있다는 것입니다.

의암성사께서는 앞으로 대기가 번복飜覆한다고 말씀하셨습니다. 공기가 뒤집히면 사람이 어떻게 숨을 쉬며 살 수가 있겠습니까? 참으로 큰 일이 아닐 수 없습니다. 인간은 왜 이렇게 무서운 재앙을 안고 불안과 공포 속에서 살아야 할까? 그 원인이 무엇이며 그 해결책은 무엇일까? 우리는 어떻게 해야 할까? 참으로 심각한 문제가 아닐 수 없습니다. 어떤 사람들은 지구종말론을 말하기도 합니다.

재앙을 극복하고 행복하게 사는 길

그러나 여러분, 근심하지 않아도 됩니다. 그 모든 재앙을 원천적으로 극복할 수 있는 길이 있습니다. 그것이 바로 우리가 신봉하고 있는 무극대도, 천도교입니다. '아, 그래서 천도교가 창명되었구나.' 하는 간절한 생각을 하게 됩니다. 참으로 감사한 일이 아닐 수 없습니다. 대신사께서는 일찍이 "온 세상 사람이 각자위심하여 천리를 순종치 아니하고 천명을 돌아보지 아니하므로 세상에 악질이 가득 차서 백성들이 언제나 편안할 때가 없다"고 개탄하셨습니다. 그리고 무극대도를 닦고 경천순천하는 생활을 하면서 수심정기의 수행으로 심화기화가 되고, 성경신을 체행하고 무위이화의 진리에 순응함으로써 모든 세상 악질을 극복할 수 있고, 지상신선의 영원한 행복을 찾을 수 있다고 말씀하셨습니다.

『해월신사법설』「삼재」三災를 통해 우리는 다시금 우리 앞에 닥친 재앙을 극복하는 길을 찾을 수 있습니다. "'남계천이 묻기를 세 가지 재앙은 어떻게 면합니까.' 신사 대답하시기를 '삼재 가운데 전란을 피하는 일이 가장 쉬우니, 적병이 습격하여 와서 인명을 살해할 때에 의기남아로 하여금 적군의 앞에 나아가 그의 욕망을 채워 주고 평화를 공작하면 가히 면할 것이요, 흉년은 처음 평년부터 절용하여 7년간의 양식을 저장하여 둘 것이니라. 천리가 아직까지는 7년 흉년은 없었느니라. 가히 흉년은 면할 것이니, 이것은 사람사람이 단결하고 협력하면 가능할 것이요, 질병은 사람이 다 수심정기하여 마음이 화하고 기운이 화하면 능히 면하리라'"라고 말씀하셨습니다. 또 『해월신사법설』「기타」에 "한울이 능히 병을 생기게 하는 이치는 있고 어찌 병을 낫게 하는 이치가 없으리오. 온전하고 한결같은 정성과 믿음으로써 먼저 마음을 화하게 하고 또한 기운을 화하게 하면 자연의 감화로 온 몸이 순히 화하나니 모든 병이 약을 쓰지 않고도 저절로 낫는 것이 무엇이 신기하고 이상할 바리오. 그 실지를 구하면 한울의 조화가 오직 자기 마음에 있느니라"라는 말씀이 있습니다. 심화기화로 능히 질병을 면할 수 있다는 말씀입니다.

천도교 신앙과 재앙의 극복

의암성사께서는 "큰 바다가 번복하면 어족이 다 죽듯이 대기大氣가 번복飜覆하면 인류가 어떻게 살기를 도모하겠느냐. 일후에 반드시 이러한 시기를 한번 지나고서야 우리의 목적을 달성할 것이니 이신환성은 이러한 시기에 살기를 도모하는 오직 하나의 큰 방법이니라"라고 말씀하셨습니다. 천도교인은 생활 속에서 오관을 실행하고, 수심정기의 수련을 하면서 성경신을 체행 하고, 천지부모에 효도하고, 그리고 이신환성, 정신개벽 수련운동을 적극 전개함으로써 인류의 모든 재앙을 극복할 수 있습니다.

해월신사께서는 "지금은 세상 사람들이 도를 권하면 듣지 아니하나 일후에는 손바닥에 시천주 주문을 써 달라고 할 날이 있으리라"라고 말씀하셨습니다. 얼마나 간절하고 급하면 손바닥에 주문을 써 달라고 하겠습니까? 주문을 외워야 행복하게 살 수 있다는 것을 온 세상 사람이 알게 될 것입니다. 반드시 그 날이 올 것입니다.

춘암상사께서는 "참에 살고 거짓에 죽는다"라고 말씀하셨습니다. 한울님 마음, 참 마음으로 서로 도와가면서 살아가도록 힘써야 하겠습니다. 어떤 어려움이 생겼을 때에도 당황하거나 싸울 것이 아니라 수심정기하고 무극의 경지에 이르는 수련을 하면서 순리순수하는 마음으로 대처하고 최선을 다해 노력을 하면 도리어 전화위복의 길이 열릴 것입니다. 만사가 뜻과 같이 될 것입니다.

앞으로 세상사람들이 천도교 잘 하는 것이 나를 위하는 길이요 자손을 위하는 길이요 가정을 위하는 길이요 국가 민족을 위하는 길이요 인류를 위하는 길임을 깨닫게 될 것입니다. 수운대신사께서 "입도한 세상사람 그 날부터 군자되어 무위이화될 것이니 지상신선 네 아니냐"라고 말씀하신 것을 직접 체험으로 확인하게 될 것입니다.

아무쪼록 인류의 모든 재앙을 극복하고 행복하게 사는 길이 바로 무극대도, 천도교에 있다는 것을 확신하고 천도교인이 된 기쁨과 보람을 안고 온 가족과 함께 진실로 오관을 실행하면서 더욱 독실한 신앙생활을 하는 동시에 포덕광제의 사명이 나에게 있다는 것을 또한 명심하고 온 세상 사람을 이 길로 인도하도록 힘쓰자는 말씀을 드리면서 마치겠습니다.

수련할 때의 마음가짐
- 성심신 삼단 수련

수련을 할 때에 마음을 어디에 두고 하느냐? 이것이 매우 중요한 문제입니다. 그러니까 수련을 할 때, 주문을 열심히 외우면서 마음을 맑고 깨끗하게 한 다음 그 마음을 몸 안에서 떠나지 않게 하면서 수련하는 방법과, 마음을 몸 밖에 두고 수련하는 방법, 그리고 마음을 천지미판 전 본성本性, 무극無極의 경지에 보내는 방법 등 세 가지를 체득해야 하리라 생각합니다.

저는 지금도 매일 아침 수련할 때에 마음을 어디에 두고 하느냐 하는 것을 중요 과제로 하고 주문을 외웁니다. 결국 성심신性心身 삼단 수련으로 이어지게 되는 것입니다. 즉 육신 수련, 마음 수련, 성품 수련 이 세 가지를 잘 체득하면 될 것입니다. 그러면 아, 여기에 도통의 지름길이 있고, 여기에 건강하게 사는 길이 있고, 여기에 무진장의 보물이 있고, 여기에 늙지도 않고 죽지도 않고 영원히 사는 불로불사의 길이 있고, 여기에 모든 사람의 마음과 통하는 길이 있고, 여기에서 천지조화를 마음대로 할 수 있겠다는 생각을 하게 될 것입니다.

성심신性心身삼단 수련은 마음을 내 몸 안에 두기도 하고, 마음을 나의 본래의 마음에 두고 수련을 하기도 하고, 그 마음을 삼계천三界天의 맨 윗 한울, 본성 자리에 보내기도 하고, 이렇게 성심신性心身을 자유로이 오가면서 수련을 하는 것입니다. 참으로 좋습니다. 이렇게 좋은 것을 나 혼자 알아서야 되겠는가. 널리 알려야겠다는 생각이 들어서 오늘 이 말씀을 드리게 되는 것입니다. 여러분 모두 명심하시고 실지로 체험해 보시기 바랍니다.

우선 마음을 깨끗하게 해야 할 것입니다. 복잡한 마음을 가지고는 아무 것도 할 수 없습니다. 어떻게 마음을 깨끗하게 할까요? 먼저 주문을 열심히 외우면서 한울님과 스승님의 은덕을 간절히 생각해야 할 것입니다. 우리가 한울님 생각을 간절히 하면 한울님 마음과 하나가 되고, 스승님 생각을 하면 스승님의 마음이 되는 것입니다.

그 다음은 나를 티끌로 보라는 것입니다. 그러면 미운 생각이 다 없어지고 괴로운 생각이 다 없어질 것입니다. 그리하여 다심多心에서 일심, 일심一心에서 무심無心상태에 이르게 하는 것입니다. 공공적적空空寂寂한, 비고 고요한 진경에 이르게 하는 것입니다. 육신관념을 버리고 성령의 세계를 생각하면서 이신환성의 진경, 무극의 경지에 혼연히 들어가는 것입니다.

또한 포덕布德할 생각을 해야 할 것입니다. 개인의 행복만 생각하면 안 됩니다. 포덕광제의 일꾼이 될 것을 간절하게 생각을 해야 한울님의 감응을 받게 되고 거룩한 마음이 될 것입니다. 포덕천하 광제창생 보국안민 지상천국 건설이 한울님의 소원이기 때문입니다.

마음을 몸 안에 두고 수련하기

이와 같이 마음을 깨끗이 한 다음에 그 마음을 몸 안, 단전에 두고 수련을 계속하다가 마음과 기운을 신체 각 기관에 보내면서 활력을 불러일으키는 것입니다. 저 발가락에서부터 시작하여 발뒷굼치와 무릎, 항문, 양쪽 신장腎臟, 단전, 위장, 심장, 목, 입, 코, 눈, 귀, 이마, 머리, 뒤통수, 목뒤, 어깨, 팔꿈치, 팔목, 척추 등 21개소가 됩니다. 발끝에서 시작하여 척추까지, 그리고 다시 척추와 머리에서 발끝까지 이렇게 몸 전체에 마음을 왔다 갔다 하게 하면서 수련을 하는 것입니다. 그렇게 하면서 예컨대, 무릎이 아픈

사람은 거기에 마음을 더 많이 보내는 것입니다. 소화가 잘 안 되는 사람은 위장에, 귀가 먹은 사람은 귀에, 눈이 어두운 사람은 눈에, 치매가 있는 사람은 머리에 마음을 많이 보내는 것입니다. 좋아질 것입니다. 만병통치요물약자효가 분명히 될 것입니다. 죽지 않고 오래 오래 살 수 있게 될 것입니다. 학생들은 마음을 머리에 자주 보내면 기억력이 좋아지고 총명해져서 공부가 잘 될 것입니다. 노인들은 치매에 걸리지 않을 것입니다.

또한 마음을 몸 전체에 고루 보내면서 수련을 하면 몸 전체가 좋아집니다. 혈액 순환이 잘 되어 피가 맑아지고 모든 세포가 살아나고 신체 각 기관이 건강하게 되는 것입니다. 육신의 정상화, 영화靈化가 되는 것입니다. 나아가 이신환성의 진경에 이르게 됩니다. 용모가 환태되고 예뻐지고 모든 병이 없어지고 늙지 않고 영원한 행복을 찾게 될 것입니다. 만사여의의 능력을 얻게 되고 화복을 마음대로 하게 되고 혈각성血覺性을 깨닫게 될 것입니다. 오용자유吾用自由가 되고 지상신선의 경지에 이르게 될 것입니다.

마음을 몸 밖에 보내기

그 다음은 마음을 몸 밖에 보내는 것입니다. 마음을 허공에 보내는 것이 아니라 밖으로 접령하는 기운이 있음(外有接靈之氣)을 생각하면서 그리고 근본을 생각하면서 수련을 하는 것입니다. 여기서 우주는 하나의 생명체임을 알게 되고 인오동포 물오동포(人吾同胞 物吾同胞)를 알게 되고 천지만물을 내 몸같이 아끼고 보호하고 천지 만물을 마음대로 활용하는 경지에 이르게 될 것입니다. 드디어 비각성比覺性을 깨닫게 되는 것입니다.

그리고 내 마음을 다른 사람의 마음에 보내면 말을 하지 않아도 나의 생각이 그 사람에게 전달되기도 합니다. 상대방이 수련을 하는 사람이면 전달이 빠르고 수련을 하지 않으면 전달이 잘 안 될 수 있습니다. 깊이 잠든 어린이를 위해서 심고하고 내가 바라는 어린이의 모습을 깊이 생각하면 그대로 된다는 말씀도 이와 같은 이치입니다. 또한 내 마음을 어떤 물건에 보내면 그 물건을 마음대로 활용하게 될 것입니다. 자지자용自地自用의 능력을 얻어 천지만물과 나와 하나가 되는 것입니다. 또한 내 마음을 본래의 마음에 보내어 자심자성自心自誠, 자심자경自心自敬, 자심자신自心自信, 자심자법自心自法이 되게 하고 한울님 마음과 하나가 되게 하는 것입니다.

그 다음은 마음을 천지미판 전 성품자리, 무극의 경지에 보내는 것입니다. 비고 고요한 경지, 공공적적한 진경에 들어가는 것입니다. 그러면 어떻게 될까요. 마음이 한없이 편안해 질 것입니다. 거기에는 아무 것도 없는 자리입니다. 생로병사도 없고 희로애락도 없고 남녀노소도 없고 인과의 법칙도 없고 글자 그대로 아무것도 없는 텅 빈 자리입니다. 이것을 성품이라고 하는 것입니다. 거기에 마음을 보내는 것입니다. 공적계空寂界에 들어가는 것입니다.

그런데 그 성품에 유체성有體性과 무체성無體性이 있다는 것을 알아야 할 것입니다. 영감으로 느끼는 것은 유체성이요 영감으로도 느끼지 못하는 것은 무체성이라고 말씀하셨습니다. 무체성의 경지에까지 이르러야 할 것입니다. 그 자리야 말로 무선악無善惡, 무동작無動作, 무공적無空寂, 무색상無色相,무상하無上下, 무고금無古今, 무언서無言書일 뿐입니다. 무선무악無善無惡, 무시무종無始無終, 불생불멸不生不滅, 무루무증無漏無增, 진진여여眞眞如如, 무극의 진경인 것입니다. 여기가 바로 삼계천三界天의 정상이요 맨 윗 한울입니다. 여기서 원각성圓覺性과 만법萬法의 인과因果를 깨닫게 되고 모든 것을 깨달아 만사지가 되고 천지조화를 임의대로 하게 될 것입니다.

그러니까 수도하는 사람들은 수련을 하면서 마음을 몸 안에서 떠나지 않게 하면서 하다가 그 다음은 마음을 몸 밖에 보내어 만물과 모든 사람과 하나가 되게 하고 , 본래의 마음에 보내어 한울님 마음과 하나가 되게 하고, 또 성품자리에 보내고, 이렇게 성심신性心身 삼단을 자유자재로 왔다 갔다 하면서 성심신 삼단 수련을 반복하게 되면 차차 막힘이 없어지고 무심행, 무애행, 공도공행, 공도공용, 자유극락, 지상신선의 경지에 이르게 될 것입니다. 드디어 활연관통豁然貫通해서 도통진경道通眞境에 이르게 될 것입니다. 그렇다고 해서 제가 도통이 되었다는 것이 아니라 그렇게 하면 되겠다는 말씀입니다.

여러분 도통의 길이 멀지 않습니다. 바로 내 마음을 어디에 두고 수련을 하느냐에 있습니다. 즉 육신수련과 마음수련과 성품수련을 잘 하면 될 것입니다. 영원히 죽지 않고 사는 길도 여기에 있습니다. 몸 안에 마음을 두고 수련을 하여 몸이 영화가 되게 하는 것과 마음을 본래의 한울님 마음과 하나가 되게 하고 또 마음을 성품, 무체성의 경지에 보내어 불생불멸의 진경에 이르게 하는 것이 그것입니다.

수도하시는 동덕 여러분, 이 점을 깊이 명심하시기 바랍니다. 매일 몇 차례씩 해 보시기 바랍니다.

큰 깨달음을 얻으리라고 생각합니다. 수련할 때에 마음을 어디에 두고 하느냐? 마음을 몸 안에 두고 하는 방법과 몸 밖에 두고, 본래의 마음에 두고 하는 방법, 그리고 성품자리에 두고 하는 방법이 있습니다. 즉 육신수련, 마음 수련, 성품 수련, 성심신 삼단 수련을 잘 체득해서 하루속히 도통의 진경에 이르자는 말씀을 드리면서 마치겠습니다.

건강하게 사는 길

우리 인간이 살아가는 데 있어서 가장 중요한 것은 건강입니다. 건강이 좋지 못하면 모든 것이 허사로 돌아가고 맙니다. 건강해야 개인과 가정의 행복을 찾는 것은 물론 포덕천하 광제창생 보국안민 지상천국 건설의 거룩한 목적달성에 기여할 수 있습니다. 지금 우리 사회는 너무나 많은 사람들이 질병에 걸려 고생하고 있고 또 죽어가고 있습니다. 병원마다 초만원을 이루고 있고 약방마다 성시를 이루고 있습니다.

옛날에 비하면 물질적으로는 상당한 풍요를 누리고 있지마는 그리고 의학도 크게 발달하였지마는 질병은 그보다 더 번창하여 세상 사람들을 괴롭히고 있습니다. 질병에 걸리지 않고 한평생 건강하게 사는 길은 없을까요? 이 세상에서 모든 질병을 영원히 없애 버리는 방법은 없을까요? 이것은 우리 인류의 크나큰 과제가 아닐 수 없습니다. 흔히 생로병사生老病死는 피할 수 없는 인간의 운명이라는 말을 많이 합니다. 지금 이 시간에도 많은 사람들이 질병에 걸려 불안과 고통 속에서 살아가고 있습니다.

그런데 우리가 수도를 하면서 경전과 교사공부를 하고 스승님의 행적을 살펴보면 모든 질병에서 벗어나 한평생 건강하게 살 수 있다는 기쁨과 확고한 신념을 갖게 됩니다. 그리고 이 세상 모든 사람들을 천도교로 인도해야겠다는 사명감을 갖게 됩니다.

『동경대전』「포덕문」에는 "나의 영부를 받아 사람을 질병에서 건지고 나의 주문을 받아 사람을 가르쳐서 나를 위하게 하면 너도 또한 장생하여

덕을 천하에 펴리라"(受我此符 濟人疾病 受我呪文 教人爲我則 汝亦長生 布德天下矣)는 말씀이 우리의 심금을 울려 줍니다. 한울님으로부터 영부를 받아 나의 건강을 찾는 동시에 모든 사람을 질병에서 구하라는 말씀입니다.

또 『용담유사』「안심가」에는 "그럭저럭 먹은 부가 수백 장이 되었더라. 칠팔삭 지내나니 가는 몸이 굵어지고 검던 낯이 희어지네. 어화 세상 사람들아 선풍도골 내 아닌가. 좋을시고 좋을시고 이내 신명 좋을시고. 불로불사 하단 말가"라는 말씀이 있습니다. 그리고 「권학가」에는 "일일시시 먹는 음식 성경이자 지켜 내어 한울님을 공경하면 자아시 있던 신병 물약자효 아닐런가. 가중차제 우환 없이 일년 삼백육십 일을 일조같이 지내가니 천우신조 아닐런가"라는 말씀이 있습니다. 과음과식하지 말고 또 시간을 지켜서 음식을 먹어야 할 것이며 정성과 공경과 믿음을 다해서 한울님을 공경하고 수도생활을 하면 모든 질병에서 벗어날 수 있다는 말씀입니다. 뿐만 아니라 우환 없는 행복한 가정이 된다는 말씀입니다.

수도를 하면 우선 마음이 편안해지고 마음이 편안하면 혈액순환이 잘 되어 육신도 건강해지는 것이 사실입니다. 뿐만 아니라 남의 질병도 고쳐주는 치병治病의 능력이 생긴다는 것을 알 수 있습니다. 수운대신사께서 포덕 2년 11월 전라도 은적암으로 가시는 길에 의령宜寧지방 김공서金公瑞의 집에서 하룻밤 주무실 때 밤중에 급병으로 죽어가는 김공서의 아들을 손으로 어루만지면서 광채 있는 눈으로 드려다 보시고 심고로 살려준 일이 있습니다. 수마심념手摩心念으로 급병을 고치신 것입니다.

그리고 포덕 4년 11월 영해지방 접주接主 박하선朴夏善이 용담으로 수운대신사님을 찾아와 북접 지역에는 풍습風濕이 널리 퍼져서 도인들이 큰 고통을 받고 있다고 하자 "얻기도 어렵고 구하기도 어려우나 실은 이것이 어려운 것이 아니니라. 마음이 화하고 기운이 화하여 봄같이 화하기를 기다리라" 得難求難 實是非難 心和氣和 以待春和라는 「제서」題書를 지어주었습니다. 박하선이 그 제서를 가지고 가서 지방 도인들에게 널리 알려주자 도인들은 풍습風濕병에 걸리지 않았다고 합니다.

해월신사께서는 병을 고치는 능력을 세 가지로 말씀하셨습니다. 하재下才는 이수치병以手治病, 즉 손으로 만져서 병을 고치고, 중재中才는 이부치병以符治病, 즉 영부靈符로써 병을 고치고, 상재上才는 이심치병以心治病, 즉 심고로써 병을 고치는 능력을 발휘한다고 말씀하셨습니다. 『해월신사법설』에 "지금 사람들은 다만 약을 써서 병이 낫는 줄만 알고, 마음을 다스리어 병이 낫는 것은 알지 못하니, 마음을 다스리지 아니하고 약을 쓰는 것이 어찌 병을 낫게 하는 이치이랴. 마음을 다스리지 아니하고 약을 먹는 것은 이는 한울님을 믿지 아니하고 약만 믿는 것이니라. 마음으로써 마음을 상하게 하면 마음으로써 병을 나게 하는 것이요. 마음으로써 마음을 다스리면 마음으로써 병을 낫게 하는 것이니라"는 말씀이 있습니다. 그리고 인류는 전란과 흉년과 질병의 세 가지 큰 재앙, 즉 삼재三災가 있는데 그 중 질병은 "사람이 다 수심정기하여 마음이 화하고 기운이 화하면 능히 면하리라"고 말씀하셨습니다. 즉 수련을 해서 수심정기하고 심화기화心和氣和가 되면 질병을 극복할 수 있다는 말씀입니다.

포덕 27년 4월 해월신사님은 "금년은 괴질이 크게 유행하리니 도인들은 일층 기도에 힘쓰는 동시에 특히 청결을 주로 하라"고 말씀하셨습니다. 그 해 6월 과연 괴질이 크게 전염되어 많은 사람이 죽었으나 도인들은 무사하였을 뿐만 아니라 신사님이 계시던 마을 40여 호는 병에 걸린 사람이 한 사람도 없었다고 합니다. 포덕 51년에 전염병(호열자)으로 많은 사람이 죽어가고 교인들도 모두 공포에 떨고 있을 때 의암성사께서 "수도하는 사람들이 전염병을 무서워해서야 되겠는가"라고 하시면서 신사주문 "신사영기 아심정 무궁조화 금일지" 神師靈氣 我心定 無窮造化 今日至를 지으시고 이 신사주문을 모든 교인들이 써서 집에 붙이고 외우도록 하였습니다. 그렇게 많은 사람들이 죽었지만 천도교인들은 무사하였습니다.

의암성사께서는 「위생보호장」에서 우리 모든 사람들이 건강하게 사는 방법 네 가지를 말씀하셨습니다. 수심, 정기, 음식조절, 청결입니다.

첫째, 수심守心입니다. "마음을 잠시라도 정맥精脈에서 떠나지 않게 할 것이라" 고 하셨습니다. 떠나지 않게 하는 방법은 일용행사 간에 생각하고 생각하여 잊지 말고 심성정心性精 세 가지를 서로 어김이 없게 하라고 하셨습니다. 마음이 흐리고 복잡해지면 피가 흐려지고 세포가 파괴되어 질병이 생기는 것입니다. 모든 질병이 마음에서 생긴다는 것을 알고 항상 마음을 닦고 마음을 지키는 수심공부를 해야 할 것입니다.

둘째, 정기正氣입니다. 정기는 기운을 바르게 하라는 것입니다. 기쁘고 성나고 슬프고 즐거운 것을 과도하게 하지 말라고 하셨습니다. 즉 희로애락을 과도히 하지 말고 조절하라는 말씀입니다. 기쁘고 성나고 슬프고 즐거운 것을 과도히 하면 피가 난동을 하게 되고 모든 세포가 파괴되어 각종 질병을 낳아 놓기 때문입니다. 희로애락을 잘 조절하면 질병에 안 걸릴 뿐만 아니라 있던 병도 없어지는 것입니다.

셋째, 음식조절입니다. 과음 과식을 하지 말아야 할 것이며 음식을 적당히 또 시간을 지켜서 먹어야 할 것입니다. 그러면 질병에 걸리지 않고 건강하게 살 수 있다는 것입니다.

넷째, 청결입니다. 항상 몸을 깨끗이 해야 하고 집 주변을 언제나 깨끗이 해야 할 것입니다. 깨끗한 곳에 질병이 침범하지 못합니다.

위에서 살펴본 바와 같이 천도교에 입교하여 정심수도를 함으로써 한평생 건강하게 살 수 있다는 확고한 신념을 갖게 됩니다. 감사한 일이 아닐 수 없습니다.

또한 수도를 해서 중병을 고친 사람들의 이야기를 많이 들은바 있습니다. 소춘 선생도 폐병을 수도로 고치셨다는 말이 있습니다. 김승복 전 연원회 의장님도 폐결핵을 수도로 고쳤습니다. 이창룡 화악산 전 수도원장님도 수도 생활로 중병을 고치셨습니다. 그 밖에도 많은 예화가 있습니다. 수도를 해서 수심정기 심화기화가 되면 건강하게 살아가는 것이 사실입니다. 우리는 수도의 생활화가 되도록 힘써야 하겠습니다. 아침마다 일찍 일어나서 청수를 봉전하고 수련을 하면서 천지미판 전 무형의 세계, 생로병사가 없는 무극의 그 진경에 이르는 깊은 수련을 해야 할 것입니다. 자나깨나 주문 생각, 천덕사은 잊지 말고, 무극의 진경, 본래의 나를 찾는 공부를 해야 할 것입니다.

이 세상에는 생로병사가 무상하게 전개되지만 무극의 진경에는 생로병사가 없습니다. 진진여여眞眞如如한 그 공적계空寂界에 이르게 되면 모든 질병에서 벗어날 수 있습니다. 우리는 천도교의 수도생활을 잘 하여 나와 우리 가족들이 건강한 생활을 하도록 힘쓰는 동시에 온 세상 사람들을 이 길로 인도해서 모두 건강하게 살아가도록 최선을 다해야 하겠습니다. 우리 모든 동덕들께서 항상 건강한 몸으로 사시면서 포덕 광제의 거룩한 사명을 수행해 나가자는 말씀을 드리면서 설교를 마치겠습니다.

이신환성 수행과 사회적 실천운동

-정신개벽, 환경보전, 민족통일

지금 우리 사회는 세 가지 큰 문제를 안고 고심하고 있습니다. 정신개벽, 환경보전, 민족통일입니다. 이 세 가지 문제는 우리 모든 사람들의 생존을 좌우하는 매우 심각한 과제라 할 수 있습니다. 정신개벽과 환경보전과 민족의 평화통일이 이루어지지 않으면 우리는 불안과 공포에서 벗어날 수 없고 혼란의 악순환 속에서 살 수밖에 없습니다.

이 3대 과제를 누가 해결해 주겠습니까? 부득이 천도교인들이 주도해야 할 것입니다. 천도교가 주도하게 되어 있습니다. 천도교에 그 진리와 사상이 있고 근원적 해결의 길이 있기 때문입니다. 천도교의 시천주 신앙과 이신환성 정신이 아니고서는 그 세 가지 과제의 실효를 거둘 수 없을 것입니다. 그러므로 이 시대의 중요 과제인 정신개벽과 환경보전운동과 민족통일의 3대 운동은 또 다시 천도교가 주도해야 할 것입니다. 천도교가 과거에는 갑오 동학혁명, 갑진 개화혁신운동, 3 · 1독립운동 등 사회 혁명운동으로 역사를 주도해 왔다면 앞으로는 이신환성을 바탕으로 한 정신개벽운동, 환경보전운동, 통일운동으로 또 다시 새 역사를 열어 나가야 할 것입니다. 그러면 어떻게 천도교가 이 3대 운동을 주도할 수 있겠습니까?

정심 수도로 이신환성 이룩해서 3대 운동을 주도

우선 모든 천도교인들부터 신앙을 더욱 독실하게 해서 한울님의 감응을 받아야 하고 정심수도를 해서 이신환성이 되어야 할 것입니다. 신앙의 힘과 이신환성이 아니고서는 개인의 진정한 행복을 찾기도 어렵고 오늘의 3대 과제를 해결할 수 없기 때문입니다.

또한 수도는 사회적 실천운동으로 연결되어야만 실효를 거두게 되고 큰 능력을 발휘하게 된다는 것을 알아야 하겠습니다. 의암성사께서 이신환성 수련으로 정신개벽 역군 약 5백 명을 육성하여 그 힘으로 3백만 대 교단을 이루고 역사적인 3 · 1운동을 주도했다는 사실이 그를 말해 주고 있습니다. 우리는 무엇보다 신앙을 독실하게 하여 먼저 한울님을 모시고 있다는 것을 믿고, 즉 나의 본래 마음이 한울님이라는 것을 믿고 한울님을 부모님 같이 섬기면서 매사에 심고를 잘 해야 할 것입니다. 그리고 온 가족과 함께 오관을 성실하게 실행하면서, 특히 수련을 열심히 해서 수심정기 공부를 성실히 하고 성경신을 체행하고 천지부모에 효도하며 나아가 이신환성으로 정신을 개벽해서 한울사람이 되도록 힘써야 할 것입니다.

이신환성이란 글자 그대로 육신관념을 버리고 항상 성령을 주체로 생각하면서 살아야 한다는 말씀입니다. 어떻게 생각을 바꾸겠습니까? 자나 깨나 주문 생각 천덕사은 염념불망하면 될 것입니다. 자나 깨나 주문을 외우면서 천지무궁의 근본과 나의 근본이 하나임을 알고 근본을 잊지 않아야 할 것입니다. 그리고 포덕광제의 사명을 항상 생각해야 할 것입니다. 의암성사님은 "이신환성은 대신사의 본지"라고 말씀하셨습니다. 수운대신사의 본뜻이 이신환성에 있다는 말씀입니다. 이신환성은 육신은 사람의 한때의 객체요 성령이 영원한 주체라는 것을 알고 성령을 위주로 하여 살자는 것입니다. 그래야 모든 위기를 슬기롭게 극복할 수 있습니다. 이신환성은 영원한 행복의 길이요 민족과 인류를 구하는 길입니다.

『의암성사법설』에 "큰 바다가 번복하면 어족이 다 죽듯이 대기가 번복하면 인류가 어떻게 살기를 도모하겠느냐. 일후에 반드시 이러한 시기를 한번 지나고서야 우리의 목적을 달성할 것이니 이신환성은 이러한 시기에 살기를 도모하는 오직 하나의 큰 방법이니라"라고 하셨습니다. 그리고 또 "한울님께 복록 정해 수명을랑 내게 비네 하셨으니 이것은 이신환성을 이름이니라"라고 하셨습니다.

지금 세계 도처에서 위기설이 분분합니다. 지진, 화산, 돌개바람, 해일 등으로 불시에 많은 사상자를 내고 있습니다. 지금 사회에서 이상기후, 지구온난화로 인류가 큰 위기를 맞게 된다는 말을 많이 하고 있습니다. 그 대책이 시급합니다. 그것이 바로 이신환성입니다.

이신환성의 전경에 이르는 단계

우리는 하루속히 이신환성의 진경에 이르러 포덕광제의 사명을 수행해야 하겠습니다. 이신환성의 진경은 곧 무극無極의 진경입니다. 거기에는 생로병사도 없고 길흉화복도 없습니다. 싸움도 없고 질병도 없고 너 나가 없습니다. 청정무구, 진진여여, 고요한 세계, 평화의 세계입니다. 이신환성의 진경에 이르는 길을 하나하나 살펴보면 우선 제1관문인 강령의 과정을 통과해야 할 것입니다. 이어서 영부와 강화를 체험함으로써 한울님모심(侍天主)을 깨닫고 그리고 제2관문인 수심정기의 수련으로 마음이 한울임을 깨닫고 제3관문인 이신환성의 길은 수도연성에 임해야 할 것입니다.

이신환성에도 단계가 있습니다. 육신은 한때의 객체요 성령이 영원한 주체임을 알고 있지만 가끔 성령을 생각하는 단계, 공부가 깊어져서 성령과 육신을 반반씩 생각하는 단계, 수련의 극치에 이르러 육신보다 성령을 더 많이 생각하는 단계, 천인합일의 경지에 이르러 육신을 홀연히 잊어버리고 성령만 생각하는 단계를 생각할 수 있습니다. 우리는 이신환성, 무극의 그 진경을 바라보면서 전진해야 할 것입니다.

혹 심주가 서지 않은 분들은 의문이 생길 수도 있습니다. "아니 편안히 살면 되지, 이신환성해서 무얼 하나?" 그러나 그렇지가 않습니다. 우리가 정말로 이신환성의 수련을 열심히 하면 생활에 놀라운 변화가 일어나는 것입니다. 개인적으로는 심화기화하여 마음의 평화를 찾게 되고 건강하게 살 수 있고 진리를 깨닫게 되고 만사여의의 능력을 얻고 천인합덕, 무위이화, 자유극락, 지상신선, 불로불사, 영세무궁, 천체자용, 자지자용, 오용자유, 임의용지의 법력을 얻게 될 것입니다. 수운대신사께서 "입도한 세상사람 그날부터 군자되어 무위이화 될 것이니 지상신선 네 아니냐"라고 말씀하셨습니다. 가정적으로는 가도화순, 부화부순, 도가완성해서 화목한 가정, 우환 없는 가정, 행복한 가정이 될 것입니다. "가중차제 우환 없어 일년 삼백육십일을 일조같이 지내가니 천우신조 아닐런가"라고 하셨습니다. 교회적으로는 천도교 본연의 수도하는 교회, 동귀일체하는 교회, 사인여천하는 교회, 봉사하는 교회, 포덕광제에 진력하는 교회로서 나날이 발전하게 될 것입니다. 그래서 스승님께서 "각자위심 그 사람이 동귀일체 된다"고 하셨습니다. 원처근처 어진 선비 풍우같이 모여 들 것입니다.

이신환성이 되어야 정신개벽운동, 환경보전운동, 민족통일운동 추진 가능

이러한 이신환성의 기초 위에 정신개벽, 환경보전과 생명운동, 민족통일운동 등 사회적 실천을 전개해 나가야 할 것입니다.

첫째 정신개벽운동입니다. 수운대신사께서 일찍이 말씀하시기를 "온 세상 사람이 각자위심하여 불순천리하고 불고천명하기 때문에 세상에 악질이 가득 찼다"고 하셨습니다. 지금 세상 사람들은 육신과 물질에 집착하여 정신이 병들어 있습니다. 따라서 육신도 모두 질병에 걸려 병원마다 약

국마다 성시를 이루고 있습니다. 온 민족의 정신개벽 수련 운동을 활발히 전개해야 할 것입니다. 수련 지도자 육성을 비롯해서 교구별, 지역별, 계층별 수련 강도회를 적극 추진해야 할 것이며 점차 대규모로 발전시켜나가야 할 것입니다. 그리하여 온 민족의 정신개벽운동을 추진해야 할 것입니다. 그러면 사회적으로 민족 자주정신과 노고근면의 정신, 화합의 정신, 희생봉사정신, 충효정신 등 건전한 정신이 확립될 것입니다. 이 모든 과정을 이신환성으로 성취할 수 있습니다. 온 세상 사람이 정신개벽을 하게 되면 모든 어려운 문제와 분쟁, 자연재해, 이상 기온 등은 자연히 없어지고 살기 좋은 새 세상이 될 것입니다. 끊임없이 정신개벽 49일 특별수련회, 대국민 인내천 강좌 등을 개최하면서 정신개벽운동을 활발히 전개해야 할 것입니다. 우선 핵심 지도자 50명을 확보하고 그리고 정신개벽 역군 500명 육성이 있어야 하리라 생각합니다.

둘째, 환경보전운동입니다. 날이 갈수록 환경보전 문제는 심각한 과제로 제기되고 있습니다. 환경보전, 생명운동이야 말로 시급한 과제가 아닐 수 없습니다. 우리가 살아야 하고 후손들이 영원히 살아가야 할 자연환경이 죽어가고 있기 때문입니다. 우리 인류가 너무나 오랫동안 천심을 잃어버리고 각자위심各自爲心으로 불순천리, 불고천명不顧天命하면서 육신의 안락과 물질만능주의에 빠져 왔기 때문에 오늘의 위기를 자초하게 된 것입니다. 최근에 오면서 자각의 소리가 높아지고 있습니다. 도처에서 환경보전을 외치는 소리가 확산되어가고 있습니다. 다행한 일이 아닐 수 없습니다. 그러나 외치기만 해서 되는 것이 아닙니다. 방법과 실천이 문제입니다. 병원의 의사는 진맥과 처방을 잘 해야 할 것입니다. 우선 천도교에 환경보전의 진리가 있다는 것을 널리 알려야 하겠습니다.

1. 천지부모天地父母일체설입니다. 해월신사 법설에 "천지는 곧 부모요

부모는 곧 천지니 천지부모는 일체"라 하시고 "천지는 만물의 부모"라 하시면서 사람은 마땅히 천지부모에게 효성을 다해야 한다고 말씀하셨습니다. 그리고 땅 아끼기를 어머니 살 같이 하라고 하셨습니다. 세상 사람들이 다 천지가 부모인 줄을 알고 효도하는 마음으로 살면 환경 보전은 자연히 되리라 믿습니다.

2. 생명존중 사상입니다. 천도교는 우주만유를 하나의 생명체로 보고 모든 생명의 존엄성을 강조합니다. 수운대신사께서는 우주본체를 지기至氣라고 하셨습니다. 지기는 한울님의 지극한 기운을 말합니다. 천지만물은 한울님의 영기인 지기로 화생되었고 지기로 살고 지기로 돌아가는 것입니다. 지기는 대 우주, 대 정신, 대 생명입니다. 따라서 모든 사람과 모든 물건은 생명이 하나요 뿌리가 하나입니다. 한 나무에 열린 열매와 같습니다.

그래서 "인오동포 물오동포"人吾同胞 物吾同胞라고 하는 것입니다. 우주 만유가 하나의 생명이라는 것을 알면 생명의 존엄성을 알게 될 것이며 환경 보전은 잘 되리라 믿습니다.

3. 삼경사상三敬思想입니다. 해월신사께서는 "경천敬天, 경인敬人, 경물敬物의 삼경을 말씀하셨습니다. 즉 한울을 공경하고 사람을 공경하고 물건을 공경하자는 말씀입니다. 사람은 누구나 한울님의 은덕으로 태어나 살고 있으니 만큼 마땅히 한울님을 공경해야 할 것입니다. 그러나 한울님을 공경한다고 해서 허공을 향해 절하라는 것이 아니라 마음을 공경하는 것이 한울을 바르게 공경하는 것이라고 하셨습니다.

또한 사람이 곧 한울이므로 사람을 한울같이 공경하라는 것입니다. 특히 모든 물건과 천지자연도 시천주 아님이 없으므로 물건을 공경해야 한다는 것입니다. 모든 물건을 소중히 다루고 절약하고 보호해야 할 것입니다. 세상 사람들이 삼경사상을 철저히 인식하면 생태계를 파괴하지 못할 것이며 오물을 함부로 버리지 못할 것이며 과소비를 하지 못할 것이며 더더욱 핵무기 따위는 쓰지 못할 것입니다. 경천, 경인, 경물, 이 삼경사상에 환경보전의 길이 있고 도덕사회 건설의 길이 있습니다. 온 세상 사람들에게 널리 알리고 실천운동을 전개해야 할 것입니다.

4. 십무천十毋天입니다. 해월신사 법설 십무천은 환경보전운동의 실천 강령이라는 말씀을 사회 인사들이 하고 있습니다. 여기서 "무기천毋欺天하라"는 것은 한울님을 속이지 말라는 말씀이며 또한 자연을 속이지 말라, 환경을 속이지 말라, 민중을 속이지 말라는 등 큰 뜻이 담겨 있습니다.

5. 대기오염과 이상기온 문제 해결의 길이 있습니다. 대기오염과 이상기온은 심각한 문제입니다. 사람은 공기를 마셔야 하는데 공기가 썩는 것이 문제입니다. 물론 제도와 행정과 과학 기술 등 다방면으로 대처해야 할 것입니다. 그런데 천도교에 근원적 해결의 길이 있다는 말씀입니다. 세상 사람들은 이것을 모르고 있습니다. 등잔 밑이 어둡습니다. 천도교 경전에 "사람의 몸에 있는 이치 기운이 바르면 천지의 이치기운도 바르고 사람의 몸에 있는 이치기운이 바르지 못하면 천지의 이치기운도 바르지 못하느니라. 나의 정신이 곧 천지의 공기이니라" 라는 말씀이 있습니다.

그리고 의암성사께서 "대기번복의 시기에 살기를 도모하는 오직 하나의 큰 방법이 이신환성"이라고 말씀하셨습니다. 스승님들의 말씀을 깊이 생각해 보면 우리의 정신이 곧 천지의 공기임을 알 수 있고 따라서 기도와 수련으로 정신을 개벽하고 천심을 회복하여 청정무구한 마음이 되게 함으로써 대기오염 또는 대기번복의 시기에 나의 생명을 구하는 동시에 포덕광제의 사명을 수행할 수 있다는 확고한 신념을 가지게 될 것입니다. 온 세상 사람이 모두 이신환성이 되면 이상기온과 대기번복 등 재난을 능히 극복할 수 있으리라 생각됩니다.

셋째 민족통일 운동입니다. 우리 민족은 분단의 비운을 안고 장장 60여 년 간 고통과 위협 속에 살아가고 있습니다. 통일이야 말로 우리 민족의 지상과제가 아닐 수 없습니다. 우선 통일이 안 되는 이유가 무엇인지? 그리고 어떻게 해야 통일을 할 수 있을까? 이 문제를 다음과 같이 요약해 볼 수 있습니다. 통일이 안 되는 이유는, 첫째, 민족자주정신 상실과 사대적 의타병, 둘째, 화합 정신 결여와 분열적 파쟁병의 만연, 셋째, 통일 의지 미약과 이기주의에 빠져 충효정신을 상실함, 넷째, 통일 주체 주도 세력이 없음, 다섯째, 국제 열강의 복잡 미묘한 이해관계 등을 들 수 있습니다.

이에 반하여 통일을 성취하려면, 인내천 사상을 널리 펴서, 첫째, 민족자주정신 확립, 둘째, 동귀일체 정신 확립, 셋째, 통일 주체 주도 세력의 역량 확보와 보국안민 정신 확립, 넷째, 사명감 고취와 동학혁명 · 3 · 1정신의 선양, 다섯째, 미래는 인내천시대, 이신환성 시대, 즉 무극대도의 시대가 도래할 것임을 세상 사람들에게 밝혀 주는 것 등입니다.

우리는 나와 내 가정의 행복을 위하여 민족과 인류를 위하여 이신환성 수행과 실천운동을 적극 추진해 나가야 하겠습니다. 앞으로 모든 교인들은 이신환성 수행에 더욱 심혈을 기울이는 동시에 밖으로 3대 사회적 실천운동을 적극 추진해나가야 하겠습니다.

이신환성以身換性의 단계

뜻깊은 인일기념일과 희망찬 새해 포덕 150년을 맞으면서 전교회적으로 이신환성을 위한 21일 특별기도를 봉행하고 있습니다. 내일이면 끝나게 됩니다. 그래서 오늘은 이신환성을 이루어 나가는 단계에 대해서 말씀드리고자 합니다.

의암성사 법설에 "이신환성以身換性은 대신사의 본지本旨"라는 말씀이 있습니다. 대신사의 본뜻이 이신환성에 있다는 말씀입니다. 이신환성이 되어야 인간의 모든 문제가 해결된다는 말씀입니다. 각자의 자아완성도 이신환성이 되어야 하고 진정한 행복도 이신환성이 되어야 하고 마음의 평화와 육신의 건강도 이신환성이 되어야 하고 가정의 행복도 이신환성이 되어야 하고 교회의 발전도 이신환성이 되어야 하고 민족의 통일도, 인류의 평화도 이신환성이 되어야 한 다는 말씀입니다. 현재 우리 인류가 안고 있는 모든 어려운 문제를 근원적으로 해결할 수 있는 길이 이신환성에 있다는 말씀입니다.

우리가 천도교를 신봉하는 것도 요는 이신환성으로 정신을 개벽하여 성령사람, 인내천 사람이 되는데 있습니다. 그리고 모든 사람들로 하여금 이신환성이 되게 하는데 있다고 하겠습니다.

그러면 이신환성이란 무엇인가? 다시 한 번 생각해 보아야 하겠습니다. 이신환성은 글자 그대로 육신을 성령으로 바꾸라는 말씀입니다. 즉 마음을 바꾸라는 말씀입니다. 생각을 바꾸라는 것입니다. 육신관념을 버리고 성령에 대한 생각을 많이 하면서 살라는 말씀입니다. 사람은 성령과 육신으로 되어 있는데 육신은 한 때의 객체요 성령이 영원한 주체라는 것을 알고 살아야 한다는 말씀입니다. 즉 정신개벽을 말하는 것입니다. 현대인의 중요과제는 이신환성, 정신개벽입니다. 천도교인들의 시급한 과제는 지극한 수도 연성으로 이신환성의 진경에 이르러 인내천사람이 되는데 있습니다.

우리가 이신환성이 되어야 온 민족의 정신개벽운동을 주도할 수 있습니다. 우리가 이신환성이 되지 못하면 결국 보국안민 포덕광제는 구두선에 그치고 말 것입니다.

또한 의암성사 법설에 "큰 바다가 번복하면 어족이 다 죽듯이 대기가 번복하면 인류가 어떻게 살기를 도모하겠느냐. 일후에 반드시 이러한 시기를 한번 지나고서야 우리의 목적을 달성할 것이니, 이신환성은 이러한 시기에 살기를 도모하는 오직 하나의 큰 방법이니라"는 말씀이 있습니다. 그리고 "한울님께 복록 정해 수명을랑 내게 비네 하셨으니 이것은 이신환성이 되어야 한다는 말씀이니라"라는 말씀이 있습니다. 앞으로 이신환성이 되어야 살 수 있다는 말씀입니다. 이신환성이야 말로 참으로 우리의 생존을 좌우하는 시급하고도 중요한 과제라는 것을 다시 한 번 마음속 깊이 생각하면서 이신환성의 진경에 이르는 과정을 생각해 보고자 합니다.

『동경대전』에 "그 마음을 지키고 그 기운을 바르게 하고 한울님 성품을 거느리고 한울님 가르침을 받으면 자연한 가운데 화해나는 것이요(守其心正其氣 率其性 受其教 化出於自然之中也)라는 말씀이 있습니다. 솔기성이라는 말씀에 따라서 의암성사께서 알기 쉽게 이신환성이라는 말씀을 하신 것입니다. 이신환성에 이르려면 우선 수심정기가 되어야 하고 수심정기되려면 먼저 강령降靈, 강화降話의 체험으로 한울님 모심을 깨달아야 할 것입니다.

그러니까 제1관문인 강령 · 강화의 체험으로 시천주侍天主를 깨닫고 그리고 제2관문인 수심정기공부로 다심에서 일심이 되게 하고 나의 본래의 마음이 바로 한울님이라는 것을 믿고 순리순수함으로써 조화정造化定에 이르고, 그리고 이신환성의 제3관문을 통과해야 할 것입니다. 이신환성의 진경에 이르는 데에도 거쳐야 할 단계가 있다고 생각합니다.

이신환성의 단계요약

첫째, 육신은 사람의 한때의 객체客體요 성령性靈이 영원한 주체主體 임을 아는 단계로서 그 동안 육신만 알고 성령에 대해 무관심 해 왔음을 참회하게 됩니다.

둘째, 아침마다 잠깐씩 또는 수시로 육신관념을 버리고 성령에 대한 생각을 하는 단계로서, 수련을 하여 강령降靈을 체험함으로써 한울님의 감응과 성령의 세계가 있음을 깨닫는 동시에 여기에 기쁨과 희망과 행복이 있음을 알게 되고 차차 생각을 바꾸어 육신관념을 성령으로 전환하게 됩니다. 수도의 생활화가 이루어지고 과거의 좋지 못한 습관을 고치게 됩니다.

셋째, 수련을 많이 해서 육신에 대한 생각과 성령에 대한 생각을 반반半半 같이 하는 단계에 이르러, 기쁜 마음, 감사한 마음, 위하는 마음으로 생활을 하게 되면서 건강도 좋아지고 하는 일도 뜻대로 되고 진리를 깨닫게 됩니다. 그러나 아직 좋지 못한 습관과 인과가 남아 있고 희로애락을 조절하지 못하여 불완전합니다.

넷째, 극성수도를 계속하여 육신에 대한 생각보다 성령에 대한 생각을 더 많이 하는 단계로, 확고한 신념과 사명감이 확립되고 건강과 만사여의 능력이 생깁니다. 그러나 아직 육신관념이 남아 있고 개체의식이 남아 있어 불완전합니다.

다섯째, 천인합일의 경지에 이르러 육신의 안락을 홀연히 잊어버리고 성령에 대한 생각만 하는 단계에 이르러, 과거의 좋지 못한 습관과 인과와 희로애락 등 모든 것을 초월하게 되고, 드디어 천체자용, 자지자용, 오용자유, 공도공행, 공도공용, 임의용지, 그리고 신비적 천게문과 신총신혜를 베풀어 원처근처 어진선비 풍운 같이 모여들어 각자위심하는 세상사람들이 동귀일체를 이루는 경지에 이르게 될 것입니다.

수도하는 사람들은 자기 좌표를 잘 알고 한 단계, 한 단계 끊임없이 전진 또 전진하여 최고 정상에 이르도록 힘써야 하겠습니다. 거기에 영원한 행복의 길이 있고 한울사람으로서의 완성의 길이 있고 동귀일체의 길이 있고 대도중흥의 길이 있고 민족통일의 길이 있습니다. 이신환성의 정상에 도달 된 도통군자가 많이 나와야만 포덕천하 광제창생 보국안민 지상천국 건설의 대도의 목적을 달성하게 될 것입니다.

의암성사의 통문에 5백명 도통군자에 대한 말씀이 있고 상재上才 50명이 먼저 나온다는 말씀이 있습니다. 미래는 인내천 시대요 이신환성 시대입니다. 머지않아 이신환성의 도덕문명의 새 역사가 활짝 열릴 것입니다. 그래야 인류가 평화롭게 살 수 있습니다. 지금은 돈이 있어야 하고 지식이 있어야 하고 명예와 권리가 있어야 행복하다고 하지만 앞으로는 이신환성이 되어야 살 수 있습니다. 이신환성이 안 되면 살기 어려울 것입니다.

우리 모두 이신환성의 완성자가 되고 이신환성의 선구자가 되도록 더욱 정성을 다해서 수련을 합시다. 그리하여 온 세상 사람을 영원한 행복의 길로 인도하고 보국안민 포덕천하 광제창생 지상천국 건설의 대원을 성취해 나가자는 말씀을 드리면서 마치겠습니다.

신앙생활의 발전을 위하여

이 세상의 모든 일은 한 자리에 머물러 있지 아니하고 계속 변천해 나가는 것입니다. 그리고 모든 일은 어느날 갑자기 되는 것이 아니라 거쳐야 할 과정을 거치면서 계속 발전해 나가는 것입니다. 곡식도 하루아침에 결실을 맺는 것이 아닙니다. 봄에 씨뿌리고 여름에 김매고 가을에 결실하여 거두어들이고 겨울에 잘 간직해야만 식량으로 활용하게 되는 것입니다. 공부하는 사람이 초등학교, 중학교, 고등학교, 대학교 과정을 차례로 거쳐서 한 사람의 훌륭한 인격자로 성장하여 독립적인 사회인이 되는 것과 같습니다.

천도교 신앙도 단계를 밟아 나아가야

마찬가지로 천도교의 신앙생활에도 거쳐야 할 단계가 있고 발전해 나가는 과정이 있습니다. 그 단계와 방향을 잘 알고 착실하게 밟아 나가야만 나날이 새로워지고 발전하는 신앙생활을 하게 되고 빠르게 도를 이룰 수 있는 것입니다. 수도생활의 발전 단계를 모르고 현재에 안주하거나, 했다 말았다, 허둥지둥하면 결국 낙오자가 되는 슬픔을 안게 되는 것입니다.

먼저 천도교 신앙의 기본 방향이 시侍, 정定, 지知에 있다는 것을 알아야 하겠습니다. 『해월신사법설』에 "한울을 그릇 믿지 말라. 시 · 정 · 지에 의하여 신앙할 것이니라"는 말씀이 있습니다. 주문의 핵심인 시천주 단계, 조화정 단계, 만사지를 차례로 밟아 가는 신앙생활을 해 나가야 할 것입니다. 또한 수도의 계단인 강령, 강화, 자천자각, 해탈, 대도견성의 단계를 알아야 하겠습니다. 이를 종합해서 말하면, 강령 · 강화의 체험으로 시천주侍天主를 깨닫고, 자천자각으로 조화정造化定에 이르고, 해탈 · 대도견성으로 만사지萬事知에 이르러야 한다는 뜻이라고 할 수 있겠습니다. 그리고 동시에 허광심虛光心, 여여심如如心, 자유심自由心의 마음의 계단을 알고 한 단계 한 단계 발전해 나가야 할 것입니다. 이 말씀들을 마음속 깊이 새기고 천도교 신앙생활을 종합해서 발전 방향을 다음과 같이 말씀 드릴 수 있습니다. 한울님의 감응을 체험하는 단계 – 시련을 극복하는 단계 – 만사여의의 능력과 행복을 추구하는 단계 – 확고한 신념과 사명감이 확립되는 단계 – 이신환성, 천인합덕, 포덕교화에 총력을 경주하는 다섯 단계가 그것입니다.

첫째, 한울님 감응을 체험하는 단계

이 단계는, 혼탁한 세상 물결에 휩쓸려 방황하다가 다행하게도 선각자를 만나 천도교에 입교하여 수도를 하게 되는 단계입니다. 한울님을 모시고 있다는 것을 굳게 믿고 매사에 심고를 하고 오관실행 성실히 하고 경전공부 열심히 하면서 지성으로 주문을 외움으로써 한울님의 감응을 몸과 마음으로 체험하게 되는 것입니다. 주문을 열심히 외우니까 기쁜 마음, 감사한 마음, 위하는 마음이 솟아오르고, 감개무량해지고 신기한 꿈을 꾸기도 하고, 손님 오는 것을 미리 알기도 하고, 건강도 좋아지고 가정 분위기도 좋아지고, 경전의 구절을 스스로 깨닫기도 하는 것입니다. 강령을 체험하게 되고 강화의 가르침을 실지로 받게 되는 것입니다. 그리고 여러 가지로 한울님의 감응을 흐뭇하게 느끼게 되는 것입니다.

신앙을 모르는 세상 사람들은 한울님의 감응을 모릅니다. 잠자는 세계, 깨어 있는 세계, 꿈꾸는 세계의 세 가지 세계밖에 모르는 것입니다. 그런데 주문을 외움으로써 또 다른 세계가 있다는 것을 알게 됩니다. 한울님의 감응을 받는 세계가 있다는 것을 체험하고 깨닫게 되는 것입니다. 이 과정을 체험함으로써 천도교를 하는 보람을 느끼고 깊은 신앙을 하게 되는 것입니다. 이 과정을 체험하지 못한 사람은 아직 천도교 신앙의 문 밖에 있다고 할 수 있습니다. 신앙은 체험이 생명입니다. 체험이 없는 신앙은 죽은 신앙이라고 할 수 있습니다. 한울님의 감응을 받으면 생활에 놀라운 변화가 일어납니다. 기쁨에 넘치는 생활을 하게 되고, 다른 사람의 잘못을 용서하는 너그러운 마음이 되며, 행복한 사람이 되는 것입니다. 한울님의 감응을 받으음으로써 신앙의 본 궤도에 들어서게 되는 것입니다.

둘째, 시련을 극복하는 단계

한울님의 감응을 받으면서 기쁨에 넘치는 생활을 하다가 뜻밖에도 어려운 시련에 직면하여 몸부림치는 단계입니다. 믿음이 약한 사람들은 여기에서 좌절하고 물러서기도 합니다. 돈이 내 마음을 흔들기도 하고, 남녀 간 이성에 마음을 빼앗기기도 하고, 가장 가까운 사람이 나를 못살게 헐뜯기도 합니다. 가정불화가 일어나기도 하고 다른 사람이 공연히 비방을 하기도 합니다. 대개 여기에서 당황하거나 심지어는 신앙을 포기하는 사람도 생깁니다. 시련에 지면 낙오자가 됩니다. 경전에 이런 말씀이 있습니다.

"겨우 한 가닥 길을 얻어 걸음걸음 험한 길 걸어가노라. 산 밖에 다시 산이 보이고 물 밖에 또 물을 만나도다. 다행히 물 밖에 물을 건너고 간신히 산 밖에 산을 넘어 왔노라. 바야흐로 들 넓은 곳에 이르니 비로소 대도가 있음을 깨달았노라" 纔得 一條路 步步涉險難 山外更見山 水外又逢水 幸渡水外水 僅越山外山 且到野廣處 始覺有大道

어려운 시련을 극복한 연후에 대도를 깨닫게 된다는 말씀입니다. 시련 없이 쉽게 되는 일은 없습니다. 그 시련은 한울님이 일부러 시험을 하는 것이 아니라 자기 자신이 이 세상에 태어나 현재까지 살아오면서 지어 놓은 인과를 풀어나가는 과정이라고 할 수 있습니다. 이 시간까지 살아온 험한 길을 다시 원점으로 돌아가는 과정이라고 할 수 있습니다. 나를 버리는 진통이라고 할 수 있습니다. 또한 부모 조상 때부터 내려오는 좋지 못한 인과로 인해서 받는 시련도 있습니다. 물론 특별한 경우도 있습니다. 여기서 우리는 인과의 법칙을 알아야 하고 인과를 고칠 줄 알아야 하고 인과를 초월하도록 수도를 해야 할 것입니다. 그래야 지상신선의 영원한 행복을 찾고 후손들에게 좋은 정신적 유산을 남겨 주게 되는 것입니다.

수운대신사님도 많은 시련을 거친 후에 무극대도를 받으셨습니다. 울산 여인숙에 계실 때, 돈 많은 여자 주인의 유혹을 받기도 하였습니다. 특히 수련의 마지막 무렵에는 백의재상의 권세나 권모술수나 조화 부리는 능력 을 주겠다는 등 어려운 시험을 극복하신 연후에 오심즉여심, 천인합일의 진경에 이르게 된 것입니다. 의암성사님도 매일 짚신 두켤레, 주문 3만독씩 외우는 독공수련을 하실 때 청주시장에 갔다가 집으로 돌아오는 길에 노상에서 돈 3백냥을 주었지만 한 푼도 갖지 않고 주인에게 돌려 주셨습니다. 옛날 사람들은 산에 들어가서 수도를 하면서 환상으로 도깨비나 호랑이가 나타나기도 하고 여자가 나타나서 마음을 흔들기도 하는 시련의 장면을 영화에서 본 일이 있습니다. 우리는 일상생활 속에서 수도를 하기 때문에 환상이 아니라 실물이 나타나서 마음을 흔드는 것입니다. 천도교를 못하게끔 방해를 하는 사람이 생기기도 하는 것입니다. 우리는 어떤 시련이 닥쳐오더라도 굴복하지 말고 이겨내야 합니다. 그래야 성공할 수 있습니다.

셋째, 만사여의의 능력과 행복을 추구하는 단계

겨울이 지나면 봄이 오듯이 어려웠던 시련을 극복하면, 기쁨이 솟아오르면서 행복의 길이 활짝 열리는 단계입니다. 차차차차 심화기화하여 즐겁게 지낼 수 있고, 건강도 좋아지고 모든 일이 뜻대로 이루어지고, 매일 매일 새로운 진리를 깨닫게 됩니다. 매일 새로워지는 것을 느끼지 못한다면 아직 수도가 제대로 되고 있지 않다는 증거입니다. 수련을 열심히 해서 일념재자一念在玆가 되면 모든 일이 뜻대로 될 수 있다는 생각을 하게 되고 그 능력을 얻게 되는 것입니다. 여기에 진정한 행복의 길이 있다는 것을 흐뭇하게 느끼는 단계이기도 합입니다. 천도교의 신앙생활을 함으로써, 즉 수도를 함으로써 나와 내 가정의 영원한 행복을 찾을 수 있고, 민족과 인류를 구하는 길을 열어 나갈 수 있다는 것을 확실히 깨닫게 되는 것입니다.

넷째, 확고한 신념과 사명감이 확립되는 단계

드디어 대도의 목적 달성에 대한 확고부동한 신념과 사명감을 갖게 되는 단계입니다. 지난날의 모든 허물을 참회하면서 새 출발을 다짐하는 것입니다. 누가 뭐라고 해도 동요됨이 없이 꿋꿋이 천도교 신앙을 계속하는 것입니다. 그리고 천도의 진리를 모르고 혼탁한 세상 물결에 휩쓸려 방황하는 세상 사람들이 가엽게 여겨지고 세상을 구해야겠다는 생각을 하게 되는 것입니다. 나와 내 가정의 진정한 행복을 찾고 민족과 인류를 구하는 길이 바로 천도교 수도를 하는 데 있다는 신념과 사명감을 마음속 깊이 다지게 됩니다. 나는 한평생 진실로 천도교를 신봉하면서 그리고 대도의 목적 달성을 위해서 몸과 마음을 다 바쳐 열심히 일하면서 살아가겠다는 간절한 생각을 하게 되는 것입니다. 자나 깨나 주문 생각, 천덕사은 염념불망하면서 도성덕립, 도가완성, 포덕천하 광제창생 보국안민 지상천국 건설을 위해서 모든 힘을 기울이는 생활을 하게 되는 것입니다. 우리는 포덕을 해야 합니다. 앉아서 주문 외우는 것만이 수도가 아닙니다. 열심히 주문을 외우는 동시에 또 열심히 포덕을 해야 한울님의 감응을 받고 한울님의 무궁한 복록을 받습니다. 포덕을 많이 해야 도성덕립이 될 것입니다. 우리는 모두 포덕사가 되어야 할 것입니다.

세상 사람들을 다음과 같이 몇 가지로 구분해 볼 수 있습니다. 진리를 모르고 방황하면서 금수 같이 사는 사람, 시키는 대로 일을 하는 사람, 자기 책임을 스스로 알고 스스로 일을 하는 사람, 확고한 신념과 사명감을 갖고 열심히 일하는 사람, 천명天命을 알고 자아완성과 포덕광제를 위하여 극성수도를 하면서 신총신혜神寵神惠를 베풀면서 열심히 포덕하는 사람 등입니다. 사람은 사명적使命的 존재라는 말이 있습니다. 사람은 누구나 다 어떤 사명을 부여받고 태어난다는 말씀입니다. 사람은 자기 사명을 알고 그 사명 완수를 위해서 극성수도를 하고 열심히 일하면서 포덕을 함으로써 보람 있게 행복하게 살 수 있습니다.

다섯째, 이신환성하여 신총신혜를 베풀면서 포덕 교화에 진력하는 단계

무극대도의 완성 단계라고 할 수 있겠습니다. 드디어 이신환성으로 정신을 개벽하여 육신관념을 홀연히 잊어버리고 천인합일, 무극대도의 진경에 이르게 되는 것입니다. 그리하여 공도공행公道公行, 공도공용公道公用, 자유극락自由極樂, 지상신선, 임의용지任意用之하는 생활을 하는 것입니다. 스승님과 순도 선열들의 순도정신을 마음속 깊이 새기고 창생을 구하기 위하여, 포덕 광제를 위하여 몸과 마음 다 바쳐 동분서주하는 것입니다. 그리고 무극대도를 알고 무극대도를 닦고 무극의 경지에 이르는 극성수도 생활을 하는 것입니다. 그러면 드디어 천인합일의 경지에 이르러 불로불사, 영세 무궁의 경지에 이르게 되고, 천지조화를 임의대로 하고 천지만물을 마음대로 활용하고 길흉화복을 자유로 하면서 임의용지의 법력을 발휘하게 되리라 생각됩니다.

이상의 신앙 단계를 자리적自利的, 주관적 신앙 단계에서 신념과 사명감이 확립되는 단계, 그리고 신비적神秘的 천계문天啓文과 신총신혜를 베풀면서 거룩한 모습으로 포덕광제를 위해 총력을 경주하는 단계로 구분해서 생각해 볼 수 있습니다. 이런 분들이 많이 나와야 할 것입니다. 한 사람 나오고, 두 사람 나오고, 열사람 나오고 나아가 5십명, 1백명, 3백명, 5백명 이렇게 되면 드디어 그 도력이 온 누리에 울려 퍼져서 원처근처 어진 선비 풍운 같이 모여들 것이며, 각자위심 세상사람 동귀일체 이루어 인류의 모든 재앙을 원천적으로 극복하고 대도창명, 민족통일, 인류의 영원한 평화를 실현하게 될 것입니다.

『의암성사 법설』에 "사람은 해와 달같이 분시가 아니니 단연코 백년의 슬픔을 짓지 말라. 사나이 뜻을 두면 한울도 쉬지 않나니 반드시 백년지百年知에 이르는 한울의 축복을 받으리라"는 말씀이 있습니다. 다 같이 신앙의 발전 방향을 잘 알고 속보속진해서 활연관통, 대도견성, 백년지百年知의 정상에 이르도록 정진해 나가자는 간곡한 당부 말씀을 드리면서 마치겠습니다.

마음의 힘을 얻읍시다

이 세상을 보람 있게 행복하게 살아가려면 능력이 있어야 합니다. 특히 교회의 발전과 보국안민 포덕광제의 거룩한 목적을 달성하려면 큰 능력이 있어야 할 것입니다. 능력이 없으면 아무리 좋은 뜻이 있어도 실현할 수 없는 것입니다. 능력은 여러 가지가 있습니다. 육체의 힘, 지식의 힘 또는 지력知力, 돈의 힘, 즉 금력金力 또는 경제력, 그리고 권력權力, 무력武力 등 여러 가지가 있습니다. 이 가운데서 가장 필요한 것은 마음의 힘입니다. 더욱 큰 힘을 발휘하는 것은 바로 이 심력心力입니다.

마음의 힘은 한울님의 힘, 수도로서 마음의 힘 길러야

체력이나 금력, 지력, 권력이 인위적인 능력이라면 마음의 힘은 바로 한울님의 힘입니다. 심력을 영력靈力 또는 도력道力, 법력法力, 신통력神通力이라고도 합니다. 세상 사람들은 심력의 위대함을 모르고 있습니다. 그러나 심력이야말로 이 세상에서 가장 큰 힘이요 위대한 힘입니다. 우리가 마음의 힘을 얻으면 모든 일을 뜻대로 할 수 있습니다. 마음의 힘을 얻으면 천지만물을 마음대로 활용할 수 있으며 각자위심의 세상 사람들을 동귀일체시킬 수 있습니다. 세상 사람들에게 감화를 주고 사람들의 마음을 움직일 수 있는 것입니다. 마음의 힘은 한울님의 힘이기 때문입니다.

우리는 마음의 힘을 얻고 마음의 힘을 길러야 하겠습니다. 마음의 힘을 얻어야 영원한 행복을 찾을 수 있습니다. 마음의 힘을 얻어야 가정화목과

도가완성의 길을 열어 나갈 수 있습니다. 마음의 힘, 도력이 있어야 온 가족과 함께 질병에 걸리지 않고 항상 건강한 몸으로 살아갈 수 있습니다.

최근 몇 년 사이에 해마다 새로운 유형의 독감이나 괴질이 유행되고 있습니다. 앞으로 한동안 이상기온으로 괴질이 세계를 휩쓸게 될 것입니다. 이신환성, 정신개벽을 해야 질병을 극복할 수 있습니다. 또한 마음의 힘을 얻어야 인화 단결, 동귀일체를 이루고 교회의 발전을 이룰 수 있습니다.

우리가 마음의 힘을 얻고 도력道力을 길러야 우리 사회의 중요과제로 제기되고 있는 온 민족의 정신개벽운동과 환경·생명운동 그리고 민족의 자주 평화 통일을 천도교가 또다시 주도할 수 있게 될 것입니다. 민족의 정신개벽과 환경·생명운동과 통일운동은 무력으로도 안 되고 돈이나 권력으로도 안 되고 심력心力, 도력으로 성취하게 될 것입니다. 마음의 힘을 얻어야 신앙통일을 이룰 수 있고 인류의 영원한 평화를 실현할 수 있습니다. 마음의 힘을 얻지 못하면 언제나 마음이 불안하고 복잡하고 괴로워지고, 몸에는 병이 들고, 하는 일은 뜻대로 되지 아니하고, 가정에는 불화가 이어지고 결국 사회는 각자위심과 분열의 함정에 빠지게 될 것입니다.

예화 한 가지를 말씀드리겠습니다. '옛날 어느 나라 임금이 힘센 장사 한사람과 도사 한 사람을 불러 놓고 많은 군중이 지켜보는 앞에서 철조망 속에 있는 사나운 호랑이를 누가 잘 다루느냐? 경기를 하도록 하였습니다. 먼저 장사가 무서운 표정을 하고 크게 소리 지르면서 호랑이 앞으로 달려 들어갔습니다. 얼마나 무서웠든지 호랑이가 비실비실 피하여 구석에서 부들부들 떨고 있었습니다. 군중들이 우뢰와 같은 박수를 보냈습니다. 장사가 이긴 것 같았습니다. 다음은 도사가 호랑이 울안으로 들어갔습니다. 도사는 생글벙글 웃으면서 "호랑아 나와 같이 놀자. 이리 나오너라." 하면서 손짓을 하였습니다. 무서워서 부들부들 떨던 호랑이가 히죽히죽 웃으면서 꼬리를 흔들면서 나와서 도사와 같이 얼싸안고 덩실덩실 춤을 추는 것이었습니다. 그러자 군중들은 모두 일어나서 한참 동안 열광의 기립박수를 보냈습니다. 결국 도사가 승리한 것입니다.

천도교인들은 마음의 힘을 얻도록 힘써야 하겠습니다. 마음의 힘을 얻고 더욱 크게 길러야 나와 내 가정의 진정한 행복을 찾는 동시에 대도大道의 목적을 달성할 수 있습니다. 지금은 지식의 시대요 금력이 지배하는 시대인 것 같지만 머지않아 심력, 도력의 시대가 될 것입니다.

마음의 힘을 어떻게 기르겠습니까?

그러면 마음의 힘을 어떻게 얻겠습니까? 마음의 힘을 얻고 기르려면 마음을 닦아야 합니다. 마음을 닦는 것이 바로 수련입니다. 운동을 하면 체력이 향상되고, 일을 열심히 하면 금력·경제력이 생기고, 공부를 하면 지식을 얻고, 정치 활동을 하면 권력이 생기고, 수련을 하면 마음의 힘을 얻습니다. 마음의 힘을 얻으려면 수련을 해서 물욕과 감정과 '나'라는 관념을 깨끗이 버려야 할 것입니다. 그리고 마음을 닦고 단련하여 바르고 밝고 착하고 의롭게 해야 할 것입니다. 청정무구한 한울님 마음이 되어야 할 것입니다. 다심多心에서 일심一心, 무심無心의 경지에 이르러야 할 것입니다.

경전에 "한 생각이 이에 있으면 만사가 뜻과 같이 되리라"(一念在玆 萬事如意)라는 말씀이 있습니다. 그리고 "일심으로 지켜내면 도성입덕 되려니와 번복지심 두게 되면 이는 역시 역리자요 물욕교폐 되게 되면 이는 역시 비루자요 헛말로 유인하면 이는 역시 혹세자요 안으로 불량하고 겉으로 꾸며 내면 이는 역시 기천자라" "심학이라 하였으니 불망기의 하였어라"라는 말씀이 있습니다. 수련을 해서 "마음이 성품 깨닫는 데 들어가면 스스로 그 자리에 있을 것이니 한번 조용함에 비고 고요한 극락이요 한번 기쁨에 크게 화한 건곤이요 한번 움직임에 풍운조화이니라"(心入性覺 自居其位一默空寂極樂 一喜泰和乾坤 一動風雲造化)라는 말씀이 있습니다. "천덕사은을 염념불망하면 지기에 지극히 화하여 지극한 성인에 이르느니라" "그러므로 참된 마음은 둘도 아니요 물들지도 아니하나니 천체를 스스로 쓰며 내 땅을 스스로 쓰며 나를 자유로 쓰느니라"는 말씀이 있습니다. 마음의 힘이 얼마나 큰가를 알 수 있습니다. 우리는 마음의 힘을 얻도록 힘써야 하겠습니다. 이것이 나와 내 가정의 진정한 행복을 찾는 길이요 대도 중흥의 길이요 민족과 인류를 구하는 길이 될 것입니다.

이렇게 마음의 힘을 얻은 사람이 한 사람 두 사람 나오고, 열 명 5십 명이 나오고, 1백 명 3백 명이 나오고, 마침내 5백 명이 나와서 일심동체가 되어 이신환성 정신개벽 수련운동과 포덕교화 운동을 전개하면 대도중흥 민족통일, 세계포덕 신앙통일의 새 역사를 열어나가게 될 것입니다. 우리는 지성으로 수련을 해서 무극無極의 진경에 이름으로써 한울님의 무한 지혜, 무한 능력을 받을 수 있을 것입니다. 우선 수련을 해서 강령이 되면 한울님의 능력을 받는 길을 찾게 되고, 강화가 되면 한울님의 능력을 받게 되고, 자천자각이 되면 스스로 한울님의 능력을 쓰게 되고, 해탈·대도견성 그리고 무극의 경지에 이르게 되면 활연관통해서 천지조화를 임의대로 하는 무한 능력을 발휘하게 될 것입니다. 무극의 진경에 이르려면 욕심과 감정과 '나'라는 관념을 모두 버려야 하고 생로병사와 남녀 이성 관념도 버려야 하고, 인과因果관계, 너와 나라는 관념을 모두 초월해야만 할 것입니다.

우리 스승님들은 도력으로 일하신 분들입니다

수운대신사께서 한울님으로부터 무극대도를 받아, 닦고 다듬으신 후 포덕을 하자 원처 근처 어진 선비 풍운같이 모여들었습니다. 수운대신사님의 도력道力에 감화되어 창생들이 모여든 것입니다. 해월신사님은 은도시대에 모진 탄압 속에서도 굴하지 않고 극성수도와 도력으로 교세가 전국적으로 확산되어 수십만 교단을 이루어 역사를 주도했던 것입니다. 의암성사께서 포덕 53년부터 3년간 서울 우이동 봉황각에서 7차례의 이신환성 49일 특별수련을 실시하여 483명을 육성하고 포덕운동을 전개함으로써 무려 3백만 대교단을 이루고 그 도력에 2천만 전 민족이 감화되어 3 · 1독립운동을 주도했던 역사적 사실을 잊어서는 안 될 것입니다. 우리는 한울님과 스승님의 뜻을 받들어 이신환성 포덕사 5백 명 수련운동을 전개하여 그 도력으로 또 다시 원처근처 어진 선비 풍운같이 모여들어 각자위심 세상 사람 동귀일체 이루는 새 역사를 열어나가야 하겠습니다.

우리가 천도교를 하면서도 수련을 하지 아니하여 마음의 힘, 도력道力, 법력을 얻지 못하고, 심력을 얻지 못하면 결국 세상 사람들과 다를 바 없이 됩니다. 하루 속히 이신환성 5백 명 수련운동으로 대도중흥 민족통일, 세계포덕 신앙통일의 새 역사를 열어 나갑시다. 그리하여 포덕천하 광제창생 보국안민 지상천국 건설의 대도의 목적을 성취해 나갑시다.

천도교야말로 나와 내 가정의 영원한 행복을 찾는 길이요 민족과 인류를 구하는 무극대도가 분명합니다. 그러므로 우리는 어떤 어려움이 있더라도 이를 극복하면서 이신환성 수련을 전개하여 마음의 힘을 얻고 마음의 힘을 더욱 크게 길러서 그 도력道力으로 온 민족과 인류를 이 길로 인도하자는 말씀을 드리는 바입니다.

미래를 위한 준비

우리는 미래를 위한 준비를 잘 해야 합니다. 그래야 보람 있게 살 수 있고 영원한 행복의 길을 열어 나갈 수 있습니다. 과거를 돌아보고 다가오는 먼 미래를 바라보면서 준비를 착실히 해야 할 것입니다. 미래에 대해서 무관심하거나 미래를 모르고 준비를 소홀히 하면 결국 실패자가 되고 불행한 사람이 되는 것입니다.

초등학생 시절에는 먼 장래를 생각하면서 중학교 갈 준비를 해야 하고 중학생은 고등학교에 갈 준비를 해야 하고 고등학생은 대학교에 갈 준비를 해야 하고 대학생은 대학원이나 사회에 진출할 준비를 해야 합니다. 봄에는 여름 준비를 해야 하고 가을에는 겨울 준비를 해야 합니다. 청소년들은 가정과 교회와 국가 사회를 위해 책임을 수행할 수 있는 능력을 길러야 하고 나이 많은 노인들은 환원還元에 대비해야 할 것입니다. 특히 학생들은 인격도야人格陶冶와 실력 배양에 힘써야 하며, 또한 대인관계를 원만히 하면서 근검절약하는 정신을 기르고 강인한 정신력과 체력을 길러 나가야 합니다. 미래를 위한 뚜렷한 목적을 가지고 최선의 노력을 경주하되 기도와 수련을 병행하는 것이 성공의 지름길이 될 것입니다.

노인들은 환원하기 전에 후계 육성에 심혈을 기울이는 한편 지극정성으로 수도를 해서 장생불사, 성령출세性靈出世의 진리를 깨달아야 합니다. 그리고 혹시 원한관계나 복잡한 사연이 있다면 모두 해소하고, 지난날의 좋지 못한 인과因果관계를 모두 풀어야 합니다. 그래야 환원 후에 성령출세도 되고 영생永生의 길을 열어나갈 수 있을 것입니다. 마음에 티끌이 있으면 영靈의 길이 끊어지고 성령출세가 어려울 것입니다. 가정과 교회와 국가 사회도 미래를 위한 준비가 있어야 합니다. 미래를 위한 준비를 잘 하는 교회와 국가 사회는 융성하고, 준비를 소홀히 하는 교회와 국가 사회는 쇠퇴의 길로 가게 될 것입니다.

생명과 행복은 준비한 자에게 따르는 복록

그러면 오늘날 천도교인들은 미래를 위해 무엇을 준비해야 하겠습니까? 과거 이율곡 선생은 일본의 침략이 있을 것을 예견하고 십만 양병론을 주장했지만 당시 위정자들이 무관심하고 당파 싸움만 하다가 결국 처참한 임진왜란을 치르고야 말았습니다. 기독교에서는 노아와 홍수의 이야기를 합니다. 믿음이 독실했던 노아는 빠른 시일 내에 큰 배를 만들라는 신神의 계시를 굳게 믿고, 주변사람들의 비난에도 불구하고 산중에서 큰 배, 방주方舟를 만들었습니다. 그러자 무려 40일간이나 폭우가 쏟아져서 지구가 몽땅 물바다가 되었을 때, 노아는 그 방주에 가족과 가축들을 싣고 살아났으며 인류의 생존을 이어 나가게 되었다는 이야기입니다. 2차 대전 말기에 우리가 아무런 준비도 없이 있다가 느닷없이 8 · 15 광복을 맞은 결과 어떻게 되었습니까? 민족의 분열, 처절한 6 · 25전란, 그리고 분단의 고통이 오늘까지 계속되고 있습니다. 이처럼 준비한 자에게는 생명과 행복이, 준비하지 않은 자에게는 불행과 고통이 뒤따르게 마련인 것입니다.

이제 우리는 어떻게 해야 하겠습니까? 지금 인류는 여러 가지 큰 어려움에 직면하여 그 해결책을 찾지 못하고 고심하고 있습니다. 인간성 상실과 각자위심, 괴질의 만연, 분열과 파쟁, 식량과 물과 에너지 부족, 우리 민족의 분단과 대결, 특히 지구 온난화와 이상기온과 대기오염 등 실로 생존을 위협하는 큰 문제가 아닐 수 없습니다. 그 근원적 해결책이 천도교 인내천 진리에 있건마는 천도교는 아직 침체 상태에 있는 실정입니다. 여기서 우리는 스승님의 말씀을 다시 한 번 생각해 보아야 하겠습니다.

우리 도에 돌아오는 운수, 중요한 것은 우리의 준비

수운대신사님은 개벽운수를 말씀하시고 "무극지운 닥친 줄을 세상사람 어찌 알까"라 하시고 산하의 큰 운수가 다 이 도道에 돌아온다고 말씀하셨습니다. 해월신사님은 "지금은 도를 권하면 사람들이 다 믿지 아니하나 일후에는 사람들이 다 손바닥에 시천주 주문을 써 달라고 할 것"이라고 하셨습니다. 의암성사님은 포덕 56년에 105일 기도를 마치신 후 "인여물상해" 人與物傷害에 대한 말씀을 다음과 같이 하셨습니다.

"한울이 만일 큰 소리로 외치시기를 '너희들 마음 가운데 거리끼는 죄가 있거든 낱낱이 고백하라' 고 한다면 누구를 막론하고 선뜻 나가서 저는 '아무 죄도 없습니다' 라고 할 사람이 극히 적을 것이다. 교인은 자기 마음에 부끄러움이 없은 뒤에라야 교인이라고 말할 수 있을 것이다. 방금 세계에 일대 혼란이 일어나 인물상해가 더욱 심하리니 이것이 대신사께서 말씀하신 개벽운수니라. 이 시운 변동에는 백만대병을 가지고도 막지 못할 것이요 황금만일黃金萬鎰을 가지고도 속贖하지 못하리라. 다만 바른 마음과 바른 도덕道德을 가지고야만 면할 수 있으리니 우리 교인도 정말 독신자篤信者가 아니면 면할 수 없으리라. 이 세계에 만일 천도天道 이상의 좋은 진리가 있다면 왜 그대들을 천도교에 들라고 권하겠는가. 내가 마땅히 그 진리를 취하였겠노라. 내가 항상 말하기를 몸을 성령性靈과 바꾸라고 하였으니 이것은 그대들을 죽으라는 것이 아니요 영생永生하라는 것이다. 사람이 밥은 몇 때 먹지 않아도 살 수 있으나 공기는 단 5분간이라도 마시지 않고는 살 수 없나니 공기를 마시지 아니하면 영혼이 몸을 떠나기 때문인데 이 또한 성령과 육신을 바꾸어 믿으라는 증거니라. 사람은 그 때를 밝게 보는 것도 중요하지만 장래를 밝게 보는 것이 더 귀하나니라…."

그리고 포덕 52년과 57년에 「이신환성설」以身換性說을 말씀하시면서 "이신환성은 대신사의 본지本旨"라 하시고 앞으로 다가올 대기번복의 시기에 생生을 도모하는 유일한 방법이 이신환성이라고 말씀하셨습니다. 그리고 포덕 59년 8월 14일 「인여물개벽설」을 말씀하시면서 "천지만물의 개벽은 공기로써 하고 인생만사의 개벽은 정신으로 한다." 하시고 "대기일전大機一轉의 시기가 안전에 박도迫到하였다"고 하셨습니다. "이때에 정신개벽을 하지 않으면 천하로 옷을 입고 우주로 집을 삼고 사해로 밭을 가는 그 사람이라도 한번 가지에서 떨어지면 서리 맞은 나무 잎과 같이 된다"고 하셨습니다. 춘암상사님은 "제 일 다 하고 제 잠 다 자고 도는 언제 닦겠는가"라고 하시면서 수도에 힘쓸 것을 간곡히 말씀하셨습니다.

이신환성은 예를 들면 이런 것입니다. 연못에 많은 고기가 사는데 그 연못의 물을 몽땅 흐리게 하면 흐린 물을 마시는 고기는 다 죽을 것입니다. 그러나 기슭에 나아가 솟아오르는 샘물을 마시는 고기는 살 수 있습니다. 이신환성은 그와 같다고 할 수 있습니다. 그리고 실내에 독가스가 가득 차면 모두 질식하는 것입니다. 그러나 창문 틈으로 들어오는 밖의 공기를 마시는 사람은 살 수 있습니다. 이신환성은 그와 같다고 할 수 있습니다.

인류가 큰 어려움에 처해 있고 천도교가 크게 발전하지 못하고 있는 이 때에 우리는 우선 이신환성으로 정신을 개벽해야 하겠습니다. 이신환성으로 정신을 개벽해야 모든 어려움을 슬기롭게 극복하면서 건전하게 살 수 있고 화합된 교회를 이룰 수 있고 창생을 구할 수 있을 것입니다. 정신을 개벽하여 수심정기, 심화기화가 되면 건강도 좋아지고 가정화목도 되고 모든 문제가 해결될 것입니다. 인류가 큰 재앙을 불러일으킨 근본 원인이 바로 각자위심하여 인간성을 상실하고 불순천리, 불고천명한 데 있기 때문입니다. 그런데 우리가 진실로 이신환성으로 정신개벽을 하려면 육신은 한 때의 객체요 성령이 영원한 주체라는 것을 아는 데 그칠 것이 아니라 한 걸음 더 나아가 수련을 통해서 생각을 바꾸어야 하고 '육신의 안락을 홀연히 잊어버리는 진경'에 이르러야 할 것입니다. 그러면 정신이 새로워지고, 드디어 불로불사 영세무궁의 진경에 이르게 되고, 법력法力이 발동되어 원처근처 어진 선비 풍운같이 모여드는 거룩한 교회가 될 것입니다.

이신환성 수련으로 물욕과 감정과 '나'라는 관념을 모두 잊어버리면 혼연히 무극의 경지에 당도하게 될 것입니다. 그러면 드디어 한울님과 나와 하나가 되고 수운대신사와 나와 하나가 되는 심정이 될 것입니다. 대우주, 대정신, 대생명과 하나가 되고 삼라만상과 하나가 되고 모든 사람과 하나가 되는 심정이 될 것입니다. 그러면 모든 사물이 아름답게 보이고 기쁨에 넘치고 희희아喜喜我, 희희물喜喜物이 될 것입니다. "무극 경지 당도하니 내가 바로 한울이요 한울이 바로 나일세. 어찌 나 밖에 다른 한울이 있겠는가. 몸도 한울, 마음도 한울, 성품도 한울, 천인합일 자아완성이 이것이 아니겠는가"라는 감격적인 희망을 가지게 될 것입니다.

미래를 위한 준비 - 개인적으로

우리는 이와 같은 거룩한 모습을 바라보면서 미래를 위한 준비사항을 좀 더 깊이 생각해 보아야 하겠습니다. 첫째, 개인적으로 이신환성의 진경에 이르도록 정심수도, 극성수도를 해야 할 것입니다. 그리하여 육신의 안락을 홀연히 잊어버리고 '나'라는 관념을 버리는 경지에 이르러야 할 것입니다. 그렇게 되려면 자나 깨나 주문 생각 천덕사은 잊지 말아야 할 것이며 본래의 나를 잊지 말고, 사계명과 오관실행 잊지 말고, 가도화순 잊지 말고, 보국안민 포덕광제의 사명을 잊지 말고 수도에 총력을 기우려야 할 것입니다. 그러면 활연관통해서 도를 통하게 될 것입니다. 육신관념을 버리면 성령의 새로운 광명의 세계가 열릴 것입니다. 모든 어려움을 슬기롭게 극복하고 모든 사람과 화합하고 무위이화, 순리 순도의 생활을 하게 되고 지상신선의 대 행복을 찾게 될 것입니다. 불로불사 영세무궁의 경지에 이르게 될 것입니다. 원처근처 어진 선비 풍운같이 모여들고 각자위심의 세상 사람들을 동귀일체의 길로 인도하는 심력, 법력을 얻게 될 것입니다. 한울님과 스승님과 주문과 경전과 나와 하나가 되어 천인합일 이루고 밝은 미래를 열어 나가게 될 것입니다. 우리 모두 그 경지에 이르도록 힘차게 전진합시다. 그리하여 방황하는 세상 사람들을 이 길로 인도해 나갑시다.

미래를 위한 준비 - 가정적으로

둘째, 가정적으로 온 가족이 주문, 청수, 시일, 성미, 기도의 오관五款을 실행해야 하고 수도하는 가정이 되도록 힘써야 하고 가도화순이 되도록 힘써야 할 것입니다. 그래야 온 가족이 모든 어려움을 슬기롭게 극복하고 우환 없이 행복하게 살면서 자녀, 손들도 크게 성공하고 이웃과 교회와 국가사회를 위하여 봉사하고 덕을 베푸는 도가道家가 될 것입니다.

미래를 위한 준비 - 교회 기관적으로

셋째, 교회 기관적으로는 이신환성 정신개벽 수련운동을 적극 추진해야 할 것입니다. 그 분위기, 그 기초 위에 제도 개선도 하고 대학도 세우고 방송국과 정양원과 유치원도 설립하고 전 민족 포덕 · 교화운동을 적극 추진해 나가야 할 것입니다. 특히 비상사태에 대비하는 한편 언제든지 각 지역

수련회와 포덕, 교화운동에 동원될 수 있는 이신환성 포덕사 5백명 이상을 육성 확보해야 하리라고 생각합니다. 포덕 41년도 의암성사 통문通文에 "용담수류사해원龍潭水流四海源은 포덕천하의 뜻이요 사사상수자재연원師師相授自在淵源은 5백원 도통의 뜻임을 명념하라"는 말씀이 있습니다. 그리고 포덕 53년부터 3년간 우이동 봉황각에서 49일간씩 7차에 걸쳐 수련을 하여 483명을 육성해서 3백만 대 교단을 이루고 3·1독립운동을 주도한 역사적 사실을 잊어서는 안 될 것이며, 특히 청장년들이 그 정신을 이어 나가야 할 것입니다. 명실공히 물욕과 감정과 '나'라는 개체의식을 초월한 깊은 경지에 이른 이신환성 포덕사(가칭) 5백 명 이상 수련운동을 각 지역으로 순회하면서 전개하면 드디어 천체자용, 자지자용, 오용자유, 임의용지하는 한울님의 법력이 온 누리에 퍼져 원처근처 어진 선비 풍운같이 모여들 것이며 각자위심 세상 사람 동귀일체 이루고 드디어 온 민족의 정신개벽과 자주 평화통일을 성취하게 될 것입니다.

대기번복과 같은 위기가 오더라도 창생을 구하고 나아가 세계포덕 종교화합 신앙통일의 밝은 미래의 새 역사를 열어 나가게 될 것입니다. 미래의 준비를 소홀히 하고 무사안일로 지내다가 고통을 겪었던 쓰라린 과거를 생각하면서 다함께 미래를 위한 준비에 모든 힘을 기울여 나갑시다.

끝으로, 우리 미래를 위한 준비의 기본이 되는 이신환성의 뜻을 노래로 만들어 보았습니다. "부록"에 게재하오니 참고하시기 바랍니다.

'나'를 버려야 도道를 통하고 영원한 행복을 찾는다

'나'를 버려야 합니다. '나'를 버려야 영원한 행복을 찾습니다. '나'라는 관념을 송두리째 버려야 도통을 하게 될 것입니다. '나'를 버리자는 말은 '나'라는 관념을 버리자는 말씀입니다. '나'를 버리면 바로 도통진경에 이르게 될 것입니다. 저는 최근에 다시, 수십 년 동안 수도생활을 해 왔지만 아직 '나'를 버리지 못했기 때문에 도통 진경에 이르지 못했다는 생각을 하면서 참회와 새로운 다짐을 해 보았습니다. 그러다가 문득 '나'라는 관념을 홀연히 잊어버리면 되겠다고 생각하게 되었습니다. '나'를 버리면 바로 활연관통, 광명의 새 세계가 열린다는 생각을 하게 되었습니다. 무릎을 치며 '이렇게 쉬운 것을 수십 년을 고생하였구나.' 하고 생각하였습니다.

'나'를 버려야만 도통군자가 될 것입니다

'나'를 버리면 새 사람이 되고 도통군자가 될 것입니다. '나'를 버리면 활연관통 만사지에 이르러, 불로불사 영세무궁의 영원한 행복을 찾게 될 것입니다. '나'를 버리면 천인합일, 도성덕립의 경지에 들어 천지조화를 임의대로 할 것이며 원처근처 어진 선비 풍운같이 모여들 것입니다. '나'를 버리면 법력이 생겨 각자위심 세상 사람들을 동귀일체시킬 것입니다.

대신사께서 "밝음이 있는 바를 알지 못하거든 멀리 구하지 말고 나를 닦으라. 내 마음을 그 땅에 보내라(不知明之所在 遠不求而修我 送余心於其地)라고 하셨습니다. 나를 닦으라는 것은 마음을 깨끗이 하는 동시에 '나'라는 육신관념을 닦아 없애버리라는 뜻이 있다고 생각합니다. 내 마음을 그 땅에 보내라는 것도 나를 버린 그 진경에 이르러야 한다는 말씀이라고 생각합니다. 『의암성사법설』에 "육신은 사람의 한때의 객체요 성령이 영원한 주체"라는 말씀이 있습니다. 그리고 육신관념을 성령으로 개벽하라는 말씀이 있습니다. "그러므로 수련의 극치에 이른 사람이라야 험고로써 안락하여 육신의 안락은 홀연히 잊어버리는지라, 깊은 물을 건너시며 빗속에 그냥 보행하신 것을 보아도 황연하지 않느뇨"라는 말씀이 있습니다. 우리는 이 말씀을 자주 생각하면서 그 경지에 이르도록 힘써야 하겠습니다.

이처럼 '나'를 버려야 도통군자가 되고 지상신선의 영원한 행복을 찾을 수 있습니다. 자 그러면 '나'를 어떻게 버리겠습니까? 또 '나'를 버렸다는 것을 어떻게 확인할 수 있겠습니까? "'나'는 죽었다. '나'는 없다." 이런 생각을 자주하면서 인욕관서忍辱寬恕, 자책내성위주自責內省爲主, 감사의 3단계를 체험하고 확인하는 것이 좋으리라고 생각합니다.

첫째, 인욕관서의 단계는 어떤 사람이 공연히 나에게 욕을 해도 화를 내지 않고 참고 용서하는 단계, 둘째, 자책내성위주의 단계는 모든 책임을 나에게 돌리면서 참회하는 단계, 셋째, 감사의 단계는 누가 나에게 욕을 하더라도 불쾌하지 않거나 또 참고 용서만 하는 것이 아니라 도리어 감사한 마음이 생기어 웃음으로 대하는 단계입니다. 즉 인욕관서의 단계, 자책내성위주의 단계, 그리고 기쁜 마음 감사한 마음 위하는 마음의 단계, 이렇게 3단계를 통해서 나를 버렸는지를 점검해 볼 수 있습니다. 욕을 참고 너그럽게 용서하는 단계를 거쳐서 어떤 문제가 생겼을 때 모든 책임이 나에게 있다고 생각하면서 내 마음을 살피는 것을 위주로 하는 단계를 지나서 누가 아무리 나에게 욕을 퍼붓고 원망을 해도 그 사람을 미워하지 않고 도리어 기쁜 마음, 감사한 마음, 위하는 마음으로 대처하게 되면 드디어 그 사람은 나를 버렸다고 할 수 있습니다.

우리 스승님은 삿된 나를 버리고 한울 나를 얻으신 분들

불교의 석가여래의 제자 중에 '부루나' 라는 이가 있었습니다. 하루는 석가가 많은 제자들을 모아놓고 "저 북쪽 지방에 사람을 해치는 야만족이 많이 살고 있는데 그 지방에 가서 포교 활동을 할 사람이 없겠는가?" 라고 물었습니다. 한참동안 장내가 조용해졌습니다. 그때 부루나가 일어나서 "부처님, 제가 가겠습니다." 하고 말했습니다. 그때 석가가 "만약 야만인들이 그대에게 욕을 하면 어떻게 하겠는가?" 라고 물었습니다. "예 때리지 않고 욕만 하니 감사합니다." 이렇게 말하겠다고 했습니다. "때리면 어떻게 하겠는가?" " '죽이지 않고 때리기만 하니 감사합니다' 라고 하겠습니다." "만약 죽이면 어떻게 하겠는가?" " '극락세계에 가게 해 주시니 감사합니다' 라고 하겠습니다." "그러면 되었다, 가거라." 이렇게 해서 부루나는 북쪽으로 가서 많은 포교를 하다가 순교하였다는 말씀이 있습니다. 부루나는 '나' 를 버렸다고 할 수 있습니다.

수운대신사께서 경신 4월 5일부터 천사문답을 하실 때에 하루는 한울님으로부터 백의재상의 부귀를 주겠다느니 권모술수의 술법을 주겠다느니 또는 조화 부리는 능력을 주겠다는 등의 시련이 있었으나 모두 거절하고 11일간이나 단식을 하면서 정진하여 드디어 오심즉여심吾心卽汝心의 진경에 이르러 무극대도를 받게 되었습니다. 수운대신사님이 '나' 라는 관념을 완전히 버리셨기 때문에 오심즉여심이 되었다는 말씀입니다. 그리고 수운대신사님이 관헌에 체포되어 심문을 받을 때 동학을 그만두겠다고 하면 얼마든지 살 수 있었습니다. 그러나 수운대신사님은 명命을 주시고 천도天道 바꾸어 억조창생을 살리는 순도의 길을 가시었습니다.

해월신사께서도 '나' 라는 관념을 버리셨기 때문에 36년 풍우상설을 헤쳐가면서 천도의 기초를 공고히 다지셨습니다. 의암성사께서도 '나' 라는 관념을 버리셨기 때문에 갑오동학혁명, 갑진개화혁신운동, 기미3 · 1독립운동을 영도하시고 순도의 길을 가셨습니다. 우리는 스승님의 순도정신을 생각하면서 '나' 라는 관념을 깨끗이 버려야 하겠습니다. 그러면 광명의 새 세계가 열릴 것입니다. 우주가 하나의 영체靈體, 하나의 생명체生命體요 천지만물과 모든 사람과 내가 하나임을 알게 될 것입니다. '나' 를 버리면 활연관통이 될 것이며, 한울님과 내가 하나가 될 것이며, 천지조화를 임의대로 하는 법력을 쓰게 될 것이며, 불로불사할 것이며, 원처근처 어진선비 풍운같이 모여드는 거룩한 교회가 될 것입니다.

오래 전부터 수도하는 분들은 나를 버리고 성품을 깨닫는 공부를 해야

그러면 나를 어떻게 버리겠습니까? 별 다른 도리가 없고 수도를 해야 할 것입니다. 정심수도, 극성수도를 해야 할 것입니다. 강령, 강화, 자천자각, 해탈, 대도견성의 경지에 이르도록 전진 또 전진해야 할 것입니다. 인과를 초월해야 하고 희로애락을 초월해야 하고 세속을 초탈해야 할 것입니다.

오래 전부터 수도를 하시는 분들은 이제는 강령 강화의 단계에서 제 자리 걸음만 할 것이 아니라 떨쳐 일어나서 과감하게 나를 버리고 성품 깨닫는 공부, 무극의 경지에 들어가는 공부, 천지 미판 전 소식을 듣는 공부, 육신의 안락을 홀연히 잊어버리는 깊은 공부를 하도록 힘써 나아갑시다. 그러면 원처근처 어진 선비 풍운같이 모여 들 것이며 춘삼월 호시절이 성큼 다가올 것입니다. 이것이 한울님과 스승님의 간절한 소원입니다.

성심쌍수性心雙修와 성심신 삼단 수련

모든 일은 거쳐야 할 과정이 있습니다. 그 과정을 잘 알고 실천해야만 성공을 할 수 있습니다. 등산하는 사람도 코스를 잘 알고 올라가야만 무난히 정상에 오를 수 있습니다. 공부를 하는 것도 초 - 중 - 고등학교, 대학교, 대학원 과정을 거쳐서 성공의 길로 나아가야 할 것입니다. 특히 수도는 무형한 마음의 길을 닦아 나가는 일이기 때문에 그 과정을 잘 알고 실행해야 할 것입니다. 수도의 계단을 모르고 안내자도 없이 제 마음 내키는 대로 하게 되면 결국 길을 잃고 방황하거나 엉뚱한 방향으로 나가기 쉽습니다.

천도교 수도의 기본 방향은 시, 정, 지

천도교 수도의 기본 방향은 시侍, 정定, 지知에 있습니다. 그리고 수도의 계단은 강령降靈, 강화降話, 자천자각自天自覺, 해탈解脫, 대도견성大道見性에 있고 마음의 계단을 허광심虛光心, 여여심如如心, 자유심自由心의 삼 단계로 설명하고 있습니다. 강령降靈, 강화降話로 시천주侍天主를 깨닫고 자천자각으로 조화정造化定에 이르고 해탈, 대도견성으로 만사지萬事知에 도달해야 할 것입니다. 초보 과정에 있는 분들은 우선 강령을 체험하고 영부靈符를 받고 강화를 체험하여 한울님 모심을 몸과 마음으로 증험함으로써 시천주를 깨달아야 할 것입니다. 강령 강화를 체험하지 못하면 시천주를 깨닫기 어려울 것입니다. 강령 강화를 체험한 사람과 그렇지 못한 사람은 천양의 차이가 있다는 것을 알아야 할 것입니다.

강령을 체험하려면 평좌장족법平坐藏足法으로 자세를 바르게 하고 앉아서 눈을 감고 현송으로 21자주문은 열심히 외워야 합니다. 다리가 아프더라도 참으며 움직이지 말고, 내가 한울님과 스승님을 모시고 있다는 것을 생각하면서, 또 그 은덕을 간절히 생각하면서, 그리고 지난날의 모든 허물을 참회하면서 열심히 주문을 외워야 합니다. 종이 위에 렌즈로 태양빛의 초점을 잡고 움직이지 않으면 불이 붙듯이, 한울님을 꼭 믿고 수련을 지극히 하여 몸과 마음과 한울님이 하나가 되면 드디어 감개무량한 심경이 되면서 강령이 됩니다. 눈물이 나면서 온몸이 떨리기도 하고 열이 나기도 하고 팔다리가 떨리기도 하는 등 사람에 따라 여러 가지 현상이 일어나는 것입니다. 또 억제하지 않고 호응해 나아가면 대강령이 됩니다. 그러나 강령에 머물지 말고 이를 자유자재로 조절할 수 있어야 합니다. 그리고 지도자의 안내를 받는 것이 좋습니다. 강령을 체험하고 나면 한울님 모심을 굳게 믿게 되고 기쁜 마음, 감사한 마음이 되고 건강이 좋아지게 됩니다.

이 강령의 단계를 지나 강화降話를 받으려면 내 몸에 모신 한울님께 질문을 해 보면 됩니다. 개인 문제도 좋고 경전 문구도 좋고, 알고 싶은 어떤 문제를 마음속으로 한울님께 물어 보면서 열심히 수련을 하는 것입니다. 정성이 지극하면 그 해답을 얻게 될 것입니다. 강화의 가르침은 여러 가지 상태로 나타납니다. 꿈(夢)으로 나오기도 하고, 환상으로 물체가 보이기도 하고, 소리가 들리기도 하고, 그러다가 차차 생각으로 가르침이 나오게 됩니다. 내유강화지교內有降話之教가 이루어지는 것입니다.그러나 이때 강화의 가르침의 내용이 의심이 나거나 다른 사람들의 공감을 얻지 못한다면 그것은 삿된 내 생각에서 나온 것으로 알고 버려야 할 것입니다. 한울님의 가르침은 확신이 서고 다른 사람들의 공감을 얻게 되는 것입니다.

다음으로 영부靈符를 받는 방법이 몇 가지 있습니다. 열심히 수련을 해서 대강령이 된 상태에서 붓을 들고 손 돌아가는 대로 종이 위에 쓰는 방법이 있고, 영부 받으라는 가르침을 받고 그대로 그리는 방법이 있으며, 종이 위에 물형부가 나타나서 그대로 그려서 받는 방법 등 세 가지가 있습니다. 효과는 같다고 할 수 있습니다.

강령, 강화의 단계를 거치면서 한울님 모심을 깨닫는 동시에 자기 자신의 건강은 물론 타인의 질병을 고치는 치병의 능력도 생기게 됩니다. 치병 능력은 이수치병以手治病, 이부치병以符治病, 이심치병以心治病 등 세 가지가 있다고 합니다. 뿐만 아니라 수련을 해서 마음의 힘을 얻으면 모든 일을 뜻대로 하는 등 여러 가지 능력이 생기게 될 것입니다. 그것을 영력靈力, 도력道力, 법력法力이라고 하는 것입니다. 그러나 수도생활 중 여러 가지 능력이 생긴다 하더라도 한두 번 체험할 수는 있지만 이를 자칫 남용하면 세상 사람들의 비방을 일으키기 쉽고 또 보다 큰 능력을 얻지 못하게 될 것입니다.

시천주에서 조화정으로, 조화정에서 만사지로

강령, 강화의 단계는 한울 모심을 깨닫는 시천주의 단계입니다. 그 다음에는 시천주 공부를 계속하되 수심정기 공부로 나아가야 하고 성경신을 체행하고 천지부모에게 효성을 다하면서 자심자성自心自誠, 자심자경自心自敬, 자심자신自心自信, 자심자법自心自法하여 자천자각自天自覺이 되어야 하고 천리천명에 순응하면서 한울님 덕에 합하는 조화정의 단계로 나아가야 할 것입니다. 그리고 특히 물욕과 감정과 '나'라는 관념을 모두 털어 버리고 정심수도正心修道 하도록 힘써야 할 것입니다.

시천주 과정과 조화정 과정을 거치면서 오래 전부터 수도를 하시는 분들은 더 한층 분발해서 이신환성으로 정신을 개벽하고 극성수도로 성심쌍수性心雙修와 성심신삼단 수련에 역점을 두고 총력을 경주해야 할 것입니다. 물욕과 감정과 '나'라는 관념을 버려야 하고 인과因果를 고치고 인과를 초월해야 하고 세속에서 벗어나야 할 것입니다. 그리하여 해탈, 대도견성으로 만사지에 이르러야 할 것입니다.

시천주 - 조화정 - 만사지의 단계를 알고 수심정기 공부와 성경신을 체행하면서 차차차차 성품과 마음을 분별해서 쌍방으로 닦아야 할 것입니다. 성품과 마음은 근본은 하나이지만 작용을 하면 마음이라 하고 작용하기 전 고요한 상태를 성품이라고 합니다. 즉 생각을 하면 마음이고 생각하기 전 상태를 성품이라고 생각하면 이해하기 쉬울 것입니다.

마음을 닦고 성품을 닦아야

우선 닦아야 할 것은 마음입니다. 마음을 닦는 것은 주문을 열심히 외우면서 마음을 몸 안에서 떠나지 않게 하고, 지난날의 모든 허물을 참회하고 천덕사은을 염념불망하는 것입니다. 밉다, 곱다, 괴롭다, 안타깝다는 등 복잡하게 작용하는 마음을 다 버리고 다심多心에서 일심一心이 되게 하는 것입니다. 물욕과 감정과 나라는 관념을 다 버리고 청정무구한 마음이 되는 것입니다. 부동심不動心이 되게 하는 것입니다. 일념재자一念在茲 만사여의萬事如意라는 말씀이 있습니다. 바로 마음 수련의 본령을 말씀하신 것입니다. 우리는 마음수련을 잘 해서 허광심虛光心, 여여심如如心, 자유심自由心에 이르도록 힘써야 할 것입니다. 그 다음에는 성품공부를 해야 할 것입니다.

그러면 성품은 어떻게 닦는가? 일심一心에서 무심無心상태에 이르는 것입니다. 마음을 천지만물이 생기기 전, 비고 고요한, 공공적적한 경지에 이르도록 하는 공부입니다. 아무 생각도 없는 경지, 좋은 생각이건 나쁜 생각이건 생각이 없는 경지, 천지만물이 생기기 전 무형의 근본, 성품자리에 이르는 공부를 하는 것입니다. 그러다가 생각이 떠오르면 다시 마음을 닦고,

마음을 닦아서 일심이 되면 다시 성품을 닦고, 이렇게 성품과 마음을 같이 닦아 나가면 드디어 견성각심見性覺心의 경지에 이르게 될 것입니다.

우리는 성품 수련으로 유체성有體性·무체성無體性을 깨닫고, 원각성圓覺性·비각성比覺性·혈각성血覺性을 깨닫고, 만법萬法의 인과·만상萬相의 인과·화복禍福의 인과를 깨닫고 본래의 나를 찾아야 할 것입니다. 『의암성사법설』에 "성품과 마음을 같이 닦는 것은 도를 아는 사람이라야 능히 알 수 있느니라"(性心雙修 惟知道者 能知)는 말씀이 있습니다. 그리고 "견성각심이면 내 마음이 극락이요 내 마음이 천지요 내 마음이 풍운조화니라"(見性覺心 我心極樂 我心天地 我心風雲造化)는 말씀이 있습니다. 성품 자리는 아무것도 없는 비고 고요한 자리이지만 만리만사의 본바탕이자 좋은 거울로서 거기서 천지만물과 만리만사가 나오고 한울님의 무한한 지혜와 능력이 나오는 것입니다.

성심신 삼단 수련의 요체

둘째, 성심신 삼단 수련입니다. 앞에서 설명한 성심쌍수와 육신 수련을 겸하는 것입니다. 육신 수련은 강령 체험부터 시작됩니다. 그리고 대강령이 되면 육신의 건강을 회복하고 체력적으로나 의지적으로나 왕성한 활동을 할 수 있게 됩니다. 강령을 체험하는 수련은 단전에 마음과 기운을 집중하고 열심히 주문을 외우는 것으로, 한울님의 기운과 내 기운이 하나가 되는 수련입니다. 그리고 강령은 사지백체 오장육부를 움직이는 운동이라고도 할 수 있습니다. 그 다음은 또 육신수련을 하되 먼저 마음 수련으로 마음을 깨끗이 하고 무심상태에 이르러 견성見性, 무극無極의 진경에 이르는 것입니다. 그리고 그 깨끗한 마음과 기운을 몸 안에서 떠나지 않게 하고 육신의 각 기관에 보내는 수련을 하는 것입니다. 마음과 기운을 발끝에서부터 머리끝까지 신체 각 부분에 보내면서 육신의 정상적 활동을 이루게 하는 것입니다. 또 한편 육신은 한때의 객체요 성령이 영원한 주체라는 것을 깨닫고 육신 관념을 홀연히 잊어버리는 경지에 이르는 것입니다. 육신의 안락과 고락을 홀연히 잊어버리는 수련을 하는 것입니다. 그러면 드디어 육신의 영화靈化가 이루어지고 불로불사不老不死, 영세무궁永世無窮의 생활을 하게 될 것입니다. 그리고 생활 속에서 성경신誠敬信, 사인여천을 실행해야 할 것입니다.

이상의 성심신 삼단 수련을 다음과 같이 요약해 볼 수 있습니다.

첫째, 육신수련입니다. 제1단계는 강령 체험입니다. 21자 주문을 현송으로 외우면서 강령 체험으로 한울님 기운과 내 기운이 하나가 되고 육신 전체의 운동을 하여 육신의 건강을 회복하고 유지하는 것입니다. 제2단계는 단전에 마음과 기운을 집중시키고 수련을 하는 것입니다. 그러면 육신의 정상을 찾게 될 것입니다. 제3단계는 신체 각 부분에 마음과 기운 보내기입니다. 마음과 기운을 정맥에서 떠나지 않게 하여 신체 각 부분–발 끝에서 머리 끝까지에 보내면서 수련을 하는 것입니다. 제4단계는 육신의 고락을 홀연히 잊어버리기입니다. 깊은 수련으로 '나'라는 관념을 버리고 육신의 안락, 고락을 홀연히 잊어버리는 경지에 이르면, 드디어 육신의 영화가 이루어 지고 불로불사 영세무궁의 경지에 이르게 될 것입니다. 제5단계는 생활 속에서 성경신, 사인여천을 실행하는 단계입니다.

둘째, 마음 수련입니다. 제1단계는 주문을 현송 또는 묵송으로 외우면서 참회하고 천덕사은 염념불망 하여 다심多心에서 일심一心이 되게 하는 것입니다. 제2단계는 마음을 몸 안에서 떠나지 않게 하면서, 또는 마음을 몸 밖(근본)에 보내면서 수련을 하는 것입니다. 제3단계는 수심정기 수련으로 청정무구한 마음, 부동심이 되게 하고 제4단계는 자심자성, 자심자경, 자심자신, 자심자법을 체득하고, 제5단계는 허광심, 여여심, 자유심을 깨달아 자유극락의 마음이 되도록 하는 것입니다.

셋째, 성품 수련입니다. 제1단계는 묵송으로 수련하면서 일심一心에서 무심無心이 되게 하는 것입니다. 제2단계는 견성見性 공부를 하면서 천지미판 전 소식을 듣고 무극의 경지에 이르는 것입니다. 제3단계는 육신의 안락을 홀연히 잊어버리고 나를 잊어버리는 경지에 이르는 것입니다. 제4단계는 유체성과 무체성, 그리고 원각성, 비각성, 혈각성을 깨닫고 만법의 인과, 만상의 인과, 화복의 인과를 깨닫고 '본래 의 나'를 찾아야 할 것입니다.

성심신 삼단 수련으로 성심신을 모두 깨달으면 천인합일, 자아완성에 이르게 됩니다. 그러면 드디어 천체자용, 자지자용, 오용자유, 임의용지의 능력을 발휘하면서 대도의 목적 달성을 위해 총력을 경주하게 될 것입니다. 원처근처 어진 선비 풍운같이 모여 들게 될 것이며 각자위심 세상 사람 동귀일체 이루게 될 것이며 만화귀일의 거룩한 모습을 보게 될 것입니다. 그 정상을 향해서 중단 없는 전진을 하자는 말씀을 드리고 싶습니다.

성품 수련으로 본체성을 깨닫고 원각성 · 비각성 · 혈각성, 만법의 인과 · 만상의 인과 · 화복의 인과를 깨달아 본래의 나를 찾고, 마음 수련으로 허광심 · 여여심 · 자유심을 깨달아 자유극락을 찾고, 육신수련으로 무병장수 · 불로불사 · 영세무궁 하는 지상신선이 되어 이신환성 포덕사 5백명 수련 운동과 포덕천하 광제창생 보국안민 지상천국 건설을 위해 다같이 전진합시다. "무극경지 당도하니 내가 바로 한울이요 한울이 바로 나일세. 어찌 나 밖에 다른 한울이 있겠는가. 몸도 한울, 마음도 한울, 성품도 한울, 천인합일 자아완성이 이것이 아니겠는가. 좋을시고 좋을시고 이내신명 좋을시고 불로불사 하단말가, 영세무궁 하단말가."

무왕불복無往不復의 이치

『동경대전』「논학문」에 수운대신사께서 "무왕불복無往不復의 이치를 받았다"는 말씀이 있습니다. 제자들이 "지금 천령天靈이 선생님께 강림하였다 하니 어찌 된 일입니까?" 하고 묻자 대답하시기를 "가고 돌아오지 아니함이 없는 이치(無往不復之理)를 받은 것이니라"라고 하셨습니다. 즉 무왕불복의 이치를 받았다는 말씀입니다. 무왕불복의 이치, 여기에 천도의 진리가 다 들어 있습니다. 여기에 무진장의 보물이 들어 있습니다. 우리는 무왕불복의 이치를 깨닫고 무왕불복의 이치를 받아야 하겠습니다. 그리고 무왕불복의 이치를 자유이로 활용할 수 있어야 할 것입니다. 그래야 천도교인 된 큰 보람과 기쁨과 사명감을 갖게 되고 드디어 도를 통하는 깊은 경지에 이르게 될 것입니다. 그리고 한울님의 무한한 지혜와 능력을 받아 모든 것을 자유자재로 활용하면서 대도의 목적 달성에 기여하게 될 것입니다.

무왕불복이란 무엇인가? 경전에 "가고 돌아오지 아니함이 없는 이치"라고 번역되어 있습니다. 수련을 하면서 깊이 생각해 보면 다음과 같은 여러 가지 깊은 뜻이 담겨 있음을 알게 되고 큰 깨달음을 얻게 될 것입니다.

첫째, 무왕불복과 무거무래의 이치

첫째, 가고 돌아오지 아니함이 없는 이치와 가고 오는 것이 없는(無去無來) 이치입니다. 현상계는 자연계이건 인간계이건 동물계이건, 우주 삼라만상 전체가 가고 오고, 가고 오고를 순환하면서 생성 발전하고 있습니다. 춘하추동 사계절이 끊임없이 순환하고, 생로병사 길흉화복도 순환하는 것입니다. 여기에는 원인을 지으면 반드시 결과가 돌아온다는 인과의 법칙도 포함됩니다. 우주 질서, 삼라만상, 인간 사회 모두가 인과의 법칙에 의해 순환하는 것입니다. 근본 자리는 생로병사가 없고 인과도 없지만 현상계는 고정불변한 것이 없고 전체가 춘하추동, 생성화육, 시비선악, 생로병사, 길흉화복, 흥망성쇠가 무상하게 순환하는 것입니다. 그러나 현상계는 전체가 왕래-내왕이 끊임없이 순환하지만 근본, 무극의 경지, 본성 자리는 왕래도 없고, 생사도 없고, 선악도 없고, 희로애락도 없고, 말도 글도 없는 지극히 고요한 경지라는 뜻이 담겨 있습니다.

둘째, 후천개벽의 성운을 맞이하게 되었다

선천시대는 쇠운이 지극하여 물러가고 후천개벽의 새 역사, 인내천의 새 시대가 열리는 성운이 온다는 말씀입니다. 무왕불복의 이치를 받았다는 것은 그 성운을 맞이하게 되었다는 말씀입니다. 경전에 "쇠운이 지극하면 성운이 오지마는 현숙한 모든 군자 동귀일체 하였던가"라는 말씀이 있습니다. 우리는 큰 희망을 안고 힘차게 나가야 하겠습니다.

셋째, 동귀일체同歸一體의 이치

무왕불복의 이치를 깨닫고 보면 우주가 한 몸이요, 한 이치 · 한 기운 · 한 생명체임을 알게 되는 것입니다. 즉 일체一體의 원리를 알게 되는 것입니다. 대우주 · 대정신 · 대생명과 내가 하나요, 삼라만상과 내가 하나요, 억조창생과 내가 하나라는 것을 스스로 알게 되는 것입니다. 외형으로 보면 모든 사람과 삼라만상이 개개 별별이 떨어져 있지만 실은 한 이치, 한 기운 , 한 생명체로 모두가 한 몸이요 모두가 '나'라는 것을 알 수 있습니다. 여기서 동귀일체 만화귀일萬化歸一의 뜻을 알 수 있습니다. 우리는 이 원리를 알고 인류가 한 가족 같이 사는, 새 세계를 건설해야 할 것입니다. 이 원리를 깨달으면 너 나가 없고, 인류가 한 동포, 한 형제, 한 가족이 분명한 것입니다. 모든 사람을 한울같이 공경하고 물건을 공경하게 되고 자연을 함부로 훼손할 수가 없는 것입니다. 땅 아끼기를 어머니 살같이, 내 살같이 하게 될 것입니다. 무왕불복의 이치를 깨달으면 인간 사회만이 아니라 우주 삼라만상이 한 가족이 되는 것입니다. 여기서 비로소 한울님의 뜻이 실현되는 것입니다.

넷째, 무無와 유有의 근본이 하나라는 뜻

우주 삼라만상은 무형과 유형, 유형과 무형이 무상하게 전개되지마는 근본은 하나라는 것을 알게 되는 것입니다. 우리 사람도 무형한 한울님이 유형화된 존재요 또 언젠가는 무형으로 돌아간다는 것을 알 수 있습니다. 무형과 유형이 계속 반복되는 것입니다. 그 진리를 알게 되면 죽음의 공포에서 벗어나게 되고 돈과 명예와 권리에 집착하지 않고 텅 빈 마음으로 자유 극락을 누리게 될 것입니다.

다섯째, 무궁한 이 울 속에 무궁한 '나' 라는 뜻

유형한 육신만 보면 생로병사, 길흉화복, 흥망성쇠, 시비선악이 무상하게 전개되지만 천지무궁의 근본, 무왕불복의 이치를 깨닫고 보면 본래의 나는 천지만물이 생기기 전 억억만년 전부터 있었고 억억만년 후까지 가는 영원한 존재, 즉 무궁한 이 울 속에 무궁한 나라는 것을 깨닫게 되는 것입니다. 불로불사 영세무궁의 나를 찾게 되는 것입니다.

여섯째, 임의용지의 능력을 발휘하면서 보국안민, 포덕광제의 사명을 수행

극성수도를 하면서 강령, 강화, 자천자각, 해탈, 대도견성 등 여러 과정을 거치고 '나' 라는 관념을 홀연히 잊어버리고 무극의 진경에 이름으로써 한울님과 내가 하나가 되고, 수운대신사와 내가 하나가 되고, 대우주 · 대정신 · 대생명과 내가 하나가 되고, 삼라만상과 내가 하나가 되고, 모든 사람과 내가 하나가 되고, 무왕불복의 이치를 받고 보니 내가 바로 우주의 주인임을 깨닫게 되는 것입니다.

또한 한울님의 무한지혜, 무한능력, 무한공급을 받게 됨을 알게 되고 천체자용, 자지자용, 오용자유, 임의용지의 법력으로 천지만물과 민족과 인류를 구해야 한다는 사명감을 갖게 될 것입니다. 그리하여 보국안민 포덕광제의 거룩한 목적달성에 총력을 기울이게 되는 것입니다. 『의암성사법설』「후경」에 "몸은 청풍명월에 있고 집은 우주강산에 있느니라"(身在淸風明月 家在宇宙江山)고 하고, 또 "희희아喜喜我, 희희물" 喜喜物이라 하셨으니, 항상 기쁨에 넘치는 생활을 하게 된다는 말씀입니다.

그리고 "내 한울을 내 도로 하면 천도의 한량없는 것이 또한 내게 매었으니 내가 높고 높음이 위도 없고 위도 없어 세 한울의 위에 높이 있느니라"(我天我道 天道無量 亦繫我也 我尊 我尊 無上 無上 尊於三天之上)는 말씀이 있습니다. 천인합덕의 경지에 이르면 내가 천도에 매여 사는 것이 아니라 천도가 나에게 의지하는 것입니다. 내가 한울님께 바라는 것이 아니라 천도天道가 나에게 부탁하는 상태가 되는 것입니다. 노이무공勞而無功하시던 한울님이 나를 만나 뜻을 이루시게 되는 것입니다. 아들 딸이 부모님께 효도하면 부모는 자식에게 모든 재산을 맡기듯이 한울님께서 나에게 모든 살림과 일을 맡기게 되는 것입니다.

일곱째, 인류의 모든 재앙을 근원적으로 극복하는 이치

오늘날 인류는 여러 가지 큰 재앙에 직면하여 고심하고 있습니다. 핵전쟁, 신종플루 등 괴질, 분열과 파쟁, 식량과 물과 에너지 부족, 지구 온난화, 이상기온, 대기오염 등은 실로 생명을 위협하는 큰 재앙이 아닐 수 없습니다. 무왕불복의 이치를 깨닫고 보면 이 모든 재앙의 근본 원인이 온 세상 사람들의 각자위심과 불순천리 불고천명하는 데 있음을 알게 되고, 따라서 온 민족과 인류가 정신개벽운동을 전개함으로써 능히 재앙을 극복할 수 있다는 신념과 사명감을 갖게 될 것입니다. 『의암성사법설』에 "너의 정신이 곧 천지의 공기"라는 말씀이 있고 "지금에 그대들은 가히 하지 못할 일을 생각지 말고 먼저 각자가 본래 있는 정신을 개벽하면 만사의 개벽은 그 다음 차례의 일이니라"라는 말씀이 있습니다. 그리고 의암성사 통문에 5백 원員 도통군자에 대한 말씀이 있습니다. 이신환성 포덕사 5백 명을 육성하면 인류의 모든 재앙을 능히 극복할 수 있는 법력을 발휘하게 될 것입니다. 이신환성 포덕사 5백명 육성과 전 민족 정신개벽 운동이 매우 시급한 과제임을 명심해야 하겠습니다. 이것이 오늘의 천도교인들이 해야 할 일입니다.

우리는 무왕불복의 이치를 깨달아야 하고 무왕불복의 이치를 받아야 하고 무왕불복의 이치를 임의용지로 활용하면서 민족과 인류를 구하고 무극대도의 목적을 달성해야 하겠습니다. 저는 오래 동안 천도교를 해 오면서도 무왕불복의 이치를 잘 모르고 지내온 것을 부끄럽게 생각하면서 이제부터는 정말 무왕불복의 이치를 깊이 생각하고 자유롭게 활용하면서 우주 삼라만상과 온 세상 사람과 한 가족같이 지내면서 지상천국 건설을 위하여 무극대도의 새 역사 창조를 위하여 힘써 나갈 것을 굳게 다짐하면서 그리고 우리 다 같이 힘쓰자는 말씀을 간곡히 드리면서 마치겠습니다.

대도견성大道見性을 향해 나갑시다

- 성령 수련의 과정

『의암성사법설』「권도문」에 "대도견성大道見性하기를 바라노라"라는 말씀이 있습니다. 스승님께서는 우리들의 대도견성을 간절히 바라고 있습니다. 대도견성을 해야 자아완성과 영원한 행복을 찾는 동시에 대도의 목적을 달성할 수 있기 때문입니다. 우리는 대도견성을 향해서 끊임없이 전진해야 할 것입니다. 수도의 계단이 강령, 강화, 자천자각, 해탈, 대도견성이라는 것을 잘 알고 한 걸음 한 걸음 밟아 나가야 하겠습니다. 또한 대도견성은 무극대도를 닦고 깨닫는 동시에 견성각심함으로써 이룰 수 있습니다. 무극대도와 견성각심의 수련을 동시에 추구해 나가야 할 것입니다.

오래 전부터 수도생활을 해 오시는 분들은 수도의 절차와 요령을 말씀드리지 않아도 다 잘 아실 줄 믿고, 오늘은 성품 공부, 성령 수련에 대해서 말씀드리고자 합니다. 오랫동안 독실히 수련을 하시는 분들은 잘 사는 길이 수도를 하는 데 있다는 것을 알 것입니다. 건강하게 사는 길, 보람 있게 사는 길이 여기에 있고 영원한 행복의 길이 수도를 하는 데 있다는 것을 알 것입니다. 또한 화합의 길이 여기에 있고, 교회의 발전과 민족 통일, 세계 평화의 길이 바로 여기에 있다는 것을 깨달았을 것입니다. 그리고 무극대도에 대한 확고한 신념과 사명감도 갖게 되었을 것입니다. 참으로 기쁘고 감사한 일이 아닐 수 없습니다.

그러나 그것으로 수도가 끝난 것은 아닙니다. 문제는 지금부터입니다. 수련이 이러한 경지에 이른 분들은 더욱 분발해서 극성 수도를 하고 대도견성의 정상을 향해 총 전진해야 할 것입니다. 지금의 자리에서 제자리걸음을 하거나 중단하게 되면, 중고등학교 공부만 하고 대학교에 진학하지 못하는 것과 같다고 할 수 있습니다. 그 결과는 농사를 짓고도 거두어 드리지 못하는 슬픔을 면하지 못하게 될 것입니다.

오랫동안 수련의 공력을 쌓았다는 분들도, 지금까지는 주로 마음공부를 해 왔다고 생각합니다. 마음공부를 해서 많은 것을 깨달았고 한울님의 지혜와 능력을 받았습니다. 그러나 이것이 전부가 아닙니다. 더 큰 공부를 해야 하겠고 더 큰 능력을 얻어야 할 것입니다.즉, 이제부터는 성품 공부, 성령性靈 수련을 해야 하리라 생각합니다. 성령 수련을 해야 견성각심을 하게 되고 해탈, 대도견성에 이르게 될 것입니다. 깊은 성품 수련을 해야 활연관통하게 되고 나의 무궁성을 알게 되고 한울님의 무한 지혜, 무한 능력, 무한 공급을 받게 되고 자유 극락을 찾게 될 것입니다.

성품자리는 비고 고요한 자리이지만 만리만사의 원리원소요 크게 활동하는 비밀의 기틀로서 무진장의 보물창고라고 할 수 있습니다. 성령 수련은 바로 그 무진장의 보물창고를 개발하는 가장 소중한 공부라고 할 수 있습니다. 『무체법경』에 "연심煉心은 수자성본부지受自性本府之 대활동적 밀기"大活動的密機라는 말씀이 있습니다. 그러면 성령수련을 어떻게 하겠습니까? 우선 참회와 천덕사은 염념불망하는 수련을 통하여 강령, 강화로 시천주를 깨달아야 하고 그리고 수심정기 공부로 본래의 마음이 한울님임을 깨닫고 마음을 맑고 깨끗하게 하고 한걸음 더 나아가 전혀 생각이 없는 비고 고요한 경지에 이르러야 할 것입니다. 심위공적계心爲空寂界에 나아가는 것입니다.

대도견성을 향한 성련 수련, 연성의 과정을 3단계로 나누어 볼 수 있습니다. 성품을 보는 견성見性의 단계, 성품을 깨닫는 각성覺性의 단계, 성품을 거느리는 솔성率性의 단계가 그것입니다.

첫째, 성품을 보는 견성見性의 단계

우선 마음공부를 하는 동시에 성품과 마음을 분별할 줄 알아야 할 것입니다. 근본은 하나인데 작용하기 전 상태를 성품이라 하고 작용하는 상태, 즉 생각을 하는 상태를 마음이라고 한다는 것을 알고 성품 보는 공부를 해야 합니다. 성품은 무형인데 어떻게 보겠습니까? 마음으로 보는 것입니다. 마음으로 어떻게 보겠습니까? 마음을 비우고 고요하게 하는 것입니다. 심위공적계心爲空寂界라는 말씀이 있습니다. 마음을 비우고 고요하게 하려면 우선 21자 주문을 열심히 외우면서 지난날의 모든 허물을 참회하고 천덕사은 염념불망하는 것입니다. 강령 강화로 시천주를 깨닫고, 수심정기 공부로 마음을 바르고 밝고 착하고 의롭게 하는 동시에 본래의 마음이 한울님임을 깨달아야 할 것입니다. 또 수심정기 과정을 충분히 체험한 후 견성공부를 해야 할 것입니다. 수련 중 강령을 조절하고 공空, 단斷의 정신으로 물욕과 감정과 모든 집착과 '나'라는 관념을 버려야 할 것입니다. 그 다음은 13자 주문을 묵송으로 외우면서 마음을 몸 안에 두기도 하고(心以物內), 몸 밖에 두기도(心以物外) 하면서 수련을 계속하다가 마음을 성심본체에 두고 정진해야 할 것입니다. 또한 호흡을 조절하면서 청정무구한 마음이 되게 하고 그리고 한 걸음 더 나아가 마음이 비고 고요한 경지에 이르게 하는 것입니다. 공중에 구름이 사라지면 찬란한 태양 빛을 볼 수 있듯이 마음을 비우고, 마음을 성품과 같이 고요하게 하면 드디어 견성의 경지에 이르게 될 것입니다.

의암성사 법설에 "견성각심見性覺心이면 내 마음이 극락이요 내 마음이 천지요 내 마음이 풍운조화"라는 말씀이 있습니다. 성품 보는 공부를 자주

하면 항상 즐겁게 살 수 있습니다. 과거의 좋지 못한 모든 인과에서 초탈할 수 있습니다. 기도를 하되 마음을 일심이 되게 해 가지고 하는 기도와 무심 즉 성품자리에 이르렀다가 나와서 하는 기도와는 천양의 차이가 있다는 것을 알게 될 것입니다.

『동경대전』「팔절」八節에 "밝음이 있는 바를 알지 못하거든 멀리 구하지 말고 나를 닦으라. 내 마음을 그 땅에 보내라"(不知明之所在 遠不求而修我, 送余心於其地)라는 말씀이 있습니다. 마음을 그 땅에 보내라는 것은 바로 근본, 즉 성품자리에 마음을 보냄으로써 밝은 광명을 찾을 수 있다는 말씀입니다.

둘째, 성품을 깨닫는 단계; 각성覺性의 단계

견성을 위한 성령수련을 중단하지 않고 계속해 나가게 되면 차차차차 성품을 깨닫게 되고 드디어 활연관통을 하게 될 것입니다. 유체성과 무체성을 알게 되고 또한 본래의 나를 깨닫고 보니 나를 체體로 하고 용用으로 하는 것이 세 성품이 있다는 것을 깨닫게 되는 것입니다. 즉 원각성, 비각성, 혈각성이 있다는 것을 알게 된다는 것입니다. 『무체법경』에 "아체용지실유삼성"我體用之實有三性이라는 말씀이 있습니다. 세 성품을 자유로 활용하게 되어 있다는 말씀입니다. 계속 공부해 나아가면 원각성은 천체天體 운행의 이법이요 비각성은 만물화생의 이법이요 혈각성은 인간의 화복禍福의 이법임을 깨닫게 되는 것입니다.

그리고 『의암성사 법설』「이신환성설」에 있는 "수련의 극치에 이르러 본체성本體性을 깨달으면 혈각성의 선악강유에 있어서 천만 년 전 사람이나 천만년 후 사람이나 현대 사람이 같은 것을 깨달을 것이니 이것을 깨달은 사람은 대신사요 깨닫지 못한 사람은 범인이니라"라는 말씀의 뜻을 훤히 알게 될 것입니다. 『무체법경』에 "마음이 성품 깨닫는 데 들어가면 그 자리에 있을 것이니 한번 잠잠함에 공적극락이요 한번 기쁨에 태화건곤이요 한번 움직임에 풍운조화"라는 말씀이 있습니다. 또한 "각성자覺性者를 천황씨天皇氏라고 한다"는 말씀이 있습니다. 성품공부야말로 엄청나게 큰 공부라는 것을 깨닫게 되는 것입니다.

셋째, 성품을 거느리는 단계 : 솔성率性의 단계

성품을 거느리는 높은 단계에 이르게 되는 것입니다. 생각과 말과 행동을 천성 그대로 하게 되는 것입니다. 항상 경천순천敬天順天하는 생활을 하게 되고 공도공행公道公行, 공도공용公道公用, 무심행無心行, 무애행無碍行, 자유극락, 지상신선의 영원한 행복의 길을 찾게 되는 것입니다. 한울님의 무한 지혜, 무한 능력, 무한 공급을 받게 되는 것입니다. 드디어 원처근처 어진선비 풍운 같이 모여들게 되고 각자위심各自爲心 세상 사람 동귀일체 되는 새 역사를 열어나가게 되는 것입니다.

'능력이 가히 천지를 운반하고 권능이 가히 만상의 윗자리가 된다' 고 하였습니다. 드디어 대도견성大道見性의 정상에 우뚝 서게 될 것입니다. 우리 다 같이 대도견성을 향해 총 전진합시다.

위하는 마음으로 살아갑시다(1)

세월이 빨라서 어느덧 1월(포덕151년) 마지막 시일侍日을 맞이하였습니다. 여러분 모두 온 가족과 함께 더욱 건강하시고 만사여의하시기를 기원합니다. 그리고 새해에는 모든 동덕들이 정심수도하여 도성입덕, 가도화순 이루고 교회적으로 이신환성, 정신개벽 수련운동이 활발히 일어나 동귀일체, 대 화합을 이루고, 대도중흥, 민족통일, 환경보전과 생명운동, 인류의 영원한 평화의 새 기운을 조성하면서 보국안민 포덕광제를 향한 힘찬 전진이 있기를 간절히 기원합니다. 특히 새해에는 수도하는 모든 분들이 성령 사람으로 거듭나서 남을 위해 기도하고 남을 위해 봉사하고 서로 돕고 서로 위하는 차원 높은 방향으로 정진해서 많은 포덕이 이루어지고 원처근처 어진 선비 풍운같이 모여 드는 거룩한 한해가 되기를 기원합니다.

우리는 진정으로 남을 위하여 살 수 있어야

저는 지난(포덕150년) 12월 25일부터 1월 17일까지 화악산수도원과 가리산수도원에서 수련을 하였습니다. 추운데도 불구하고 눈길을 헤쳐가며 많은 분들이 오셔서 성황을 이루었습니다. 여러 동덕들과 함께 수련하면서 저 자신의 모든 허물을 참회하고 마음을 더욱 새롭게 하고자 하였습니다. 새 사람, 성령사람으로 거듭나 위하는 마음으로 살면서 남을 위해 기도하고 남을 위해 봉사하는 생활을 해야겠다는 다짐을 굳게 하였습니다. 그것이 한울님과 스승님의 뜻을 받드는 길이요 교회와 나라를 위하는 길이요 나와 내 가정의 영원한 행복을 찾는 길임을 알게 되었습니다.

과거 성현들은 세상 사람들의 죄를 자기 죄로 생각하면서 대신 속죄하고 도와주고 고통을 같이 하면서 진리를 폈습니다. 스승님들은 창생을 위하여 일생을 바치셨습니다. 우리가 의식을 진행할 때 봉전하는 청수淸水를 생각해 보면 물은 천지만물이 나고 자라도록 모든 것을 묵묵히 바치는 생성의 거룩한 덕德, 화합의 덕, 그리고 순도의 정신을 보여 주고 있습니다. 대신사께서는 최후 순간에도 청수를 봉전하고 민족과 인류를 위해 기도를 하시고 순도하셨습니다.

저는 그동안 천도교를 신앙하면서, 수도를 한다고 하면서도 또 이신환성에 대하여 말은 많이 하면서도 육신관념을 청산하지 못하고 다분히 나만을 위해 살아오지 않았나 참회하면서 이제부터는 정말 성령사람으로 살아야겠다는 생각을 많이 하게 되었습니다. 지난 80 평생 동안 다른 사람들에게 별로 관심을 두지 못하고 나의 행복을 추구하는데 주력해 온 것을 부끄럽게 생각하면서 이제부터는 남을 위해서 기도하고 다소라도 도와주는 생활을 해야겠다는 생각을 하였습니다. 그래서 성령에 대한 생각을 깊이 해 보았고 남을 위한 기도를 해 보았습니다. 우선 성령의 세계를 깊이 생각하면서 마음을 깨끗이 하고 같이 수련하는 분들을 마음속으로 일일이 호명하면서 기도하였습니다. 그러니까 우선 제 마음이 흐뭇해짐을 느낄 수 있었습니다. 잡념이 다 없어지고 시비하는 마음이 없어지고 속세를 떠난 것 같았습니다. 한 단계 올라가는 것 같았습니다. 한울님과 하나가 되고 스승님과 하나가 되는 길이 여기에 있다는 생각을 하게 되었습니다. 그래서 성령의 세계를 좀 더 깊이 생각해 보았습니다.

육신의 세계는 변화가 무쌍합니다. 생로병사, 길흉화복, 흥망성쇠, 시비선악, 희로애락이 무상無常하게 전개되는 것입니다. 그러나 성령의 세계,

본성本性 자리는 생로병사가 없습니다. 송구영신도 없습니다. 길흉화복도 없고 흥망성쇠도 없고, 시비선악도 희로애락도 없습니다. 무선무악이요 불생불멸이요 무루무증이라고 했습니다. 무사생, 무선악, 무동작, 무공적, 무색상, 무상하, 무고금, 무언서일 뿐입니다. 그야말로 진진여여, 공공적적, 자유극락의 세계입니다. 여기서 우주가 하나의 생명체요 인류가 한 가족이라는 생각을 절실히 하게 되는 것입니다. "무극경지 당도하니 내가 바로 한울이요 한울이 바로 나일세. 어찌 나 밖에 다른 한울이 있겠는가. 몸도 한울 마음도 한울 성품도 한울, 천인합일 자아완성이 이것이 아니겠는가. 인류가 한 가족이 되는 길이 이것이 아니겠는가"라는 생각을 해 보았습니다. 육신관념을 홀연히 잊어버리는 것 같았습니다.

그 성령의 세계, 무극의 진경에 이름으로써 인생의 모든 문제가 해결될 것이라는 생각을 하게 되었습니다. 여기서 진정한 행복, 영원한 행복을 찾을 수 있습니다. 마음이 편안해지고, 밉고 고운 것 다 없어지고 모든 사람과 화합할 수 있습니다. 건강도 좋아지고 모든 일이 생각하는 대로 이루어질 것입니다. 누가 나를 비방해도 너그럽게 용서할 수 있고 감사한 마음으로 대할 수 있을 것입니다. 다른 사람의 잘못을 용서할 수 있고 모든 사람과 화합할 수 있겠다는 생각을 하게 되는 것입니다.

진정으로 남을 위하려면 성령 사람으로 거듭나야

아침마다 잠깐씩이라도 이신환성의 그 진경에 이르는 수련을 하면 하루종일 즐겁게 지낼 수 있을 것입니다. 그래서 의암성사님은 "이신환성은 대신사의 본지"라고 말씀하셨구나, 그래서 "위위심을 잃지 말라"고 하셨구나 하는 생각을 하면서 그 뜻을 헤아릴 수 있게 될 것입니다. 행복의 길이 여기에 있고 교회 발전의 길이 여기에 있다는 확고한 신념과 사명감도 여기에서 갖게 되는 것입니다. 여기에서 혼탁한 세상 물결에 휩쓸려 방황하는 세상 사람들을 이 길로 인도해야겠다는 생각을 하게 되는 것입니다.

남을 위한 기도를 해야겠다는 생각을 하게 되는 것도 이 단계의 자연스런 과정이라고 생각됩니다. 성인은 위위심으로 살고 범인은 마탈심으로 산다는 의암성사님 말씀이 바로 그것을 말씀하신 것입니다. 그때 마침 어떤 분이 저에게 책을 한 권 보내와서 보니까 "자기만을 위하는 이기심을 버리고 남을 위하는 이타심을 가져야 한다"는 내용이 있었습니다. 인류는 이제 이기심으로 서로 속이고 빼앗는 생활을 청산하고 이타심으로 서로 도와주는 세상을 건설해야 한다고 하였습니다.

오늘날 온 세상 사람들이 극단적 이기심을 버리지 못하면 인류는 멸망의 위기에 직면하게 될 것입니다. 하루속히 이타심으로 마음을 바꾸어야 할 것입니다. 일찍이 수운대신사님은 '여세동귀'라는 말씀을 하셨습니다. 세상과 더불어 같이 돌아간다는 말씀입니다. 지금 세상 사람들이 천도 진리에 접근해 오고 있음을 알 수 있습니다. 세상 사람들도 정신개혁, 의식개혁, 새마음운동을 부르짖고 있습니다. 그러나 그 방법을 모른다는데 문제가 있습니다. 그 방법이 천도교에 있습니다. 인류 생존의 열쇠가 바로 인내천 진리에 있다고 할 수 있습니다. 결국 천도교로 돌아오고야 말 것입니다.

『동경대전』「후팔절」에 "'도'가 있는 바를 알지 못하거든 내가 나를 위하는 것이요 다른 것이 아니니라"(不知道之所在 我爲我而非他)는 말씀이 있습니다. 이 말씀 가운데는 인생의 나갈 길을 깨달아 나가는 것이 도道요, 습관된 나로 하여금 본래의 나를 위하게 하는 것이 도요, 남을 위함으로써 한울님을 위하고 무궁한 나를 찾게 된다는 뜻이 담겨 있다고 생각합니다.

『의암성사법설』에 "성인의 위위심爲爲心은 자리심自利心이니라. 자리심이 생기면 이타심이 생기고, 이타심이 생기면 공화심共和心이 생기고, 공화심이 생기면 자유심이 생기고, 자유심이 생기면 극락심極樂心이 생긴다"는 말씀이 있습니다. 그리고 마탈심을 두지 말고 위위심을 잃지 말라고 간곡히 말씀하셨습니다.

수도하여 이신환성, 정신개벽을 해서 성령사람이 되면 영원한 행복의 길이 여기에 있다는 신념과 사명감을 갖는 동시에 자연히 남을 위해 기도를 하고 도와주어야 하겠다는 생각을 하게 될 것입니다. 남을 위해 기도하고 도와주면 손해를 보는 것이 아니라 나는 저절로 한울님의 무량대복을 받게 될 것입니다. 우주가 하나의 생명체요 나와 남은 둘이 아니고 하나이기 때문입니다. 세상 사람들은 이 원리를 모르고 남을 헐뜯고 못살게 비방하고 남의 것을 빼앗아 가지고 자기만 잘 살겠다는 극단적 이기심에서 헤어나지를 못하고 있는 것입니다. 나만을 위한 기도가 한 가지 복을 받는다면 남을 위한 기도와 노력을 하면 한울님의 무량대복無量大福을 받게 될 것입니다. 남을 위하면 바라지 않아도 그 복이 결국 나에게도 돌아온다는 것을 알아야 합니다. 좋은 원인을 지으면 좋은 결과, 나쁜 원인을 지으면 나쁜 결과가 돌아온다는 인과의 법칙을 여러분은 다 아실 줄 믿습니다.

예화 한 가지를 말씀드리겠습니다

옛날에 가난한 청년이 있었습니다. 어느날 청년은 저 먼 깊은 산중에 무슨 소원이든지 다 들어 주는 도사가 있다는 소문을 들었습니다. 그 청년은 부자로 살고 싶어 여비를 준비해 가지고 그 도사를 만나려 집을 떠났습니다. 길을 가다가 어느 동리에서 하룻밤 자게 되었습니다. 그 마을 사람들이 도사를 만나거든 우리 동리의 저 배나무에 배 많이 열리는 방법을 알아 달라는 부탁을 그 청년에게 하였습니다. 그렇게 하기로 약속하고, 다음 날 또 가다가 날이 저물어서 또 어떤 동리에서 하룻밤 자게 되었습니다. 그 마을 사람들은 우리 마을은 물이 부족하니 물 많이 나게 하는 방법을 알아 달라고 하였습니다. 그렇게 하기로 약속을 하였습니다. 그 다음 날 걸어가다가 어떤 집에서 자게 되었는데 주인 집 딸이 말 못하는 벙어리인데, 말할 수 있게 해 달라는 것이었습니다. 또 그렇게 하기로 약속을 하고 떠났습니다. 이 청년은 걷고 걸어서 깊은 산중에 들어가 결국 그 도사를 만날 수 있었습니다. 그런데 도사의 말이, 남의 소원을 물으려면 자기 소원은 묻지 말아야 하고 자기 소원을 물으려면 남의 소원을 묻지 말라는 것이었습니다. 이 청년은 망설이다가 자기 소원은 다음으로 미루기로 하고 남들의 소원을 묻겠다고 하였습니다. 그러자 그 도사는 청년이 듣고 온 마을 사람들의 소원 이루는 방법을 다 가르쳐 주었습니다. 그 청년은 돌아서서 달려가 먼저 벙어리 아가씨 집을 찾아 갔습니다. 집 주인이 "알아왔느냐?" 고 묻자 "예 알아왔습니다. 신랑 될 사람을 만나면 금방 말을 하게 된다고 하였습니다" 라고 말을 하자마자, 마침 그 아가씨가 문을 열고 들어오면서 "안녕하세요." 하고 인사말을 하는 것이었습니다. 결국 청년은 그날 장가를 들게 되었습니다. 며칠 있다가 또 물이 귀한 동리에 가서 "저 앞산 중턱에 있는 바위를 굴리면 물이 많이 나온다" 고 알려 주었습니다. 온 동리 사람들이 나와서 그 바위를 굴리자 물이 솟아 올랐습니다. 그 동리 사람들이 고마워하면서 많은 땅을 주어서 부자가 되었습니다. 또 다음 배나무에 배 열리지 않는 동리에 가서 배나무 밑을 파면 금과 은이 나오는데 그것을 파내면 배가 많이 열린다고 알려 주었습니다. 동리 사람들이 삽과 곡괭이로 흙을 파내니까 과연 금은보화가 쏟아져 나왔습니다. 배가 많이 열리자 동리 사람들이 그 보물 절반을 청년에게 주었습니다.

이 청년은 남을 위하니까 자기는 저절로 행복해진다는 것을 알게 되었습니다. 진실로 남을 위하여 기도하고 도와주면 결국 남도 행복해지고 자기도 행복해지는 동시에 나아가 천인합덕天人合德, 자아완성의 정상에 성큼 올라서게 될 것입니다. 도통道通의 길이 활짝 열릴 것입니다.

『의암성사법설』에 "사람이 서로 사랑해야 반드시 큰 도를 얻는다" "성심신 삼단으로 서로 돕고 서로 사랑하면 대도의 큰 근본이 된다"는 말씀이 있습니다. 남을 위한 기도와 봉사는 결국 한울님의 큰 복을 저절로 받는 동시에 도성덕립의 뜻을 이루는 밑거름이 될 것입니다. 즉 남을 위한 기도와 노력은 남도 잘 되고 나도 잘 되고 다 같이 잘 사는 지상천국의 길입니다. 이 세상에는 종교인이 많습니다. 과연 남을 위하여 진실로 기도하는 종교인이 얼마나 될까 하는 생각을 하게 됩니다.

『해월신사법설』에 "독실히 공부해서 이루지 못할 것이 없다"는 말씀이 있습니다. 우리 모두 독공篤工 수련을 많이 해서 성령사람이 되는 동시에 남을 위해 기도하고 서로 서로 도와주면서 다 같이 한울님의 무량대복을 받는 천도교인이 되자는 말씀을 드리면서 설교를 마치겠습니다.

새 사람으로 거듭나는 길

경전에 '갱정포태지수' 更定胞胎之數라는 말씀이 있습니다. 갱정은 다시 정한다는 말이며 포태지수는 어머니 포태속에 잉태되는 이치를 말합니다. 즉 개벽운수를 맞이하여 사람과 만물이 다 새로워져야 한다는 말씀입니다. 특히 우리가 어머니 포태에서 태어나듯이 모든 사람이 한울님 품안으로 돌아와 영적으로 다시 태어나야 한다는 말씀입니다. 근본적으로 사람이 새로워지지 않고서는 개인의 행복도 찾을 수 없고 국가 사회의 건전한 발전을 기할 수도 없기 때문입니다. 이 말씀은 백여 년 전에 우리 스승님께서 하신 말씀입니다. 날이 가면 갈수록 혼탁한 세상을 볼 때마다 스승님의 말씀이 참으로 지당한 말씀이었다는 생각을 아니 할 수가 없습니다.

정신개벽, 신인간 창조 운동이 최급선무의 과제

여러분은 지금 이 세상에서 가장 시급한 과제는 과연 무엇이라고 생각하십니까? 세상 사람들은 여기에 대해서 여러 가지로 이야기할 것입니다. 돈 버는 것이 시급하다, 행복을 찾는 것이 시급하다, 건강 회복이 시급하다, 자격증 따는 것이 시급하다는 등 여러 가지로 이야기할 것입니다. 또 국가 사회적으로는 경제 발전이 시급하다, 정치 개혁이 시급하다, 남북 통일이 시급하다, 도덕성 회복과 환경 보전이 시급하다, 또는 화합이 시급하다는 등 여러 가지로 이야기할 것입니다. 그 모든 것들이 다 시급한 일들입니다. 그러나 다시 눈을 크게 뜨고 세상을 바라보면 더 중요하고 시급한 일이 있습니다. 그것은 스스로가 새로워지고 인간 모두가 새로워지는 일입니다. 정신개벽, 신인간 창조 운동이 최급선무의 과제라는 말씀입니다. 사람 자체가 새로워지지 않고서는 아무것도 이룰 수가 없기 때문입니다. 낡고 병든 사람이 어떻게 행복할 수 있겠습니까? 부패한 사람이 어떻게 정치개혁을 하며 경제 발전을 이루며 도덕성 회복과 환경 보전을 하겠습니까?

대신사께서 일찍이 온 세상 사람이 각자위심하여 불순천리 불고천명하기 때문에 세상에 악질이 가득 찼다고 하셨습니다. 각자위심은 천심을 잃어버리고 각각 습관된 마음으로 사는 것을 말하고, 불순천리는 한울님의 진리를 따르지 않는 것이요, 불고천명은 한울님은 모든 일을 간섭하고 명령하는데 그 명을 돌보지 않고 제멋대로 사는 것을 말합니다. 그래서 수운대신사님은 세상을 건지는 길은 세상 사람들로 하여금 천심을 회복하여 새 사람이 되게 하는 길밖에 없다고 보신 것입니다. 모든 사람들이 정심수도해서 청정무구한 한울님 마음으로 돌아와 수심정기 · 경천순천 하고 성경신을 체행하고 동귀일체해야 한다고 하셨습니다. 과거의 사상가, 혁명가들은 사람의 마음고칠 생각은 아니하고 사회제도 개혁에 중점을 두고 그것으로 세상을 바로 잡으려 했습니다. 그러나 인간 개조 없는 제도 개혁만으로는 큰 성과를 얻기 어려울 뿐만 아니라 또 다른 비리와 혼란을 낳아놓게 마련입니다. 따라서 우선 인간의 정신개벽이 선행되어야 할 것입니다. 그래서 근본적으로 사람이 새로워져야 한다는 것입니다. 사람이 새로워지고 건전해지면 행복은 자연히 오고 세상은 자연히 밝아질 것입니다.

의암성사께서 오랜 해외 망명생활을 마치고 귀국하실 때 환영 나온 사람들이 세상을 고치는 방법이 무엇이냐?고 묻자 "한울을 뜯어고치기 전에는 별다른 도리가 없다" 고 말씀하셨습니다. 즉 모든 사람의 마음을 고쳐서 새 사람이 되게 해야 한다는 말씀입니다.

최근에 오면서 세상 사람들이 차츰 신인간 창조의 필요성을 통감하고 있는 것 같습니다. 그래서 의식개혁이니, 정신개혁이니, 새마음 운동이니 하는 말들을 많이 하는 줄 알고 있습니다. 그러나 그 방법을 모르고 있다는데 문제가 있는 것입니다. 저는 8 · 15 해방 직후 중학생시절에 북한에서 천도교가 너무 너무 좋아서 천도교청우당 중앙당학교 강습을 받았습니다. 당시 강의 내용 가운데 잊을 수 없는 한 가지가 있습니다. 정치를 강의하던 모 강사는 모스크바 대학을 나온 사람이라고 하는데 은연중 공산주의를 예리하게 분석 비판하는 것이었습니다. 공산주의 이론에 의하면 인류사회는 원시사회에서 노예사회 - 봉건사회 - 자본주의사회 - 인민 민주주의사회를 거쳐 사회주의사회 - 공산주의사회로 단계적으로 발전된다고 보는 것입니다. 그런데 이론적으로 사회주의가 실현되면 모든 산업 시설이 국유화되고 평등이 실현되지만, 그러나 개개인은 노력하는 만큼 대가를 받는다는 것입니다. 그것이 한 단계 더 발전하여 공산주의가 실현되면 노력하는 만큼 대가를 받는 것이 아니라 노력이야 하건 안 하건, 능력이야 있건 없건 모든 사람이 다 만족을 채울 수 있는 사회가 된다는 것입니다. 그런데 여기서 문제가 생긴다는 것입니다. 일이야 하건 안 하건, 다 만족을 채울 수 있는 사회라면 누가 일을 하겠는가? 이것입니다. 다 놀면서 먹으려고 할 것인데 그렇게 되면 결국 사회 체제가 허물어지고 말 것이라는 것이었습니다. 앞으로 반드시 신인간 창조와 인내천 사상이 요구될 것이라고 그는 역설하면서 천도교 진리의 우월성을 강조한 바 있습니다. 사회는 필시 인내천 시대로 귀결되고야 만다는 것입니다. 오늘날 소련을 중심으로 한 공산주의 사회가 무너지고 북한이 곤경에 빠진 것을 볼 때 그분의 강의 내용이 과연 선견지명이 있었고 적중했다는 생각을 하게 됩니다.

『의암성사법설』에 "지금에 그대들은 가히 하지 못할 일을 생각지 말고 먼저 각자가 본래 있는 정신을 개벽하면 만사의 개벽은 그 다음 차례의 일이니라"라는 말씀이 있습니다. 정신개벽, 신인간 창조운동이 선행되어야 한다는 말씀입니다. 하루속히 우리 모든 천도교인들이 정말 새사람이 되어 신선생활을 하고 신인간의 진면목을 세상 사람들에게 보여주고 세상 사람들을 이 길로 인도해야 할 것입니다.

그러면 우리가 추구하는 신인간新人間, 즉 새사람은 어떤 사람일까? 그것은 마음을 잘 닦아서 천심을 회복하여 굳게 지키고 항상 바르고 밝고 착하고 의롭게 사는 사람을 말할 것입니다. 그리하여 수심정기, 성경신, 이신환성의 수행으로 천인합일을 추구하고 천리천명에 순응하면서 지상신선의 영원한 행복을 찾고 동귀일체 화합을 도모하고 대도창명과 보국안민 포덕천하 광제창생 지상천국 건설을 위해 자나깨나 힘쓰는 사람을 말할 것입니다. 그러면 어떻게 하면 새 사람이 될 수 있을까요? 그 방법을 몇 가지로 요약해서 말씀드리고자 합니다.

첫째, 지성으로 주문을 외워 한울님과 통해야 합니다

그리고 오관을 성실히 실행해야 할 것입니다. 지성으로 주문을 외워야 한울님 모심을 깨닫고 한울님과 통해서 한울님과 만나고 한울님과 하나가 되어 새 사람이 되는 것입니다. 주문을 외우지 않으면 시천주, 인내천을 알 수 없고 시천주와 인내천을 모르면 제 아무리 아는 것이 많고 돈이 많다 할지라도 새 사람이 될 수는 없는 것입니다. 위대한 스승을 만났을 때 생활에 놀라운 변화가 일어납니다. 주문을 읽어서 한울님의 감응을 받고 한울님의 가르침을 받을 수 있어야만 나날이 새로워지는 새 사람이 되는 것입니다.

주문은 세상 사람들로 하여금 새 사람이 되게 하는 유일한 법문입니다. 수운대신사님은 온 세상 사람을 한울사람, 새 사람이 되게 하기 위하여 한울님으로부터 주문을 받아 사람을 가르치게 된 것입니다. 우리는 주문을 알게 된 것을 감사히 생각하면서 더 열심히 주문을 읽어야 하겠습니다. 그리고 매일 저녁 9시 기도식을 봉행하고 시일식에 빠짐없이 참례하고 성미 떠바치고 기도를 해야 새 사람이 되어 새 생활을 하게 되는 것입니다.

둘째, 수심정기의 마음공부를 해야 합니다

새옷 입고, 얼굴 화장 하고, 고급 신형 승용차 타고 다니는 사람이 새사람이 아니라, 마음을 지키고 기운을 바르게 해야 새사람이 됩니다. 수심守心은 항상 마음을 닦아서 새롭게 하고, 사특하고 망녕된 데 마음을 빼앗기지 않고 한울님 마음을 굳게 지키는 것을 말합니다. 정기正氣는 희로애락을 조절하여 심화기화가 되는 것을 말합니다. 그리하여 항상 기쁜 마음, 감사한 마음, 위하는 마음으로 살자는 것입니다.

대신사께서 "인의예지는 먼저 성인이 가르친 바요 수심정기는 내가 다시 정한 것" 이라고 말씀하셨습니다. 수심정기가 되지 않고서는 인의예지도 삼강오륜도 자비도 사랑도 실천할 수 없다는 것입니다. 인간 만사가 마음에 달려 있기 때문입니다. 그런데 세상 사람들은 수심정기의 중요성을 모르고 마음을 될 대로 되라고 내버려 두고 그저 좋게 되기를 바라고 있으니 참으로 한심한 일이 아닐 수 없습니다. 병들고 복잡한 마음을 가지고 행복을 찾고 세상을 바로 잡겠다고 하기 때문에 일은 뜻대로 되지 아니하고 반수기앙反受其殃으로 도리어 화를 불러오고 복잡한 문제가 계속 일어난다는 것을 알아야 할 것입니다. 수심정기가 되지 않으면 뿌리에 병이 든 나무와 같아서, 일은 뜻대로 되지 아니하고 질병과 혼란의 함정에서 벗어나지를 못하게 될 것입니다. 그러므로 수심정기는 새 사람이 되고 새 세상을 건설하는 가장 기본적인 과제라는 것을 알 수 있습니다.

자기 허물을 진심으로 참회하면서 끊임없이 마음을 닦아야 하고, 항상 마음을 굳세게 하여 어떠한 유혹에도 본래의 마음을 빼앗기지 않아야 언제나 한울님과 스승님의 감응을 받아 나날이 새로워지는 새사람이 될 것입니다. 학생들도 수심정기 수련을 하면서 공부를 해야 공부도 잘 되고 새 역사를 창조하는 새사람이 될 것입니다. 새사람이 되느냐 못 되느냐? 학문 연구와 사업에 성공을 하느냐 못하느냐? 이것은 수심정기를 하느냐 못하느냐에 달려 있다고 할 수 있습니다. 도를 통하느냐 못 통하느냐? 이것도 수심정기를 하느냐 못하느냐에 달려 있다고 할 수 있습니다.

셋째, 성경신을 체행해야 합니다

'성경신' 은 우리 인류가 추구하는 가장 이상적인 인간상이라고 할 수 있습니다. 일상생활 속에서 이 정성, 공경, 믿음을 체행하면 새 사람이 될 수 있습니다. 『해월신사법설』에 "순일純一 한 것을 정성이라 이르고 쉬지 않는 것을 정성이라 이른다" 고 하셨습니다. 즉 정성은 성실성, 적극성, 근면, 근기根氣와 같은 마음가짐과 생활 태도를 말합니다

공경은 경천敬天, 경인敬人, 경물敬物의 삼경을 말합니다. 즉 한울을 공경하고 사람을 공경하고 물건을 공경하라는 말씀입니다. 한울을 공경하는 것은 허공을 향해 절하라는 것이 아니라 본래의 마음이 한울님이라는 것을 알고 마음을 공경하는 것을 말합니다. 그리고 모든 사람을 한울같이 공경하고 모든 물건을 보호하고 절약해야 할 것입니다. 그리고 믿음(信)은 본래의 마음을 한울님으로 믿고, 내 몸에 모신 한울님을 부모님같이 믿고, 대인관계에서 신용과 의리, 그리고 확고한 신념과 굳은 의지가 있어야 한다는 말씀입니다. 지금 사회는 성경신을 체행하는 새 사람이 요구되고 있습니다. 저는 약 20년 전에 대구 보성공업고등학교에서 2년 정도 학생들에게

천도교 교육을 실시한 일이 있습니다. 그때 하루는 교육 감사를 받은 일이 있습니다. 마침 성경신에 대한 강의시간에 교육 현장에 와서 감사를 하였습니다. 저는 그때 흑판에 "성경신은 우리 인간이 추구하는 가장 이상적인 인간상"이라고 써 놓고 열심히 강의를 하고 있었습니다. 평가회의 때 "이것은 인간의 뿌리교육"이라며 널리 장려해야 할 것이라는 좋은 평가를 받은 일이 있습니다. 현대사회가 성경신을 갈구하고 있다는 것을 알 수 있는 좋은 사례라 할 것입니다. 종자사람, 새 사람이 되느냐 못 되느냐? 이것은 성경신을 체행하느냐 못 하느냐에 달려 있습니다. 청년 학생들이 푸른 꿈을 안고 공부하고 인격을 도야함에 있어서 성경신을 표준으로 해야 할 것입니다. 미래사회는 성경신을 갖춘 새 사람이 되어야 잘 살 수 있고 지도자가 될 수 있을 것이기 때문입니다.

넷째, 이신환성이 되어야 새 사람이 될 수 있습니다

육신은 사람의 한때의 객체요 성령이 영원한 주체라는 것을 알고 성령을 주체로 한 마음가짐과 생활태도를 취해야 할 것입니다. "성령이 주체가 되고 육신이 객체가 되면 위로는 대신사와 같이 대각을 할 것이요 아래로는 육신의 화를 면하게 될 것이라"고 의암성사님은 말씀하셨습니다. 물고기가 물의 세계만 알고 그 밖의 세상을 못 보듯이, 세상 사람들은 유형의 세계만 보고 무형한 근본은 알지 못하고 육신과 물질만 생각하면서 살기 때문에 생각이 너그럽지 못하고 복잡한 문제를 일으키고 불행을 불러일으키게 되는 것입니다. 우리는 넓은 무형의 세계, 성령의 세계가 있다는 것을 알고 그것을 주체로 생각하면서 활연관통해야 성신性身 쌍방으로 행복을 누리고 나날이 새로워져서 모든 문제를 근원적으로 풀어나갈 수 있다는 것을 알아야 할 것입니다. 성령의 세계를 모르면 새사람이 될 수 없습니다.

그러면 이신환성의 경지는 과연 어떤 것일까요? 수련의 극치에 이르러야 알겠지만 우선 제가 생각하기에는 수련을 지성으로 해서 육신 관념을 홀연히 잊어버려야 할 것입니다. 모든 욕심과 감정과 나라는 관념을 다 버리고 무선무악, 불생불멸, 무루무증, 즉 선도 없고 악도 없고, 죽고 사는 것도 없고, 더하는 것도 새는 것도 없고, 기쁨도 괴로움도 없는 그 진경에 이른 상태라고 할 수 있습니다. 다시 말씀드리면 육신을 가지고 살되 육신관념을 홀연히 망각한 상태, 마음이 텅텅 비어서 많은 재물을 가지고 살더라도 구애되지 않은 무소유의 마음의 상태, 복잡한 속세에서 살되 무아의 심경에 이른 상태가 아닐까 생각됩니다. 성심 본체는 공단空斷, 즉 비고 끊겼다는 말씀이 있습니다. 그러므로 모든 사물은 그 근본이 무형임을 알고 복잡한 생각과 집착을 다 끊어버리고 마음을 텅 비우고 공공적적한 상태가 되도록 하는 동시에 자유로운 마음이 되도록 공부해야 할 것입니다.

그리하여 시비선악을 명석하게 판단하되 무차별심으로 사람을 대하고 희로애락을 조절 또는 초월하고 나의 무궁성을 알고 원만무결한 마음이 되고 만사여의의 능력을 발휘하고 의심과 근심과 두려움이 없고 대 자유대 희열을 얻어 항상 기쁨과 희망에 넘쳐 있는 사람이라고 할 수 있습니다. 또한 경천순천하면서 노고근면하는 생활을 하고 활연관통해서 모든 것을 환히 꿰뚫어 보고 무심행無心行, 무애행無碍行, 공도공행公道公行, 공도공용公道公用하는 높고 거룩한 상태가 아닐까 생각됩니다. 어쨌든 이신환성이 되어야 정신개벽이 되고 정신개벽이 되어야 새사람이 된다는 것을 알아야 하겠습니다. 그러니까 새사람이 되느냐 못되느냐? 이것은 이신환성을 위해서 얼마만큼 노력을 하느냐에 달려 있다고 할 수 있습니다.

우리 청년 학생들은 복잡한 현실에서 육신과 물질과 일시적인 쾌락에 현혹되지 말고 이신환성 정신을 확고히 다짐으로써 새 시대를 열어 나가는 선구자가 되고 주역이 될 수 있다는 것을 말씀드리고 싶습니다. 지금 교회와 사회는 무엇보다도 이신환성의 새 역군을 필요로 하고 있습니다.

다섯째, 순도 정신과 동귀일체 정신으로 교회와 사회에 봉사하고 화합을 주도하면서 포덕 교화에 총력을 기울여야 합니다

수운대신사께서는 무극대도 창명하여 한울님의 뜻 이루어 드리시고 또한 귀한 생명 바치시어 민족과 인류의 살 길을 열어 주시었습니다. 해월신사님 역시 36년 풍우상설 속에 천도 기초 공고히 다지시고 순도하셨고, 의암성사님도 파란만장의 역경 속에서 대도창명 이루시고 나라를 구하시고 순도하셨습니다. 춘암상사님도 온갖 어려움을 극복하고 대도주직을 수행하셨고, 수십만 선열들께서 교회와 나라를 위해 순도하셨습니다. 우리는 스승님과 선열들의 거룩한 순도 정신과 심법을 이어 받아 대도의 목적 달성을 위해 천도교를 신봉하고 있습니다. 그러므로 우리는 언제 어디서 무엇을 하든지 순도 정신과 동귀일체 정신으로 어려움을 스스로 책임지고 봉사하고 화합을 주도함으로써 새사람이 될 수 있습니다. 그리고 세상 사람들로 하여금 새사람이 되도록 포덕 교화 사업에 힘씀으로써 새사람, 종자사람 대열에 참여하여 보람 있게 살아갈 수 있을 것입니다. 나아가 천지만물을 새롭게 해야 할 책임이 우리들에게 있다는 것을 알고 그에 걸맞는 실천을 해 나가야 할 것입니다.

다 함께 더 열심히 주문을 외우면서 신앙을 더욱 독실하게 하고 수심정기, 성경신, 이신환성을 위해 정진하고 그리고 순도 정신과 동귀일체 정신으로 포덕 교화에 전력을 기울여 새사람으로 거듭나서 가정과 교회와 나라와 세상이 한층 새로워지도록 모든 힘을 기울여 나갑시다.

지상천국 건설을 위하여

천도교의 최종 목적은 지상천국 건설입니다. 우리는 지상천국 건설의 진정한 역군이 되기 위하여 천도교에 입교했고 또 오늘 이 자리에 모였습니다. 지상천국은 이 땅 위에 한울나라를 건설한다는 말씀입니다. 죽어서 천국에 가는 것이 아니라 이 땅 위에 천국을 건설하고 온 인류가 천국 속에서 한 가족같이 영원히 평화롭고 행복하게 살자는 것입니다. 지상천국은 인간이 추구하는 가장 이상적인 세상을 말합니다. 그리고 지상천국 건설은 한울님과 스승님의 간절한 소원임을 알아야 할 것입니다.

부모가 자녀들의 건강과 행복을 바라듯이 한울님은 인류가 지상에 천국을 건설하고 행복하게 잘 살기를 간절히 바라는 것입니다. 그런데 사람들이 한울님의 뜻을 배반하고 한울님 마음을 잃어버리고 불순천리, 불고천명, 불순도덕하기 때문에 세상에 악질이 가득 차고 세상이 온통 수라장이 된 것입니다. 인생의 목적은 자아완성과 지상천국 건설입니다. 한울사람으로 자아를 완성하는 동시에 지상에 천국을 건설하는 것이 우리 인생의 목적입니다.

지상천국이란 과연 어떤 세상일까?

지상천국 건설을 위하여 우리는 무엇을 할 것인가?

인간 사회는 고정불변한 것이 아니라 물 흐르듯이 계속 변화 발전을 하기 때문에 "지상천국은 이런 세상이다" 라고 분명하게 한계를 지어서 말씀하기는 어렵습니다. 그러나 지상천국의 문턱에 들어서려면 우선 온 세상 사람이 정신을 개벽하여 한울님 모심을 알고 한울님의 진리를 따르고 경천순천하면서, 그리고 정치경제와 과학을 계속 발전시켜 물심 양면으로 풍요를 누리는 동시에 사회에 일체의 부정과 불의와 범죄가 없는 도덕문명 세계가 되도록 해야 할 것입니다. 그리고 특히 전쟁과 질병과 가난이 없는 세상이 되어야 할 것입니다. 그래야 가히 천국의 궤도에 들어섰다고 할 수 있습니다.

즉 온 누리에 천도의 진리가 밝혀져서 세상 사람들이 스스로 끊임없이 자아완성을 추구하고 경천순천하면서 자기 직분을 지켜 즐겁게 열심히 일하고, 세상을 위해 봉사하는 것을 최고 가치로 알고, 사회적으로 수심정기, 성경신, 사인여천의 도덕질서가 확립되어야 할 것입니다. 그리고 사회를 어지럽히는 모든 범죄와 부정과 갈등과 비리 그리고 전쟁과 질병과 빈곤의 3대 재앙이 없어야만 천국의 문턱에 들어섰다고 할 수 있을 것입니다. 그러기 위해서는 모든 사람들이 근본적으로 수심정기 심화기화하여 물약자효, 제인질병, 장생불사, 만사여의의 지혜와 능력을 얻어서 항상 바른 마음과 건강한 몸으로 살아야 할 것입니다. 그리고 사회가 명랑하고 건전한 방향으로 계속 발전해 나가야 할 것입니다. 또한 가난에 시달리는 사람들이 없어야 할 것입니다. 모든 사람들이 의식주 생활에 근심이 없고 물심양면으로 풍요롭고 행복하게 살아야 할 것입니다.

우리는 지상천국 건설의 역군입니다

지상천국 건설은 물론 미래의 원대한 이상입니다. 그러나 실현하기 어려운 꿈의 세계, 이상향으로만 생각할 것이 아니라 그 이상세계에 도달하려면 현실적으로 어떤 과정을 거쳐야 하며 전제 조건은 과연 무엇일까? 우리는 무엇을 해야 할까를 깊이 생각해 보아야 하겠습니다. 생각컨대 혼란한 이 세상에 천국을 건설하려면 무엇보다도 먼저 시천주신앙, 인내천 사상, 사인여천 윤리가 널리 퍼져서 확고하게 뿌리 내려야만 할 것입니다. 많은 도통 군자들이 나와서 한울님의 진리를 온 인류에게 적극적으로 펴나가야 할 것입니다. 그리하여 모든 사람들이 새사람이 되어야 할 것입니다. 사람마다 정신을 개벽해서 지상신선, 도성덕립이 되어야 하고 가정마다 부화부순해서 도가완성 가정천국 이루고, 포덕천하 광제창생해서 나라마다 보국안민이 되어야 할 것입니다.

여기서 도성덕립은 정심수도해서 진리를 깨닫고 천인합덕, 자아완성에 이르는 것을 말합니다. 가정천국은 온 가족이 기쁜 마음, 평화로운 얼굴, 사랑스러운 말, 그리고 서로 칭찬하는 분위기를 이루어야 할 것입니다. 포덕천하는 온 세상 사람이 한울님의 덕과 진리를 알고 경천순천하도록 진리를 온 세상에 펴나가는 것을 말합니다. 광제창생은 방황하는 세상 사람들을 참된 길로 인도하고 억압받고 착취당하는 민중을 구하는 것을 말합니다. 보국안민은 세계 모든 나라가 정신개벽, 민족개벽, 사회개벽을 해서 어그러진 나라의 기틀을 바로 세우고, 인내천 정신에 입각한 진정한 민주주의 완전 자주독립국가를 이룩하고 도덕문명국이 되게 하여 백성들이 안심하고 물심양면으로 풍요롭게 살도록 하는 것을 말합니다.

지구상에는 아직 진정한 민주주의를 실현한 나라가 없습니다. 지금 인류는 선천시대의 잔재인 유심론과 유물론, 전체주의와 개인주의, 공산주의와 서구 자본주의의 양극 사상이 대립 투쟁하고 종교 간의 갈등으로 불안 속에 살아가고 있습니다. 특히 우리 민족은 아직도 제 정신을 차리지 못하고 분단의 고통을 안고 살아가고 있습니다. 그 양극사상의 대립 모순을 원천적으로 극복할 수 있는 새로운 인내천 진리가 여기 있음에도 불구하고 등하불명 격으로 헤매는 실정입니다. 하루속히 인내천 진리가 세상에 널리 펴서 인류를 교화해야 할 것입니다. 그것이 이루어지지 않는 한 지상천국은 구두선에 그치고 말 것입니다. 그러니까 지상천국 건설의 가장 중요한 요건은 인내천 진리를 온 세상에 널리 펴나가는데 있다는 것을 알아야 하겠습니다. 그렇게 되려면 우리 천도교인들이 세상 사람들의 사표가 되어야 합니다. 모두가 극성 수도를 하셔서, 도통군자가 많이 배출되어야 할 것입니다.

지금 우리나라는 분단의 고통을 안고 있을 뿐만 아니라 많은 종교사상이 공존하는 복잡한 상황을 보이고 있지만, 이것이 도리어 전화위복이 되어 전체주의와 개인주의의 대립을 근원적으로 해결하고, 모든 종교사상을 하나로 합일하는 만화귀일, 동귀일체의 찬란한 새 역사가 바로 이 자리에서 이루어지리라 전망해 볼 때 참으로 감개무량함을 느끼지 않을 수 없습니다. 이 땅에서 지상천국의 장엄한 새 역사가 활짝 열리리라 믿습니다.

지상천국 건설을 위하여 우리는 무엇을 해야 할 것인가?

첫째, 우리는 지상천국 건설에 대한 확고한 의지와 신념과 투철한 사명감을 가져야 하겠습니다. 이 자리에 계시는 한 분 한 분 모두가, 특히 청년동덕 여러분께서 "나는 오로지 지상천국 건설을 위하여 한평생 살아가겠다는 확고한 의지와 신념과 불타는 사명감을 마음속 깊이 간직하고 각각 생활 현장에서 최선을 다함으로써 거룩한 역사는 이루어질 것입니다.

둘째, 수도의 생활화입니다. 우리는 지상천국 건설을 위하여 일상생활 속에서 지성으로 수도를 해야 합니다. 훈련 받지 않은 군인은 전쟁터에서 이길 수 없듯이 수도를 하지 않고서는 지상천국 건설에 앞장설 수 없습니다. 수도를 하되 수련과 진리 연구, 즉 교리교사 연구와 실천행도를 종합적으로 해야 할 것입니다. 또한 항상 나 자신을 진심으로 참회하면서 참된 길을 추구하고 수도의 요체를 잘 알아, 하나 하나 실지로 체득하며, 나날이 새로워지는 수도생활을 해야 할 것입니다. 경전에 "닦는 사람은 헛된 것 같지만 실지가 있고 듣기만 하는 사람을 실지가 있는 것 같지만 헛된 것이니라" 하시고 "그 그러함을 아는 사람과 그 그러함을 믿는 사람과 그 그러함을 흐뭇하게 느끼는 사람은 거리가 멀다"는 말씀이 있습니다. 특히 「논학문」에 "우리 도는 무위이화라. 수기심守其心, 그 마음을 지키고, 정기기正其氣, 그 기운을 바르게 하고, 솔기성率其性, 한울님 성품을 거느리고, 수기교受其教, 한울님의 가르침을 받으면 자연한 가운데 화해나는 것"이라는 말씀이 있습니다. 수도의 요체, 도를 통하는 지름길, 열쇠가 바로 여기에 있다고 생각합니다. 수기심·정기기는 수심정기를 말하고 솔기성은 이신환성의 진경에 이르러 생각과 말과 행동을 천성 그대로 행하고 성심신 삼단을 자유자재로 하는 상태에 이른 것을 말하는 줄 압니다. 여기서 성품 공부의 과정을 연성煉性, 견성見性, 각성覺性, 솔성率性으로 나누어 생각해 볼 수 있습니다. 연성은 성품을 닦고 단련하는 것, 견성은 마음이 비고 고요한 경지에 이른 상태, 각성은 성품을 깨달은 상태, 솔성은 성품을 거느리는 것, 즉 견성, 각성의 경지에 이르러 생각과 말과 행동을 천성 그대로 하고 성심신性心身삼단을 자유자재로 하는 경지를 말 하는 줄 압니다. 수기교受其教는 한울님의 가르침을 받고 한울님의 무한 지혜, 무한 능력을 받아 무엇이든지 생각하면 알게 되고 모든 일을 뜻대로 이루는 상태를 말하는 줄 압니다. 그러면 모든 일이 무위이화로 자연한 가운데 이루어진다는 것입니다.

여러분 모두, 수도의 생활화를 이룸으로써 항상 기쁜 마음, 감사한 마음, 위하는 마음으로 지상천국에서 살면서 지상신선의 행복을 누리는 한울 사람이 되기를 간곡히 기원합니다. 그리고 다음과 같은 몇 가지를 잊지 않고 실행하면 지상천국 건설의 역군이 될 것입니다. "신앙생활 잘 하여 즐겁게 살아야 한다. 천덕사은 염념불망하여 한울님의 감응을 받아야 한다. 근본을 잊지 말아야 한다. 언제나 부지런히 일을 해야 한다勞苦勤勉.

셋째, 규칙적인 생활과 봉사와 포덕입니다. 천도가 규칙적으로 천체를 운행하듯이 천도교인들은 자아완성과 지상천국 건설을 위하여 규칙적인 생활을 해야 합니다. 제때에 취침하고 제때에 일어나고 제때에 식사하고 제때에 수련하고 일해야 할 것입니다.

얼마 전 『신인간』에서 "천도교인의 일상 생활규범" 이라는 글을 보았는데 많은 참고가 될 것 같아서 제 생각을 약간 첨가해서 다음과 같이 정리해 보았습니다.

–. 침식, 기거를 규칙적으로 하며 오관을 철저히 실행할 것.

–. 매일 30분 이상 수련할 것. 참회하는 생활 그리고 "수기심 정기기 솔기성 수기교 화출어자연지중守其心 正其氣 率其性 受其教 化出於自然之中을 체득하고 하루하루 뜻있고 즐겁게 지낼 것.

–. 매일 경전 한 편 이상 봉독하면서 진리를 연구할 것.

–. 시일날은 가정에 궁을기를 게양하고 온 가족이 시일식에 참례할 것.

–. 매일 한 가지 이상 봉사와 포덕 활동을 할 것.

–. 항상 기쁜 마음 즐거운 모습으로 살 것.

인생의 목적은 자아완성과 지상천국 건설입니다. 지상천국 건설을 위하여 확고한 신념과 사명감과 자부심을 가지고 자나 깨나 한 정성, 다 같이 그 방향으로 마음을 쓰고 열심히 노력을 합시다.

우리 민족의 꿈과 천도교

대신사께서는 꿈에 대한 말씀을 많이 하셨습니다. 경전을 보면 "꿈일런가 잠일런가 무극대도 받아내어" "몽에 우의편천 일도사가 효유해서 하는 말이" "만고 없는 무극대도 여몽여각 받아내어" 등 여러 가지로 꿈에 대한 말씀을 하셨습니다. 꿈이란 과연 무엇인가? 한마디로 표현하기는 어렵지만 꿈이라고 하면 보통 잠잘 때 심령의 활동 상태를 말한다고 할 수 있습니다. 그러나 꿈은 그 밖에도 여러 가지 상징적인 뜻이 들어 있습니다. 오매불망 생각하던 것이 뜻 밖에 이루어졌을 때에 꿈 같은 일이라고 말합니다. 또한 사람이 하고자 하는 큰 목적, 원대한 이상이 있을 때, 흔히 "꿈이 있다" "꿈이 크다" 고 말을 합니다.

꿈은 이루어집니다

사람은 대개 어렸을 때부터 꿈, 장래 희망이 있습니다. 장차 과학자가 되겠다든가, 발명가가 되겠다든가, 의사가 되겠다든가, 교육가가 되겠다든가, 종교 지도자가 되겠다든가, 또는 정치가가 되겠다든가, 예술가가 되겠다든가, 도를 완성하겠다든가 하는 각자 나름대로의 꿈이 있는 줄 압니다. 그래서 그 꿈을 실현하기 위하여 열심히 배우고 노력하면서 살아가는 것이 인생이라고 할 수 있습니다. 대체로 작은 꿈을 가진 사람은 작게 거두어들이고, 큰 꿈을 가진 사람은 크게 성공한다고 봅니다. 그렇다고 해서 분수에 맞지도 않는 터무니없는 과대망상을 꿈이라고 해서는 안 되겠지만, 꿈이란 소신을 갖고 변함없이 밀고 나가면 언젠가는 실현될 수 있다는 사실에 대한 믿음을 버려서는 안 될 것입니다.

꿈이 없으면 아무 것도 이루어질 수 없습니다. 위대한 사람은 하루아침에, 또 우연히 이루어지는 것이 아닙니다. 오래 전부터 그러한 꿈을 가졌고 또 그러한 일을 하고자 노력을 했기 때문에 위대해진 것입니다. 세종대왕이 한글을 제정한 것도 문화민족으로서 글이 있어야겠다는 큰 꿈이 있었기 때문에 이루어진 것입니다. 라이트 형제가 비행기를 발명한 것도 그저 우연히 된 것이 아니라 우리 사람도 새와 같이 저 공중을 날 수 없을까 하는 꿈이 있었기 때문에 이루어진 것입니다. 우리 민족이 8 · 15광복을 맞이한 것도 독립이 되어야겠다는 꿈이 있었기 때문에 이루어진 것입니다. 수운대신사께서 동학을 창도한 것도 우연히 된 것이 아니라 어린 시절부터 도탄에 빠진 창생을 건지고 이 땅 위에 이상적인 새 세상을 건설해야 하겠다는, 즉 제세안민濟世安民의 대도를 실현하겠다는 큰 꿈이 있었기 때문이었던 것입니다.

이와 같이 사람마다 꿈이 있듯이 민족도 꿈이 있습니다. 그러면 우리 민족의 꿈은 과연 무엇이겠습니까? 한마디로 말씀드리기는 어렵지만 그러나 깊이 생각을 해 보면 우리 민족은 아득한 옛날부터 남다른 특별한 꿈이 몇 가지 있어 온 것으로 생각이 됩니다. 그리고 저는 우리 민족의 그 꿈은 바로 천도교의 영원한 꿈이기도 하다고 생각합니다. 왜냐하면 천도교는 이러한 우리 민족의 꿈을 그대로 이어받아 창명된 종교이기 때문입니다.

우리 민족의 꿈, 천인합일, 종교 통일, 지상신선의 꿈

첫째, 천인합일의 꿈입니다. 단군신화에 의하면 환웅이 웅녀와 결혼하여 단군을 낳았다고 합니다. 이것을 깊이 생각해 보면 그 이면에는 한울과 사람이 하나가 될 수는 없을까 하는 간절한 꿈이 담겨 있는 것으로 생각됩니다. 또 신라시대의 고승 의상의 글 가운데 "사람과 한울이 하나라는 큰 꿈을 누가 크게 깨우치겠는가"(人天大夢誰大覺)라는 구절이 있다고 합니다. 이러한 꿈이 몇천 년 동안 면면히 흘러내려 오다가 결국 만고명인 수운대신사에 의해 사람이 곧 한울이라는 진리, 즉 시천주, 인내천으로 완성되었다고 할 수 있습니다.

둘째, 종교통일의 꿈입니다. 신라시대의 유명한 석학인 최치원 선생의 글 가운데 "우리나라에는 오래 전부터 현묘한 도道가 있는데 그것을 풍류도風流道라 하며 그 도에는 유·불·선 삼교의 진리가 다 들어 있다"는 내용이 있다고 전해 오고 있습니다. 그 당시 유교, 불교, 선교가 외래 종교로서 우리나라에 흘러 들어오던 때임을 상기할 때 이 말씀 가운데는 모든 종교를 하나로 통일시킬 수 없을까 하는 큰 꿈이 담겨 있음을 알 수 있습니다.

이 꿈이 면면히 흘러 내려오다가 수운대신사에 의해 그 원리가 완성되었다고 할 수 있습니다. 동학은 유불선儒佛仙 합일의 도道라고 했습니다. 즉 동학은 천지무궁의 근본을 밝힌 무극대도로서 모든 종교의 원리가 다 내포되었다는 말씀입니다. 유교의 윤리, 불교의 견성見性, 선교의 양기양생養氣養生, 기독교의 박애 등 모든 종교의 근본을 잡고 있다는 말씀입니다. 결국 우리 민족의 오랜 꿈이 여기서 실현된 것입니다.

지금 우리나라에는 가히 종교 전시장이라고 할 만큼 많은 종교가 있습니다. 그런데 다른 나라에서는 종교가 다르다 하여 전쟁도 불사하는데 우리나라는 모든 종교를 다 수용하면서도 싸우지 않고 잘 공존하는 것이 특징입니다. 특히 3·1운동 때에는 천도교, 기독교, 불교가 두터운 종교의 장벽을 넘어 함께 독립운동을 전개했다는 것은 세계 역사에 일찍이 없었던 일이었음을 알아야 하겠습니다. 이것은 바로 모든 종교를 받아들이면서 이를 포용하고 통일을 도모하려는 민족의 꿈의 발로라고 하겠습니다.

우리는 지금 다종교 시대에 살고 있습니다. 앞으로 세상이 더욱 변천해서 종교 통일의 시대가 온다고 가정해 본다면 과연 그때에는 무슨 원리로 통일을 도모하겠습니까? 필시 모든 종교사상을 포용할 수 있는 인내천 진리에 의할 수밖에 없을 것으로 생각됩니다. 수운대신사님은 일찍이 "억조창생 많은 사람 동귀일체 하는 줄을 사십 평생 알았던가"라고 말씀하셨고 의암성사님도 신앙통일을 말씀하셨습니다.

셋째 지상신선의 꿈입니다. 우리 민족에게는 옛날부터 신선에 대한 이야기가 많습니다. 예를 들면 선녀들이 하늘에서 내려와서 목욕을 하는데 나무꾼 총각이 선녀 옷을 한 벌 감추었다가 나중에 같이 살게 되었다는 이야기라든가, 효녀 심청전을 보더라도 우리 민족의 지상신선에 대한 간절한 꿈을 엿볼 수 있습니다. 특히 우리 민족은 옛날부터 홍익인간의 이념을 추구해 왔는데 이것은 바로 지상신선, 지상천국의 간절한 꿈을 표현한 것이라 하겠습니다. "어떻게 하면 지상신선이 될 수 있을까?" 하는 민족의 간절한 꿈이 면면히 흘러 내려오다가 수운대신사께서 동학을 창도함으로써 실현되었다고 할 수 있습니다. 대신사께서 "입도한 세상 사람 그날부터 군자되어 무위이화될 것이니 지상신선 네 아니냐"라고 하시지 않았습니까? 드디어 지상신선이 될 수 있다고 했습니다. 신선이란 생로병사를 초월하고 가난과 질병과 싸움이 없는, 원만무결의 인격을 완성한 사람을 말하는 줄 압니다. 이것이 천도교를 통해서 드디어 이루어질 수 있게 되었다는 것입니다.

이상에서 본 바와 같이, 우리 민족은 천도교로 말미암아 그 원대한 꿈을 실현할 수 있게 되었고 따라서 천도교는 우리 민족과 떼어 놓을 수 없는 불가분의 관계에 있으며 영원히 운명을 같이 하면서 이 나라를 더욱 빛나게 하리라고 확신합니다. 또한 천인합일의 꿈, 종교 통일의 꿈, 지상신선의 꿈은 우리 민족의 꿈인 동시에 인류 전체의 공통된 꿈이라고 볼 수 있으며 따라서 천도교야 말로 민족과 인류 구원의 새로운 종교요 만고 없는 무극대도가 분명하다 할 것입니다. 여기서 천도교인의 책임이 얼마나 막중한가를 통감하지 않을 수 없으며, 따라서 우리는 민족의 꿈과 인류의 미래를 내다보면서 더욱 열심히 천도교를 신앙해야 하겠습니다.

동귀일체하는 꿈을 안고, 이를 실현하는 천도교인

지금 세계는 하루가 멀다 하고 발전의 속도를 가속화하고 있습니다. 우리는 누가 옳고 누가 그르다고 따질 겨를이 없습니다. 한가하게 흑백논리를 따질 여유가 없습니다. 우리가 종교 통일을 이룩하고 지상천국의 꿈을 실현하려면 먼저 내 마음의 통일이 있어야 하고 교단의 통일이 선행되어야 할 것입니다. 우리 스스로가 통일이 되지 못하고서야 신앙통일, 남북통일, 지상천국 건설은 한갓 구두선에 불과할 것입니다. 또한 이것은 수운대신사의 가르침을 저버리는 일이 될 것입니다. 천도교인이 숫적으로 적다고 문제 될 것은 없습니다. 숫적으로 적고 많음이 문제가 아니라 진정으로 동귀일체 하느냐 못 하느냐에 문제가 있습니다. 바로 동귀일체의 꿈이 실현되는 날 우리 민족과 천도교의 꿈은 실현되고야 말 것입니다.

우리 모두 동귀일체하는 꿈을 안고, 이를 실현하는 천도교인이 되기를 심고 드리면서 마치겠습니다.

나 죽은 10년 후에 주문 읽는 소리 장안에 진동하리라

"나 죽은 10년 후에 주문 읽는 소리 장안에 진동하리라!"

이 말씀은 해월신사께서 포덕 39년 6월 2일 경성감옥에서 순도하시기 직전 최후에 하신 유언입니다. 이 말씀은 생각하면 할수록 우리의 심금을 울려 줍니다. 이 짤막한 한마디 말씀이 우리에게는 천언만담보다 더 힘 있고 귀중한 교훈이 되고 있습니다. 천도교인들에게는 희망과 용기와 신념과 사명감을 불러 일으켜 주는 동시에 힘찬 전진을 촉구하는 말씀이라고 생각됩니다. 뿐만 아니라 온 민족과 인류에게는 후천개벽의 새 시대가 도래하니, 한울님의 뜻을 거역하지 말고 하루속히 무극대도의 장엄한 대열에 동참하기를 간곡히 호소하는 뜻이 담긴 말씀이라고 할 수 있습니다.

"나 죽은 10년 후에 주문 읽는 소리 장안에 진동하리라." 110년 전 해월신사의 이 간곡한 최후의 외침은 지금 이 시간에도 우리의 귓전에 울려 퍼지고 있으며 대도의 목적을 달성할 때까지 온 우주에 메아리 칠 것입니다. "나 죽은 10년 후에 주문 읽는 소리 장안에 진동하리라" "주문 읽는 소리 세상에 차리라." 이 짧은 최후의 말씀에서 우리는 해월신사의 거룩한 생애와 정신을 읽을 수 있고 우리의 나아갈 방향을 찾을 수 있습니다.

나 죽은 10년 후에 주문 읽는 소리 장안에 진동하리라!

좀더 구체적으로 우리는 다음 몇 가지를 생각해 볼 수 있습니다. 첫째, 천도교인들은 무엇보다도 먼저 주문을 많이 읽으라는 말씀입니다. 주문을 많이 읽음으로써 문제 해결의 길이 열리기 때문입니다. 자아완성도, 가정의 행복도, 교회중흥도, 보국안민 포덕광제도 주문을 읽음으로써 성취할 수 있게 되기 때문입니다. 둘째, 온 민족과 인류는 한울님의 뜻과 시대의 흐름을 알고 하루속히 무극대도에 참여해야 한다는 말씀입니다. 미래사회는 인내천 시대이니만큼 하루속히 주문을 외워서 정신을 개벽하고 새 역사 창조의 주체가 되자는 말씀입니다. 셋째, 모든 교인들은 해월신사님의 생전, 사후에 변함없이 확고부동한 신념과 천명을 수행하는 실천 의지를 배우고 따르라는 말씀입니다. 넷째, "등불이 물위에 비치니 혐의할 틈이 없고 기둥은 마른 것 같으나 힘은 남아 있도다"(燈明水上無嫌隙 柱似枯形力有餘)라는 수운대신사님의 「유시」遺詩와 같이 해월신사님도 육신은 순도하시지만 성령으로 오만년 무궁토록 영생하시면서 무극대도를 지키고 목적을 실현하겠다는 결연한 의지를 표현하고 있습니다.

진정한 행복의 길인 천도를 물려주기 위하여

그렇다면 스승님은 왜 그토록 생명을 바치면서까지 무극대도를 지켰고 또 우리에게 도道를 전해 주셨을까? 그리고 우리는 왜 천도교를 신봉해야 할까? 우리는 이 문제를 깊이 생각해 봄으로써 천도교인 된 기쁨과 보람을 알고 천덕사은에 진심으로 감사하면서 더 열심히 독실하게 신앙생활을 하는 동시에, 가족과 세상사람들에게 더욱 힘 있게 포덕 교화를 펴나가게 되리라 생각합니다. 한마디로 우리의 진정한 행복의 길이 천도교에 있다는 것을 알 수 있습니다. 나와 내 가정, 민족과 인류의 진정한 행복의 길이 천도교에 있다는 것을 알 수 있게 되는 것입니다.

아득한 옛날부터 우리 인류가 추구해 온 그 진리, 다 같이 잘 살 수 있는 그 행복의 길이 바로 무극대도인 천도교에 있습니다. 천도교 신앙에 대해서 말씀드리기 전에 먼저 신앙의 필요성부터 생각해 보아야 하겠습니다. 한마디로 사람은 기본적으로 종교생활을 해야 한다고 생각합니다. 사람은 도를 닦아야 하는 것입니다. 그래야 보람 있게 행복하게 살 수 있고 인간답게 살 수 있습니다. 또 영원히 사는 길을 찾게 될 것입니다. 신앙생활을 하지 않고 수도를 하지 않으면 진리를 모르고 캄캄한 밤중에 길을 잃어버리고 헤매는 사람처럼 방황하게 될 것입니다. 부모 없는 고아처럼 외롭고 가련한 사람이 되는 것입니다. 불안과 공포, 질병과 불행의 구렁텅이에 빠지게 되고, 금수 같은 사람으로 전락하고 말 것입니다.

인도의 간디는 자서전에서 "사람은 육신이 있기 때문에 욕심과 감정에 사로잡히기 쉽고 욕심과 감정에 사로잡히면 사물事物을 제대로 관찰하지 못한다. 따라서 욕심과 감정을 조절할 수 있는 정신적 수행이 필요하다"고 말 했습니다. 공자는 "아침에 도道를 들으면 저녁에 죽어도 가하다"고 말 했습니다. 특히 수운대신사님은 "밝음이 있는 바를 알지 못하거든 멀리 구하지 말고 나를 닦으라"(不知明之所在 遠不求而修我) "땅은 거름을 들여야 오곡의 남음이 있고 사람은 도덕을 닦아야 모든 일이 얽히지 않느니라"(地納糞土 五穀之有餘 人修道德 百用之不紆)라고 말씀하셨습니다. 사람은 종교생활, 수도생활을 해야 한다는 말씀입니다. 그래서 우리 인간은 아득한 옛날부터 시대와 의식 수준에 따라 믿는 대상과 방법은 다르지만 신앙생활을 해 왔던 것입니다. 특히 21세기에 접어들면서 인류의 가장 시급한 과제는 정신개벽과 마음의 평화, 그리고 육신의 건강을 찾고 많은 사람과 더불어 화합할 수 있는 마음의 양식, 즉 건전한 신앙을 찾는 문제라고 생각합니다.

하나의 종교 신앙을 갖게 되었다는 것은 인생의 나갈 길을 찾았다는 말입니다. 노인이 되도록 도를 모르고 종교가 없다는 것은 인생의 길을 아직 찾지 못했다는 말입니다. 가정도 건전한 종교가 있어야 온 가족이 행복하게 살 수 있고 국가사회도 건전한 종교가 민중을 교화하게 되어야 온 국민의 화합과 건전한 발전을 하게 되는 것입니다.

진정한 행복의 길인 천도를 물려주기 위하여

『의암성사법설』에 "인화하는 방책은 도가 아니면 할 수 없고 도로써 백성을 화하면 다스리지 않아도 절로 다스려진다"人和之策 非道不能 以道和民則 無爲而可治也는 말씀이 있습니다. 공산주의 국가가 무너지는 것은 한마디로 건전한 종교가 없기 때문입니다. 자유민주 국가가 부정부패와 혼란에 빠지는 것도 종교가 종교 구실을 하지 못하고 선천의 종교가 운이 다했기 때문입니다. 어쨌든 개인의 행복이건 가정의 행복이건 국가사회의 행복이건 모든 것은 건전한 종교가 바탕이 되어야 한다는 말씀입니다.

그런데 이 세상에는 종교가 많습니다. 특히 우리나라는 거의 모든 종교가 다 들어 와서 치열한 경쟁 속에 포교 활동을 하면서 겉으로는 연합과 공존하는 현상을 보여 주고 있습니다. 종교가 많다는 것은 어떤 의미에서는 인심이 산산조각 갈라져 있다는 증거라고도 할 수 있을 것입니다. 그러나 무극대도인 천도교로 인해서 도리어 전화위복으로 우리나라가 종교 화합, 신앙통일의 새로운 종교문화의 선진국이 될 가능성을 보여 주고 있습니다. 이렇게 되면 우리나라가 새로운 인류 문명의 중심지가 될 것입니다.

이렇게 전망해 볼 때 우리는 그 많은 종교 가운데서 천도교를 해야 할 이유가 무엇인가를 분명히 알 수 있고 천도교인으로서의 긍지와 사명감을 느끼지 않을 수 없습니다. "나 죽은 10년 후에 주문 읽는 소리 장안에 진동하리라. 주문 소리 세상에 차리라." 이 말씀의 뜻을 헤아릴 수 있을 것 같습니다. 그래서 우리가 많은 종교 가운데서 천도교를 신봉해야 할 까닭이 무엇인가를 다시 한 번 살펴보고자 합니다.

우리는 왜 꼭 천도교를 신앙해야 하는가

첫째, 천도교는 시천주의 새로운 신앙 방법을 밝혀주는 새 종교입니다. 즉 우리 본래의 마음이 한울님임을 깨닫고 자심자성自心自誠하는 가장 앞서 나가는 새 종교입니다. 둘째, 천도교는 만고 없는 무극 대도를 닦는 종교입니다. 무극대도란 천지무궁의 근본, 모든 종교의 근본을 밝혀 종교 화합을 이루는 동시에 사람마다 그 덕에 합하여 도성덕립 이루고 영원한 행복을 찾게 하는 새 종교라는 말씀입니다. 셋째, 천도교는 나와 내 가정의 진정한 행복을 찾는 동시에 민족과 인류를 구하는, 즉 개전일체個全一體의 행복을 추구하는 종교입니다. 넷째, 천도교는 현대사회의 중요 과제들을 근원적으로 해결할 수 있는 종교입니다. 다섯째, 천도교는 인생의 의의와 목적을 밝혀주는 종교입니다. 인간의 근본과 존엄성, 무궁성, 마음의 평화와 육신의 건강 등 영원한 행복의 길을 밝혀 줍니다. 여섯째, 천도교는 우리 민족이 창명한 새 종교입니다. 일곱째, 천도교는 위대한 역사를 이어나가는 종교입니다. 갑오 동학혁명, 갑진 개화혁신운동, 3·1독립운동, 신문화운동, 남북통일 운동, 정신개벽 운동 등 위대한 역사를 이어나가는 종교입니다.

지금 인류가 안고 있는 어려운 문제는 인간성·도덕성 회복 문제, 전쟁·질병·빈곤·경제위기 극복 문제, 환경·이상기후·대기번복 문제, 민족통일·종교 화합 문제, 공동체 의식·가치관 정립 문제 등 여러 가지가 있습니다. 이 모든 문제들의 근본적인 해결책이 바로 천도교에 있다는 것입니다. 따라서 우리 천도교인들은 "나 죽은 10년 후에 주문 읽는 소리 장안에 진동하리라." 하신 말씀을 잊지 말고 마음에 깊이 새기고 나가면 오늘의 모든 어려움을 능히 극복할 수 있을 것입니다. 우리 모두 모든 힘을 다해서 주문 열심히 외웁시다. 그리하여 꼭 도성덕립, 도가완성 이루고 대도중흥, 민족통일, 포덕광제의 목적을 달성합시다.

이신환성以身換性과 49일 특별기도

지금 우리 교회는 이신환성 49일 특별기도와 수련을 시행하고 있습니다. 금번 49일기도는 모든 교인들의 자아완성과 가정의 행복을 추구하는 동시에 특히 교회의 중흥과 민족의 정신개벽과 통일을 위해서 봉행하는 매우 뜻깊은 기도입니다. 49일 기도는 앞으로 3년간 일곱 차례 봉행하게 될 것입니다. 이번 49일 기도를 봉행한 전국의 교인들은 하계수련을 마치고 오는 (포덕 151년) 10월 제2차 이신환성 49일 특별기도를 봉행하면서 서울 중앙대교당에 모여 하루 저녁 철야 이신환성 수련을 진행할 계획입니다. 5백 명을 목표로 점차 인원을 늘려가면서 1년에 한두 번씩 철야수련을 하게 될 것입니다.

그런데 왜 이신환성 수련을 하느냐. 또 49일기도를 왜 일곱 차례씩이나 하느냐. 그 의의를 깊이 생각해 보아야 하겠습니다. 다 아시는 말씀이지만 깊이 생각해 보면 매우 중요한 뜻이 들어 있다는 것을 알 수 있습니다.

이신환성이란 무엇이며 어떻게 해야 하는가?

이신환성은 글자 그대로 육신을 성령으로 바꾸라는 말씀입니다. 육신과 성령을 바꾸어 믿으라는 말씀입니다. 즉 생각을 바꾸라는 것입니다. 사람은 육신과 성령으로 되어 있는데 육신은 일시 객체요 성령이 영원한 주체라는 것을 알고, 육신만 생각지 말고 항상 성령을 생각하면서 살아야 한다는 말씀입니다. 간단합니다. 항상 성령을 생각하면 되는 것입니다. 그러면 성령, 육신 쌍방으로 행복하게 살 수 있다는 말씀입니다. 우리는 그동안 너무 육신만 생각하면서 살아 왔습니다. 이제부터는 성령을 생각하면서 살자는 것입니다. 성령을 주체로 생각하면서 살게 되면 놀라운 변화가 일어날 것입니다. 마음도 편안해지고 육신도 건강해지고 모든 질병에서 벗어나게 되고 하는 일은 뜻대로 이루어지고 진리를 깨닫게 되고 한울님의 무한지혜, 무한능력, 무한공급을 받게 될 것입니다. 드디어 천인합일 자아완성, 대 성인聖人의 경지에 이르게 된다는 것입니다.

세상 사람들은 성령은 생각지 않고 육신만 생각하기 때문에 온갖 불행의 함정에 빠져 헤맨다는 것을 알아야 하겠습니다. 마음의 불안과 공포, 육신의 질병, 분열과 파쟁 등 온갖 고통 속에서 살아가는 것입니다. 하는 일은 뜻대로 되지 아니하고, 생로병사 · 길흉화복이 무상하게 전개되는 고해에서 헤맨다고 할 수 있습니다. 근본적인 문제 해결을 위해서는 이신환성이 되어야 하는 것입니다. 오늘날 우리 인간의 최급선무는 이신환성입니다. 우리는 이신환성을 위해서 총력을 기울여야 할 것입니다. 그래야 건전하게 행복하게 살 수 있습니다. 이신환성이 되면 모든 문제가 해결될 것입니다.

의암성사께서 '이신환성은 수운대신사의 본지'本旨라고 말씀하셨습니다. 그러면 이신환성을 성취하려면 어떻게 해야 할까요. 저는 이신환성의 최고 경지에 이르려면 다음과 같은 과정을 거쳐야 한다고 생각합니다.

제1단계는 육신은 일시객체요 성령이 영원한 주체임을 아는 단계, 제2단계는 성령보다 육신을 더 많이 생각하는 단계, 제3단계는 육신과 성령을 반반 같이 생각하는 단계, 제4단계는 육신보다 성령을 더 많이 생각하는 단계, 제5단계는 육신관념을 홀연히 잊어버리고 오로지 성령만 생각하는 단계 등입니다. 마지막 제6 단계는 이신환성의 최고의 단계, 이신환성의 극치에 이른 경지라고 할 수 있고 천인합일의 경지라고 할 수 있습니다.

그러면 이신환성의 최고 경지에 이르면 어떻게 될까요? 첫째, 지상신선의 대행복을 누리게 될 것입니다. 둘째, 한울사람으로 자아완성을 하게 될 것입니다. 셋째, 영원한 행복을 찾게 될 것입니다. 넷째, 천지조화를 임의대로 할 것입니다. 다섯째, 많은 사람이 모여들게 되고 각자위심 세상사람 동귀일체 될 것입니다.

저는 지난 6월 3일부터 49일 기도를 봉행하면서 7일간은 중앙대교당에서의 서울시내 교구 합동수련에 참례했고 그리고 10일부터 7일간은 화악산 수도원에서 수련을 하면서 주로 다음과 같은 경전에 있는 말씀들이 떠올라서 깊은 생각을 하고 돌아왔습니다.

이신환성을 말씀하시는 스승님들

"우리 도는 무위이화라. 그 마음을 지키고 그 기운을 바르게 하고 한울님 성품을 거느리고 한울님의 가르침을 받으면 자연한 가운데 화해 나는 것이요"(吾道 無爲而化矣 守其心 正其氣 率其性 受其敎 化出於自然之中也)

"우리 수도하는 사람은 부지런히 하고 부지런히 하여 그치지 아니하고, 나아가고 나아가 물러가지 아니하여, 마음이 성품 깨닫는데 들어가면 스스로 그 자리에 있을 것이니 한번 조용함에 비고 고요한 극락이요, 한번 기쁨에 크게 화한 건곤이요, 한번 움직임에 풍운조화니라."(惟我修道者 勤勤不已 進進不退 心入性覺 自居其位 一默 空寂極樂 一喜 泰和乾坤 一動 風雲造化) 특히 여기서 자거기위自居其位가 중요하다는 생각을 하게 되었습니다. 마음이 성품 깨닫는데 들어가 그 자리에 있어야 한다는, 즉 그 자리에 마음을 두고 모든 사물을 관찰하면서 살아야 한다는 말씀입니다. 자거기위自居其位는 영세불망과 같다고 할 수 있습니다. 그러면 한울님의 무한 지혜, 무한 능력을 받게 되고 천지조화를 임의대로 할 수 있다는 말씀입니다.

"성품을 보고 마음을 깨달으면 내 마음이 극락이요, 내 마음이 천지요, 내 마음이 풍운조화이니라." 見性覺心 我心極樂 我心天地 我心風雲造化

"대신사께서 자신을 천황씨라고 말씀하신 것은 자신이 한울 위에 계시다는 것이 아니요, 다만 성품을 보고 마음을 깨달아 삼계천의 맨 윗 한울에 계시다는 것이 명백하니라." 大神師之自謂天皇氏 非自居天上 但以見性覺心 居於 三界天之 最上天也 明矣

"천덕사은을 생각하고 생각하여 잊지 아니하면 지극히 지기에 화하여 지극한 성인에 이르느니라." 天德師恩 念念不忘則 至化至氣 至於至聖

"참된 마음은 둘도 아니요 물들지도 아니 하나니, 천체를 스스로 쓰며 내 땅을 스스로 쓰며 나를 자유로 쓰느니라." 眞心 不二不染 天體自用 自地自用 吾用自由

"조용히 한울 땅이 생기기 이전天地未判 前의 소식消息을 들으라."

위와 같은 말씀들을 떠올리면서 변함없이 49일 기도를 봉행하면 이신환성의 극치에 이르러 드디어 한울님의 무한지혜, 무한능력, 무한공급을 받게 되고 영원한 행복을 찾게 되고 원처근처 어진 선비 풍운같이 모여들어 교회의 대 화합과 대 포덕으로 중흥을 이루게 될 것이라는 확신을 갖게 되었습니다. 나아가 민족의 정신개벽과 통일을 주도하는 천도교가 될 것이라는 희망도 품게 되었습니다.

그러면 49일 기도는 왜 하는가? - 49일 기도의 의의와 역사적 유래

49일 기도는 새로운 도약, 새로운 탄생, 새 세계로의 전진, 그리고 한울님의 법력을 받는 매우 중요한 뜻이 담겨 있다고 생각합니다. 교사를 보면 스승님들께서는 중요한 일이 있을 때, 어려운 일이 있을 때에는 49일 기도를 봉행하였습니다.

수운대신사께서는 제세안민濟世安民의 대도大道를 구하기 위하여 주유천하하시면서 구도 생활을 하시다가 32세 때에 을묘천서乙卯天書를 받으시고 그 가르침에 따라 그 다음해 양산 내원암에서 49일 기도를 봉행하셨습니다. 47일 만에 고향 숙부님의 환원을 영안으로 직관直觀하시고 귀가하셨다가 다시 그 다음해에 내원암 앞 천성산 적멸굴寂滅窟에서 49일 기도를 하시고, 용담으로 돌아와 정진을 계속하시던 중, 경신년인 1860년 37세 때 4월 5일, 만고 없는 무극대도를 받으셨습니다.

해월신사께서는 대신사 순도 후 피신하여 포덕 6년, 울진 죽변에 은거해 계시면서 1년에 49일기도를 4차례 봉행하고 "사람은 한울이니 평등하다"는 설법을 시작으로 본격적인 포덕과 교인 교화를 시작하셨습니다. 포덕 12년 신미작변 후 극심한 관官의 지목으로 피신하여 영월 직곡리 자연동굴에서 11일 동안이나 굶주리며 지내다가 박용걸의 도움을 받게 되었고, 그의 집에서 49일 기도를 봉행하신 후 '대인접물' 설법을 하셨습니다. 포덕 14년에는 태백산 적조암에서 강수, 전성문, 유인상, 김해성 등과 같이 49일 기도를 하셨으며 포덕 15년에는 도솔봉 밑 사동寺洞에서 김연순, 홍순일 등과 같이 49일 기도를 봉행하셨고, 포덕 25년(1884) 6월에는 익산 사자암에서 손병희(의암성사)와 같이 49일 기도를 하셨으며, 그해 10월에는 공주 가섭사에서 49일기도를 손병희 · 박인호 · 손봉여 등과 같이 봉행하셨습니다.

그리고 포덕 27년 초, "금년에는 괴질이 많이 돌 것이니 천사님의 감응을 받도록 기도에 일층 정성을 다할 것이며 특히 청결에 유의하고 49일 기도를 봉행하라"고 하셨습니다. 그해 괴질이 전국을 휩쓸어 많은 사람이 죽었지만 도가道家는 모두 무사하였습니다. 그리하여 많은 포덕이 일어났습니다. 포덕 28년에는 "금년부터 49일 기도를 춘추 2회씩 봉행하라"는 통문을 발하였으며 3월에 정선군 동면 고한 갈래사에서 49일기도를 봉행하셨습니다.

의암성사께서는 포덕 48년(1907) 전국의 교인들이 물약자효勿藥自效를 증험하고, 특히 부인들은 「내수도문」을 실천하면서 49일 기도를 봉행토록 하셨습니다. 포덕 50년 12월, 국운이 기울어갈 때 양산 내원암에서 조기간, 최준모, 임명수, 김상규 등과 같이 49일기도를 봉행하고 적멸굴을 탐방했을 때에 "옛적에 이곳을 보았더니, 오늘 또 보고 보는구나"昔時此地見 今日又看看라는 강시降詩를 받으셨습니다.

포덕 51년에 경술 국치國恥를 당하자 "내 10년 안에 나라를 다시 찾겠다"는 결연한 의지를 표명하고 포덕 52년에 수십만의 포덕을 하는 동시에, 서울 우이동에 약 2만8천 평을 매입, 봉황각鳳凰閣을 짓고 포덕 53년(1912) 4월 15일부터 3년간, 7회의 49일기도를 봉행하여 이신환성 역군 483명을 육성하여 3백만 대 교단을 이루었던 것입니다. 그리고 포덕 60년 1월 5일부터 전국 교인들이 조국 광복을 위한 49일 특별기도를 봉행하고 역사적인 3·1독립운동을 주도했다는 사실을 알아야 하겠습니다.

제4세 대도주 춘암상사께서도 무인멸왜기도 49일, 105일 기도를 봉행하셨습니다. 왜 49일 특별 기도를 봉행하는가? 49일 동안 지극정성으로 기도함으로써 한울님과 스승님의 특별한 감응을 받아 모든 어려움을 극복하고 대도의 큰 목적을 성취하기 위해서 봉행하는 것입니다.

우리도 이신환성의 극치에 이르러 한울님의 무한지혜, 무한능력을 받아 교회의 대 화합과 중흥을 이루고, 민족의 정신개벽과 통일을 성취하기 위하여 49일 특별 기도를 봉행하게 되는 것입니다. 역사적인 이신환성 49일 특별기도와 수련운동에 전국의 동덕 여러분의 적극적인 참여를 바라면서 말씀을 마치겠습니다.

우리의 시급한 과제는 이신환성, 정신개벽

오는 8월 29일은 일본에 나라를 빼앗겼던 경술 국치 100주년이 되는 날입니다. 우리는 이날을 맞으면서 다시 한 번 마음을 가다듬고 그때의 슬픔을 회상해 보면서 비장한 각오로 새 출발을 다짐해야 하겠습니다.

의암성사께서는 경술국치를 당하자 10년 안에 나라를 찾겠다는 결연한 의지를 표하고 착착 진행한 것이 바로 이신환성 49일 수련이었습니다. 포덕 53년, 서울 우이동에 2만 8천여 평의 부지를 매입하여 봉황각을 짓고 각 지방 교역자를 소집하여 49일 특별기도와 수련을 시행하였습니다. 봉황각은 6월에 준공이 되는데 우선 도선암을 빌려서 4월 15일부터 수련을 시작한 것을 볼 때 의암성사께서 몹시 바쁘게 추진하셨다는 것을 알 수 있습니다. 포덕 53년부터 3년 동안에 7차에 걸쳐 49일 특별기도와 수련을 시행하여 21명, 49명, 49명, 49명, 105명, 105명, 105명 등 483명을 육성하였습니다. 그때 주로 이신환성을 역설하셨습니다. 이신환성은 영원히 사는 길이라고 말씀하셨습니다. 그리하여 이신환성 49일 수련을 한 그 분들이 전국 방방곡곡으로 나아가 포덕 교화 활동을 전개하여 무려 3백만 대교단을 이루고 드디어 3 · 1독립운동을 주도했다는 사실을 잊어서는 안 될 것입니다.

그렇다면 우리는 무엇을 해야 하겠습니까?

지금 우리 사회는 생존을 위협하는 심각한 과제들이 제기된 가운데 그 해결책을 찾지 못하고 혼란이 계속되고 있습니다. 인간성 상실과 극단적

이기주의의 풍조, 각자위심과 분열, 파쟁, 민족의 분단과 대결, 각종 질병의 만연, 핵전쟁의 위협, 물과 식량과 에너지 부족, 환경 파괴, 이상기온, 대기오염 등 실로 인간의 생존을 위협하는 심각한 문제가 아닐 수 없습니다. 그 근원적 해결의 길이 바로 인내천 진리에 있고 이신환성에 있음에도 불구하고 천도교는 아직 침체상태에 있고 세상 사람들은 알지도 못하고 있습니다. 더욱이 천도교인들도 아직 사회적 질병의 심각성을 생각지 않고 이신환성에 대해 특별한 관심이 없는 것 같습니다. 금은보화를 가지고도 빛을 보지 못하는 것이 아닌가 생각됩니다. 『의암성사법설』에 "이신환성은 대신사의 본지니라"는 말씀이 있습니다. 그리고 "이신환성은 대기번복의 시기에 살기를 도모하는 오직 하나의 큰 방법"이라 하셨고 "'한울님께 복록 정해 수명을랑 내게 비네' 하셨으니 이것은 이신환성이 되어야 한다는 말씀이라"고 하셨습니다. 그리고 "지금의 그대들은 가히 하지 못할 일을 생각지 말고 먼저 각자의 정신부터 개벽해야 한다"고 하시고 "정신을 개벽하려면 육신관념을 성령으로 개벽하라"고 하셨습니다.

이신환성만이 우리의 살 길

그러면 이신환성이란 무엇인가? 이신환성이 되면 어떻게 되나? 이신환성이 되려면 어떻게 해야 하나? 이신환성의 극치에 이르려면 어떤 단계를 거쳐야 하나? 이신환성의 극치에 이르면 어떻게 되나? 이런 문제들을 좀더 깊이 생각해 보아야 하겠습니다.

첫째, 이신환성이란 무엇인가? 이신환성은 글자 그대로 몸을 성령으로 바꾸라는 말씀입니다. 생각을 바꾸라는 것입니다. 육신만 생각지 말고 항상 성령을 생각하면서 살아야 한다는 것입니다. 육신은 사람의 한때의 객체요 성령이 나의 영원한 주체라는 것을 알고 항상 성령을 생각하면서 살아야 한다는 말씀입니다.

둘째, 이신환성이 되면 어떻게 되나? 이신환성이 되면 모든 문제가 해결될 것입니다. 개인 문제, 가정 문제, 교회 문제, 국가사회 문제 등 모든 문제의 해결의 길이 바로 이신환성으로 정신을 개벽하는 데 있습니다. 이신환성이 되지 않고서는 아무것도 이룰 수가 없는 것입니다. 이신환성이 되어야 정신개벽도 되고, 이신환성이 되어야 새 사람이 되는 것입니다. 건강하게 살 수 있고, 모든 일이 뜻대로 이루어지고 가정화목도 되는 것입니다. 이신환성이 되어야 지상신선이 되고 한울사람이 되어 영원한 행복을 찾게 될 것입니다. 이신환성이 되어야 화합도 되고 교회발전이 되는 것입니다. 그러므로 우리의 시급한 과제는 이신환성입니다.

셋째, 이신환성의 경지에 이르려면 어떻게 해야 하나? 이신환성이 되려면 우리는 무엇을 해야 할까? 다른 길이 없고 오직 주문을 열심히 외워서 천심을 회복해야 하고 한울님 마음과 하나가 되어야 할 것입니다. 즉 천도교 수련을 열심히 해야 할 것입니다. 수련을 해서 강령, 강화로 한울님 모심을 몸과 마음으로 증험하고 깨달아야 하고 자천자각으로 본래의 마음이 한울님이라는 것을 깨달아야 하고 나아가 해탈이 되어야 하고 대도견성의 경지에 이르는 공부를 해야 할 것입니다. 또한 극성 수도를 해서 자나 깨나 주문생각, 천덕사은 염념불망해야 할 것입니다. 마음공부와 성품공부를 해서 견성각심이 되도록 힘써야 할 것입니다. 특히 육신은 한 때의 객체요 성령이 영원한 주체임을 알고 항상 성령을 생각하도록 힘써야 할 것입니다.

넷째, 그러면 이신환성은 어떤 과정을 거쳐야 하는가? 다음과 같이 네 단계를 거쳐야 하리라 생각합니다. 제1, 육신은 나의 일시 객체요 성령이 영원한 주체임을 아는 단계, 제2, 육신과 성령을 반반 같이 생각하는 단계, 제3, 육신보다 성령을 더 많이 생각하는 높은 단계, 제4, 육신관념을 홀연히 잊어버리고 성령만 생각하는 가장 높은 단계 등이 그것입니다.

다섯째, 그러면 이신환성의 극치에 이르면 어떻게 되는가? 육신의 안락을 홀연히 잊어버리고 항상 기쁜 마음, 감사한 마음, 위하는 마음으로 살게 될 것입니다. 수운대신사님의 성령출세를 알 수 있고 한울님과 스승님과 나와 하나가 될 것입니다. 천만년 전 사람이나 천만년 후 사람이나 현대 사람이 하나임을 알게 되고 인류가 한 동포 한 형제임을 알게 되고, 인오동포 물오동포임을 알게 되고, 영원한 나를 알게 될 것이며. 큰 법력이 생겨 포덕광제의 사명을 수행하게 될 것입니다. 드디어 원처근처 어진 선비 풍운같이 모여들어 각자위심 세상 사람 동귀일체되어 만화귀일될 것입니다. 좋을시고 좋을시고 이내신명 좋을시고 영세무궁 하단말가

여섯째 그렇다면 우리는 무엇을 어떻게 해야 하겠습니까? 우리의 시급한 과제는 이신환성, 정신개벽 수련에 있다는 것을 알아야 하겠습니다.

나부터 이신환성의 진경, 이신환성의 극치에 이르도록 극성수도를 해야 할 것입니다. 그리고 온 가족이 오관을 실행하고 이신환성 수련에 힘쓰도록 해야 할 것입니다. 이신환성, 정신개벽 수련운동을 전 교회적으로 적극 추진해 나가야 하 겠습니다. 천도교가 과거에는 갑오 동학혁명운동, 갑진 개화 혁신운동, 기미 3 · 1독립운동, 신문화운동 등으로 새 역사를 이루어 왔습니다. 앞으로는 이신환성 정신개벽 수련운동으로 새 역사를 이루어 나가게 될 것입니다. 우리 모두 이신환성 수련 운동으로 정신을 개벽하고 나와 내 가정의 진정한 행복을 찾는 동시에 교회의 발전과 국가사회의 건전한 발전을 추구하면서 괴질이 만연하고 대기가 번복하는 위기가 오더라도 이신환성의 도력으로 포덕광제의 사명을 수행하도록 힘써야 하겠습니다. 그리하여 반드시 대도중흥, 민족통일, 세계평화를 실현하고 포덕천하 광제창생, 보국안민 지상천국 건설의 대원을 성취해야 하겠습니다.

수도修道와 법력法力의 발전 단계

수도를 하면 그 발전 정도에 따라서 한울님의 법력을 얻게 되고 한울님의 법력도 수도의 발전 단계에 따라서 발전해 나가는 것입니다. 우리 수도하는 사람들은 수도와 법력의 발전 단계를 잘 알고 한 단계, 한 단계 체득하면서 속보속진 해 나가야 하겠습니다. 그리하여 하루속히 최고 정상의 경지에 이르러야 하겠고 그 큰 법력을 발휘하여 대도중흥과 민족통일, 보국안민 포덕광제의 사명을 수행해야 하겠습니다.

한울님의 능력을 법력, 도력, 심력, 영력 등 여러 가지로 표현하고 있습니다. 운동을 하면 체력이 향상되고, 공부를 하면 학력이 발달하고, 사업을 하면 경제력이 생기듯이 수도를 하면 자연히 도력, 법력이 생기는 것입니다. 법력은 이 세상에서 가장 위대한 능력입니다. 스승님들께서는 그 최고의 한울님 법력으로 무극대도를 온 세상에 밝혀 주시고 포덕광제의 천명을 수행하셨습니다.

우리도 그 법력을 얻어야 합니다. 그래야 대도의 목적을 달성할 수 있습니다. 법력을 얻으려면 극성수도를 해서 한울님과 스승님의 감응을 받아야하고 한울님과 나와 하나가 되어야 하고 반드시 포덕광제의 사명을 수행하겠다는 확고한 의지와 불타는 사명감이 있어야 할 것입니다.

경전에 "대신사의 법력은 생전 사후가 같다"는 말씀이 있습니다. 『의암성사법설』「이신환성설」에 "물 가운데 그냥 가는 것과 빗속에서도 젖지 않는 것은 대신사의 생전 법력이요, 한 여름에 청수에 얼음이 얼고 성미 그릇에 성미가 불어나는 것은 대신사의 사후 법력이니 대신사의 법력은 생전 사후가 같은 것이니라"는 말씀이 있습니다. 수운대신사께서 한울님으로부터 무극대도를 받으시고 1년을 더 닦고 다듬으신 후 포덕을 하자 원처근처 어진 선비 풍운 같이 모여들었다는 것은 바로 수운대신사의 그 법력으로 이루어졌다는 것을 알아야 하겠습니다.

우리는 수운대신사의 거룩한 모습과 법력을 바라보면서 수도를 해서 법력을 얻어야 할 것이며 발전해 나가는 과정을 잘 알고 한 단계, 한 단계 밟아나가야 할 것입니다. 법력의 발전 단계를 모르고 제자리걸음을 해서는 안 될 것입니다. 그래서 오늘은 수도와 법력의 발전 단계를 다음과 같이 몇 가지로 나누어서 말씀드리고자 합니다.

첫째, 만사여의의 법력을 얻는 단계 - 강령, 강화로 시천주를 깨닫는 단계

수도를 하면 차차차차 모든 일이 뜻대로 이루어지는 만사여의의 능력을 얻게 되는 것입니다. 그 전에는 하는 일이 뜻대로 되지 않아 많은 고통을 받으면서 살아왔는데 수도를 하니까 하는 일이 척척 이루어지게 되는 것을 깨닫게 되는 것입니다. 경전에 "한 생각이 이에 있으면 만사가 뜻과 같이 된다"(一念在玆 萬事如意)는 말씀이 있습니다. 수련을 해서 맑고 깨끗한 마음이 되어 다심多心에서 일심一心이 되어야 할 것입니다. 수련을 열심히 해서 강령, 강화를 체험함으로써 한울님을 모시고 있다는 것을 몸과 마음으로 증험하고 깨달아서 굳게 믿고 한울님 마음으로 일심이 되어 목적하는 바를 마음속 깊이 새기면서 열심히 노력하면 모든 일이 뜻대로 이루어지는 것입니다.

세상 사람들은 만사가 뜻대로 되지 않아 고통 속에 살고 있는데 수도를 함으로써 만사여의의 능력을 얻게 되는 것입니다. 참으로 행복한 일이 아닐 수 없습니다. 그러나 이것은 한울님의 법력을 얻는 초보 단계라는 것을 알아야 할 것입니다. 여기서 한 단계를 더 나가야 할 것입니다.

둘째, 무위이화의 법력을 얻는 단계 - 자천자각으로 본래의 마음이 한울님임을 깨닫고 조화정에 이르러 수심정기, 솔기성, 수기교의 깊은 공부를 하는 단계

만사여의의 초보 단계에 머물러 있지 아니하고 더욱 열심히 수련을 계속해 나아가면 차차차차 무위이화의 단계에 들어서게 될 것입니다. 모든 일이 몸부림치면서 아글타글 애써가면서 이루어지는 것이 아니라 생각하고 노력을 하면은 자연한 가운데 이루어지는 것을 깨닫게 되는 것입니다.

모든 일이 자연한 가운데 이루어지는 것입니다. 그렇다고 해서 아무런 일도 하지 아니하고 낮잠만 자도 된다는 것이 아니라 수도를 잘 해서 강령, 강화의 단계를 지나 자천자각이 되어 마음이 바로 한울님임을 깨닫고 깊은 수심정기 공부를 해야 할 것입니다. 그리고 성품공부를 해야 하고 무극의 경지에 들어가는 깊은 수련을 해야 할 것입니다.

『동경대전』「논학문」에 "우리 도는 무위이화라. 그 마음을 지키고 그 기운을 바르게 하고 한울님 성품을 거느리고 한울님의 가르침을 받으면 자연한 가운데 화해나는 것이요"(吾道 無爲而化矣 守其心 正其氣 率其性 受其教 化出於自然之中也)라는 말씀이 있습니다. 수기심守其心, 정기기正其氣는 그 마음을 지키고 그 기운을 바르게 한다는 말씀입니다. 욕심과 감정과 나라는 관념에 사로잡히지 않고 항상 내 몸에 모신 한울님을 부모님같이 생각을 하면서, 또한 희로애락을 조절하여 기쁜 마음 감사한 마음 위하는 마음으로 살아가는 것을 말합니다. 솔기성率其性은 성품을 거느린다는 말이며 성품을 거느린다는 말은, 즉 이신환성以身換性을 말합니다. 육신관념을 버리고 항상 나의 근본 성령을 생각하면서 살아야 한다는 말씀입니다. 수기교受其教는 한울님의 지혜와 능력을 받는다는 말씀입니다.

수심정기 공부와 성품공부, 이신환성의 깊은 공부를 계속하게 되면 한울님의 지혜와 능력을 받게 되고 무위이화의 법력을 체득하게 될 것입니다. 우리는 그 무위이화를 체득해야 하겠습니다. 참으로 좋습니다. 천도교인 된 것이 참으로 행복하다는 것을 절실히 느끼게 될 것입니다. 그러나 여기서 만족하지 말고 또 한 단계를 나가야 할 것입니다.

셋째, 임의용지의 법력을 얻는 단계 - 해탈, 견성, 이신환성의 진경에 이른 단계

무위이화에서 한 단계 더 나아가면 임의용지의 높은 단계에 올라가게 될 것입니다. 임의용지는 글자 그대로 모든 것을 마음대로 한다는 말씀입니다. 『의암성사법설』에 "천체를 스스로 쓰며 내 땅을 스스로 쓰며 나를 자유로 쓰느니라"(天體自用 自地自用 吾用自由)라는 말씀이 있습니다. 진심불염眞心不染이 되어 한울님 마음과 완전히 하나가 되어 변치 않으면 천지조화를 임의대로 하고 천지만물을 마음대로 활용하고 나 자신을 마음대로 하는 동시에 모든 사람들의 마음을 내 마음대로 움직일 수 있다는 말씀입니다. 또 「무하사」에 "무궁조화 그 이치가 임의용지任意用之 분명하다"는 말씀이 있습니다. 수도하는 사람들은 그 임의용지의 법력을 발휘하게 되어야 할 것입니다. 그러나 여기서 만족하지 말고 더욱 정진해서 또 다음 단계로 나가야 할 것입니다.

넷째, 공도공용의 법력을 얻는 단계 - 육신관념을 홀연히 잊어버린 단계

천도天道의 진리는 끝이 없습니다. 그 속에 또 있고, 그 속에 또 있고, 그야 말로 무궁한 이 울 속에 무궁한 나입니다.

임의용지의 높은 단계에서 만족하지 않고 계속 정진해 나아가면 드디어 공도공용의 거룩한 법력을 발휘하게 되는 것입니다. 기차가 레일을 달려가듯이 한울님이 거리낌 없이 천체를 운행하듯이 모든 일과 모든 쓰임을 거리낌 없이 자유롭게 해도 조금도 천도에서 어긋나지 않는 공도공행, 공도공용의 거룩한 경지에 이르게 될 것입니다. 『무체법경』에 "모든 일과 모든 쓰임을 마음 없이 행하고 거리낌 없이 행하는 이것을 천체의 공도공행이라 하느니라."(每事每用 無心行 無碍行 此之謂 天體 公道公行)는 말씀이 있습니다.

다섯째, 자유극락의 법력 - 천인합일, 자아완성의 최고의 단계

드디어 자유극락, 지상신선, 천인합일, 자아완성의 최고의 단계에 도달하게 될 것입니다. 그 이상은 없습니다. 그대로 나가면 될 것입니다. 우리 모두 수도와 법력의 발전 단계를 잘 알고 끊임없이 전진하여 자유극락 지상신선의 경지에 이르도록 합시다. 그리하여 모든 세상 사람들을 모두 이 길로 인도합시다.

이신환성以身換性과 포덕布德

전국의 모든 교인들이 이신환성 49일 특별기도를 봉행하는 이때에 특히 오는 27일 서울 중앙대교당에서 봉행하는 철야 특별기도를 앞두고 부산지역 각 교구 합동시일식을 봉행하는 이 자리에서 말씀드리게 되는 것을 감사하게 생각합니다. 그리고 지난 10월 30, 31일 경주 황성공원에서 개최한 동학문화 예술제 행사에 많이 참례하시어 성황을 이루어 주신 데 대하여 이 자리를 빌려 감사의 말씀을 드립니다.

아무쪼록 여러분 모두 역사적인 이신환성 49일 특별기도를 잘 봉행하시고 또 27일 철야기도에 적극 참석하시어 좋은 성과가 있도록 힘써 주시기 바랍니다. 그리하여 이신환성의 진경에 이르도록 힘쓰시는 동시에 동귀일체 화합된 교단을 이루고 많은 포덕이 일어나도록 힘써 주시기 바랍니다.

우리 사회는 인내천 사상이 절실히 요청되고 있습니다. 인내천 사상이 아니고서는 해결할 수 없는 중요한 과제들이 제기되고 있기 때문입니다. 지금 세상 사람들은 물질적으로는 다소 풍요를 누리고 있지마는 정신세계는 날이 갈수록 혼탁해지고 있습니다. 가장 소중한 천심을 잃어버리고 혼탁한 세상물결에 빠져 헤매고 있습니다. 그리하여 많은 사람들이 정신적 불안과 고통 속에 살아가면서 분열과 파쟁, 질병, 환경오염, 이상기온, 지진, 화산폭발, 핵전쟁의 위협, 그리고 우리 민족의 분단과 대결 등 생존을 위협하는 심각한 과제들이 제기된 가운데 그 해결책을 찾지 못하고 고심하고 있습니다.

그 근원적 해결의 길이 인내천 진리에 있다고 볼 때 천도교인들의 책임이 실로 막중함을 통감하지 않을 수 없습니다. 그러면 우리는 어떻게 해야 하겠습니까? 우선 우리부터, 나부터 이신환성으로 정신을 개벽해야 할 것입니다. 그리고 동귀일체, 화합된 교단을 이루고 포덕운동을 적극 전개해 나가야 할 것입니다.

『의암성사법설』에 "후천개벽의 시기에 처한 우리는 먼저 각자의 성령 육신부터 개벽해야 하느니라. 만약 자기의 성령 육신을 자기가 개벽하지 못하면 포덕광제의 목적을 어떻게 달성하겠느냐?" 라는 말씀이 있습니다.

우리는 먼저 이신환성으로 정신을 개벽해야 하고 그리고 동귀일체, 화합된 교단을 이루고 포덕 광제를 위해 총력을 기울여야 할 것입니다. 우리가 정말 이신환성의 진경에 이르게 되면 놀라운 변화가 일어날 것입니다. 한울님의 높은 법력을 얻게 되고 영원한 행복을 찾게 될 것입니다. 부화부순, 가도화순 이루어 우환 없는 행복한 가정이 될 것입니다. 교회는 화합을 이루고 많은 포덕을 하게 될 것입니다. 그리고 온 민족의 정신개벽운동을 주도하는 교회가 될 것입니다.

이신환성이란 과연 무엇인가?

이신환성이란 아시는 바와 같이 육신을 성령으로 바꾸라는 말씀입니다. 생각을 바꾸라는 것입니다. 육신은 한때의 객체요, 성령이 영원한 주체라는 것을 알고 항상 성령을 주체로 생각하면서 살자는 말씀입니다. 그러면 모든 문제가 해결될 것입니다.

그러면 이신환성을 어떻게 할까요? 자나 깨나 주문 생각을 하면서 천덕사은을 잊지 말아야 할 것입니다. 물욕과 감정과 '나' 라는 관념을 버려야 할 것입니다. 밉다, 곱다, 괴롭다, 슬프다, 아니꼽다는 등 육신관념을 홀연히 잊어버려야 할 것입니다. 그러면 드디어 이신환성의 진경, 극치에 이르게 될 것입니다.

그러나 이신환성은 하루아침에 되는 것이 아닙니다. 모든 일은 거쳐 나가는 과정이 있습니다. 초등학교에서 중 · 고등학교, 대학교로 거쳐나가듯이 이신환성도 이루어져 나가는 과정이 있다고 생각합니다.

제1, 육신은 한때의 객체요 성령이 영원한 주체라는 것을 알고 성령에 대한 생각을 조금씩 하는 단계, 제2, 성령과 육신을 반반씩 같이 생각하는 단계, 제3, 육신보다 성령을 더 많이 생각하는 단계, 제4, 드디어 육신관념을 홀연히 잊어버리고 성령만 생각하는 가장 높은 신인神人의 경지에 이른 단계에 이르게 될 것입니다.

그렇다면, 이신환성의 진경에 이르면 어떻게 될까요? 첫째, 잃어버렸던 본래의 나(本來我)를 찾게 될 것입니다. 둘째, 무궁한 이 울 속에 무궁한 나를 찾게 될 것입니다. 셋째, 영원한 행복, 지상신선의 대 행복을 찾게 될 것입니다. 넷째, 부화부순, 가도화순, 우환 없는 행복한 가정이 될 것입니다. 다섯째, 기쁜 마음, 감사한 마음, 위하는 마음이 되고, 여섯째, 만사여의, 무위이화, 임의용지의 법력을 얻게 될 것입니다. 일곱째, 드디어 동귀일체하여 화합할 생각을 하게 되고 포덕할 마음이 솟아오르게 될 것입니다. 여덟째, 원처근처 어진 선비 풍운같이 모여들어 각자위심 세상사람 동귀일체될 것입니다. 아홉째, 드디어 방방곡곡에서 포덕운동이 일어날 것입니다. 열째, 심화기화가 되어 부화부순, 가도화순 이루게 되고 동귀일체의 교단을 이루게 되고 보국안민 포덕광제의 사명을 수행하게 될 것입니다.

포덕을 해야 합니다

이신환성으로 정신을 개벽하는 동시에 화합된 분위기를 이루고 특히 포덕에 총력을 기울여야 할 것입니다. 포덕을 해야 정심수도가 되고, 이신환성의 극치에 이르게 되고, 도성덕립 자아완성의 경지에 이르게 되고, 영원한 행복을 찾게 될 것입니다. 우리는 포덕을 해야 합니다. 이신환성 정신개벽과 동시에 화합된 교단을 이루고 포덕운동을 전개해야 할 것입니다. 한 사람 포덕하면 함정에 빠진 사람 한 사람 살려주는 것과 같다고 할 수 있습니다. 그 덕은 영원히 갈 것입니다. 돈 몇 천만 원 번 것보다 나을 것입니다.

그러면 포덕을 어떻게 하겠습니까? 수운대신사께서는 사모님과 가족부터 포덕하셨습니다. 해월신사께서는 처남 매부부터 포덕하라고 하셨습니다. 의암성사께서는 대거 마당포덕을 하셨습니다. 우리는 우선 가족, 일가친척부터 그리고 포덕 대상자를 선정해가지고 기도와 노력을 병행하면서 추진해야 할 것입니다. 그리고 이신환성 5백명 수련운동으로 온 민족을 포덕 교화해나가야 할 것입니다.

금년은 특히 경술국치 100주년이 되는 해입니다. 국권을 상실할 당시 의암성사께서는 "내 10년 안에 나라를 되찾겠다"는 결연한 의지를 표하고 서울 우이동에 땅 약2만 8천 평을 매입하고 봉황각을 짓고 이신환성 49일기도를 7차 실시하여 483명을 육성, 3백만 대교단을 이루고 3 · 1독립운동을 주도하신 그 정신을 마음속 깊이 새기고 현실을 개척해 나가야 하겠습니다. 그렇게 하는 것이 우리가 한울님과 스승님의 은덕에 만분의 일이나마 보답하는 길인 동시에 우리들 스스로의 영원한 행복과 장생의 삶을 열어나가는 길임을 명심하고 이신환성 수련과 포덕운동을 적극적으로 추진해 나가자는 말씀을 다시 한번 간곡하게 드리면서 마치겠습니다.

이신환성과 인내천

우리는 이신환성으로 정신을 개벽하는 동시에 인내천 진리를 깊이 연구하고 깨달아서 인내천 사상을 사회적으로 실천하는 생활을 해야 하겠습니다. 아시는 바와 같이 이신환성은 "육신은 한때의 객체요 성령이 영원한 주체"라는 것을 알고 항상 성령을 생각하면서 살자는 말씀입니다.

인내천은 천도교의 종지입니다. 천도의 진리를 요약하면 인내천 원리에 귀납됩니다. 인내천은 인류 역사상 처음으로 우리나라에서 창명된 새 진리요 위대한 사상입니다. 반만년의 유구한 역사를 통해서 면면히 흘러오는 우리 민족의 고유의 정신을 바탕으로 한, 그리고 우리 민족과 운명을 같이 해왔고 앞으로도 영원히 운명을 같이 할 수 있는 우리 민족의 얼이 담긴 사상입니다. 또한 전 세계 인류가 한 가족처럼 다 같이 평화롭고 행복하게 살 수 있는 새 세상을 건설해 나가는 사상입니다.

천도교인들은 이신환성으로 정신을 개벽하는 동시에 인내천에 대한 깊은 공부가 있어야 할 것입니다. 그리하여 인내천 사람, 한울사람으로 자아완성을 추구하면서 온 세상에 인내천 진리를 펴나가는 생활을 해야 할 것입니다. 그것이 우리의 사명입니다. 그것이 가장 보람 있게 사는 길이요 영원한 행복의 길이 될 것입니다. 그래서 우리는 이 자리에 모였습니다.

우리나라는 우리 천도교인들이 앞장서서 인내천 진리를 온 세상에 밝혀 나감으로써 세계에서 가장 앞서 나가는 도덕문명 선진국이 될 것입니다. 필시 그렇게 될 것입니다. 그리고 천도교는 이신환성 정신개벽과 동시에 인내천 사상을 온 세상에 널리 펴 나감으로써 천도교 본연의 모습을 보여 주게 될 것입니다. 천도교는 다른 나라에서는 볼 수 없는 우리 민족, 우리 나라의 크나큰 자랑이요 보물이라고 할 수 있습니다.

저는 과거 중앙총부 교화관장으로 일할 때 일본에서 개최한 한일종교회의에 참석하여, 좌담시간에 "일본은 지금 경제적으로는 우리나라보다 약간 앞서 있지만 종교문화는 한국으로부터 배워야 할 것이다. 과거에 한국으로 부터 유교, 불교 등을 받아들였듯이 앞으로도 종교, 정신문화는 한국으로부터 배워야 할 것이다. 왜 그런가? 일본은 아직 인내천을 모르고 있지 않느냐?" 라고 말한 바 있습니다. 그러니까 그들은 한국은 종교대국宗教大國이라는 말을 하였습니다. 아직 일본 사람들은 인내천人乃天을 모르고 있습니다. 미국 사람들도 모르고 러시아도 영국도 중국도 모르고 있습니다. 우리가 잘 가꾸어서 세계에 수출해야 할 것입니다.

인내천, 인내천, 인내천

인내천은 천도교의 제1세 교조 수운대신사께서 경신 1860년 4월 5일 한울님과의 문답에서 시천주의 진리와 오심즉여심이란 가르침을 받고 한울님의 마음이 곧 대신사의 마음임을 깨달은 데서 비롯되었습니다.

인내천이란 낱말은 천도교의 제3세 교조 의암성사에 의해 확실히 밝혀졌습니다. 인내천은 우리 민족의 얼이 담긴 사상인 동시에 무극대도로서 천지무궁의 근본을 밝히어 모든 사람들로 하여금 그 덕에 합하여 도성덕립 이루고 영원한 행복을 찾게 하는 진리입니다. 인내천은 모든 종교의 근본을 밝히어 종교 간의 화합과 천도교의 신앙통일을 이루어 나가는 위대한 사상입니다.

그리고 인내천은 갑오 동학혁명, 갑진개화운동, 3·1독립운동, 신문화운동, 남북분열저지운동을 일으킨 기본 정신이었으며, 앞으로 우리 민족의 자주 평화 통일과 세계 인류의 영원한 평화를 실현해 나갈 사상입니다. 인내천은 진정한 민주주의의 기본 원리라고 할 수 있습니다. 인내천 사상이 널리 퍼져야 진정한 민주주의가 실현될 것입니다.

인내천은 개인적인 행복과 국가 사회 전체의 행복, 즉 개전일체의 행복을 동시에 추구하는 사상입니다. 개인적으로는 마음의 평화와 건강, 만사여의, 장생불사, 자아완성, 지상신선의 영원한 행복을 찾고, 가정적으로는 가도화순, 부화부순, 우환 없는 행복한 가정을 이루고, 국가 · 사회적으로는 포덕천하, 광제창생, 보국안민 지상천국을 건설해 나가는 사상입니다. 그리고 우리 사회가 안고 있는 모든 어려운 문제들을 근원적으로 해결할 수 있는 사상이라고 할 수 있습니다.

현대사회의 중요 과제로 우리는 다음의 문제들을 생각해 볼 수 있을 것입니다. 첫째, 온 세상 사람의 각자위심과 인간성 회복 문제. 둘째, 분열 · 파쟁과 화합 문제. 셋째, 질병의 만연과 건강하게 사는 문제, 넷째, 이상기온과 환경보전 문제. 다섯째, 우리민족의 분단 · 대결과 자주평화통일 문제. 여섯째, 핵전쟁의 위협과 평화 세계 건설 문제. 일곱째, 종교 간의 갈등과 종교화합 문제 등입니다. 이 모든 문제의 근원적 해결의 길이 바로 이신환성과 인내천 사상에 있다는 말씀을 드리고 싶습니다. 우리의 시급한 과제는 이신환성 정신개벽과 인내천 사상을 사회적으로 실현하는 문제입니다. 오늘날 우리 민족과 인류가 안고 있는 모든 중요한 문제들을 근원적으로 해결할 수 있는 길이 이신환성 정신개벽과 인내천 진리에 있다고 볼 때 천도교인들의 책임이 실로 막중함을 통감하지 않을 수 없습니다. 또 한편 천도교인 된 긍지와 자부심을 갖게 되는 것입니다.

오늘날 세상 사람들은 가장 소중한 천심을 잃어버리고 혼탁한 세상 물결에 휩쓸려 방황하고 있습니다. 그리하여 정신적으로 불안과 고통 속에서 서로 싸우면서 살아가고 있는 것입니다. 우리는 모든 불행에서 벗어나는 길이 이신환성과 인내천에 있다고 확신합니다. 다행하게도 최근에 오면서 세상 사람들이 차츰 인내천에 대한 관심과 연구의 모습을 보여 주고 있는 것 같습니다.

경북 예천에서 인내천 강좌를 성황리에 진행한 후 한 분이 총부로 찾아와서 입교를 했고, 전남 광주에서 한살림 운동하는 분들 다섯분이 스스로 입교를 했고, 세종대학교와 진주 경상대학교에서 인내천 강좌를 했고, 또한 서울 지역에서 인내천 강좌를 계속 하고 있습니다.

대세는 인내천 시대로 흘러가고 있습니다. 미래는 인내천 시대입니다. 하루속히 인내천 진리가 온 누리에 전파되기를 기원하면서 인내천에 담겨 있는 뜻을 요약해서 말씀드리겠습니다. 첫째, 사람이 곧 한울이라는 뜻입니다. 둘째, 사람을 한울님같이 존엄하게 섬기자는 뜻입니다. 셋째, 한울사람으로 자아완성을 실현하자는 뜻입니다. 넷째, 모든 사람이 일체의 속박에서 벗어나 자주성을 확립하고 자유, 평등, 평화를 실현하자는 뜻입니다. 다섯째, 인생은 무궁하다는 뜻입니다. 여섯째, 인류는 한 동포, 한 형제, 한 가족이라는 뜻입니다. 일곱째, 사람은 무한한 가능성을 가지고 있다는 뜻입니다. 여덟째, 천지부모에게 효성을 다하자는 뜻입니다. 아홉째, 자연 환경을 보전하자는 뜻입니다. 열째, 이 땅 위에 한울나라를 건설하자는 뜻입니다.

우리 모두 이신환성으로, 즉 육신은 한때의 객체요 성령이 영원한 주체라는 것을 항상 생각하면서 정신을 개벽하고 그리고 인내천 진리를 깨닫고 생활 속에서 실천하자는 간곡한 당부의 말씀을 드리면서 마치겠습니다.

천지무궁의 근본을 잊지 맙시다

천도교인들은 수도를 잘 해서 천지무궁의 근본을 깨달아야 합니다. 그리고 천지무궁의 근본을 잊지 말고 항상 생각하면서 살아야 할 것입니다. 그래야 천도교인 된 보람을 안고 항상 기쁜 마음으로 살 수 있고 지상신선의 대평화, 대 행복의 길을 열어 나가게 될 것입니다.

수운대신사께서는 '근본을 잊지 말라' 고 누누히 말씀하셨습니다. 천지무궁의 근본, 그 근본을 항상 생각하면서 살아야 합니다. 그러면 한울님의 감응을 받게 되고 한울님의 무한 지혜, 무한 능력을 받게 되고 모든 문제가 해결될 것입니다. 모든 어려운 문제를 전화위복의 계기로 만들어 나갈 수 있습니다. 나아가 한울님과 스승님과 나와 하나가 되는 경지에 이르게 될 것입니다.

천지무궁의 근본을 잊지 말고 항상 그 근본을 생각하면서 살아야 하겠습니다. "아니 그거 아무것도 없는 것, 텅텅 빈 것, 생각해서 무엇 하나?" 그렇게 생각할는지도 모르겠습니다. 그러나 그것이 아닙니다. 여기에 모든 문제 해결의 길이 있습니다. 여기에 진정한 행복, 영원한 행복의 길이 있습니다. 여기에 천인합일, 자아완성의 길이 있습니다.

수운대신사께서 우리 도를 무극대도라고 말씀하셨습니다. 무극대도란 무엇인가? 무극에 대도가 있다는 말씀입니다. 여기에 인생의 나갈 길이 있다는 말씀입니다. 무극은 천지만물이 조판되기 전 근본을 말합니다. 우리는 천지무궁의 근본을 꼭 깨달아야 합니다. 이것이 우리 인생이 해야 할 가장 소중한 일입니다. 여기에 모든 소원을 이루는 길이 있습니다. 여기에 만사여의의 길이 있고, 무위이화의 길이 있고, 임의용지의 길이 있고, 자유극락 · 지상신선의 길이 있습니다. 어려움이 생겼을 때 고민만 할 것이 아니라 그 어려움을 안고 천지무궁의 근본자리에 들어가서 깊이 생각하면서 대책을 강구하면 해결의 길이 열리고 도리어 전화위복의 길이 열릴 것입니다.

지극한 수련으로 천지무궁의 근본을 깨달아야

천도교인들은 속보속진해서 천지무궁의 근본을 깨달아야 하고 그 근본을 항상 잊지 않고 생각하면서 살아야 할 것입니다. 여기에 나와 내 가정의 영원한 행복의 길이 있고 민족과 인류를 구하는 길이 있습니다. 도성덕립, 가도화순의 길이 여기에 있고 포덕천하, 광제창생, 보국안민, 지상천국 건설의 길이 바로 여기에 있습니다. 한울님과 하나가 되고 스승님과 하나가 되는 길이 여기에 있습니다. 높은 산의 정상에 오르면 사방이 환하게 보입니다. 천지무궁의 근본을 깨닫게 되면 활연관통하게 될 것입니다.

경전에 "밝고 밝은 덕, 즉 천지무궁의 근본을 잊지 않고 항상 생각하면 한울님 기운과 하나가 되어 지극한 성인의 경지에 이른다"(明明其德 念念不忘則 至化至氣 至於至聖)는 말씀이 있습니다. 그리고 "한울님 마음을 지키고 한울님 기운을 바르게 하고 그 성품을 거느리면, 즉 천지무궁의 근본을 잊지 않으면 자연한 가운데 이루어진다"(守其心 正其氣 率其性 受其敎 化出於自然之中也)는 말씀도 있습니다. 또 "무궁한 이 울 속에 무궁한 내 아닌가"라고 말씀하셨습니다. 『해월신사법설』에 "우리 스승님께서 천지우주의 절대원기와 절대성령을 체응하여 모든 일과 모든 이치의 근본을 처음으로 밝히시니 이것이 곧 천도이며 천도는 유불선의 본원이니라"는 말씀이 있습니다. 『의암성사법설』「수수명실록」에 "'도는 바로 대 선생님의 무극대도'라 한 것은 시정지侍定知 세 글자로써 천지무궁의 근본을 밝히어 덕을 천하에 펴고 사람마다 덕에 합하고 도를 이루어 한평생 잊지 않게 한다는 것이니…"라는 말씀이 있습니다. 그리고 "천덕사은을 생각하고 생각하여 잊지 아니하면 지기와 지극히 화하여 지극한 성인에 이른다"(天德師恩 念念不忘則 至化至氣 至於至聖)는 말씀이 있습니다.

우리가 천지무궁의 근본을 깨달으려면 수도를 지성으로 해야 할 것입니다. 천도교에 입교만 할 것이 아니라 수도를 해야 합니다. 수도를 해서 강령, 강화, 자천자각, 해탈, 대도견성이 되어야 할 것입니다. 마음이 맑고 깨끗해져야 합니다. 마음에 티끌이 있으면 천지무궁의 경지에 이르지 못합니다. 물욕과 감정과 '나'라는 관념을 버려야 할 것입니다. 견성각심의 경지에 이르러야 할 것입니다. 아무리 천도교 신앙을 독실히 한다 하더라도 또 극성수도를 한다 하더라도 마음에 조금이라도 티끌이 있으면 천지무궁의 근본을 깨닫지 못할 것입니다. 정말로 깨끗한 마음이 되어야 합니다. 다심에서 일심, 일심에서 무심의 경지에 이르러야 할 것입니다. 무심행無心行, 무애행無碍行, 공도공행公道公行, 공도공용公道公用이 되어야 할 것입니다.

금년은 특히 우리 모두 지성으로 수도를 해서 천지무궁의 근본을 깨닫고 잊지 않고 항상 그 근본을 생각하면서 살아가도록 합시다. 그리하여 어느 해 보다도 가장 보람있는 한 해가 되도록 정진해 나아갑시다.

한울님과 하나가 됩시다

우리는 한울님과 하나가 되어야 합니다. 수도를 잘 해서 강령, 강화를 체험함으로써 한울님의 감응을 받아야 하고 한울님 모심을 깨달아야 하고, 한울님의 가르침을 받아야 하고, 한울님의 뜻을 받들어 성경신을 체행하면서 경천, 경인, 경물의 생활을 해야 하고, 나아가 성심신 삼단을 깨달아 한울님과 하나가 되도록 힘써야 할 것입니다. 이것을 자아완성, 또는 도성덕립이라고 하는 것입니다.

본래 나(本來我)는 한울님과 하나였습니다. 그러나 이 세상에 태어나 살아가면서 혼탁한 세상 물결에 휩쓸려 천심을 잃어버리고 습관된 마음으로 살게 되면서, 즉 육신관념으로 살면서 그만 한울님과 멀어지게 된 것입니다.그리하여 복잡한 마음으로 살게 되었고 온갖 질병에 걸려 헤매게 되었고 하는 일은 뜻대로 되지 아니하고 근심과 괴로움을 안고 방황하게 된 것입니다. 그래서 우리 인생은 수도를 해서 다시 한울님과 하나가 되도록 힘써야 하는 것입니다. 그러면 한울님과 같이 무궁한 이 울 속에 무궁히 살아갈 것입니다. 우리가 한울님과 하나가 되려면 수도를 해서 다음과 같은 과정을 거쳐야 할 것입니다.

첫째, 지기금지원위대강至氣今至 願爲大降 시천주 조화정侍天主 造化定 영세불망 만사지永世不忘 萬事知에 이르러야 할 것입니다.

둘째, 강령降靈, 강화降話, 자천자각自天自覺, 해탈解脫, 대도견성大道見性이 되어야 할 것입니다.

셋째, 이신환성以身換性으로 정신을 개벽해야 할 것입니다.

넷째, 자나 깨나 주문 생각, 천덕사은天德師恩 염념불망해야 할 것입니다.

다섯째, 원각성圓覺性, 비각성比覺性, 혈각성血覺性을 깨닫고 허광심虛光心, 여여심如如心, 자유심自由心이 되어야 할 것입니다.

여섯째, 물욕과 감정과 '나' 라는 관념을 버려야 하고 한울님과 스승님과 주문과 경전과 나와 하나가 되어야 할 것입니다.

일곱째, 인과因果를 알고 인과를 고치고 인과를 초월해야 할 것입니다.

여덟째, 희로애락喜怒哀樂을 조절할 수 있어야 하고 희로애락을 초월 할 수 있어야 할 것입니다.

아홉째, 청정무구淸淨無垢한 마음, 진진여여眞眞如如한 마음이 되어야 하고 무심행無心行, 무애행無碍行, 공도공행公 道公行, 공도공용公道公用, 자유극락, 지상신선의 경지에 이르러야 할 것입니다.

열째, 진심불염眞心不染의 경지에 이르러 천체자용天體自用, 자지자용自地自用, 오용자유吾用自由, 임의용지任意用之가 되어야 할 것입니다.

열한번 째, 포덕천하, 광제창생 보국안민 지상천국 건설에 대한 신념과 사명감이 확고해야 할 것입니다.

우리는 한울님과 하나가 되도록 극성 수도를 해야 하겠습니다. 한울님과 하나가 되지 못하면 살아서도 불행, 죽어서도 불행의 함정에서 헤매게 될 것입니다. 새 해에는 우리 모두 어떤 어려움이 있더라도 만난을 무릎 쓰고 천인합일을 향해 나아가자는 간곡한 당부의 말씀을 드리는 바입니다.

소원을 이루는 길

우리 인간은 누구나 다 소원을 가지고 있습니다. 개인은 개인의 소원이 있고, 가정에는 가정의 소원이 있고, 교회는 교회의 소원, 국가에는 국가의 소원, 인류는 인류 전체의 소원이 있습니다. 그 소원을 어떻게 성취하느냐? 이것이 매우 중요한 문제로 제기되는 것입니다. 세상 사람들은 소원을 성취하는 길을 알지 못하고 여러 가지 방법으로 생각하면서 복잡하게 살아가고 있습니다. 무속에게 점을 치기도 하고, 사주팔자를 보기도 하고, 될 대로 되라 하고 포기 상태로 살아가기도 하는 것입니다.

동덕 여러분, 천도교에 모든 소원을 이루는 방법이 있습니다. 저는 천도교에 입교하여 수도생활을 해 오면서 소원을 이루는 길이 천도교 수도에 있다는 것을 알게 되었습니다. 그래서 오늘은 소원을 성취하는 길에 대해서 말씀드리고자 합니다.

먼저 목적이 분명해야 할 것입니다. '되면 좋고 안 되어도 그만' 이라는 흐리멍덩한 소원은 안 됩니다. 반드시 이루어져야겠다는 뚜렷한 목적, 간절한 소원이어야 할 것입니다. 그리고 나서 다음과 같이 힘써야 할 것입니다.

첫째, 노력입니다. 노력해서 안 되는 일 없습니다. 백절불굴의 노력이 있어야 할 것입니다. 중단 없는 노력, 적극적인 노력이 있어야 할 것입니다.

둘째, 기도입니다. 노력을 하되 기도를 하면서 해야 할 것입니다. 기도를 해서 한울님의 감응을 받아야 할 것입니다. 한울님의 감응을 받으면 안 되는 일이 없는 것입니다. 기도를 하되 개인 소원만 기원할 것이 아니라 포덕천하 광제창생 보국안민 지상천국 건설의 대원을 기원하면서, 그리고 개인적 소원을 간절히 기원해야 할 것입니다. 반드시 된다는 믿음을 가지고 한울님을 믿고 기도를 해야 할 것입니다. 지성이면 감천이라는 말이 있습니다. 지극 정성으로 기도하면 한울님의 감응을 받을 것이며 한울님의 감응을 받으면 안 되는 일이 없는 것입니다.

셋째, 수련입니다. 노력과 기도와 수련을 병행하는 것입니다. 그러면 만사여의의 경지에 이를 것입니다. 수련을 해서 내 마음을 맑고 깨끗하게 하는 것입니다. 수련을 잘 해서 청정무구清淨無垢, 진진여여眞眞如如한 마음이 되어가지고 그 마음으로 자기 소원을 간절히 생각하는 것입니다. 이미 이루어졌다고 생각하며 정진에 정진을 거듭하다 보면 무위이화로 이루어질 것입니다. 생각은 현실화되는 것입니다. 복잡한 마음으로 모든 일을 하기 때문에 이루지지 않는 다는 것을 알아야 할 것입니다.

천도교인들은 모든 소원을 이루는 힘을 길러야 합니다. 그 능력을 얻어가지고, 그 도력道力으로 대도의 목적 달성에 기여해야 할 것입니다. 도력을 얻은 동덕이 1백명, 2백명, 3백명, 4백명, 5백명…. 이렇게 많아져야 할 것입니다. 그러면 원처근처 어진 선비 풍운같이 모여들 것이며 온 민족을 인내천의 길로 인도하게 될 것입니다.

위하는 마음으로 살아갑시다 (2)

천도교인들은 세상 사람들과 달리 항상 위하는 마음으로 살아야 하겠습니다. 다른 사람들을 위하는 것이 나 자신을 위하는 길이요 진정한 행복을 찾는 길이요 다 같이 잘 사는 길이기 때문입니다.

『의암성사법설』에 "성인은 위위심爲爲心으로 살고 범인凡人은 마탈심으로 산다"고 하시면서 "위위심은 자리심自利心이라. … 자리심이 생기면 이타심利他心이 생기고 이타심이 생기면 공화심共和心이 생기고 공화심이 생기면 자유심自由心이 생기고 자유심이 생기면 극락심極樂心이 생긴다." 하시고 위위심을 잃지 말라고 하셨습니다. 이 말씀은 수운대신사의 말씀에 의해서 하신 말씀입니다. 대신사께서는 「팔절」八節에서 "밝음이 있는 바를 알지 못하거든 멀리 구하지 말고 나를 닦으라"不知明之所在 遠不求而修我 "내 마음을 그 땅에 보내라"送余心於其地라고 말씀하셨습니다. 마음을 닦아서 맑고 깨끗한 마음을 근본, 무극無極의 경지에 보내라는 말씀입니다. 거기에서 광명을 찾고, 진리를 깨닫고, 위하는 마음이 생긴다는 말씀입니다.

또 말씀하시기를 "도가 있는 바를 알지 못하거든 나의 믿음이 한결같은가 헤아리라. 내가 나를 위하는 것이요 다른 것이 아니니라"不知道之所在 度吾信之一如, 我爲我而非他라고 말씀하셨습니다. 수도하는 사람은 마음을 닦아서 무극의 경지에 이르러야 하고 위하는 마음이 되어야 한다는 말씀입니다.

우리는 수도를 해서 도를 깨닫는 동시에 위하는 마음으로 살아야 하겠습니다. 그러면 나는 저절로 이로워지고 자유 극락을 찾게 될 것입니다. 남을 위해야 합니다. 그것이 나를 위하는 길이요 영원한 행복을 찾는 길입니다. 세상 사람들은 천심을 잃어버리고 극단적 이기주의에 빠져 헤어나지를 못하고 있습니다. 여기서 정신적 고통과 분열과 파쟁, 질병과 사회의 혼란이 계속되고 있습니다. 세상 사람들은 진리를 모르기 때문입니다.

과거 선천 시대가 이기주의의 시대였다면 미래는 위위심의 시대가 될 것입니다. 세상 사람들이 모두 위爲하는 마음이 되면 다 같이 잘 사는 사회가 될 것이며 보국안민, 지상천국 건설이 될 것입니다. 그러나 위하는 마음이 되려면 정신개벽이 되어야 하고 정신개벽이 되려면 수련을 해야 합니다. 수련을 지성으로 해서 강령, 강화, 자천자각, 해탈, 대도견성의 경지에 이르도록 힘써야 하고, 무극의 경지에 이르러야 할 것입니다. 이신환성으로 정신을 개벽하여 천인합일을 추구해야 하고 무극대도 닦아내어 도성덕립에 이르는 공부를 해야 할 것입니다. 천지무궁의 근본을 깨달아야 할 것입니다. 그러면 자연히 사인여천할 마음이 생기고 동귀일체, 화합을 위해 힘쓰게 되고, 나아가 위하는 마음이 될 것입니다. 그래서 무극대도라고 하는 것입니다. 무극에 대도가 있다는 말씀입니다. 꾸준히 수련을 해서 다심에서 일심, 일심에서 무심의 경지에 이르고 무극의 진경에 이름으로써 인생의 나갈 대도大道를 찾게 되고 자연히 위하는 마음이 생기게 되는 것입니다.

천도교인들이 모두 위하는 마음이 되면 놀라운 변화가 일어날 것입니다. 동귀일체의 새로운 교단의 모습을 보여 주고 대도 중흥의 새 역사를 열어 나가게 될 것입니다. 나아가 민족통일을 이루게 되고 온 민족이 정신을 개벽하여 위하는 마음이 되면 우리나라는 도덕문명 선진국이 될 것이며, 보국안민 포덕천하 광제창생 지상천국 건설의 목적을 성취하게 될 것입니다. 모든 동덕들은 더욱 지극 정성으로 수련을 해서 하루속히 위하는 마음으로 보람 있게 행복하게 살아가자는 말씀을 드리면서 설교를 마치겠습니다.

준비를 서둘러 합시다

사람은 언제나 미래를 위한 준비를 해야 합니다. 미래를 위한 준비를 서둘러야 합니다. 봄에는 여름 준비를 해야 하고 여름에는 가을 준비를 해야 하고 가을에는 겨울 준비를 해야 할 것입니다.

초등학생은 중학교 갈 준비를 해야 하고, 중학생은 고등학교 갈 준비를 해야 하고, 고등학생은 대학교 갈 준비를 해야 할 것입니다. 준비를 소홀히 하면 실패자가 되는 것입니다. 특히 포덕천하 광제창생 보국안민 지상천국건설을 목적으로 하는 천도교인들은 준비를 서둘러야 할 것입니다. 준비에 만전을 기하도록 힘써야 할 것입니다.

과거에 준비 없이 8 · 15광복을 느닷없이 맞은 결과 어떻게 되었습니까? 민족은 분단되고 마침내는 전쟁을 하게 되었고, 외국 군대가 들어오게 되었으며, 전쟁을 하고도 해결을 하지 못하고 동족끼리 분단과 대결의 고통을 안고 장장 60여 년간 고통 속에 살아가고 있습니다.

그러면 우리는 어떤 준비를 해야 할까요? 깊이 생각해보아야 하겠습니다. 남북통일을 대비해야 할 것이며 전 민족 포덕교화 준비를 해야 할 것이며 세계 포덕을 준비해야 할 것입니다. 그리고 예측할 수 없는 사회의 혼란, 질병만연, 이상기온과 대기오염에서 오는 위기 조성 등 모든 문제의 극복을 위한 준비를 천도교가 책임지고 해야 할 것입니다. 천도교에 그 근원적 해결의 길이 있기 때문입니다.

그래서 저는 천도교가 준비해야 할 사항을 다음 몇 가지로 요약해서 말씀드리고 싶습니다.

첫째, 전체 교인의 이신환성, 정신개벽 수련운동입니다. 가정에 대사가 있거나 손님을 맞이하려면 몸과 마음을 깨끗이 해야 하고 집안과 밖을 청결히 해야 합니다. 마찬가지로 앞으로 전 민족 포덕 교화의 새 역사를 열어 나가려면 우선 천도교인들부터 새로워져야 할 것입니다. 이신환성 정신개벽 수련운동을 적극 추진하여 심화기화, 화합된 분위기를 이루어야 할 것입니다. 그렇지 못하고 세상 사람들과 같이 자기를 위하고 앞세우며, 싸움만 하거나 부정부패의 모습을 보여 주게 되면 세상 사람들은 천도교를 찾아 왔다가도 등을 돌릴 것입니다.

천도교인 모두가 이신환성으로 정신을 개벽해서 새 사람이 되어 친절을 베풀고 사람을 한울같이 섬기는 모습을 보여 주어야 할 것입니다. 진실로 화합된 동귀일체의 참 모습을 보여 주어야 할 것입니다. 덕德을 베풀어야 할 것입니다. 그러면 원처근처 어진 선비 풍운같이 모여 들것입니다. 덕德이 있는 곳에 사람이 모인다고 했습니다.

둘째, 교역자 육성입니다. 교역자 육성은 참으로 중요하고도 시급한 문제입니다. 교회와 모든 단체 그리고 국가 사회의 가장 중요한 문제는 교육입니다. 그 나라의 운명은 교육에 달려 있습니다.

대도의 목적 달성의 역량을 확보하는 길이 바로 교육을 통한 교역자 육성입니다. 교역자 육성에 모든 힘을 기울여야 할 것입니다. 미국이 선진국이 된 것도 교육의 힘이었고, 중국이 오늘과 같이 발전한 것도 교육의 힘이었습니다. 우리 한국이 오늘과 같이 발전하게 된 것도 교육의 힘이었습니다. 무엇보다 우리 천도교의 역사를 돌이켜보면 교단 안팎으로 교육에 대한 관심과 열기, 그리고 투자가 충분했을 때는 교단이 흥성하였고, 그러지 못한 상황에서는 시간이 갈수록 교단은 쇠퇴의 길을 걸어야 했습니다.

오늘날 시급한 교단의 중흥을 이룩하고, 대도의 목적을 달성하려면 교역자육성에 총력을 기울여야 할 것입니다. 우리는 미래를 바라보면서 청년 인재 육성을 위한 교육에 모든 힘을 기울여 나가야 하겠습니다. 우리는 교육을 통해서 민족통일과 세계 포덕의 준비를 철저히 해야 하겠습니다.

셋째, 민족통일 기반 조성입니다. 민족자주 평화통일의 기반을 튼튼히 다져야 하겠습니다. 뜻 밖에도 국내외 정세가 통일의 방향으로 성큼 다가올 수 있습니다. 천도교는 그 때를 대비해서 만반의 준비를 해야 할 것입니다. 아무런 준비 없이 그날을 당하게 되면 또 다시 혼란의 악순환이 반복될 것입니다. 우리 민족의 통일은 민족 자주정신으로 할 수밖에 없을 것입니다. 따라서 우리 민족의 통일은 부득이 천도교 인내천 사상으로 할 수밖에 없다는 것을 머지 않아 남과 북 모두 자각하게 될 것입니다. 시기가 박두해오고 있습니다. 준비를 서둘러야 할 것입니다. 만반의 준비를 갖추어야 할 것입니다. 우리가 준비를 마치는 날 통일의 서광은 비칠 것입니다.

넷째, 세계 포덕을 위한 준비에 힘을 기울여야 할 것입니다. 세계는 한 지구촌 시대가 되었습니다. 따라서 국내 먼저, 외국은 나중이라는 생각도 바뀌어야 할 것입니다. 국내가 포덕되려면 세계 포덕이 이루어져야 할 것이며, 반대로 세계 포덕을 실질적으로 추진하기 위해서는 국내 포덕이 가시적인 성과를 거둘 수 있어야 할 것입니다. 아무튼 천도교의 전 민족 포덕과 세계포덕의 절호의 시기가 다가오고 있습니다. 때를 놓치면 도리어 앙화를 불러일으키게 된다는 것을 알아야 할 것입니다. 수운대신사께서는 "산하대운山河大運이 다 이 도에 돌아온다" 고 분명히 말씀하셨습니다.

동덕 여러분, 우리 민족의 운명이 천도교인들에게 달려 있다는 것을 잊지 맙시다. 막중한 책임을 통감하면서 밝은 미래를 바라보면서 준비를 서둘러야 하겠다는 말씀을 드리면서 설교를 마치겠습니다.

새 해의 희망

새해 복 많이 받으세요. 희망찬 새 해, 포덕 152년 신묘년, 첫 시일식을 영등포교구 여러분과 함께 봉행하게 되는 것을 감사하게 생각합니다. 새해에는 모든 분들께서 더욱 건강하시고 하시는 모든 일 뜻대로 이루시고 도성덕립, 도가완성, 그리고 교구의 무궁한 발전과 대도의 목적 달성을 향한 힘찬 전진이 있기를 기원합니다.

수운대신사께서는 "산하의 큰 운수가 다 이 도에 돌아온다" "각자위심 세상사람 동귀일체 된다"고 하셨습니다. 해월신사님 「강서」降書에 "중산 토끼가 성을 차지함이여中山兎之管城兮 패택 용의 한수로다"沛澤龍之漢水라는 구절이 있습니다. 의암성사님 「시문」詩文에 "옥토끼가 정을 머금으니 달은 삼경이라玉兎含情月三更 용이 물 기운을 얻으니 가장 재미가 좋고"龍得水氣最佳味라는 말씀이 있습니다. 이러한 말씀들이 우리에게 무엇을 밝혀 주시는지 깊이 음미해 보아야 하겠습니다.

특히 올해는 희망을 가지고 살아가자는 말씀을 드리고 싶습니다. 희망이 있어야 합니다. 희망이 있으면 행복한 사람이 됩니다. 희망이 없으면 불행한 사람입니다. 가장 큰 행복은 희망입니다. 복 많이 받는 방법이 있습니다. 희망이 있으면 됩니다.

옛날 알렉산더가 집에 있는 보물을 세상 사람들에게 다 나누어 주었습니다. 가까히 모시던 사람이 "보물을 다 나누어 주면 어떻게 살아갑니까?"라고 말 하니까, "나는 가장 큰 보물을 가지고 있다. 그것은 바로 희망이

다"라고 말했다고 합니다. 옛날부터 "소년들이여 야망 큰 희망을 가지라"라는 말이 전해 오고 있습니다. 희망이 있으면 성공합니다. 간절한 희망은 이루어집니다. 생각은 현실화되는 것입니다.

저는 새해 아침에 천도교인들의 희망과 각오를 몇 가지로 요약해 말씀드려 보고자 합니다. 그것은 첫째, 위하는 마음으로 살아가자는 것이고, 둘째, 천인합일 이루어 한울사람이 되자는 것이며, 셋째, 미래를 위한 준비를 하자는 것입니다.

첫째, 위하는 마음으로 살아갑시다

오래 전부터 천도교에 입교하여 수도생활을 하시는 분들은 금년부터는 특히 위하는 마음으로 살아가자는 말씀을 드리고 싶습니다. 위하는 마음으로 사는 것이 복 많이 받는 길이기 때문입니다. 남을 위하는 것이 나 자신을 위하는 길이요 진정한 행복, 영원한 행복을 찾는 길이요 다 같이 잘 사는 길입니다. 과거 선천시대가 극단적 이기주의, 즉 남이야 죽건 말건 생각할 것 없고 나만을 위하는 시대였다면 미래 후천시대는 위위심 시대, 즉 남을 위하는 마음으로 사는 시대가 될 것입니다.

『의암성사법설』에 "성인聖人은 위위심爲爲心으로 살고 범인은 마탈심魔奪心으로 산다." 하시면서 위위심爲爲心은 자리심自利心이라고 하셨습니다. 자리심은 저절로 이로워 진다는 말씀입니다. 그리고 "자리심이 생기면 이타심利他心이 생기고, 이타심이 생기면 공화심共和心이 생기고, 공화심이 생기면 자유심이 생기고, 자유심이 생기면 극락심이 생기느니라"라고 말씀하시고 위위심을 잃지 말라고 하셨습니다.

남을 위하는 마음으로 살면 나는 저절로 행복해지고 지상신선의 대행복을 찾게 된다는 말씀입니다. 세상 사람들은 남을 해치고 자기만을 위하는 것이 잘 사는 길인 줄 착각하고 불행의 함정에 빠져 헤매고 있는 것입니다.

『동경대전』「팔절」에 "도가 있는 바를 알지 못하거든 나의 믿음이 한결같은가 헤아리라. 내가 나를 위하는 것이요 다른 것이 아니니라"不知道之所在 度吾信之一如, 我爲我而非他는 말씀이 있습니다.

수도하는 사람들은 한결같은 믿음으로 수도를 잘 해서 도道를 깨닫는 동시에 위하는 마음으로 살아야 하겠습니다. 그러면 저절로 이로워지고 자유극락, 영원한 행복을 찾는 차원 높은 생활을 하게 될 것입니다.

세상 사람들은 극단적 이기주의에 빠져 정신적 고통, 분열과 싸움, 질병과 사회 혼란, 이상기온, 환경오염, 전쟁의 위협 등 생존을 위협하는 심각한 과제들이 제기된 가운데 그 해결책을 찾지 못하고 혼란이 계속되고 있습니다. 그 길이 바로 천도교 인내천 진리에 있다고 볼 때 천도교인들의 책임이 실로 막중함을 통감하지 않을 수 없습니다. 우리는 금년부터는 더욱 열심히 수련해서 진리를 깨닫고 위하는 마음으로 더욱 보람 있게 살아갑시다.

옛날 어떤 집 주인이 하인의 잘못을 용서하고 항상 위하는 마음으로 위로를 해 주었는데 먼 훗날 그 주인이 큰 죄로 사형을 받게 되었을 때 하인이 주인을 대신해서 사형을 받았다는 말씀이 있습니다. 스승님은 창생을 위하여 살았고 생명까지도 바쳤다는 것을 항상 생각하면서 위하는 마음으로 살아야 하겠습니다.

둘째, 천인합일 이루어 한울사람이 됩시다

자나 깨나 주문 생각 천덕사은 잊지 말고 무극대도 닦아내어 천인합일 이룩합시다. 이신환성, 정신개벽, 천인합일 이룩합시다. 다심多心에서 일심一心, 일심에서 무심無心, 무심에서 천인합일로 나갑시다.

"무극 경지 당도하니 내가 바로 한울이요 한울이 바로 나일세, 어찌 나

밖에 다른 한울이 있겠는가. 몸도 한울, 마음도 한울, 성품도 한울, 천인합일 자아완성이 이것이 아니겠는가." "견성각심見性覺心이면 아심我心이 극락極樂이요 아심我心이 천지天地요 아심我心이 풍운조화風雲造化니라." "내 한울을 내 도로 하면 천도의 한량없는 것이 또한 내게 매었으니 내가 높고 높음이 위도 없고 위도 없어 세 한울의 위에 높이 있느니라."我天我道 天道無量 亦繫我也 我尊我尊 無上無上 尊於三天之上 등의 말씀을 염념불망하면서, 금년은 우리 모두 천인합일 이루어 한울사람이 되겠다는 희망을 가지고 나아갑시다.

셋째, 미래를 위한 준비를 합시다

미래의 준비를 잘 해야 잘 사는 사람이 됩니다. 봄에는 여름 준비, 여름에는 가을 준비, 가을에는 겨울준비를 해야 합니다. 초등학생은 중학교 갈 준비, 중학생은 고등학교 갈 준비, 고등학생은 대학교 갈 준비를 잘 해야 합니다. 8 · 15광복을 준비 없이 갑자기 맞이한 결과 어떻게 되었습니까? 나라는 분단이 되고 동족상쟁을 하고 그리고도 해결이 안 되어 고통 속에 살아가고 있습니다. 우리는 무슨 준비를 해야 할까요? 민족통일과 인내천 시대를 열어 나가기 위한 준비를 해야 할 것입니다. 그리고 앞으로 예상되는 괴질 만연, 사회혼란, 대기번복 등을 생각하면서 만반의 준비를 해야 할 것입니다.

첫째, 이신환성, 정신개벽입니다. 의암성사님은 "후천개벽의 시기에 처한 우리는 먼저 각자의 성신性身부터 개벽해야 한다." 하시고 "만일 자기의 성령, 육신을 자기가 개벽하지 못하면 포덕광제의 목적을 어떻게 달성하겠느냐?" 라고 말씀하셨습니다. 그래서 금년은 전 교회적으로 이신환성 49일 특별기도를 3차 봉행할 계획입니다. 우선 2월 11일부터 시작할 계획입니다. 그리고 철야기도도 할 계획입니다. 적극적인 참여를 바랍니다.

둘째, 도력道力을 얻어야 하겠습니다. 운동을 하면 체력이 향상되듯이 수도를 하면 도력道力을 얻게 됩니다. 도력에도 만사여의의 단계, 무위이화의 단계, 임의용지의 단계가 있다고 할 수 있습니다. 쉬지 말고 수련 정진을 거듭하여 차례로 그 도력을 얻어야 대도의 목적을 달성할 수 있습니다.

셋째, 동귀일체, 화합입니다. 미래는 화합의 시대입니다. 우리는 그 선구적 역할을 해야 할 것입니다.

넷째, 교역자 육성입니다. 수련 지도자, 인내천 사상에 대한 설명, 교리 · 교사 등을 설명할 수 있는 그리고 성경신의 인격을 갖춘 교역자를 육성 확보해야 할 것입니다. 우리들 스스로가 교역자의 격을 갖추도록 힘써야 할 것입니다.

다섯째, 민족통일 기반 조성입니다. 민족 자주 평화통일의 기반을 튼튼히 다져야 할 것입니다. 통일의 시기가 박두해 오고 있습니다. 만반의 준비를 갖추어야 할 것입니다.

이상과 같은 희망은 막연한 희망이 아니라 우리들 스스로 다짐하는 각오이기도 합니다. 한울님은 이렇게 각오하고 다짐하는 우리들의 희망 사항을 만사여의로 이루어 주실 것입니다. 우리 모두 올해는 이러한 희망과 각오를 갖고 49일 수련에 적극 동참하시기를 재삼재사 말씀 드리면서 마치겠습니다.

영원한 행복의 길 (1)

사람은 누구나 다 영원히 행복하게 살기를 원합니다. 우리 인간은 아득한 옛날부터 영원한 행복을 추구하면서 살아오고 있습니다. 일시적인 쾌락이 아니라 영원한 행복의 길을 찾기 위해서 온갖 노력을 다하고 있습니다.

그러나 왜 그런지 아직 영원한 행복을 찾지 못하고 생로병사, 길흉화복이 무상하게 전개되는 속세에서 벗어나지 못하고 괴롭게 살아가고 있는 것이 우리 인생이라고 할 수 있습니다. 그래서 어떤 사람들은 이 세상을 고해苦海라고 말하기도 하고 또 어떤 사람들은 이 세상에서는 영원한 행복을 찾을 수 없고 죽어서 천당이나 극락에 가야 한다고 말하기도 합니다.

그렇다면 우리 인간은 영원한 행복을 찾을 수 없는 것일까? 고민하지 않을 수 없습니다. 선천 오만년 동안 인류는 이 문제를 해결하지 못하고 고통 속에서 살아오다가 수운대신사께서 만고 없는 무극대도를 받음으로써 이 문제의 확답을 얻게 되었습니다. 참으로 감사한 일이 아닐 수 없습니다.

수운대신사께서 "입도한 세상 사람 그날부터 군자되어 무위이화 될 것이니 지상신선 네아니냐" "무궁한 이 울 속에 무궁한 내 아닌가"라고 하셨습니다. 천도교에 입교하여 수도를 잘 해서 무위이화를 체득하면 지상신선이 된다는 말씀입니다. 지상신선은 이 세상에서 진정한 행복, 영원한 행복을 찾을 수 있다는 말씀입니다. 그리고 영원히 살아간다는 말씀입니다.

저는 8 · 15광복 직후 천도교 청우당에 입당하고 천도교를 신봉하면서 오늘까지 계속해 오고 있습니다. 수도는 30세가 넘어서 하게 되었습니다.

아직 완성하지는 못했지만 나름대로 수도를 하느라고 애써 오고 있습니다. 여기서 어떤 사람이 "당신은 한평생 천도교를 신앙하면서 수도를 한다고 하는데 도대체 얻은 것이 무엇이요?" 라고 묻는다면 나는 한마디로 "잘 사는 길이 천도교 수도를 하는 데 있다는 것을 알았습니다" 라고 답변할 것입니다.

뿐만 아니라 수도를 통해, 영원한 행복의 길이 천도교의 수도를 하는 데 있다는 것을 알았습니다. 이것을 온 세상 사람들에게 널리 알려주고 싶습니다. 이 좋은 진리가 아직 널리 알려지지 않고 있습니다. 이 좋은 보물이 아직 빛을 보지 못하고 있습니다. 자 그렇다면 우리는 어떻게 해야 영원한 행복을 찾을 수 있을까요? 저는 영원한 행복의 길을 다음과 같이 말씀드리고 싶습니다.

첫째, 수도를 해야 합니다

수도를 해야 합니다. 수도를 하면 영원한 행복을 찾을 수있습니다. 정식으로 입교식을 봉행하고 한울님을 모시고 있다는 것을 굳게 믿고 그리고 한울님을 부모님 같이 섬기면서 수도의 절차를 알고 본격적으로 수도를 해야 할 것입니다. 수도를 하게 되면 차차차차 동요되지 않는 확고한 믿음을 갖게 될 것입니다. 변함없이 수도생활을 하게 되면 물욕과 감정과 '나'라는 관념을 버리게 되고 다심多心에서 일심一心, 일심에서 무심無心이 되면서 마음의 평화를 찾게 되는 것입니다

마음이 편안해지면 혈액순환이 잘 되고 신체 각 기관이 정상화되어 육신의 건강이 좋아지게 되는 것입니다. 물약자효가 된다고 했습니다. 수도를 하게 되면 마음도 편안해지고 건강도 좋아지고 진리를 깨닫게 되고 무병장수하게 되고 만사여의의 능력을 얻게 되고 가정화목도 잘 되어 우환

없는 가정 행복을 찾게 되고 교회의 화합과 발전을 보게 되고 민족 자주 평화통일의 기반을 구축하게 될 것입니다.

영원한 행복의 길이 바로 수도를 하는 데 있다는 말씀을 드리고 싶습니다. 돈이 있어야 한다, 명예가 있어야 한다, 권세가 있어야 한다, 지식이 있어야 한다, 아들 딸이 많아야 한다는 등 여러 가지로 이야기할 수 있겠지만 그러나 영원한 행복의 길은 수도하는 데 있다는 것을 알아야 하겠습니다.

수도를 하되 막연하게 하거나, 했다 말았다 할 것이 아니라, 극성수도, 독공 수련을 많이 해야 할 것입니다. 그리하여 강령, 강화, 자천자각, 해탈, 대도견성에 이르도록 힘써야 할 것이며 허광심,여여심, 자유심을 체득하고 원각성, 비각성, 혈각성을 체득하여 견성각심이 되어야 하고 성심신 삼단을 다 깨달아야 할 것입니다. 한마디로 이신환성이 되어야 할 것입니다. 성령사람이 되면 영원한 행복을 찾을 수 있습니다.

저는 30대 초반까지는 주로 사상적으로 천도교를 하다가 6 · 25전쟁 후 서울에 정착해 살면서 수도를 많이 하신 월산 김승복 선생을 만나 비로소 수도를 하게 되었습니다. 저는 그때 후회를 하기도 하였습니다. 일찍부터 수도를 했어야 하는데 이미 늦었다는 생각을 하면서 열심히 수련을 하느라고 애썼습니다. 거기에서 결국 영원한 행복의 길이 바로 수도에 있다는 것을 알게 되었습니다. 여러분, 수도를 해야 영원한 행복을 찾을 수 있습니다. 우리 다 같이 수도하는 사람이 됩시다.

둘째, 포덕을 해야 합니다

포덕을 해야 영원한 행복의 길을 찾을 수 있습니다. 수도만 하고 포덕을 하지 않으면 종자를 가지고 심지 않는 것과 같아서 결국 영원한 행복을 찾지 못하게 되는 것입니다. 수도와 포덕은 하나입니다. 정심수도를 해서 어느 경지에 이르면 자연히 포덕할 마음이 생기게 되는 것입니다.

포덕을 하지 않으면 마치 깊은 강물에 빠져 헤어나지를 못하고 허우적거리며 죽어가는 사람을 보고도 살려줄 생각을 하지 않고 내버려 두는 것과 같다고 할 수 있습니다. 반대로 포덕은 함정에 빠져 죽어가는 사람을 살려주는 것과 같다고 할 수 있습니다. 수도는 잘 하는데 포덕할 생각을 하지 않는 사람은 마치 남이야 죽건 말건 나만 살면 된다는 생각을 하는 사람과 같다고 할 수 있습니다. 결국 영원한 행복을 찾지 못하는 것입니다.

포덕을 열심히 해야 할 것입니다. 포덕 한 사람 하면 돈 몇억 원 번 것보다 낫다고 생각합니다. 포덕을 하는 데 있어서 먼저 자기 가족부터 해야 할 것입니다. 수운대신사님은 먼저 사모님부터, 그리고 가족부터 포덕을 하고 세상 사람들을 포덕 교화하셨습니다. 해월신사님이 부인에게 한 번 절하고 두 번 절하라 하신 법설도 가족 포덕의 일환이라고 할 수 있으며, 또 처남매부부터 포덕하라는 말씀을 하셨습니다. 우리는 포덕을 하되 우리 가족부터 먼저 포덕을 하고 세상 사람들을 포덕해야 할 것입니다. 포덕 많이 하면 영원한 행복을 찾습니다. 그러니까 우리는 수도하면서 포덕을 해야 하고 포덕을 하면서 수도를 해야 할 것입니다.

셋째, 위하는 마음으로 살아야 하겠습니다

나 자신에 대한 생각만 할 것이 아니라, 남을 위하고 교회를 위하고 나라와 세상을 위하고 다른 사람들을 위하는 마음으로 살아야 영원한 행복의 길을 열어 나갈 수 있습니다.

의암성사께서 "성인은 위위심으로 살고 범인은 마탈심으로 산다"고 하시면서 "위위심을 잃지 말라"고 하셨습니다. 그리고 "위위심爲爲心은 즉 자리심自利心이니 자리심이 생기면 이타심利他心이 생기고, 이타심이 생기면 공화심共和心이 생기고, 공화심이 생기면 자유심自由心이 생기고, 자유심이 생기면 극락심極樂心이 생긴다." 하시고 위위심을 잃지 말라고 하셨습니다.

남을 위하는 마음으로 살면 나는 저절로 이로워진다는 사실을 알아야 하겠습니다. 남을 위하여 도와주고 세상을 위하여 봉사하면서 살게 되면 나는 자연히 많은 복을 받게 되고 자손들에게도 많은 정신적 유산을 남겨 주게 된다는 것을 알아야 할 것입니다. 이처럼 남을 위하는 것이 영원한 행복을 찾는 길입니다. 세상 사람들은 이것을 모르고 극단적 이기주의에 빠져 헤어나지를 못하고 있는 것입니다. 앞으로 온 세상 사람이 위하는 마음으로 사는 시대가 올 것입니다. 과거 선천 오만년이 투쟁의 시대요, 이기주의 시대였다면 미래의 후천 오만년은 화합의 시대요, 위위심 시대가 될 것입니다.

대신사님은 창생을 건지기 위하여 일생을 바치셨습니다. 나라와 세상을 위하여, 억조창생을 살리기 위하여, 무극대도를 위하여, 생명까지도 기꺼이 바치셨습니다. 해월신사와 의암성사님이 그 뒤를 이으셨고 춘암상사와 수많은 선열들이 또한 그 뒤를 이으셨습니다. 우리도 그 정신을 이어 받아 위하는 마음으로 살아야 하겠습니다. 그것이 영원히 사는 길입니다.

여러분, 우리는 지성으로 수도를 해서 이신환성, 정신개벽을 이루는 동시에 포덕을 하도록 합시다. 그리고 위하는 마음으로 살아갑시다. 그것이 가장 보람 있게 사는 길이요 영원히 행복하게 사는 길입니다. 우리 인류가 추구하는 영원한 행복의 길이 바로 여기에 있다는 말씀을 드리면서 설교를 마치겠습니다.

마음의 힘

우리는 마음의 힘을 얻어야 합니다. 마음의 힘을 얻어야 잘 살 수 있습니다. 마음의 힘을 얻어야 모든 소원을 이룰 수 있고 행복하게 살 수 있습니다. 마음의 힘을 얻어야 영원한 행복을 찾을 수 있습니다. 마음의 힘을 얻어야 화목하고 우환 없는 행복한 가정을 이룰 수 있습니다. 마음의 힘을 얻어야 교회의 발전을 이룰 수 있고 포덕천하 광제창생 보국안민 지상천국 건설의 목적을 달성할 수 있을 것입니다. 우리는 일상생활 속에서 마음의 힘을 얻도록 힘 써야 하겠습니다.

마음의 힘을 얻지 못하면 세상 사람과 같이 일생을 복잡하게 지내게 될 것입니다. 근심과 괴로움에서 벗어나지 못하고 온갖 질병과 불행에 빠져 헤매게 될 것입니다. 우리는 마음의 힘을 얻도록 모든 노력을 기울여야 할 것입니다. 세상 사람들은 마음의 힘은 알지 못하고 행복과 불행이 자기의 생각과 말과 행동에서 온다는 것을 모르고 복잡한 마음으로 살아가고 있는 것입니다.

그런데 우리가 마음의 힘을 얻으려면 수련을 해야 합니다. 마음을 닦고 단련하는 수련을 하지 않고서는 마음의 힘을 얻지 못하는 것입니다.

우리는 지극 정성의 수련으로 마음을 닦아서 청정무구한 마음이 되어야 하고 한울님 마음과 하나가 되도록 힘써야 할 것입니다. 운동을 하면 체력이 향상되고 공부를 하면 학력과 지식의 힘을 얻고, 사업을 하면 경제력이 생깁니다. 수련을 하면 마음의 힘을 얻습니다.

마음의 힘을 도력道力, 영력靈力, 신통력神通力 등 여러 가지로 표현합니다. 마음의 힘은 세상에서 가장 위대한 힘입니다. 마음의 힘은 한울님의 능력입니다. 마음의 힘을 얻으면 많은 사람들에게 감화를 줄 수 있고 한마음 한뜻으로 화합할 수 있습니다. 마음의 힘을 얻으면 천지조화를 임의대로 할 수 있습니다.

3·1독립운동 때 2천만 동포가 한마음 한뜻으로 굳게 뭉쳐 독립운동을 전개한 것은 바로 의암성사의 지도를 받아 이신환성 49일 특별수련을 봉행한 483명의 교역자와 3백만 천도교인들의 그 도력으로 이루어진 것이라고 생각합니다. 앞으로 남북통일도 이신환성 정신개벽 수련운동으로 이루어질 것입니다. 육신관념에 사로잡힌 사람의 마음은 사람마다 각각 다르지만 정신을 개벽하여 한울님 마음이 되면 한울님 마음은 하나이니까 모든 사람이 한마음 한뜻으로 동귀일체가 되는 것입니다. 여기서 이신환성 49일 특별 수련의 중요성을 다시금 절감하게 되는 것입니다.

"한 생각이 이에 있어야 만사가 뜻과 같이 되리라." 一念在玆 萬事如意 〈『동경대전』「탄 도유심급」〉

"그러면 오직 우리 수도하는 사람은 부지런히 하고 부지런히 하여 그치지 아니하고 , 나아가고 나아가 물러가지 아니하여, 마음이 성품 깨닫는데 들어가면 스스로 그 자리에 있을 것이니 한번 조용함에 비고 고요한 극락이요, 한번 기쁨에 크게 화한 건곤이요, 한번 움직임에 풍운조화이니라." 然則 惟我修道者 勤勤不已 進進不退 心入性覺 自居其位 一默 空寂極樂 一喜 泰和乾坤 一動 風雲造化 〈『무체법경』「신통고」〉

"성품을 보고 마음을 깨달으면 내 마음이 극락이요, 내 마음이 천지요 내 마음이 풍운 조화이니라" 見性覺心 我心極樂 我心天地 我心風雲造化 〈『무체법경』

「신통고」〉

"그러므로 참된 마음은 둘도 아니요 물들지도 아니 하나니, 천체를 스스로 쓰며 내 땅을 스스로 쓰며 나를 자유로 쓰느니라." 故 眞心不二不染 天體自用自地自用 吾用自由 〈『무체법경』「진심불염」〉

마음의 힘을 얻어 나가는 단계

우리는 스승님 말씀을 깊이 명심하고 마음의 힘을 얻도록 더욱 분발하여 전진해야 하겠습니다. 마음의 힘을 얻는데도 발전해 나아가는 단계가 있다고 생각합니다. 강령降靈, 강화降話, 자천자각自天自覺, 해탈解脫, 대도견성大道見性의 단계를 거쳐 나가면서 점점 큰 능력을 발휘하게 되는 것입니다. 일심一心이 되면 만사여의萬事如意가 되고 무심無心이 되면 무위이화無爲而化가 되고, 이신환성의 극치에 이르러 성령사람이 되면 임의용지任意用之가 될 것입니다.

우리 모두 지극 정성으로 수련을 하여 거룩한 그 마음의 힘을 얻도록 합시다. 마음의 힘을 발휘하여 나와 내 가정의 진정한 행복을 찾는 동시에 대도중흥과 민족의 자주 평화 통일을 성취하고 포덕천하 광제창생 보국안민 지상천국 건설을 향해 일로매진하여 나아갑시다.

삼경三敬을 실천합시다

『해월신사법설』에 삼경三敬에 대한 말씀이 있습니다. 경천敬天, 경인敬人, 경물敬物 - 한울을 공경하고, 사람을 공경하고, 물건을 공경하라는 말씀입니다. 우리 천도교인들은 일상생활 속에서 한울을 공경하는 동시에 사람을 한울 같이 공경하고 나아가 물건을 공경하는 데까지 이르러야 한다는 것입니다. 그래야 한울님과 스승님의 뜻을 받들어 건전한 수도생활을 하게 되고 진리를 깨닫게 되고 대도의 목적 달성에 크게 기여하게 될 것입니다. 경천만 해도 안 되고 경인만 해도 안 되고 경물만 해도 안 되고 경천 · 경인 · 경물 세 가지 공경을 아울러 실천해야 할 것입니다.

해월신사께서는 "사람은 첫째로 한울을 공경하지 아니치 못할지니 이것이 돌아가신 스승님께서 밝히신 도법이라. 한울을 공경하는 원리를 모르는 사람은 진리를 사랑할 줄 모르는 사람이니, 왜 그러냐 하면 한울은 진리의 중심을 잡은 것이므로써이다"라고 하시고 "한울을 공경함은 결단코 빈 공중을 향해서 상제를 공경한다는 것이 아니요 내 마음을 공경함이 곧 한울을 공경하는 도를 바르게 아는 길이니라." 하시고 "사람은 한울을 공경함으로써 자기의 영원한 생명을 알게 될 것이요, 한울을 공경함으로써 모든 사람과 만물이 다 나의 동포라는 전체의 진리를 깨달을 것이요, 한울을 공경함으로써 남을 위하여 희생하는 마음과 세상을 위하여 의무를 다할 마음이 생길 수 있나니, 그러므로 한울을 공경함은 모든 진리의 중심이 되는 부분을 움켜 잡는 것이니라"고 말씀하시었습니다.

우리는 먼저 한울을 바르게 공경해야 하겠습니다. 한울을 공경한다고 해서 공중을 향해서 절하라는 것이 아니라, 내 마음을 공경하는 것이 한울을 바르게 공경하는 것임을 알고 마음을 공경해야 할 것입니다. 즉 습관된 복잡한 마음이 아니라 청정무구한 본래의 마음이 바로 한울님임을 알고 공경해야 할 것입니다. 옛날 사람들은 자기 마음이 한울인 줄을 모르고 허공을 향해서, 또는 우상을 설하고 거기에 절을 하고 기도했던 것입니다.

그러면 마음을 어떻게 공경하겠습니까? 우선 경건한 마음이 되게 하는 것입니다. 기쁜 마음, 감사한 마음, 위하는 마음이 되게 하는 것입니다. 바르고 밝고 착하고 의로운 마음이 되게 하는 것입니다. 맑고 깨끗한 마음이 되게 하고 천덕사은 염념불망하는 것입니다. 마음을 공경하는 것이 한울을 공경하는 것임을 알고 실천해야 하겠습니다.

그리고 "둘째는 사람을 공경함이니 한울을 공경함은 사람을 공경하는 행위에 의지하여 사실로 그 효과가 나타나는 것이니라. 한울만 공경하고 사람을 공경함이 없으면 이는 농사의 이치는 알되 실지로 종자를 땅에 뿌리지 않는 행위와 같으니 도 닦는 사람이 사람을 섬기되 한울과 같이 한 후에야 처음으로 바르게 도를 실행하는 사람이니라. 도인 집에 사람이 오거든 사람이 왔다 이르지 말고 한울님이 강림하셨다 이르라 하셨으니 사람을 공경치 아니하고 귀신을 공경하여 무슨 실효가 있겠느냐 … 한울이 사람을 떠나 따로 있지 않는지라, 사람을 버리고 한울을 공경한다는 것은 물을 버리고 해갈을 구하는 자와 같으니라" 고 간곡하게 말씀하셨습니다.

우리는 모든 사람을 한울같이 공경해야 하는 것입니다. 한울을 공경한다고 하면서 사람을 천대하거나 멸시하면 안 되는 것입니다. 모든 사람에게 친절을 베풀어야 할 것입니다. 지금 사회는 인간의 존엄성을 망각하고 물질만능주의에 현혹되어 혼란이 계속되고 있습니다. 하루속히 사인여천의 새 윤리가 밝혀져야 하겠습니다. 모든 천도교인들이 일상생활 속에서 사인여천을 실천하면서 진리를 온세상에 펴나가야 할 것입니다. 사람을 미워하거나 천대하면 절대로 안 되는 것입니다.

남녀 간의 차별을 해도 안 되고, 계층간 · 민족간 차별을 해도 안 되고, 만인 평등의 정신으로 모든 사람을 한울같이 섬겨야 할 것입니다. 그러면 살기 좋은 세상이 될 것입니다.

"셋째는 물건을 공경함이니 사람은 사람을 공경함으로써 도덕의 최고 경지가 되지 못하고, 나아가 물건을 공경함에까지 이르러야 천지기화의 덕에 합일 될 수 있느니라" 고 해월신사께서 말씀하셨습니다.

물건을 어떻게 공경하겠습니까? 물건을 공경한다고 해서 물건에 절을 하라는 것이 아니라 모든 물건도 다 한울의 영기로 이루어졌음을 알고 잘 보호하고 절용하고 유용하게 활용하는 것입니다. 물건을 천시하거나 남용하면 천도에 어긋나는 행위가 될 것입니다.

위에서 말씀한 바와 같이 우리는 경천, 경인, 경물에 대한 스승님의 교훈을 명심하고 일상생활 속에서 꼭 실천하도록 힘써야 하겠습니다. 우리는 삼경을 실천함으로써 정심수도를 할 수 있고 도성덕립할 수 있고 보국안민 포덕광제의 사명을 수행할 수 있을 것입니다.

우리는 한울을 공경함으로써 한울님의 감응을 받을 수 있고 한울님과 친할 수 있고 한울님과 하나가 될 수 있습니다. 우리 다 같이 삼경을 실천궁행하자는 말씀을 거듭 드리면서 설교를 마치겠습니다.

이신환성과 우리의 과제

첫째, 이신환성은 대신사의 본지라는 것을 알아야 합니다. 육신 사람은 금수 같은사람 · 가짜 사람 · 불행한 사람 · 죽는 사람 · 분열과 싸움에 빠진 사람이요, 성령사람은 한울사람 · 새 사람 · 진짜 사람 · 행복한 사람 · 불로불사하고 동귀일체하는 사람입니다.

둘째, 육신은 백년 사는 한 물체요, 성령은 천지가 시판하기전부터 본래부터있는 것임을 알아야 합니다.

셋째, 육신은 한 때의 객체요, 성령이 영원한 주체임을 알아야 합니다. 그리하여, 주체로서 주장을 삼으면 영원한 행복을 찾고, 객체로서 주장을 삼으면 불행의 함정에 빠진다는 것을 알아야 합니다.

넷째, 수련의 극치에 이르러야 괴로움을 낙으로 알고, 항상 즐거운 마음으로 살고, 육신의 안락을 홀연히 잊어버리게 됨을 알아야 합니다.

다섯째, 대신사의 성령출세를 알아야 합니다. 이신환성이 되고 죽어야 성령출세하여 영원무궁토록 살아 갈 수 있습니다.

여섯째, 자기의 본체성을 깨달아 천만년 전 사람이나천 만년 후 사람이나 현대 사람이 같다는 것을 알아야 합니다. 이것을 깨달은 사람이 대신사요, 깨닫지 못한 사람은 범인이라는 것을 알아야 합니다. 이것을 깨달아야 새 세상을 건설할 수 있습니다.

일곱째, 대신사의 법력은 장생불멸한다는 것을 알아야 합니다. 수중도행水中徒行 · 우중불습雨中不濕은 대신사의 생전 법력이요, 여름에 청수에 얼음이 얻고, 성미가 불어나는 것은 대신사의 사후 법력임을 알아야 합니다.

여덟째, 앞으로 있을 대기번복의 때에 이신환성이 되어야 자기 생명을 구하고 포덕광제의 사명을 수행할 수 있음을 알아야 합니다. 특히 후천개벽의 시기에 처한 우리는 먼저 자기 성신性身부터 개벽해야 포덕광제의 사명을 수행할 수 있습니다.

아홉째, 수운대신사께서 "한울님께 복록정해 수명을랑 내게 비네"라고 하신 말씀의 뜻은 이신환성이라는 것을 알아야 합니다.

열째, 한울이 있음으로써 물건을 보고, 한울이 있음으로써 음식을 먹고 한울이 있음으로써 길을 간다는 이치를 투철하게 알아야 합니다.

나의 소원

제인질병濟人疾病 장생불사長生不死 만사여의萬事如意 도성덕립道成德立

도가완성道家完成 교회발전敎會發展 포덕천하布德天下 광제창생廣濟蒼生

보국안민輔國安民 지상천국地上天國 건설

나의 다짐 1

앞에서 말씀드린 우리의 과제를 두고 저는 제가 무엇을 할 수 있는지, 무엇을 해야 하는지를 다음 몇 가지 표어로 정리해 보았습니다.

제1. 자나 깨나 주문 생각, 천덕사은 잊지 말고 정심수도 하여내어 도성덕립 이룩하자.

제2. 매매사사 심고하여 천지부모님께 효성을 다하자.

제3. 우주는 하나의 생명체, 천지만물과 모든 사람을 내 몸같이 생각하고 경천, 경인, 경물의 생활을 하자.

제4. 수심정기, 성경신, 이신환성으로 정신을 개벽하여 나날이 새로워지는 생활을 하자.

제5. 수심정기, 성경신, 천인합일 이룩하자.

제6. 이신환성, 정신개벽, 천인합일 이룩하자.

제7. 무극대도 닦아 내어 도성덕립 이룩하자.

제8. 무극경지 당도하니 내가 바로 한울이요 한울이 바로 나일세. 어찌 나 밖에 다른 한울이 있겠는가. 몸도 한울, 마음도 한울, 성품도 한울, 천인합일 자아완성이 이것이 아니겠는가.

제9. 가정과 교회와 나라와 세상을 위해 봉사하고 덕을 베풀면서 살자.

제10. 기쁜 마음, 감사한 마음, 위하는 마음으로 살자.

제11. 혹 세상 사람들의 비방과 원망과 오해가 있더라도 모두 나의 잘못으로 생각하고 참회와 용서와 순종으로 대하면서 사인여천을 실행하자.

제12. 시정지侍定知의 방향으로 정심수도를 하자,

제13. 강령, 강화, 자천자각, 해탈, 대도견성으로 만사지에 이르러 창생을 이 길로 인도하자.

제14. 명덕명도明德命道, 성경외심誠敬畏心을 체득하자.

제15. 수기심정기기守其心正其氣, 솔기성수기교率其性受其教, 화출어자연化出於自然을 체득하여 무위자연의 생활을 하자.

제16. 견성각심見性覺心이면 내 마음이 극락이요, 내 마음이 천지요, 내 마음이 풍운조화이니라.

제17. 아천我天 아도我道하면 천도무량天道無量이 역계아야亦繫我也니라.

제18. 인과因果를 알고, 인과를 고치고, 인과를 초월하여 삼계천三界天의 맨윗 한울에 살면서 창생을 이 길로 인도하자.

제19. 희로애락喜怒哀樂을 조절하고 초월하여 원만무결한 인격을 갖추자.

제20. 이신환성 5백 명 수련운동으로 대도중흥, 민족통일, 세계평화 실현하자.

제21. 천인합덕 이루어 천체자용天體自用, 자지자용自地自用, 오용자유吾用自由, 임의용지任意用之의 법력으로 대도의 목적을 달성하자.

나의 다짐 2

저는 평생의 수련 경험을 종합하여 수도의 과정을 총 38단계로 요약 정리해 보았습니다. 한 단계 한 단계의 의미 또는 그 마음의 상태를 곰곰이 생각해 보면서 모든 단계를 거쳐 나아가겠다는 다짐을 해 보고 있습니다.

수심정기守心正氣 성경신誠敬信 천지부모天地父母 이신환성以身換性
순리순도順理順道 무위이화無爲而化 천체자용天體自用 자지자용自地自用
오용자유吾用自由 임의용지任意用之 무심행無心行 무애행無碍行
공도공행公道公行 공도공용公道公用 자유극락自由極樂 지상신선地上神仙
수중도행水中徒行 우중불습雨中不濕 불로불사不老不死 영세무궁永世無窮
신비적神秘的 천계문天啓文과 신총신혜神寵神惠 베풀어서
원처근처遠處近處 어진선비 풍운같이 모여들어
각자위심各自爲心 세상사람 동귀일체 되었으니
만화귀일 아닐런가 좋을시고 좋을시고 이내신명 좋을시고.

수도와 포덕

수도를 하면 포덕할 마음이 생기고, 포덕을 하려면 수도를 해야 할 것입니다. 수도를 하면 진리를 깨닫게 되고, 진리를 깨달으면 영원한 행복을 찾게 되고, 영원한 행복을 찾게 되면 자연히 보국안민 포덕광제를 위하여 포덕할 마음이 생길 것입니다. 어떻게 나 혼자만 잘 살겠습니까? 세상 사람과 함께 다같이 잘 살아야 할 것입니다. 천지만물과 인류와 나가 하나임을 알아야 할 것입니다.

우리가 세속에 휩쓸려 방황하다가 다행하게도 선각자를 만나 수도를 하게 되면 한울님의 감응을 받게 되고 독실한 신앙을 하게 되는 것입니다. 중단하지 않고 수도를 계속하면 한울님 모심을 몸과 마음으로 증험하여 마음이 한울임을 깨닫게 되고 기쁜 마음, 감사한 마음, 위하는 마음이 생기는 동시에 드디어 한울님 마음과 하나가 되어 영원한 행복을 찾게 될 것입니다.

지극 정성으로 수련하여 강령, 영부, 강화의 단계를 거쳐서 자천자각으로 마음이 한울임을 깨닫고 수심정기 일념으로 계속 정진하면 드디어 세속에서 벗어나 해탈이 되어 견성각심見性覺心, 대도견성大道見性의 경지에 이르게 될 것입니다. 그러면 죽고 사는 것이 하나요, 천지만물과 나와 하나요, 인류가 한 동포, 한 형제, 한 가족임을 알게 되고 드디어 포덕布德할 마음이 생기게 되는 것입니다.

수도를 하게 되면 진리를 깨닫고 영원한 행복을 찾는 동시에 위爲하는 마음이 생기고 나라와 세상을 위해 봉사할 마음이 생기면서 포덕할 마음이 일어나게 될 것입니다.

수운대신사께서 '뜻 밖에 포덕할 마음이 생겼다' 고 표현하셨습니다. 수도를 하되 기본적으로 강령, 영부, 강화를 체험해야 하고 성경신誠敬信을 체행하면서 계속 정진해서 마음의 가르침을 받아야 하고 마음이 한울임을 깨달아야 할 것입니다. 그 다음에는 특히 이신환성에 대한 깊은 생각을 하면서 정진해야 할 것입니다.

『의암성사법설』을 보면, 이신환성의 진경에 이르려면 우선 육신은 한때의 객체요 성령이 영원한 주체임을 알아야 할 것입니다. 성령을 주체로 하면 영원한 행복을 찾고 육신을 주체로 하면 모든 일이 재화災禍에 가깝다는 것을 알고, 수운대신사께서 깊은 물을 건너시고 비 속에서도 젖지 않았다는 이치를 알고, 괴로움을 낙으로 알아야 한다고 말씀하셨습니다. 그러면 이신환성의 진경에 이르러 한울님 마음과 하나가 될 것입니다.

그리하여 이신환성의 진경에 이르면 대신사의 성령출세性靈出世를 알게 되고, 천만년 전 사람이나, 천만년 후 사람이나 현대 사람이 같은 것을 알게 되고, 대신사의 법력은 생전, 사후가 같은 것을 알게 되고, 대기번복이 되더라도 살 수 있다는 것을 알게 되고, 포덕광제의 사명을 수행할 신념과 사명감을 갖게 되고, 천덕사은 염념불망하게 되는 것입니다. 이렇게 되면 마음의 힘, 법력이 생기어 모든 일을 뜻대로 하는 능력을 얻게 될 것입니다. 세상 사람들에게 감화를 주게 되고 많은 사람이 모여들게 될 것입니다.

일심一心이 되면 만사여의萬事如意가 되고, 무심無心이 되면 무위이화無爲而化로 모든 일이 자연한 가운데 이루어지고 이신환성으로 자유심이 되면 임의용지任意用之, 천지조화를 임의대로 하는 경지에 이르게 될 것입니다. 이와 같이 많은 분들이 한울님의 법력을 얻게 되면 이 자리에 많은 사람이 와 모이게 될 것입니다.

수운대신사께서 득도하신 후, 포덕을 시작하자 "원처근처 어진 선비 풍운 같이 모여들었다"고 말씀하셨습니다.

그리고 의암성사님의 강시降詩에 이런 구절이 있습니다. "천지일월이 가슴속에 드니(天地日月入胸中), 천지가 큰 것이 아니요 내 마음이 큰 것이라(天地非大我心大) 군자의 말과 행동은 천지를 움직이나니(君子言行動天地), 천지조화는 내 마음대로 할 것이니라"(天地造化吾任意)

또 우음偶吟에는 "걸음 걸음 빈데 올라 헤아릴 수 없는 것을 보니(步步登空無量看), 한울도 땅도 나와 더불어 일색공이더라"(天地輿我一色空)는 말씀이 있습니다.

그리고 "만법이 내게 있으니 멀리 구하지 말라(萬法在我勿求遙), 한 조각 마음 머리에 예와 지금을 부르고(一片心頭古今招), 강산을 호령하니 일월이 바르고"(號令江山正日月)라는 말씀이 있습니다.

수도는 포덕에서 완성되고 포덕은 수도를 바탕으로 해야

천도교인들은 오랫동안 수도를 하여 한울님의 감응을 받게 되었고 한울님의 능력을 얻었습니다. 우리는 행복하게 사는 길을 깨달았습니다. 이제부터는 포덕을 해야 할 것입니다. 포덕을 하면서 수도를 해야 하는 것입니다. 쉼없이 포덕을 생각하고 노력을 해나가야 할 것입니다. 수도도 하고 포덕도 하면서 나아가면 드디어 도성덕립, 도를 완성하게 될 것입니다.

수도를 하고도 포덕을 하지 않으면 많은 공부를 하고도 활용하지 않는 것과 같습니다. 수도를 하면서 포덕을 하지 않으면 돈을 많이 벌어 놓고도 쓸줄을 모르고 굶어 죽는 것과 같다고 할 수 있을 것입니다. 수도를 하면서도 포덕을 하지 않으면 천도교의 이 좋은 진리도 결국은 개인의 행복만 추구하는 기복신앙으로 전락되고 말 것입니다. 소춘 김기전 선생 문집을 보면 "앉아 있는 교인이 되지 말고 일어나서 다니는 교인이 되자"는 말씀이 있습니다. 포덕을 하면서 수도를 하자는 말씀입니다.

그럼 포덕을 어떻게 하겠습니까? 포덕은 가정포덕과 일반 포덕으로 나누어 볼 수 있습니다.

그리고 포덕하는 방법도 여러 가지 있을 것입니다. 찾아오는 사람을 교화하여 포덕하는 방법, 사람을 찾아가서 교화하여 포덕하는 방법, 포덕 대상자를 마음으로 정하고 상당한 기간 동안 기도를 하고 포덕하는 방법, 낙오된 교인들을 방문하여 신앙을 계속하도록 포덕 교화하는 방법, 길거리에 나가서 또는 차 중에서 전단을 배포하면서 포덕을 하는 방법 등 다방면으로 할 수 있습니다. 그때 그때 상황에 따라서 해야 할 것입니다.

포덕을 하기 위해서는 우리들이 왜 천도교를 신앙해야 하는지를 상대방에게 설득력 있게 전달할 수 있어야 할 것입니다. 왜 우리는 천도교를 신앙해야 하느냐? 저는 여기에 대해서 다음과 같은 내용으로 정리해 보았습니다. 이 내용을 전단으로 만드는 것을 염두에 두고 정리 한 것입니다.

우리나라 종교, 천도교(동학)를 신봉합시다

나와 내 가정의 영원한 행복을 찾고 민족과 인류를 구하는 길이 여기에 있습니다. 사람은 마음을 바르게 해야 행복하게 살 수 있습니다.

(1) 마음가짐에 따라서 건강과 질병, 성공과 실패, 화합과 싸움, 행복과 불행이 좌우됩니다. 인생만사가가 마음가짐에 달려 있습니다. (2) 세상 사람들은 마음을 잃어버리고도 잃은 줄을 모르고 방황하고 있습니다. (3) 마음을 바르게 하려면 마음을 닦아야 하고 신앙(수도)생활을 해야 합니다.

천도교天道教에서는 마음을 바르게 하는 가장 좋은 방법을 알려 드리고 있습니다. 하루속히 천도교 수도생활을 하시기 바랍니다.

천도교는 어떤 종교인가?

(1) 천도교는 우리 민족이 창명한 새 종교입니다. (2) 천도교는 사람마다 한울님을 모시고 있다는 시천주侍天主의 새로운 신앙과 사람이 곧 한울이라는 인내천人乃天의 진리와, 사람을 한울 같이 섬기자는 사인여천事人如天의 새 윤리를 밝히는 새 종교입니다. (3) 천도교는 인간의 근본과 존엄성과 무궁성을 밝혀주는 종교요, 우리 민족의 자주 평화통일을 추구하는 종교입니다. (4) 천도교는 무극대도無極大道로서 모든 종교의 근본을 밝히어 종교 화합의 길을 밝혀주는 종교입니다. (5) 천도교는 인오동포人吾同胞, 물오동포物吾同胞의 진리를 밝히어 인류가 한동포, 한가족임을 밝혀주는 종교입니다. (6) 천도교는 갑오동학혁명운동, 갑진개화혁신운동, 기미 3 · 1독립운동, 신문화운동, 남북통일운동 등 위대한 역사를 이어나가는 종교요 자유, 평등, 평화를 실현해나가는 종교입니다. (7) 천도교는 포덕천하 광제창생 보국안민 지상천국 건설을 목적으로 하는 종교입니다.

미래는 인내천 시대입니다

(1) 우리 다 함께 천도교의 수도修道생활을 합시다. 여기에 영원한 행복의 길이 있습니다. (2) 다같이 천도교에 입교하여 인내천의 새 시대, 새 역사를 열어나갑시다. (3) 여기에 가장 보람 있는 삶의 길이 있고 영원한 행복의 길이 있습니다. 보국안민, 포덕광제의 길이 여기에 있습니다.

천덕사은 염념불망 지화지기 지어지성

『의암성사법설』「수수명실록」에 "천덕사은天德師恩 염념불망念念不忘 지화지기至化至氣 지어지성至於至聖"이라는 말씀이 있습니다. "천덕사은을 생각하고 생각하여 잊지 아니하면 지기와 지극히 화하여 지극한 성인에 이른다"는 말씀입니다. 이 말씀은 「논학문」의 "명명기덕明明其德 염념불망즉念念不忘則 지화지기至化至氣 지어지성至於至聖"이라는 구절에 의해서 하신 말씀이라고 생각합니다. 한울님과 스승님의 은덕을 잠시도 잊지 않고 항상 생각하고 또 생각하면 한울님의 기운과 하나가 되어 지극한 성인의 경지에 이른다는 말씀입니다. 천덕사은 염념불망하면 모든 문제가 해결될 것입니다. 도를 통하여 자아완성, 도성덕립을 이루는 동시에 모든 문제를 해결할 수 있는 지혜와 능력을 얻게 될 것입니다.

천덕사은 염념불망하면 활연관통 만사지가 될 것이며, 일념재자 만사여의가 될 것이며, 모든 일이 무위이화로 자연히 될 것이며, 천덕사은 염념불망하면 천지조화를 임의대로 할 것이며, 지상신선이 자연히 될 것입니다.

『해월신사법설』「삼경」을 보면 "사람은 한울을 공경해야 한다"고 하시면서 "한울을 공경함으로써 자기의 영원한 생명을 알게 될 것이요, 한울을 공경함으로써 모든 사람과 만물이 다 나의 동포라는 인오동포人吾同胞 물오동포物吾同胞의 전체의 진리를 깨달을 것이요, 한울을 공경함으로써 남을 위하여 희생하는 마음과 세상을 위하여 의무를 다할 마음이 생길 수 있다"고 하셨습니다.

한울님의 덕을 모르고 한울님을 공경할 줄 모르는 사람은 진리를 모르는 금수만도 못한 사람이라고 할 수 있습니다. 그럼 천덕사은을 어떻게 염념불망 하겠습니까? 이것이 문제입니다. 이것이 수도하는 사람의 가장 중요한 과제라는 것을 알아야 하겠습니다.

한울님의 덕과 스승님의 은혜

그러면 먼저 한울님의 덕을 생각해 봅시다. 한울님은 무형의 이치 기운으로서 천지만물을 이루어 놓으시고 만유와 더불어 같이 계시면서 모든 일을 간섭하고 명령하고 통일하고 주관하시는 만유의 부모요 스승이요 임금이십니다. 그 거룩한 은덕을 어찌 말과 글로 다 표현할 수 있겠습니까. 한울님의 거룩한 은덕에 머리 숙여 감사드려야 하겠습니다.

다음으로 스승님의 은혜를 생각해 봅시다. 제1세 교조 수운대신사께서는 제세안민濟世安民의 대도를 구하기 위하여 오랜 구도 고행을 거듭한 끝에 드디어 만고 없는 무극대도를 받으시어, 노이무공勞而無功하신 한울님의 뜻을 이루어 드리시고, 억조창생의 살 길을 열어 주셨습니다. 또한 마침내는 명命을 주시고 천도 바꾸어 억조창생을 살리신 수운대신사의 거룩한 은덕에 진심으로 감사를 드려야 합니다.

제2세 교조 해월신사께서는 36년 풍우상설, 온갖 고통을 헤쳐 가면서 목판본으로 경전을 간행하시고 동학혁명을 영도하시면서 천도의 기초를 공고히 다지시고, 또한 명을 주시고 천도 바꾸어 억조창생을 살리셨으니, 해월신사의 은덕에 깊은 감사를 드려야 할 것입니다.

제3세 교조 의암성사께서는 갑오 · 갑진 · 기미의 3대 운동을 영도하시고, 대도창명을 이루시고, 역시 명을 주시고 천도 바꾸어 억조창생을 살리셨으니, 의암성사의 은덕에 깊은 감사를 드려야 할 것입니다.

제4세 대도주 춘암상사께서는 외세 침략의 암흑 시기에 대도를 꿋꿋이 지키시어 억조창생의 살 길을 열어 주셨으니, 춘암상사님의 은덕에 감사를 드려야 할 것입니다.

그리고 순도 순국하신 수십만 선열들의 은덕에 감사를 드리고 경의를 표해야 할 것입니다. 우리는 어떤 어려움이 있더라도 자나 깨나 주문 생각, 천덕사은을 염념불망할 것을 굳게 다짐하고 또 다짐해야 하겠습니다.

천덕사은 염념불망의 길

그러면 어떻게 천덕사은을 잊지 않고 염념불망 하겠습니까? 우선 다음 몇 가지를 생활 속에서 실천궁행해야 할 것입니다.

첫째, 심고를 해야 합니다. 일용행사, 무슨 일이든지 시작할 때와 끝마쳤을 때는 반드시 내 몸에 모신 한울님과 스승님께 심고를 해야 할 것입니다. 잠 잘 때, 자고 일어나서, 식사할 때, 식사하고 나서, 일을 시작할 때, 마치고 나서, 공부할 때, 공부를 하고 나서, 학교에서 시험을 볼 때와 시험을 다 마치고 나서, 어디 갈 때, 갔다 와서…. 이처럼 일용행사의 모든 일을 시작할 때와 끝마쳤을 때는 반드시 심고를 해야 할 것입니다.

둘째, 오관 실행입니다. 주문, 청수, 시일, 성미, 기도의 다섯 가지를 어김없이 실행해야 할 것입니다. 어느 하나라도 소홀히 하면 안 될 것입니다. 특히 주문공부와 매일 저녁 청수를 봉전하고 기도식을 봉행해야 할 것이며 시일식에 꼭 참례해야 할 것입니다.

셋째, 수련입니다. 지극 정성으로 수련을 해야 합니다. 지극 정성으로 주문을 외우면서 수련을 해야 할 것입니다. 수련을 하되 경전 공부를 하면서 절차와 과정을 잘 알고 끊임없이 전진하는 수련을 해야 할 것입니다.

시정지侍定知의 수도의 기본 방향과 강령降靈, 강화降話, 자천자각自天自覺,

해탈解脫, 대도견성大道見性의 수도의 계단을 잘 알고 한 단계, 한 단계 밟아 나가야 할 것입니다. 강령, 강화로 시천주를 깨닫고, 자천자각으로 조화정에 이르고 해탈, 대도견성으로 만사지에 이르도록 힘써야 할 것입니다. 그리고 수심정기守心正氣, 성경신誠敬信을 체득하고 천지부모에 효성을 다하면서 이신환성으로 정신을 개벽해야 할 것입니다.

그리고 특히 수련을 하면서 다심多心에서 일심一心, 일심에서 무심無心, 무심에서 자유심自由心으로 나가도록 힘써야 할 것입니다. 일심이 되면 만사여의가 될 것이며, 무심이 되면 무위이화가 될 것이며, 자유심이 되면 임의용지가 될 것입니다.

수련할 때 염주 하나 하나 돌리면서 105염주 끝날 때까지 마음이 몸 안에서 떠나지 않고 천덕사은 염념불망하면 그 사람은 일심一心이 되었다 할 수 있고, 한 시간 이상 변치 않고 천덕사은 염념불망 할 수 있다면 (마음을 몸 안에 두고, 또는 몸 밖에 두고) 무심無心의 경지에 이르렀다 할 수 있고, 하루종일 일하면서 천덕사은 염념불망하게 되면 자유심에 도달했다고 할 수 있을 것입니다. 무체법경에 허광심虛光心, 여여심如如心, 자유심自由心에 대한 말씀이 있습니다. 허광심은 일심과 같고 여여심은 무심 상태라고 할 수 있습니다.

지금 사회는 천도교의 발전을 촉구하고 있습니다. 천도교가 발전해야 사회의 건전한 발전과 민족자주 평화통일이 되겠기 때문입니다. 우리의 책임이 큽니다. 천도교가 발전하려면 하루 속히 수도하는 분들의 도력이 높아져야 할 것입니다. 많은 동덕들이 천덕사은 염념불망 지화지기 지어지성이 되어야 할 것입니다. 그리하여 꿈에도 그리던 이신환성, 정신개벽, 5백 명 수련운동이 활발히 추진되도록 다같이 힘써야 할 것입니다. 우리 모두 천덕사은 염념불망, 지화지기 지어지성이 되도록 다 같이 맹세합시다.

천인합일의 길

천도교인들은 천인합일의 경지에 이르도록 일로 매진해야 합니다. 지극정성으로 수도를 해서 천인합일이 이루어지도록 총력을 기울여야 할 것입니다. 천인합일은 한울님과 나와 하나가 되어 한울사람으로 자아인격을 완성하는 것을 말합니다. 인생의 목적은 천인합일의 자아완성과 지상천국 건설입니다.

옛날 사람들은 천인합일은 꿈에도 생각지 못했습니다. 그러나 수운대신사께서 무극대도를 받음으로써 우리 인류는 누구나 뜻을 세우고 수도를 하면 빠른 시일 내에 천인합일의 자아완성을 이룰 수 있게 되었습니다. 참으로 감사한 일이 아닐 수 없습니다.

수운대신사께서는 일찍이 제세안민의 대도를 구하기 위하여 오랫동안 구도 고행을 거듭하시다가 드디어 만고 없는 무극대도를 받음으로써 노이무공하시던 한울님의 뜻을 이루어 드리시고, 억조창생의 살 길을 열어 주셨으며, 특히 천인합일, 자아완성의 길을 열어 주셨습니다. 즉 도성입덕의 길을 밝혀 주셨습니다. 그리하여 "입도한 세상 사람 그날부터 군자 되어 무위이화 될 것이니 지상신선 네 아니냐." "십년을 공부해서 도성입덕 되게 되면 속성이라 하지마는 무극한 이내 도는 삼년불성 되게 되면 그 아니 헛말인가"라고 말씀하시었습니다. 천인합일을 이루지 못하면 살아서도 불행, 죽어서도 불행 · 실패의 인생이 되고 말 것입니다.

그럼 천인합일을 이룩하려면 어떻게 해야 하겠습니까?

첫째, 자나 깨나 주문 생각 천덕사은 염념불망해야 할 것입니다. 천도교에 입교해서 매사에 심고하고, 주문, 청수 시일, 성미, 기도 등의 오관을 성실히 실행하면서 특히 주문을 열심히 외우고 한울님과 스승님의 은덕을 염념불망해야 할 것입니다.

수운대신사께서는 "절차와 도법이 스물한 자로 될 따름"이라고 분명히 말씀하셨습니다. 주문은 한울님을 지극히 위하는 글이요, 한울님과 하나로 합일하는 글이라고 할 수 있습니다. 해월신사께서는 항상 주문을 외우셨습니다. 때로는 밤을 새워가면서 독공 수련을 하셨습니다. 의암성사님은 입도 후 3년간 매일 주문 3만독을 짚신을 삼으면서 외우셨습니다. 뿐만 아니라 주문 백만독을 목표로 21일 독공수련을 1년에 세 차례 봉행한 일도 있습니다. 춘암상사님은 입도 후 십년간 어육주초를 끊고 독공 수련을 하셨으며 항상 주문을 외우셨다는 것을 다 잘 아실 줄 믿습니다.

주문을 많이 외워야 진리를 깨달을 수 있고 건전하게 살 수 있고 천인합일의 길로 나갈 수 있습니다. 제아무리 아는 것이 많고 말을 잘 한다 하더라도 주문을 외우지 않고서는 천인합일이 될 수 없습니다.

저는 8 · 15광복 직후 천도교에 입교는 하였으나 주로 청우당 활동에 치중하고 수도를 하지 못하였습니다. 그러다가 6 · 25전란 때 월남하여 서울에 정착하면서 다행히 수도를 많이 하신 분을 만나 수도를 하게 되었습니다. 저는 그때 이미 20대 후반에 접어들게 되어 "늦었구나." 하고 후회를 했으나 서둘러서 수도에 정진하였습니다. 50여 년간 수도를 하느라고 애써 왔습니다. 여러 가지 어려운 시련도 많았으나 포기하지 않고 칠전팔기하는 정신으로 수련을 계속해 왔습니다.

여기서 한 가지 얻은 것은 잘 사는 길이 여기에 있다는 깨달음입니다. 나와 내 가정의 영원한 행복을 찾는 동시에 온 민족과 인류를 구하는 길이 여기에 있다는 것을 확실히 알게 되었습니다. 이것을 세상 사람들에게 널리 알려 드리고 싶습니다. 그러나 아직 나의 수도가 부족함을 통감하면서 이제부터 본격적으로 수도를 해야겠다는 다짐을 하고 또 하면서 매일 새로운 깨달음을 얻으면서 정진하고 있습니다.

이제부터 여러분과 함께 본격적으로 정심수도해서 "천덕사은 염념불망 지화지기 지어지성"에 이르도록 총력을 기울여야겠다고 다짐을 합니다. 그리하여 기어이 천인합일의 길로 정진해서 자아완성에 도달해야 하겠습니다. 그리고 이를 온 세상 사람들에게 널리 알려야 하겠습니다. 그러면 모든 사람들이 다 행복하게 살 수 있고 원처근처 어진 선비 풍운같이 모여들 것이며, 각자위심 세상사람 동귀일체될 것입니다.

둘째, 수심정기, 성경신을 체행하고 천지부모에게 효성을 다해야 할 것입니다. 천도교의 수도의 요체가 바로 수심정기, 성경신, 천지부모에 효도함에 있고 그리고 이신환성으로 정신을 개벽하는 데 있습니다. 수심정기의 수심守心은 마음을 지키는 공부입니다. 희로애락이 일어나기 전 한울님의 마음을 지키는 공부를 해야 할 것입니다. 정기正氣는 기운을 바르게 하는 공부입니다. 희로애락을 조절하고 나아가 희로애락을 초월하는 데까지 나아가는 공부라고 할 수 있습니다. 수심정기의 깊은 공부를 해야 할 것입니다. 수운대신사께서 해월신사에게 도통을 전수하실 때 수심정기 네 글자를 써서 전했다는 이야기가 전해오고 있습니다.

성경신은 일상생활 속에서 체행해야 할 것입니다. 성경신은 인간이 추구하는 가장 이상적인 인간상이라고 할 수 있습니다. 성誠은 성실성, 적극성, 근면, 근기, 이와 같은 마음가짐과 생활 태도를 말합니다. 경敬은 경천敬天, 경인敬人, 경물敬物의 삼경三敬을 말합니다. 또한 경은 경외지심의 뜻도 담겨 있습니다. 경외지심은 경과 신을 이어주는 끈이 되기도 합니다. 신信

은 믿음입니다. 한울님을 확고히 믿고, 즉 자아 본래의 마음을 한울님으로 굳게 믿는 동시에 대도의 목적 달성에 대한 확고한 신념과 사명감이 서는 것을 말합니다. 수운대신사께서도 선신후성先信後誠하라고 말씀하셨습니다.

셋째, 이신환성, 정신개벽입니다. 의암성사께서는 "이신환성은 대신사의 본지"本旨라고 말씀하셨습니다. 우리는 이신환성으로 정신을 개벽해야만 천인합일의 길로 나갈 수 있을 것입니다. 육신은 사람의 한때의 객체요 성령이 영원한 주체임을 알고 육신관념을 잊어버리고 성령을 주체로 생각하면서 육신의 괴로움을 즐거움으로 생각하면서 살아야 할 것입니다.

그렇게 이신환성이 되면 수운대신사의 성령출세를 알게 되고, 천만년 전 사람이나 천만년 후 사람이나 현대 사람이 같은 것을 알게 되고, 인류가 한 동포 한 형제임을 알게 되고, 대신사의 법력法力은 생전, 사후가 같다는 것을 알게 되고, 대기번복과 같은 위기가 오더라도 생명을 구할 수 있고 포덕광제의 사명을 수행할 수 있다는 확고한 신념과 사명감을 갖게 될 것입니다. 이신환성, 정신개벽의 극치에 이르지 않고서는 천인합일이 될 수 없습니다. 육신관념을 홀연히 잊어버리지 않고서는 이신환성과 천인합일이 될 수 없습니다. 그러므로 우리는 수련을 하되 이신환성에 초점을 두고 정진해야 할 것입니다. 다심多心에서 일심一心, 일심에서 무심無心의 경지에 이르도록 정진해야 하겠습니다.

넷째, 근본을 잊지 말아야 하겠습니다. 스승님께서는 "근본을 잊지 말라"고 간곡하게 말씀하셨습니다. 우리는 나의 근본, 후천 운수의 근본, 스승님 은혜의 근본이 무엇인가를 알고 잊지 않음으로써 순리순도하고 천지와 더불어 덕德을 합해야 할 것입니다.

다섯째, 성심신性心身 삼단을 깨달아야 하겠습니다. 사람은 성심신 삼단으로 이루어져 있습니다. 우리는 성품과 마음과 육신을 다 깨달아서 성품도 한울, 마음도 한울, 육신도 한울이 되어 천인합일이 되어야 할 것입니다.

우리 천도교인들은 대도중흥과 민족의 자주평화통일 사명을 완수하기 위해 정심수도해서 천인합일의 길로 전진해야 하겠습니다. 그리하여 자나 깨나 주문 생각, 천덕사은 염념불망해야 할 것이며 수심정기, 성경신을 체행하면서 천지부모에게 효도해야 할 것이며, 이신환성으로 정신개벽을 해야 합니다. 그리고 근본을 잊지 않고 성심신 삼단을 깨달아야 할 것입니다. 그래야 빠른 시일 내에 천인합일의 자아완성을 이루고 대도중흥과 민족자주평화통일, 보국안민 포덕광제의 사명을 수행할 수 있을 것입니다.

이제 지금까지의 말씀을 다음 열세 가지의 표어로 정리해 보겠습니다.

一. 자나 깨나 주문 생각 천인합일 이룩합시다.

一. 천덕사은 염념불망 천인합일 이룩합시다.

一. 수심정기 일념으로 천인합일 이룩합시다.

一. 성경신을 체행하여 천인합일 이룩합시다.

一. 사인여천 실행하여 천인합일 이룩합시다.

一. 천지부모에게 효도하여 천인합일 이룩합시다.

一. 이신환성 정신개벽 천인합일 이룩합시다.

一. 근본을 잊지 말고 천인합일 이룩합시다.

一. 성심신性心身 삼단을 깨달아 천인합일 이룩합시다.

一. 천인합일 이룩하여 지상신선의 영원한 행복을 찾읍시다.

一. 천인합일 이룩하여 동귀일체 이루고 대도중흥 성취합시다

一. 천인합일 이룩하여 민족자주평화통일 성취합시다.

一. 천인합일 이룩하여 포덕천하 광제창생 보국안민 지상천국을 건설합시다.

영원한 행복의 길(2)

만약 어떤 사람이 정말 행복하게 잘 사는 방법을 깨달아서 세상 사람들에게 "여러분, 잘 사는 길이 여기 있습니다. 모두 이리로 오십시오. 잘 사는 길을 알려 드리겠습니다"라고 한다면 어떻게 될까요? 아마 원처근처에서 남녀노소 할 것 없이 사람들이 구름 같이 모여들 것입니다.

그리고 또 어떤 사람이 한 걸음 더 나가서 "여러분, 영원히 죽지 않고 행복하게 잘 사는 길이 여기에 있습니다. 모두 이리로 오십시오. 영원한 행복의 길을 알려 드리겠습니다"라고 한다면 아마 온 세상 사람들이 그 사람 앞으로 모여 드는 놀라운 장면이 우리 앞에 전개될 것입니다.

그런데 여러분, 놀라지 마십시오. 그 길이 바로 여기에 있습니다. 그 길이 바로 천도교에 있습니다. 저는 오랫동안 천도교를 해 오면서도 최근에야 그것을 알았습니다. 천도교에 영원한 행복의 길이 있다는 것을 확신하게 되었습니다. 정말 잘 사는 길, 정말 죽지 않고 영원히 사는 길이 천도교의 수도를 하는 데 있다는 것을 알았습니다. 온 세상 사람들에게 널리 알려 드려야 하겠습니다. 그래서 오늘 여기에 왔습니다.

우선 스승님의 말씀을 생각해 보아야 하겠습니다

대신사께서는 "입도한 세상사람 그 날부터 군자되어 무위이화 될 것이니 지상신선 네 아니냐." "무궁한 이 울 속에 무궁한 내 아닌가." "한 생각이 이에 있으면 만사가 뜻과 같이 되리라." "입으로 장생의 주문을 외우니

삼칠자라."口誦長生之呪 三七其字 "불로불사 하단말가." "영세무궁 하단말가."라고 하셨습니다.

또한 의암성사께서는 이신환성을 말씀하시면서 "육신은 사람의 한 때의 객체요 성령이 사람의 영원한 주체라." 하시고 "주체로서 주장을 삼으면 영원히 복록을 받을 것이요 객체로서 주장을 삼으면 모든 일이 재화災禍에 가깝다"고 하셨습니다. 주체로서 주장을 삼으면 영원한 복록을 받는다고 하셨습니다. 이신환성으로 정신을 개벽하여 성령을 주체로 생각하면서 살게 되면 영원한 행복을 찾게 된다는 말씀입니다. 유형한 육신은 언젠가는 없어지지만 무형한 성령은 영원합니다. 영원한 행복의 길이 바로 성령사람이 되는데 있다는 말씀입니다.

저는 8·15광복 후 평안북도 정주군 오산중학교 학생시절에 천도교에 입교하였습니다. "일제의 기반에서 해방이 된 이 마당에 왜 또 다시 외래사상의 지배를 받느냐, 우리나라에도 좋은 사상이 있다. 그것이 바로 천도교 인내천 사상이다." 이런 생각을 하면서 천도교에 입교를 하고 천도교 청우당에 입당을 하였습니다. 그때는 연령 미달로 준 당원으로 입당하였습니다.

그리하여 군당 강습과 중앙당 학교 교육을 받고 청우당 활동을 적극적으로 하다가 6·25전쟁 때 월남하여 서울, 영등포에 정착해 살면서 영등포교구 창설을 위해 여러분과 함께 힘쓰다가 수도 많이 한 분들을 만나 많은 감화를 받고 비로소 수도에 열중하게 되었습니다. 그때 제 나이는 어느덧 30대 초반에 접어들게 되어 이미 수도가 늦었다는 생각을 하면서 후회를 하기도 하면서, 서둘러 수도를 하느라고 애를 썼습니다. 장사를 하면서 수도에 전력을 기울였습니다.

집에서 21일, 49일, 105일 기도를 하고 또는 강화를 체험하기 위해서 입산해서 21일 기도를 하기도 하였으며, 용담정에서 관리인이 없어서 혼자서 49일 독공수련을 하기도 하였습니다. 거기서 많은 것을 체험하고 깨달았습니다. 그 후 화악산수도원에서 여러 차례 49일, 21일, 7일 수련을 거듭하였습니다. 많은 시련도 있었으나 굴하지 않고 계속 전진해 왔습니다. 수도 과정에 물욕과 감정과 나라는 관념을 버리기가 어렵다는 것을 알았습니다. 잘 하지는 못했지만 그러나 중단하지 않고 오늘까지 계속해 오고 있습니다.

여기서 한 가지 얻은 것이 있습니다. 잘 사는 길이 여기에 있다는 것을 알았습니다. 행복하게 잘 사는 길이 여기에 있다는 것을 확실히 알게 되었습니다. 이것을 널리 알려드리고 싶습니다. 그런데 영원한 행복의 길은 최근에야 알게 되었습니다. 특히 이번 이신환성 정신개벽을 위한 서울 인근교구합동수련 때 영원히 사는 길, 영원한 행복의 길이 바로 이신환성, 정신개벽에 있다는 확신을 갖게 되었습니다. 이것을 어떻게 혼자만 알고 있겠습니까? 영원한 행복의 길 - 이것은 우리 인류의 아득한 옛날부터 내려오는 간절한 소원이었습니다. 선천 오만년 동안 이 문제를 해결하지 못하고 천당이니 극락이니 지옥이니 하면서 미루어 오다가 대신사께서 만고 없는 무극대도를 받음으로써 영원한 행복의 길을 알게 되었습니다.

영원한 행복의 길을 찾아가야

저는 포덕 152년 6월 13일부터 19일까지 진행한 서울 인근교구 합동수련 때의 일을 잊을 수가 없습니다. 6월 15일 저녁이었습니다. 중앙대교당에서 여러분과 함께 열심히 주문을 외우다가 문득 수운대신사께서 대구장대에서 참형을 당하기 직전, 이 세상에서는 마지막으로 청수를 봉전하고 기도를 하시던 그 거룩한 모습과 정신을 생각하게 되었습니다. 이 세상을 떠나시는 수운대신사의 최후의 그 모습을 생각하면서 많은 눈물을 흘렸습니다.

그러다가 문득 나의 육신관념과의 송별회를 마음속으로 하게 되었습니다. 송신영성送身迎性, 육신관념과의 송별회, 성령性靈과의 환영회를 마음속으로 하고 또 하면서 성령사람으로서의 새 출발을 다짐하였습니다. 그러니까 문득 기쁜 마음, 감사한 마음, 위하는 마음이 솟아 오르고, 경외지심으로 모든 사람을 한울같이 섬겨야 하겠다는 생각을 하게 되었습니다.

자 그러면 잘 사는 길 그리고 영원한 행복의 길을 어떻게 찾겠습니까? 저는 그 문제를 다음과 같이 요약해서 말씀드리고 싶습니다.

첫째, 잘 사는 길입니다. 정말 행복하게 잘 살려면 우선 천도교에 정식으로 입교하여야 할 것입니다. 그리고 오관을 성실히 실행해야 할 것입니다. 한울님을 모시고 있다는 것을 굳게 믿고 매사에 심고를 하고 주문, 청수, 시일, 성미, 기도 등의 오관을 온 가족과 함께 어김없이 실행해야 할 것입니다. 그리고 무엇보다 수련을 열심히 해야 할 것입니다. 수련을 해서 강령, 영부, 강화를 체험함으로써 한울님 모심을 몸과 마음으로 증험하여 깨닫고 자천자각으로 본래의 마음이 바로 한울임을 깨닫고 독실한 시천주 신앙생활을 해야 할 것입니다. 그리고 경전공부와 교리, 교사 공부를 하면서 수련과 이치 공부를 병행해서 나아가야 할 것입니다.

또한 가족과 함께 수심정기, 성경신의 수도생활을 하면서 가도화순하고 사인여천을 실행해야 할 것입니다. 약간의 어려운 시련이 있더라도 중단하지 않고 계속 정진하게 되면 차차차차 한울님의 감응을 받아 마음도 편안해지고 건강도 좋아지고 모든 일이 뜻대로 이루어지는 것입니다. 또한 진리를 하나하나 깨달아 가면서 가정화목도 잘 되므로 우환 없는 가정을 이루게 되고 드디어 잘 사는 길이 여기에 있다는 것을 깨달아 확신을 갖게 될 것입니다. 또한 이것을 널리 알려야 하겠다는 사명감도 갖게 될 것입니다.

둘째, 영원히 사는 길, 영원한 행복의 길입니다. 한 걸음 더 나아가 이신환성의 깊은 경지에 이르면 죽지 않고 영원히 사는 길이 여기에 있다는 것을 알게 될 것입니다. 온 가족과 함께 오관실행을 독실히 하는 동시에 정심수도를 해야 할 것입니다. 독공 수련을 해서 해탈解脫, 대도견성大道見性의 길로 나가야 할 것입니다.

이신환성으로 영원한 행복과 장생불사의 길을 찾아야

특히 이신환성以身換性, 정신개벽의 길로 일로매진해야 할 것입니다. 의암성사님은 이신환성은 대신사의 본지라고 말씀하시면서 이신환성의 방법을 구체적으로 밝혀주시었습니다.수련을 지극정성으로 해 나가면서, 「이신환성」을 암송하여, 이신환성의 깊은 경지에 이르게 되면 영원히 살 수 있습니다. 저는 이번 이신환성 49일 특별기도 기간 중 영원히 사는 길이 여기에 있다는 확신을 갖게 되었습니다.

다시 한번, 영원한 행복의 길이 바로 이신환성, 정신개벽의 생활을 한는데 있다는 말씀을 강조하고 싶습니다. 천도교를 신앙하면서 지극 정성으로 수도를 함으로써 잘 사는 길을 찾을 수 있고 한 걸음 더 나아가 이신환성의 경지에 이르러 영원히 죽지 않고 장생한다는 것을 알게 될 것입니다.

대신사께서 우리 도道를 만고 없는 무극대도라고 하셨습니다. 이신환성으로 정신을 개벽하여 무극의 경지에 이름으로써 영원한 행복의 길을 찾을 수 있다는 말씀입니다. 대신사께서 대구장대에서 마지막 봉전한 청수를 생각하면서 대신사의 순도정신으로 육신관념을 과감하게 잘라 버리면 이신환성의 진경에 이르러 영원한 행복의 길을 찾을 수 있다는 말씀을 드리고 싶습니다.

수운대신사께서 인류 역사상 처음으로 우리 인류에게 영원한 행복의 길을 가르쳐주시고 순도하시었다는 생각을 하면 참으로 감사하고 감개가 무량해집니다. 우리는 그 정신을 잊지 말아야 하겠습니다. 그리하여 영원한 행복의 길을 깨닫고 포덕광제의 목적을 달성해야 하겠습니다.

우리는 미래를 위한 준비를 잘 해야 할 것입니다. 미래에 대한 준비없이 지내게 되면 결국 실패자가 되고 후손들에게 불행을 안겨 주게 될 것입니다. 우리는 우리 스스로의 영원한 행복을 찾는 동시에 대기번복과 같은 위기에 대처하는 한편 창생을 살리기 위하여 또 우리 후손들을 위하여 민족자주 평화통일과 인류의 영원한 평화와 행복을 위하여 이신환성 정신개벽에 총력을 기울여야 하겠습니다.

우리의 다짐과 각오, 그리고 우리의 희망을 다음과 같은 몇 마디 표어로 정리해 보겠습니다.

명을 주시고 천도 바꾸어 억조창생을 살리신 스승님의 거룩한 정신을 잊지 맙시다. 우리 모두 영원한 행복의 길로 나아 갑시다.

온 세상 사람들을 영원한 행복의 길로 인도합시다.

무극대도 닦아내어 도성덕립 이룩합시다.

무극대도 닦아내어 영원한 행복의 길로 나갑시다.

이신환성 정신개벽 천인합일 이룩합시다.

이신환성 정신개벽, 영원한 행복의 길로 나갑시다.

수도자修道者가 체득해야 할 세 가지 과제

우리 천도교인들이 알아야 할 것이 세 가지 있습니다. 특히 수도하는 사람들이 반드시 체득體得해야 할 중요한 과제가 세 가지 있다고 생각합니다. 첫째는 잘 사는 길이 천도교에 있다는 것, 둘째는 영원히 사는 길이 천도교에 있다는 것, 셋째는 포덕광제의 길, 즉 민족과 인류를 건지는 길이 천도교에 있다는 것. 이 세 가지를 분명히 깨달아야 할 것입니다.

이 세 가지는 우리 민족과 인류의 오랜 숙제요 꿈이었습니다. 인류는 선천 오만년 동안 그 해답을 찾지 못하고 여러 가지로 복잡한 생각과 말을 하면서 괴롭게 살아 오다가 수운대신사께서 만고 없는 무극대도를 받음으로써 이 문제의 확답을 얻게 된 것입니다. 참으로 감사한 일이 아닐 수 없습니다. 우리는 이 세 가지를 잘 체득함으로써 나와 내 가정의 진정한 행복, 영원한 행복을 찾는 동시에 민족과 인류를 구할 수 있다는 확고한 신념과 사명감을 갖게 될 것입니다. 여기서 우리는 기쁨과 희망에 넘치는 생활을 하게 되고 대도의 목적 달성을 향해서 더욱 힘차게 전진하는 보람 있는 생활을 하게 될 것 입니다.

저는 8 · 15 광복 직후 오산중학교 학생 시절에 천도교에 입교하여 오늘에 이르기까지 60여 년간 잘 하지는 못했지만 수도를 계속해 오고 있습니다. 북한에서는 주로 천도교 청우당 활동을 하다가 6 · 25전쟁 때 월남하여 서울 영등포에 정착해 살면서 영등포교구 창설에 참여하게 되었습니다.

개인집, 월세, 전세 등으로 전전하다가 포덕 102년 10월 1차 교당을 건립하고 강도회를 개최하면서 월산 김승복 선생을 만나 많은 감화를 받고 비로소 수도를 하게 되었습니다. 이미 20대 후반, 30대 초반에 접어들게 되어 늦었다는 생각을 하면서 후회를 하기도 하였습니다. 야간이라도 대학에 가느냐? 수도에 열중하느냐? 고민하다가 수도에 총력을 기울이기로 하였습니다. 여러 가지 시련도 있었으나 굴하지 않고 계속 정진하였습니다.

집에서 장사하면서 21일 기도, 49일 기도, 105일 기도를 하기도 하고 포덕 104년 가을에는 강화의 체험을 얻고자 계룡산 어느 빈 집에서 몇 분과 같이 21일 독공수련을 하였으며, 포덕 111년 6월 1일부터 용담정에서 혼자서 자취하면서 49일 특별기도를 봉행하기도 하였습니다. 그리고 화악산수도원을 영등포교구에서 인수 운영하게 되어 거기에서 49일 기도 그리고 주문 백만 독을 목표로 21일 독공 수련을 1년에 3차례 봉행한 일도 있습니다.

잘 하지는 못했지만 여기서 한 가지 얻은 것이 있습니다. 잘 사는 길이 천도교 수도를 하는 데 있다는 것을 알았습니다. 이것을 널리 알려드리고 싶습니다. 그런데 이것이 완성이 아니었습니다. 그 위에 영원히 사는 길, 영원한 행복의 길이 또 있다는 것을 최근에야 알았습니다. 지난 6월 13일 (152년) 저녁부터 7일간 중앙대교당에서 실시한 서울 인근 교구 합동수련 때 6월 15일 저녁의 일을 잊을 수가 없습니다.

수련 중 문득 대신사께서 대구장대에서 참형을 받기 직전 마지막 봉전한 청수를 생각하게 되었습니다. 이 세상을 떠나시는 대신사의 최후의 청수를 생각하면서 그 때의 대신사의 거룩한 모습과 정신을 생각하면서 많은 눈물을 흘렸습니다. 이제는 육신관념을 뿌리째 없애 버려야 하겠다는 간절한 생각을 하였습니다. 문득 육신과의 송별회, 성령과의 환영회, 송신영성회送身迎性會라는 생각을 하면서 수련을 계속하였습니다. 잠시 후 기쁜 마음, 감사한 마음, 위하는 마음이 솟아 오르고 그리고 경외지심敬畏之心으로 모든 사람을 한울같이 섬겨야 하겠다는 생각을 간절히 하게 되었습니다. 그리고 특히 영원한 행복의 길이 바로 육신관념을 홀연히 잊어버리는 데 있다는 확신을 갖게 되었습니다.

그리고 그 다음에 또 하나의 큰 과제가 있다는 생각을 하게 되었습니다. 그것은 바로 포덕광제의 길입니다. 민족과 인류를 구할 수 있는 길, 그 능력을 얻어야 하겠다는 생각을 하게 되었습니다. 이것을 깨달아야 하고 그 능력을 얻어야 한다는 생각을 하게 되었습니다. 포덕광제의 법력, 인류 구원의 지혜와 법력을 얻어야 원처 근처 어진 선비 풍운 같이 모여드는 거룩한 새 역사를 열어나가게 될 것입니다. 그래야 대도중흥의 목적을 달성할 수 있을 것입니다. 다시 한 번 우리 수도하는 사람들이 체득해야 할 세 가지 중요 과제를 종합, 요약해서 말씀을 드리겠습니다.

첫째, 잘 사는 길

천도교에 정식으로 입교를 하여 기본적으로 매사에 심고를 하고 주문, 청수, 시일, 성미, 기도의 오관을 빠짐 없이 성실하게 실행해야 할 것입니다. 그리고 경전 공부와 교리 교사 연구를 해야 할 것이며 특히 수련을 해야 할 것입니다. 수련을 계속해서 강령을 체험하고, 영부를 받고, 강화를 받는 체험을 해야 하고, 자천자각을 해서 마음이 한울임을 깨닫고 마음의 가르침을 받게 되어야 할 것입니다.

그리고 수심정기, 성경신, 천지부모에 효성을 다하고 물욕과 감정과 '나' 라는 관념을 버리고, 운명 개척의 요령을 터득하고, 인과의 법칙을 알고, 진리를 하나 하나 깨달아 나가야 할 것입니다. 어떠한 어려움이 있더라도 좌절하지 않고, 중단 없는 전진을 해야 할 것입니다.

그러면 차차차차 마음이 편안해지고 건강도 좋아지고 물약자효를 체험하게 되고, 하는 일이 뜻한 대로 이루어지는 만사여의의 능력을 얻게 되고, 차차 원만한 인격을 갖추게 되고, 진리를 더욱 깊이 연구하게 되고, 드디어 잘 사는 길이 여기에 있다는 확고한 신념과 사명감을 갖게 될 것입니다.

"입도한 세상 사람 그 날부터 군자 되어 무위이화 될 것이니 지상신선 네 아니냐" "한 생각이 이에 있어야 만사가 뜻과 같이 되리라"라고 하신 대신사의 말씀을 흐뭇하게 느끼게 될 것입니다.

둘째, 영원히 행복하게 사는 길

장생불사의 길을 열어 나가려면 이신환성, 정신개벽을 해야 할 것입니다. 육신관념을 홀연히 잊어버리고 성령사람으로 거듭나야 할 것입니다. 육신은 언젠가는 없어지지만 성령은 영원합니다.

앞서 말씀한 바와 같이 수운대신사의 최후의 청수를 생각하면서 순도정신을 마음속 깊이 새겨야 할 것입니다. 수기심정기기, 솔기성수기교, 화출어자연지중야(守其心正其氣, 率其性受其敎 化出於自然之中也)의 무위이화를 체득해야 할 것입니다. 또한 매일 아침 또는 수시로 무극의 진경에 이르는 공부를 해야 할 것이며 천덕사은 염념불망해야 할 것입니다. 그리하여 한울님과 스승님과 주문과 경전과 나와 하나가 되어야 할 것입니다.

또한 자심자성自心自誠, 자심자경自心自敬, 자심자신自心自信, 자심자법自心自法하여 일호도 어김이 없어야 한다는 스승님의 말씀을 체행해야 할 것입니다. 그리하여 해탈, 대도견성에 이르러야 할 것입니다. 자나 깨나 주문생각 천덕사은 잊지 말아야 할 것입니다. 그리고 포덕을 많이 해야 합니다. 포덕이 영원히 사는 길입니다.

이렇게 이신환성으로 정신을 개벽하고 많은 포덕을 함으로써 드디어 한울 사람이 되어 영원한 행복을 찾게 될 것입니다. 수운대신사께서 "무궁한 이 울 속에 무궁한 내 아닌가" "영세무궁 하단 말가"라고 하셨습니다. 의암성사께서 "성령이 사람의 영원한 주체임을 알고 주체로서 주장을 삼으면 영원한 복록을 받는다"고 말씀하셨습니다.

셋째, 포덕광제의 길

지금 인류는 전쟁과 질병과 가난, 그리고 이상기온, 환경 파괴, 지진, 화산폭발, 태풍, 분열과 파쟁, 그리고 중국과 일본의 지진과 해일, 칠레의 화산 폭발, 미국의 토네이토 회오리 바람으로 집과 자동차가 날아나고 많은 피해를 보고 있습니다. 실로 생존을 위협하는 심각한 과제들이 제기된 가운데 그 근원적 해결의 길을 찾지 못하고 혼란이 계속되고 있습니다. 특히 내년 2012년 지구 대재앙설이 분분한 것 같습니다. 민족과 인류를 구하는 길이 분명, 천도교 인내천 진리에 있다고 볼 때 우리 천도교인들의 책임이 실로 막중함을 통감하지 않을 수 없습니다.

『의암성사법설』에 "후천개벽의 시기에 처한 우리는 먼저 각자의 성신부터 개벽해야 한다"는 말씀이 있습니다. 그리고 대기번복의 시기에 살기를 도모하는 오직 하나의 방법이 이신환성이라고 하셨습니다. 우리는 나 자신의 영원한 행복을 위하여, 나아가 포덕광제를 위하여, 또 인류 구원의 길을 열어 나가기 위하여 우선 이신환성으로 정신을 개벽해야 할 것입니다.

육신은 한때의 객체요 성령이 영원한 주체라는 것을 알고 극성수도를 해서 한 단계 한 단계 전진해 나아가, 육신관념을 홀연히 잊어버리고 성령사람으로 거듭나는 경지에까지 이르도록 힘써야 하겠습니다. 그것이 포덕광제의 능력을 얻는 길이 될 것입니다.

그리하여 남을 위해 기도하고 봉사하고 순도 순국 정신을 발휘하면서 자유심에 이르러 기쁜 마음, 감사한 마음, 위하는 마음으로 살면서 창생을 이 길로 인도해야 하겠습니다. 그러면 한울님의 법력을 얻어 만사여의, 무위이화, 임의용지의 능력을 자유자재로 활용하면서 보국안민, 포덕광제의 거룩한 새 역사를 열어나가게 될 것입니다.

다시 요약해서 말씀드리면 정말 행복하게 잘 살려면 오관실행 잘 하고 수련 잘 해서 한울님의 특별한 감응을 받아야 하고, 영원히 죽지 않고 장생하려면 이신환성으로 정신을 개벽해서 육신관념을 홀연히 잊어버리고 천인합일 이루고 포덕광제를 위해 전력을 기울여야 할 것입니다

그리고 포덕광제의 사명을 수행하려면 창생을 위하여 살면서 남을 위해 기도하고 만사여의, 무위이화, 임의용지의 법력을 자유로 활용하게 되어야 할 것입니다. 그리하여 교회의 동귀일체, 화합을 이루고 이신환성 역군 5백명 육성에 힘써야 할 것입니다.

부록

송가가사

신앙 활동에서 노래의 중요성은 아무리 강조해도 지나침이 없습니다. 여기에 게재하는 가사들은 제가 수련하는 과정에서 떠오른 내용을 뜻있는 분의 작곡을 거쳐 앞으로 송가로 불려질 수 있기를 기대하며, 또 여러분들의 질정을 바라며 게재합니다.

신앙상담

여기에 게재하는 〈신앙상담〉은 포덕 144(2003)년 2월부터 약 2년 반에 걸쳐 『신인간』에 게재했던 내용입니다.

필자가 천도교중앙총부의 교화관장 또는 상주선도사로 봉직하면서 수도원이나 중앙 또는 지방교구 수련 강도회 때 여러 교인들 또는 일반인들과 질의 문답했던 것들 중 일부입니다.

사람은 왜 신앙생활을 해야 하며, 수도를 왜 해야 하는지, 천도교를 신앙하면 어떤 성과가 있는지, 가장 보람 있게 사는 길이라든가, 인과의 법칙 등 여러 가지로 문답한 내용입니다. 다소라도 참고가 될까 해서 여기에 수록합니다.

화악산수도원가

작사 임운길 / 작곡 하경희

1. 물좋고 경치좋은 화악산 선경에 사람마다 지상신선 뜻을 이루는
   천도교 수도원 높이 서 있네 시천주 조화정 영세불망 만사지
   지성으로 주문외워 정신을 개벽 평화와 행복의 길 열어나가리
2. 민족을 갈라놓은 38선에 서서 새진리 무극대도 터를 다지는
   인내천 수도원 우뚝 서 있네 시천주 조화정 영세불망 만사지
   천덕사은 염념불망 새 사람되어 민족의 새 역사를 열어나가리
3. 삼천리 금수강산 한 복판에 서서 민족통일 세계평화 횃불 밝히는
   화악산수도원 높이 서있네 시천주 조화정 영세불망 만사지
   수심정기 높은 공부 천인합덕 이루어 새 진리 온세상에 펼쳐나가리
4. 오대양 육대주에 궁을기 날리며 보국안민 포덕광제 이뤄 나가는
   천도교 수도원 여기 서 있네 시천주 조화정 영세불망 만사지
   성경신법 이신환성 동귀일체 이루어 이 땅에 한울나라 세워 나가리

이신환성 포덕사의 노래

작사 임운길

1. 우리는 이신환성 포덕사 무극대도의 새 일꾼
   한울님과 스승님의 부름을 받고
   보국안민 포덕광제 성취하려고
   한마음 한뜻으로 여기 모였네
   (후렴) 자나깨나 주문 외워 정신을 개벽
   살 길 찾는 창생을 포덕으로 구하자
2. 우리는 이신환성 포덕사 정신개벽의 새 일꾼
   한울님과 스승님의 뜻을 받들어
   대도중흥 민족통일 성취하려고
   한마음 한 뜻으로 굳게 뭉쳤네 (후렴)
3. 우리는 이신환성 포덕사 포덕광제의 새 일꾼
   한울님과 스승님의 사명을 받고
   인내천의 새 역사를 열어가려고
   포덕의 깃발 들고 여기 모였네 (후렴)
4. 우리는 이신환성 포덕사 보국안민의 새 역군
   한울님과 스승님의 간절한 부탁
   방황하는 세상사람 인도하려고
   우리 모두 한마음 굳게 뭉쳤네 (후렴)

무극대도의 노래

작사 임운길

1. 우리 도道는 무극대도 만고 없는 무극대도
   천지무궁의 근본을 밝히어
   이 땅위에 한울나라 세워 나가는
   무극대도 태양이 솟아오른다.
   (후렴) 동포들아 모여라 무극대도로
   영원한 행복의 길이 여기 있도다.
2. 우리 도는 무극대도 만고 없는 무극대도
   천지무궁의 근본을 밝히어
   사람마다 지상신선 뜻을 이루는
   무극대도 태양이 솟아 오른다. (후렴)
3. 우리 도는 무극대도 만고 없는 무극대도
   천지무궁의 근본을 밝히어
   부화부순 가정 행복 뜻을 이루는
   무극대도 태양이 솟아오른다. (후렴)
4. 우리 도는 무극대도 만고 없는 무극대도
   천지무궁의 근본을 밝히어
   민족화합 세계평화 이뤄 나가는
   무극대도 태양이 솟아오른다. (후렴)

이신환성의 노래(1)

작사 임운길

1. 이뤄보세 이뤄보세 이신환성 이뤄보세
   육신으로 사는 곳에 괴로움이 많고
   성령으로 사는 곳에 기쁨이 넘치네
   이신환성 정신개벽 행복의 길로 나가세
2. 이뤄보세 이뤄보세 이신환성 이뤄보세
   육신으로 사는 곳에 근심과 질병
   성령으로 사는 곳에 희망이 넘치네
   이신환성 정신개벽 가정천국 이루세
3. 이뤄보세 이뤄보세 이신환성 이뤄보세
   육신으로 사는 곳에 환란과 죽음
   성령으로 사는 곳에 영원한 행복
   이신환성 정신개벽 도성덕립 이루세
4. 이뤄보세 이뤄보세 이신환성 이뤄보세
   육신으로 사는 곳에 분렬과 싸움
   성령으로 사는 곳에 화합과 전진
   이신환성 정신개벽 동귀일체 이루세
5. 이뤄보세 이뤄보세 이신환성 이뤄보세
   육신으로 사는 곳에 혼란과 파멸
   성령으로 사는 곳에 새 세상 건설
   이신환성 정신개벽 지상천국 이루세

이신환성의 노래(2)

작사 임운길

1. 이신환성 여기로다 새 세상이 펼쳐지네 광명천지 이 아닌가
   (후렴) 좋을시고 좋을시고 이내 신명 좋을시고
2. 이신환성 눈떠 보니 온 세상이 내 몸이요 우주가 내 집일세 (후렴)
3. 이신환성 되고 보니 무궁한 이 울 속에 무궁한 나로구나 (후렴)
4. 이신환성 눈떠 보니 내가 바로 한울이요 한울이 바로 나일세 (후렴)
5. 이신환성 되고 보니 생각하면 이뤄지네 임의용지 분명하다 (후렴)
6. 이신환성 눈떠 보니 괴롭던 그 옛날이 꿈결같이 생각되네 (후렴)
7. 이신환성 되고 보니 인오동포 물오동포 인류가 한 가족일세 (후렴)
8. 이신환성 눈 떠보니 창생들이 가엽구나 포덕으로 구해 주자 (후렴)
9. 이신환성 되고 보니 바쁘도다 바쁘도다 천국 건설 바쁘도다 (후렴)
10. 사람마다 이신환성 온 세상이 천국이요 사람마다 신선일세 (후렴)

신앙상담

천도교를 신봉하면 무엇을 얻습니까?

〈질문〉 저도 이제는 신앙생활을 하려고 합니다. 그런데 이 세상에는 종교가 많아서 어떤 종교를 선택해야 할지 정하기가 어렵습니다. 천도교는 어떤 종교인지, 천도교를 신봉하면 무엇을 얻는지 자세히 말씀해 주시기 바랍니다. (서울시민)

〈답변〉 천도교를 잘하면 지상신선의 영원한 행복을 찾고, 가정의 화합과 행복을 찾고, 나라와 세상을 구하는 보람있는 생활을 할 수 있습니다.

수운대신사께서 우리 도를 만고 없는 무극대도라 하시고 "입도한 세상 사람 그날부터 군자되어 무위이화될 것이니 지상신선 네 아니냐"라고 말씀하셨습니다. 무극대도는 천지무궁의 근본을 밝히어 사람마다 그 덕에 합하여 도성덕립이 되게 하며 또한 모든 종교를 합일완성 한다는 뜻이 담겨 있습니다. 지상신선은 천일합일의 인격 완성과 최대의 행복을 말합니다.

유儒 · 불佛 · 선仙 합일이라는 말씀이 있습니다. 유 · 불 · 선 합일은 모든 종교의 합일을 의미합니다. 천도교는 모든 종교의 진리를 내포하고 있다는 말씀입니다. 천도교는 우리나라에서 창명된 새 종교이며 인내천 진리로 인간의 존엄성과 자주정신을 확립하고 자아완성과 포덕천하, 광제창생, 보국안민, 지상천국 건설의 길을 밝혀주는 종교입니다.

천도교는 내 몸에 모신 한울님(侍天主)을 믿고, 한울님을 부모님같이 섬기면서 지극한 정성과 공경으로 효성을 다하고, 천도天道의 진리를 따르고 경천순천하면서 사람을 한울같이 섬기는 동시에 끊임없는 수련으로 수심정기, 성경신, 이신환성, 천인합일의 자아완성을 추구하고 나아가 새 나라, 새 세상을 건설하는 새 종교입니다. 이와 같이 한울님과 스승님의 뜻을 받드는 종교이기 때문에 천도교를 열심히 하면 진리를 깨달아 지상신선의 대행복을 찾고 지상천국을 건설하는 인간 최대의 보람을 찾을 수 있습니다.

하루속히 천도교에 입교하여 교회의 지도를 받아 주문, 청수, 시일, 성미, 기도의 오관을 실행하면서 수련과 포덕에 힘쓰시기 바랍니다. 그러면 한울님과 스승님의 감응을 받아 자연한 가운데 나와 내 가정의 진정한 행복을 찾고 민족과 인류를 구하는 개전일체個全一體의 큰 복을 받을 것입니다.

인생을 가장 보람 있게 사는 길이 분명 천도교에 있습니다. 좀더 구체적으로 말씀드리면, 첫째 개인적으로는 심화기화하여 마음의 평화를 찾고, 육신의 건강을 유지할 수 있고, 마음의 능력이 생기어 모든 일이 뜻대로 이루어 질 것이며(萬事如意), 강인한 체력과 탁월한 정신력을 길러 활기 있게 살아갈 수 있습니다. 천지부모님께 효도하여 가정화목 이루고 자손들에게 무궁한 정신적 유산을 남겨 주게 되며, 수심정기, 성경신의 이상적인 인격을 갖추면서 나날이 새로워지는 생활을 하게 되고 생사일여生死一如, 장생불사의 진리를 깨달아 무궁한 본래의 나(本來我)를 찾을 수 있습니다. 한울님의 특별한 감응을 받을 수 있고 많은 사람들에게 감화를 주고 덕을 베풀 수 있습니다. 나아가 천인합일, 자아완성, 지상신선, 도성입덕道成立德의 대행복을 찾고 드디어 포덕천하, 광제창생, 보국안민, 지상천국 건설의 거룩한 사명을 수행하는 후천개벽의 역군이 될 수 있습니다.

둘째, 가정적으로, 부화부순하는 행복한 가정이 되고, 한울님의 감응을 받아 우환 없는 가정, 만사형통하는 가정이 될 것입니다. 훌륭한 자녀 양육과 부모에게 효도하는 가정이 되고 이웃과 사회에 덕을 펴고 봉사하는 가정이 될 것입니다.

셋째, 사회적으로 온 세상 사람이 새 사람이 되어 민족자주의 평화통일과 동귀일체, 화합의 도덕 문명사회를 이루고, 싸움과 질병과 가난이 없는 풍요로운 복지사회를 이루는 동시에 인간성 회복, 환경보전, 대기번복 등 사회적으로 제기되는 모든 어려운 문제들의 근원적 해결의 길을 밝히고, 나라마다 온 국민이 화합하여 보국안민 이루고, 인류가 전쟁과 질병과 가난이 없는 새 세상을 이루고, 한 가족같이 사는 지상천국을 건설하게 될 것입니다.

인생의 허무함을 초탈하는 길은 없을까요?

〈질문〉 흔히 인생은 허무하다는 말을 많이 합니다. 백년도 못 사는 것이 인생이요, 병들고 괴롭게 살아가는 것이 사람입니다. 만나면 헤어지고 모든 사물은 변화가 무상하고 생로병사를 면할 길이 없습니다. 인생의 허무함을 초탈해서 희망을 가지고 즐겁게 사는 길은 없을까요? 좀더 보람 있게 사는 길을 말씀 해 주시기 바랍니다. (충청도 교인)

〈답변〉 인생의 허무함을 초탈해서 영원한 행복을 찾고 나아가 세상 사람들을 참된 길로 인도해서 전쟁과 질병과 가난과 혼란이 없는 영원한 평화세계를 건설하려는 것이 종교인들의 큰 과제라 할 수 있습니다. 특히 천도교에 분명 그 길이 있다는 말씀을 드리고 싶습니다.

경전에 "좋을시고 좋을시고, 이내 신명 좋을시고, 불로불사 하단말가" "영세무궁 하단말가" "무궁히 살펴내어 무궁히 알았으면 무궁한 이 울 속에 무궁한 내아닌가"라는 말씀이 있습니다. 그리고 본래의 나는 천지가 갈리기 전, 억억만년 전부터 있었고 억억만년 후까지 가는 영원한 존재라고 하였습니다. 이 말씀들을 깊이 음미해 보면 인생은 허무한 것이 아니라 존엄하고 생사가 없는 영원한 존재라는 것을 알 수 있습니다. 세상 사람들은 흔히 "회자정리會者定離요 생자필멸生者必滅이라." 만나면 반드시 헤어지고 태어나면 반드시 죽는다는 말을 하면서 인생의 무상하고 허무함을 한탄하면서 타락에 빠지거나 무의미하게 살아가고 있습니다. 그러나 실은 그렇지가 않습니다. 우리가 이 문제의 분명한 해답을 얻으려면 다음과 같은 문제들을 깊이 연구하고 진리를 깨달아야 할 것입니다.

첫째, 내 몸에 한울님을 모시고 있다는 것을 알아야 할 것입니다. 사람은 누구나 한울님의 이치 기운으로 태어났고 한울님을 모시고 있는 것입니다. 세상 사람들은 한울님을 모시고 있으면서도 모신 줄을 모르고 살아가는데 문제가 있는 것입니다. 사람에게 마음이 있고 생명이 있듯이 우주에도 마음이 있고 생명이 있습니다. 그 우주의 마음을 한울님이라고 하는 것입니다. 우주의 마음과 사람의 마음은 하나입니다. 즉 나의 본래의 마음이 곧 한울이라는 것을 알아야 할 것입니다. 한울님은 나를 이루어 놓고 내 안에 계시면서 잠시도 쉬지 않고 모든 일을 간섭하고 명령하고 가르쳐 주시면서 섭리하시는 것입니다. 내 몸에 모신 한울님을 부모님같이 믿고 지성으로 주문을 외우면서 언제나 한울님과 함께 있다는 생각을 하면 허무한 생각이 다 없어지고 영원한 나를 찾게 될 것이며, 기쁨과 희망을 안고 살아 갈 수 있습니다. 내게 모신 한울님은 생사를 초월한 영원한 존재이기 때문입니다.

둘째, 육신은 사람의 한때 객체요 성령이 나의 영원한 주체임을 알아야 할 것입니다. 사람은 성령과 육신으로 되어 있는데 육신은 백년 안팎에 죽어 없어지지만 성령은 영원합니다. 세상 사람들은 성령의 세계를 모르고 육신만 생각하고 육신이 나의 전체인 줄 착각하고 살기 때문에 허무한 생각을 하게 되는 것입니다. 수도를 잘 해서 육신관념을 버리고 성령을 늘 생각하면 허무한 생각이 다 없어져서 나의 무궁성을 알게 되고 거룩한 사명적 존재임을 깨닫게 될 것입니다. 신나게 살아갈 수 있습니다.

셋째, 나의 근본을 잊지 말아야 할 것입니다. 현상계는 생사 변화가 무상하고 회자정리요 생자필멸이지만 우리의 근본, 우주본체, 본성 자리는 생함도 없고 멸함도 없고(不生不滅), 가는 것도 없고 오는 것도 없고(無去無來), 선도 없고 악도 없고(無善無惡), 생사일여(生死一如), 진진여여(眞眞如如)라고 하셨습니다. 수련을 잘 해서 해탈이 되고 그 근본 본성자리를 깨달아 자유를 찾으면 영원한 본래의 나를 알게 되고 따라서 허무감에서 벗어나 기쁨과 희망에 넘치는 생활을 하게 될 것입니다.

경전에 "성품을 보고 마음을 깨달으면(見性覺心) 내 마음이 극락이요, 내 마음이 천지요, 내 마음이 풍운조화라"는 말씀이 있습니다. 우리는 육신과 물질에 집착된 마음을 헌 옷 벗듯이 털어 버리고 무형의 근본을 자주 생각하면서 무궁한 본래의 나를 찾아야 인생의 허무함을 초탈해서 영원한 행복을 찾을 수 있고 우리가 추구하는 이상세계를 건설할 수 있을 것입니다.

넷째, 일을 해야 합니다. 일이 없으면 허무감에 빠지는 것입니다. 나와 내 가정을 위하는 동시에 남을 위하고 교회와 나라와 세상을 위해 열심히 일을 하면서 덕을 베풀고 봉사함으로써 기쁨과 보람을 찾게 될 것입니다. 노고근면勞苦勤勉 하는 것이 허무함을 없애고 보람을 찾는 길이 될 것입니다.

마음을 깨달으면 어떻게 되나요?

〈질문〉 천도교에서는 마음을 닦고 마음을 지키고 마음을 깨달으라는 말씀을 많이 하고 있습니다. 마음공부를 잘 해서 마음을 깨달으면 어떻게 되는지 말씀해 주시기 바랍

니다. (서울시내 교인)

〈답변〉 경전에 마음공부에 대한 말씀이 많습니다. "심학이라 하였으니 불망기의 하였어라." "마음을 닦아야 덕을 알고 덕을 밝히는 것이 도니라." "그 마음을 지키고 그 기운을 바르게 하고 한울님 성품을 거느리고 한울님 가르침을 받으면 자연한 가운데 화해 나느니라." "한 생각이 이에 있으면 만사가 뜻과 같이 되리라." "심령으로 심령을 밝히면 현묘한 이치와 무궁한 조화를 가히 얻어 쓸 수 있느니라." "성품을 보고 마음을 깨달으면 내 마음이 극락이요 내 마음이 천지요 내 마음이 풍운조화이니라." "내 마음을 깨달으면 상제가 곧 내 마음이요 천지도 내 마음이요 삼라만상이 다 내 마음의 한 물건이니라." "마음이 곧 한울이요 한울이 곧 마음이라 그 마음을 지키고 그 기운을 바르게 하면 통하지 못할 것이 없느니라." "내 마음을 내가 지키어 잃지 아니하고 굳게 하여 흐르지 아니하면 내 마음이 자연히 해탈이 되나니… 참된 마음은 둘도 아니요 물들지도 아니 하나니 천체를 스스로 쓰며 내 땅을 스스로 쓰며 나를 자유로 쓰느니라." "크게 깨달아 마음을 맑게 하기를 새로 만든 거울같이 하면 물건이 비치는 곳에 곱고 미운 것이 분명하고 일에 임하는 곳에 경위가 분명하여 사리에 통달하고 행함에 빠르느니라."

사람은 누구나 다 마음이 있습니다. 마음가짐에 따라서 인생만사가 좌우된다고 할 수 있습니다. 나무는 뿌리가 튼튼해야 하듯이 사람은 마음이 건전해야 합니다. 그런데 우리의 마음은 변하기 쉽고 물들기 쉽고 잃어버리기 쉽습니다. 항상 닦아야 하고 굳게 지켜야 하고, 마음의 본래, 근본을 깨달아야 할 것입니다. 세상 사람들은 마음을 닦지 않기 때문에 마음에 병이 들어 정신적 고통과 질병과 혼란 속에서 살아가는 것입니다. 마음을 깨달아서 청정무구한 한울님 마음이 되면 생활에 놀라운 발전이 있을 것입니다. 진리를 깨달아 무궁한 나와 지상신선의 영원한 행복을 찾고 심력心力을 얻어 민족과 인류를 구하는 거룩한 일을 하게 될 것입니다.

이를 좀더 자세히 생각해보겠습니다. 첫째, 마음을 닦으면 심화기화하여 항상 즐겁게 살 수 있고, 건강한 몸으로 살아갈 수 있습니다. 둘째, 한울님과 스승님의 은덕을 알고 부모님께 효도하면서 화목한 가정을 이루게 될 것입니다. 셋째, 주문을 외워 일심이 되면 만사가 뜻과 같이 될 것이며, 사리판단력, 기억력, 포용력, 사업 추진력, 미래 예지력 등 능력을 얻어 사회의 큰 일을 하게 될 것입니다. 넷째, 마음을 깨달으면 나와 한울이 하나요, 나와 천지만물이 하나임을 확신하게 되고 인류가 한 가족임을 분명히 알고 스스로 동귀일체, 화합의 선도적 역할을 하게 될 것입니다. 다섯째, 만법萬法, 만상萬相, 화복禍福이 마음에 있음을 깨닫고 허광심虛光心, 여여심如如心, 자유심의 경지에 이르러 영원한 자유와 행복을 찾게 될 것입니다. 여섯째, 인과因果를 알고 인과를 고치고 인과를 초월해서 지상신선의 경지에 이르게 될 것입니다. 일곱째, 원만무결한 인격을 갖추고 성경신을 체행하면서 천명을 계승하여 포덕천하, 광제창생, 보국안민, 지상천국 건설에 전력을 기울이는 새 사람이 되리라 생각합니다.

우리는 바쁜 생활 속에서도 항상 마음 수련을 하면서 살아야 하겠습니다. 마음을 닦아서 수심정기가 되어야 마음이 한울임을 알게 되고 자천자각, 해탈, 대도견성, 견성각심해서 마음을 크게 깨닫게 될 것입니다. 마음을 깨달으면 드디어 내 마음이 극락이요 내 마음이 천지요 내 마음이 풍운조화가 될 것입니다. 우리는 그 마음의 힘을 얻어 가지고 대도창명과 민족통일, 보국안민, 포덕광제에 총력을 기울여야 하겠습니다. 이것이 가장 보람 있게 사는 길이라고 생각합니다.

저도 새 사람이 될 수 있을까요?

〈질문〉 저는 새해부터 정말 새 사람이 되고자 합니다. 그런데 저는 과거에 많은 잘못을 저질렀습니다. 부모님께 불효했고 방탕한 생활을 하여 부부간에 자주 싸우면서 살아왔습니다. 남을 속이고 헐뜯고 한울님 은덕은 생각하지도 못하고 일일이 말할 수 없는 많은 잘못을 저질렀습니다. 새해부터는 새 출발을 하려고 하지만 지난 날 잘못한 것들이 계속 마음에 떠올라서 영 마음을 정할 수가 없습니다. 저도 새 사람이 될 수 있는 길이 있는지요. (서울시민)

〈답변〉 "뜻이 있는 곳에 길이 있다"는 말씀이 있습니다. 진정 자기 잘못을 뉘우치고 새 사람이 되어 새 출발을 하겠다는 굳은 의지가 있다면 길은 반드시 열리는 것입니다. 그러나 "되어도 그만, 안 되어도 그만"이라는 막연한 생각을 하거나 자포자기하면 아무것도 성취될 것이 없습니다. 그렇게 되면 결국 잘못을 계속 되풀이하고 나중에는 걷잡을 수 없는 함정에 빠진다는 것을 알고 마음을 굳게 다져야 할 것입니다.

우선 천도교에 입교하시기 바랍니다. 여기에 분명히 길이 있기 때문입니다. 사람의 마음은 변하기 쉽고 정욕에 끌려가기 쉽기 때문에 신앙을 하지 않고서는 좋은 생각을 계속 지켜 가기가 어렵습니다. 신앙을 하면서도 마음을 지키기가 어려운데 항차 복잡한 이 세상에서 믿음도 없이 착한 마음을 지키는 것은 대단히 어려운 것입니다. 과거의 잘못된 생활 습관을 과감히 청산하고 천도교인으로서의 신앙생활을 시작하시기 바랍니다. 신앙을 하되 형식적으로 할 것이 아니라 매일 참회문을 읽으면서 진심으로 참회하고 지극한 정성으로 주문을 외우면서 수련을 하고 경전을 읽어 가시기 바랍니다. 새 사람이 되려면 진정한 참회와 끊임없는 기도와 수련을 해야 합니다. 참회와 기도와 수련을 통해서 한울님 모심을 증험하고 깨달아 한울님을 부모와 같이 굳게 믿고 정성 공경으로 섬겨야 할 것입니다. 그렇게 하지 않고서는 새 사람이 될 수 없는 것입니다.

또한 한 번만 참회하고 그만 둘 것이 아니라 진심으로 참회하고 또 참회하고 또 참회해서, 한울님의 용서를 받고 청정무구한 본래의 마음을 찾아야 할 것입니다. 정말 참회해서 마음이 깨끗해지고 이만 하면 한울님의 용서를 받았다는 확신이 생기거든, 그리고 한울님 모심을 굳게 믿거든 그 다음부터는 그 잘못된 것을 잊어버리는 것입니다. 꿈속으로 흘려 버리고 새 생각, 건전한 생각으로 바꾸는 것입니다.

만약 신앙생활도 하지 않고, 참회할 줄도 모르고, 기도와 수련으로 한울님의 특별한 감화를 받지 못하게 되면 어떤 형태로든 잘못의 결과를 다 받게 될 것입니다. 뿐만 아니라 자손 대대로 그 좋지 못한 종자를 유전으로 남겨주게 되는 것입니다. 우주 질서에 인과의 법칙이 있다는 것을 알아야 할 것입니다. 좋은 일이건 나쁜 일이건 원인을 지으면 반드시 그 결과가 돌아오는 것입니다. 성심을 다해 수도하면서 참회하여 과거의 인과를 알고 인과를 고치고 인과에서 벗어나야 할 것입니다. 그렇게 하면 도리어 전화위복으로 진리를 깨닫게 되고 새 사람이 되어 한울님의 무궁한 복록을 받고 세상을 건지는 선구자가 되는 것입니다.

세상에 잘못이 없는 사람은 없습니다. 설사 지금까지 잘못이 없다손 치더라도 앞으로 잘못을 저지르지 않기 위하여 항상 참회하며 마음을 닦아야 할 것입니다. 그래서 천도교에서는 수심정기, 성경신, 이신환성을 수도의 요체로 삼고 일상생활 속에서 끊임없는 수련을 하도록 교화하고 있는 것입니다. 수운대신사께서는 "두려움이 되는 바를 알지 못하거든 죄 없는 곳에서 죄 있는 것같이 하라" 고 하셨습니다. 자기의 허물을 알고 진심으로 참회하면서 수도를 하느냐 못 하느냐, 한울님 모심을 깨달았느냐 못 깨달았느냐에 따라서 새 사람이 될 수도 있고 못될 수도 있는 것입니다.

경전에 갱정포태지수更定胞胎之數라는 말씀이 있습니다. 앞으로 온 세상 사람이 참회하고 한울님 모심을 깨달아서 새 사람으로 거듭나야 한다는 말씀입니다. 우리 다함께 자기의 허물을 진심으로 참회하고 수도 잘해서 전혀 부끄러움이 없는 새 사람, 한울사람이 되어 지상신선의 행복을 누리고 방황하는 세상 사람들을 밝은 길로 인도해야겠습니다.

천도교의 내세관을 알고 싶습니다

〈질문〉 천도교에서는 성령출세性靈出世와 장생불사長生不死의 내세관來世觀을 말하는 줄 알고 있습니다. 우선 말씀만 들어도 흐뭇합니다. 그러나 사람이 죽으면 그 성령이 어떻게 되는지 좀 더 자세히 말씀해 주시기 바랍니다. (대전시민)

〈답변〉 사람이 죽으면 어떻게 되느냐? 이것은 매우 어려운 질문입니다. 종교마다 그 교리에 입각한 특별한 내세관이 있습니다. 지금까지 알려진 것은 대체로 유령설, 윤회전생설, 천당 · 지옥설 등이 있다고 보며, 천도교는 새로운 장생불사長生不死의 길을 밝혀 주고 있습니다. 천도교는 이와 달리 육적肉的 장생, 영적靈的 장생, 덕업德業 장생 등 삼대 장생을 말합니다. 육적 장생은 육신의 무병 장수를 말하고, 영적 장생은 성령이 합세간 출세간(合世間出世間 · 세간과 합치되고 세간에 나타남)하여 자손들 성령과 융합하고 우주 성령과 하나가 되어 장생함을 말하며, 덕업장생은 세상을 위해 쌓은 덕업이 길이 남는 것을 말합니다. 인간이 육신만 생각하기 때문에 죽음에 대한 공포와 비애를 느끼는 것입니다. 육신이 생기기 전 무형한 성령의 세계는 죽고 사는 것을 초월합니다. 불생불멸이요 생사일여生死一如입니다. 그 본성을 깨달으면 '무궁한 이 울 속에 무궁한 나' 를 알게 되고 성령출세, 장생불사의 길을 열어 나가게 될 것입니다. 천도교의 '성령출세설' 은 선천시대의 모든 사후관을 완성했다고 할 수 있습니다. 잘 읽어 보시기 바랍니다.

사람이 살다가 환원還元(천도교에서는 죽었다 하지 않고 환원하였다 함)하면 성령이 멀리 가는 것이 아니라 후손이나 후학들의 성령과 융합되고 우주 성령과 융합되어 이 세상에서 활동을 계속하는 것입니다.

문제는 이 성령의 진리를 깨닫느냐? 아니면 깨닫지 못하느냐에 달려 있는 것입니다. 깨달으면 후손들과 같이 영원히 이 세상에서 활동을 하는 것이고, 깨닫지 못하면 자손들 성령과 융합되고도 된 줄 모르고 결국 방황할 수밖에 없습니다. 수운대신사님의 시천주 진리에 의해 해월신사님의 「향아설위」 법설이 나왔고 또 의암성사의 「성령출세설」이 나왔다고 봅니다.

의암성사님은 성령출세설에서 "우주는 원래 영의 표현된 것이니 전대 억조의 정령은 후대 억조의 정령이 된다는 점에서 조상의 정령은 자손의 정령과 같이 융합하여 표현되고, 선사先師의 정령은 후학의 정령과 같이 융합하여 영원히 세상에 나타나서 활동함이 있는 것" 이라고 말씀하셨습니다.

사람이 환원하면 생존시에 진리를 깨달았느냐 깨닫지 못했느냐에 따라서 성령이 그대로 작용한다고 할 수 있습니다. 진리를 모른 채 환원한 사람의 성령은 성령출세를 모르고 방황하게 되고, 진리를 알고 환원한 사람은 자손이나 후학들의 성령과 융합되어 활동하고, 도를 통하여 천인합일이 된 사람은 우주 심법과 합일되어 무궁한 자유 극락을 누리는 것입니다.

살아 있을 때도 진리를 모르면 방황하고 진리를 알면 평화롭게 지낼 수 있으며, 나아가 천인합일의 경지에 이르면 지상신선의 대 행복을 누리는 것입니다. 죽어서도 그대로 연장이 된다고 봅니다. 옛날 사람들은 사람이 죽으면 영혼이 먼 곳으로 떠나가는 줄 알았으나, 실은 먼 곳으로 가는 것이 아니라 이 세상에서 자손들과 함께 또는 후학 동덕들과 함께 살아가는 것입니다. "전대 억조의 정령은 후대 억조의 정령이 된다"는 말씀이 그것입니다.

조상님들은 대부분 성령출세의 진리를 모르고 돌아가셨기 때문에 환원 후의 길을 모르고 고통 속에서 방황하는 분이 많을 것입니다. 따라서 후손들이 성령출세의 진리를 깨달아서 조상님들의 성령출세의 길을 열어 드려야 할 것입니다. 특히 제례식 같은 날을 기하여 돌아가신 부모님을 생각하면서 성령출세설을 읽어 드리고 극진한 심고를 하는 것이 좋을 것입니다.

스승님 말씀에 의하면 이 우주에는 한울님 성령만 있고 개체 성령은 원래 없는 것입니다. 그런데 사람들이 개체 성령이 꼭 있다고 믿고 자꾸 생각을 하기 때문에 한울님 성령이 다양하게 작용하는 것입니다. 인내천 진리가 확명되어 온 세상 사람이 그 진리를 믿으면 그때는 본연한 한울님 성령만 작용하게 될 것입니다.

새 세기에는 대도창명이 되어 온 세상 사람이 인내천 진리와 장생의 원리를 깨달아 지상신선의 영원한 행복을 누리게 될 것입니다.

포태교인도 입교식을 해야 하나요?

〈질문〉 저는 조부모님 때부터 천도교를 신봉하는 도가에서 태어났습니다. 그러니까 저는 이 세상에 태어나기 전, 어머니 포태 때부터 천도교를 믿는 사람입니다. 그래서 입교식은 하지 않았지만 어릴 때부터 심고를 하고, 주문을 외우고 매일 저녁 기도식도 봉행하고 시일식에도 빠짐없이 참례했고 경전을 공부하고 수련도 많이 했습니다. 그래도 입교식을 봉행해야 하는지 말씀해 주시기 바랍니다. (부산 교인)

〈답변〉 물론 포태교인도 입교식을 봉행하고 교화를 받고 오관을 실행해야 정식으로 천도교인으로 살아가게 되는 것입니다. 도가의 자녀들도 8세가 되면 입교식을 봉행하라는 말씀이 전해오고 있습니다.

포태胞胎교인은 입교식을 안 해도 될 것 같지만 그렇지가 않습니다. 입교식을 봉행하고 신앙생활하는 것과 입교식을 하지 않고 천도교 생활을 하는 것은 천양지차가 생기는 것입니다. 입교식을 해야 정식으로 무극대도에 참여하게 되고 한울님과 스승님 심법에 맞는 수도생활을 하게 될 것입니다. 입교식을 하지 않으면 아직 도의 문 밖에 있다고 할 수 있습니다. 특히 수련을 해서 발령이 될 때 입교식을 하지 않은 사람은 마음의 방향을 잡지 못하고 엉뚱한 길로 나갈 수도 있습니다. 마치 텔레비전이나 라디오를 시청할 때 주파수 번호를 맞추지 않고 스위치를 넣으면 잡소리가 나는 것과 같은 것입니다. 번호를 잘 맞추어야 제대로 화면과 소리가 나오듯이 입교식을 봉행해야 한울님과 스승님 심법에 마음의 주파수를 확실히 맞추고 한평생 변함없이 천도교 신앙을 하게 됩니다.

수운대신사께서 "한번 입도식을 지내는 것은 한울님을 길이 모시겠다는 중한 맹세"(一番致祭 永侍之重盟)라고 하셨습니다. 반드시 입교식을 정식으로 봉행하라는 말씀입니다. 그리고 영원히 한울님 모심을 잊지 말고 수도하라는 말씀입니다. 교인들이 일상생활에서 지켜야 할 천도교 의절에도 첫머리에 입교식 절차가 수록되어 있음을 볼 때 입교식이 얼마나 중요한 절차인가를 알 수 있습니다. 그것은 남녀가 혼례식을 봉행하고 혼인신고를 하고 호적에 올려야 떳떳하고 영원한 부부가 되는 것과 같은 절차입니다.

또 학생이 입학식을 거행하고 소정의 절차를 밟아야 학교 교육을 받을 수 있는 것과 같습니다. 의절에 따라 입교식을 정식으로 봉행하고 소속교구와 연원을 분명히 하고 교보에 올림으로써 떳떳하게 천도교 신앙을 하게 되는 것입니다. 이렇게 정식으로 입교식을 봉행함으로써 천도교와 영원히 운명을 같이 하게 되고 긍지와 사명감을 갖고 더욱 열심히 경전과 교리 · 교사를 연구하게 되고 수련과 포덕 교화사업에 힘을 기울이게 되는 것입니다.

그러나 입교식으로 모든 것이 끝나는 것은 아닙니다. 입교식은 인생 항로의 새로운 발견이요, 수도생활의 새 출발점에 지나지 않습니다. 그 다음부터가 더 중요합니다. 입교식을 봉행하였으면 우선 21일 특별기도를 봉행하고 오관을 실행함으로써 한울님과 스승님의 감응을 받는 깊은 신앙을 해야 합니다. 그리고 경전 공부와 교리 · 교사 연구를 하면서 성 · 경 · 신을 체행하는 새로운 생활 습관을 길러나가야 하는 것입니다. 입교식만 하고 21일 기도를 봉행하지 않고 오관도 실행하지 않고 경전 공부도 하지 않는다면 학교에 입학하고도 공부를 하지 않는 것과 같을 것입니다.

포태교인으로서 그동안 부모님 뜻에 따라 신앙생활을 해 왔지만 앞으로는 반드시 입교식을 봉행하고 주문, 청수, 시일, 성미, 기도의 오관을 더욱 성실하게 실행하면서, 또한 경전 공부와 수련을 더욱 부지런히 하면서 한울사람으로서의 새로운 생활을 해 나가야 할 것입니다. 이렇게 함으로써 한울님과 스승님의 특별한 감응과 가르침을 받을 수 있고, 정심수도해서 도성입덕할 수 있고, 정정당당하게 보국안민, 포덕천하, 광제창생, 지상천국 건설의 역군이 될 수 있는 것입니다. 그래서 수운대신사님은 "입도한 세상사람 그 날부터 군자되어 무위이화될 것이니 지상신선 네 아니냐"라고 하셨습니다.

여기서 한가지 더 유념할 것은 입교식을 했다 하더라도 수련 중 강령, 강화 등 발령이 되었을 때 마음의 잣대를 어디에 두느냐에 따라서 방향을 달리하게 된다는 것을 알고, 다시금 스승님의 교훈을 명심하여 신앙통일과 규모일치 정신에 어긋남이 없이 정심수도를 하도록 힘써야 할 것입니다.

강령에 대해서 알고 싶습니다

〈질문〉 천도교인들은 수련할 때 초보적으로 강령을 체험하게 됩니다. 그런데 많은 사람이 같은 장소에서 같은 시간에 한 분의 지도를 받으며 같이 수련을 하는데 강령이 빨리 되는 사람도 있고 늦게 되는 사람도 있고 또 잘 안 되는 사람도 있습니다. 왜 그런지 그 이유를 말씀해 주시기 바랍니다.(수련생)

〈답변〉『해월신사법설』에 "보였는데 보이지 아니하고 들렸는데 들리지 않는데 이르러야 가히 도를 이루었다 할 것이요, 밖으로 접령하는 기운이 있음과 안으로 강화의 가르침이 있음을 확실히 투득해야 가히 덕을 세웠다 말할 것이니, 그렇지 못하면 탁명이나 하였다는 것을 면치 못할 것이니라"는 말씀이 있습니다. 그리고 『의암성사법설』「권도문」에는 "우리 대선생님께서 경신 사월 초오일에 강령지법을 지어 사람으로 하여금 한울님 모심을 알게 함이요 한울님 모심을 알면 가히 써 한울님 말씀함을 알지라. 어찌 의심할 바 있으리오"라는 말씀이 있습니다. 수도하는 천도교인들은 기본적으로 강령과 강화를 체험해야 합니다. 그래야 한울님 모심을 몸과 마음으로 증험해서 분명히 깨닫게 되고 깊은 시천주 신앙을 하게 되는 것입니다. 그런데 같은 시간에 같은 장소에서 같이 수련을 하는데 왜 강령이 빨리 되는 사람도 있고 늦게 되는 사람도 있고 잘 안 되는 사람도 있고 이렇게 각양각색으로 되는 이유는 무엇일까? 저는 이것을 다음과 같이 몇 가지로 나누어서 말씀드리고 싶습니다.

첫째, 수련할 때의 자세와 마음가짐에 따라서 차이가 생기는 것입니다.

자세를 바르게 하여 움직이지 않고 또한 복잡한 생각을 버리고 마음을 바르게 하여 일심이 되게 하고 한울님 은덕을 간절히 생각하면서 현송으로 주문을 열심히 외우면 모든 허물을 참회하는 마음이 일어나면서 금방 강령을 체험하게 됩니다. 그러나 수련을 하면서 몸을 자주 움직이거나 한울님 생각을 잊어버리고 이리저리 복잡한 생각을 하면 아무리 주문을 외워도 강령이 되지 않는 것입니다. 마치 렌즈로 종이 위에 태양광선의 초점을 맞추면 불이 붙는 것과 같은 것입니다. 종이나 렌즈를 자꾸 움직이면 불이 붙지 않는 것처럼 몸과 마음가짐에 따라서 여러 가지로 다른 모습을 나타내는 것입니다.

둘째, 얼마만큼 정성 공경 믿음을 다해서 수련을 하느냐에 따라서 강령이 빨리 되고 늦게 되는 차이가 생기는 것입니다. 확고부동한 신념을 가지고 한울님 모심을 굳게 믿고 진심으로 참회하는 동시에 새 사람 되어 한울님과 스승님의 뜻을 받들 것을 굳게 다짐하면서 지극한 정성과 공경을 다해서 열심히 수련하면 빠른 시간 내에 한울님의 감응을 받아 강령을 체험하게 되는 것입니다. 그러나 한울님 모심을 믿지 아니하고 반신반의하면서, 또 한울님과 스승님에 대한 정성과 공경하는 마음도 없이, 참회하는 마음도 없이, 강령이 되어도 그만 안 되어도 그만이라는 식으로 불성실하고 소극적이고 막연한 생각을 하면 아무 것도 이루어지지 않는 것입니다. 정성, 공경, 믿음이 없으면 아무리 오랜 시간 수련을 해도 감화를 느끼지 못하고 강령 체험을 얻지 못하는 것입니다. 특히 '먼저 믿고 뒤에 정성드리라' 는 스승님 말씀을 명심해야 할 것입니다. 한울님과 스승님의 은덕을 얼마나 생각하며 정성 · 공경 · 믿음을 다하느냐에 따라서 많은 차이가 생기는 것입니다.

셋째, 부모 조상 때부터 유전되어 오는 인과로 인해서 차이가 생기는 것입니다. 경전에 '조상의 정령은 자손의 정령과 같이 융합하여 표현된다'는 말씀이 있습니다. 사람은 누구나 부모 조상의 혈통과 정신과 체질, 성격을 이어받고 있습니다. 부모 조상이 얼마만큼 진리를 추구했고 공덕을 쌓았느냐에 따라서 자손들의 수도생활에 영향을 주고 강령이 빨리 되고 늦게 되는 차이가 생기는 것입니다. 생각하고 말하고 행동하는 것은 모두 자손에게 유전되어 내려간다는 사실을 알아야 하겠습니다. 기도하고 수련하는 것은 영원히 없어지지 않고 자손들의 수도생활에 크게 도움을 준다는 진리를 알아야 하겠습니다. 나아가 강령 체험을 오래 하면 심고만 해도 접령의 기운을 느끼게 되고 차차 떨지 않고 자기만이 아는 강령 상태가 되는 것입니다.

항상 기쁜 마음으로 사는 방법은 없을까요?

〈질문〉 항상 기쁜 마음으로 사는 방법은 없을까요. 가족들이 속을 썩이고 일은 뜻대로 되지 아니하고 몸에는 병이 들고 가정에 우환은 떠나지 아니하고 주위 사람들이 나를 헐뜯고 괴롭히고 있습니다. 어떻게 하면 한평생 기쁘게 살아갈 수 있는지 말씀해 주시기 바랍니다. (서울시민)

〈답변〉 기쁘게 사는 길이 있습니다. 한평생 기쁜 마음으로 보람 있게 살아갈 수 있습니다. 그 방법은 한마디로 천도교에 입교해서 수도생활을 하는 것이라고 말씀드릴 수 있습니다. 항상 수련을 하면서 마음을 닦고 경전을 공부하며, 시천주 · 인내천 진리를 깨달아야 하고, 한울님의 감화를 받아야 할 것입니다. 한울님 마음을 잃어버리면 마음이 괴로워지고 마음이 괴로우면 몸에는 병이 들고, 하는 일은 뜻대로 되지 않고, 가정에는 우환이 생기고, 이웃과의 분위기도 나빠지는 것입니다.

천도교의 주문 · 청수 · 시일 · 성미 · 기도 등 오관을 성실히 실행하고 수심정기 · 성경신 · 이신환성의 도법을 잘 알아서 지성으로 수도하면 한울님 모심을 분명히 깨닫게 되고 한울님의 감응을 받게 되고 나아가 천인합일의 경지에 이르면서 무한한 기쁨이 솟아오르는 것입니다.

사람은 본래 즐겁게 살게 되어 있습니다. 그러나 사람이 자기 잘못으로 괴로움을 불러일으킨다고 할 수 있습니다. 기쁘게 사는 길을 다음 몇 가지로 나누어서 말씀드리고자 합니다.

첫째, 항상 주문을 외워 천심을 회복해야 합니다. 한울님과 함께 있으면 언제나 편안하고 즐거워집니다. 한울님은 부모님과 같아서 우리의 마음을 기쁨과 희망에 넘쳐흐르게 합니다. 한울님 마음에는 괴로움이 없습니다. 기쁨뿐입니다. 주문은 한울님을 지극히 위하는 글이며 장생의 글이며 진리를 직각直覺하는 글이며 천인합일하는 법문입니다. '지기금지 원위대강 시천주 조화정 영세불망 만사지!' 이 주문을 지성으로 읽으면 한울님 마음을 찾게 되고 따라서 기쁨이 솟아오르게 됩니다. 주문을 외우면 심화기화가 됩니다. 주문공부는 누구든지 일상생활 속에서 그리 어렵지 않게 할 수 있습니다. 일이 없으면 조용히 앉아서 외우고, 일이 있으면 일하면서 길을 걸어가면서 장사하면서 차 타고 가면서 정성만 있으면 얼마든지 외울 수 있습니다. 주문을 외우면서 한울님과 스승님 은덕에 감사한 생각을 하면 한울님께서 기뻐하시고 내 마음도 즐거워집니다.

둘째, 참회와 용서입니다. 지난 날의 허물을 참회하고 다른 사람들의 잘못을 용서하는 것입니다. 그러면 마음이 후련해지고 편안해지고 기쁨이 솟아오르게 됩니다. 자기 허물을 참회하지 않고 다른 사람의 잘못을 탓하면 마음이 괴로워집니다. 모든 잘못을 내 탓으로 돌리고 욕을 참고 모두 용서하면 기쁨이 넘치게 됩니다. 사람을 대할 때 인욕관서忍辱寬恕, 자책내성위주自責內省爲主하고 항상 어린아이같이 꽃이 피는 듯이 하라는 말씀이 있습니다.

셋째, 모든 것을 한울님께 맡기는 것입니다. 모든 괴로움과 염려되는 것을 한울님께 맡기는 것이 좋습니다. 부지어천명付之於天命하는 마음으로 살아야 할 것입니다. 한울님은 우리의 부모와 같고 모든 문제를 해결할 수 있습니다. 우리는 그 한울님을 모시고 있습니다. 내 몸에 모신 한울님께 모든 근심과 괴로움을 맡김으로써 기쁨을 찾게 되고 어려웠던 일은 도리어 전화위복이 될 것입니다.

넷째, 모든 것을 버려야 할 것입니다. 물욕과 감정과 나 자신을 버려야 한다는 말씀입니다. 재산도 버리고 가정도 다 버리라는 것이 아니라 마음에서 집착을 버리라는 것입니다. 천지만물의 근본은 무형입니다. 본래는 나도 없는 것입니다. 무형의 근본을 생각하면서 마음을 비움으로써 무한한 기쁨을 찾게 되고 모든 것을 자유로 활용하게 될 것입니다.

다섯째, 무선무악, 불생불멸, 무루무증의 진경에 이르러야 할 것입니다. 거기에 무한한 기쁨과 희망이 있습니다. 경전에 무루무증은 이상상진체理想上眞諦라는 말씀이 있습니다. 무선무악, 불생불멸, 무루무증의 그 진경이 우리 인간이 추구하는 최고 최상의 이상향입니다. 그 진경은 한울님 본성자리로서 시비선악, 희로애락이 없는 초월의 경지입니다. 수도를 잘 해서 그 진경을 체득함으로써 우리는 영원한 기쁨을 안고 살아갈 수 있습니다.

수련할 때 주문을 읽는 방법을 말씀해 주십시오

〈질문〉 천도교에서는 수련을 많이 하도록 교화하는 줄 알고 있습니다. 수련할 때에 현송과 묵송으로 주문을 외우는데 어떤 방법으로 하는지 말씀해 주시기 바랍니다. 현송할 때에는 어떤 자세를 취하고 무슨 생각을 하며 어떤 방법으로 주문을 읽는지요. 또 묵송은 어떤 방법으로 하는지 말씀해 주시기 바랍니다. (신입교인)

〈답변〉수련의 필요성부터 말씀드리겠습니다. 사람은 항상 자기 인격도야를 위해서 힘써야 합니다. 그래야 건전하게, 행복하게, 보람 있게 살 수 있습니다. 인간의 운명은 그 사람의 마음가짐과 인격이 좌우합니다. 또한 인생의 목적은 자아완성이라고 할 수 있습니다. 나라도 온 국민이 건전한 인격을 갖추도록 힘써야 평화롭고 행복한 나라가 되는 것입니다.

자아완성을 추구하려면 마음을 닦아야 하고 마음을 닦으려면 수련을 해야 합니다. 특히 천도교는 도성덕립과 보국안민, 포덕천하, 광제창생, 지상천국 건설을 목적으로 하니만큼 기도와 수련을 많이 해야 합니다.

수련을 하지 않으면 깊은 신앙을 할 수 없고 진리를 깨달을 수 없고 화합할 수도 없고 대도의 목적을 달성할 수 없을 것입니다. 수련을 하지 않으면 탁명교인이 되는 것입니다. 끊임없이 수련을 하면서 오관을 실행하고 교리교사 연구와 실천, 행도行道에 힘을 기울여야 할 것입니다. 천도교는 수련하는 절차와 방법이 분명하기 때문에 뜻만 있으면 누구든지 할 수 있습니다.

수련할 때에는 우선 자세를 바르게 하고 한울님 모심을 굳게 믿고 한울님과 스승님의 감응을 받도록 정성과 공경을 다해서 열심히 주문을 외워야 합니다. 편안한 자세로 앉되 앞에서 양쪽 발이 보이지 않게 포개어 앉고 양쪽 무릎이 방바닥에 닿을 정도로 하여 허리를 쭉 펴고 입을 다물고 눈을 가볍게 감고 손을 가볍게 쥐어 무릎 위에 올려놓고 한손에 염주를 들고 주문을 외웁니다. 몸을 움직이지 말고 단전에 기운을 모아 정신을 집중하고 몸가짐을 단정하게 하며 호흡을 가능한 한 서서히 길고 고르게 깊게 하는 것이 건강에도 좋고 정신 집중도 잘 되는 것입니다. 이와 같은 수련 자세를 평좌장족법平坐藏足法이라고 합니다.

현송으로 주문 공부를 할 때는 자세를 바르게 하고 한결같은 음성으로 엄숙하게 삼칠 자 주문을 외우며 여러 사람이 함께 할 때에는 다른 사람의 주문소리에 귀를 기울이지 말고 자신이 주문 읽는 소리를 듣도록 정신을 집중해야 합니다. 마음이 몸 안에서 떠나지 않도록 하면서 물욕과 감정과 자존심 등 육신관념에서 일어나는 복잡한 잡념에 마음을 빼앗기지 말고 다른 사람의 작은 허물을 생각지 말고 자신의 모든 허물을 진심으로 참회하면서 한울님과 스승님과 부모님 은덕에 감사하고, 또 내 몸 안에 어떤 '나'가 있어서 굴신동정을 하게 하는가를 생각하면서, 열심히 주문을 외움으로써 차차차차 한울님과 스승님 생각만 하는 것입니다. 즉 다심多心에서 일심一心이 되도록 힘써야 합니다. 또한 강령, 강화를 체험함으로써 한울님 모심을 몸과 마음으로 증험하고 깨달아 깊은 신앙을 하도록 하는 것입니다.

그러다가 묵송으로 할 때는 더욱 자세를 바르게 하여 몸을 움직이지 말고 잡념이 일어나더라도 괴롭게 생각하지 말고 진진불퇴進進不退, 성성불매惺惺不昧, 적적불혼寂寂不昏하는 정신으로 조용히 마음속으로 본주문을 외우는 것이 좋습니다. 혹 졸음에 빠지거나 망상에 흐르면 곧 천덕사은을 염념불망하여 청정무구한 마음을 회복하고 계속 정진해 나가야 할 것입니다.

그리하여 다심에서 일심, 일심에서 무심無心이 되도록 해야 할 것입니다. 초보자는 현송을 많이 하다가 차차 묵송을 많이 하게 됩니다. 현송은 주문을 외우면서 참회하고 천덕사은을 염념불망하여 바르고 밝고 착하고 의로운 마음으로 일심이 되게 하는 마음공부라 할 수 있고, 묵송은 주문을 마음속으로 외우면서 천덕사은을 염념불망하여 일심이 되게 하는 동시에 한걸음 더 나아가 묵념으로 무념 · 무상 · 무심 상태가 되게 하는 공부라 할 수 있습니다. 또렷또렷한 정신인데 한울님과 스승님 생각도 안 하고 좋은 생각이건 나쁜 생각이건 아무 생각도 없는 고요한 경지에 이르도록 하고, 무선무악 · 불생불멸 · 무루무증의 진경에 이르도록 해야 할 것입니다. 거기에서 진리를 깨닫게 되고 천인합일의 경지에 이르게 되고 한울님의 무한한 지혜와 능력을 얻게 될 것입니다.

수련을 하면 무엇을 얻는지요?

〈질문〉 수련을 하면 무엇을 얻습니까. 지금 사회는 정신없이 바쁘게 뛰어야 살 수 있습니다. 어떻게 시간을 내서 수련을 하느냐 고민하지 않을 수 없습니다. 얻는 것이 분명히 있다는 걸 알아야 어떻게든 수련하는 시간을 마련하여 수련에 임할 수 있을 것입니다. 수련을 통해서 얻는 것이 무엇인지 자세히 말씀해 주시기 바랍니다. (신입교인)

〈답변〉 수련을 하면 얻는 것이 참으로 많습니다. 일일이 헤아릴 수 없을 만큼 많은 것을 얻을 수 있습니다. 경전을 자세히 읽어 보시기 바랍니다. 한마디로 수련을 하면 새 사람이 됩니다. 새 사람이 되어서 마음가짐과 생활 태도를 새롭게 하여, 나와 내 가정의 진정한 행복을 찾고 민족과 인류를 구하는 가장 보람 있는 생활을 하게 되는 것입니다.

복잡하고 바쁜 때일수록 마음을 닦아서 마음의 평화를 찾아야 하고, 진리를 체득하여 언제나 기쁜 마음, 감사한 마음, 위하는 마음으로 모든 일을 해야 합니다. 그래야 건강하게 살 수 있고, 세상 사람과 화합할 수 있고, 모든 일을 뜻대로 할 수 있는 것입니다. 수련의 성과에 대해서 몇 가지로 나누어서 좀 더 자세히 말씀드리고 싶습니다.

수련을 하면 첫째, 개인적으로 ① 한울님 마음을 찾아서 심화기화하여 언제나 기쁜 마음으로 살 수 있습니다. 한울님과 함께 있으면 언제나 즐거워집니다. 오늘날 만병의 근원인 스트레스를 근원적으로 해소할 수 있는 길이 수련에 있는 것입니다. 수도원에서 수련을 하면 모두가 기쁨에 넘쳐 있는 것을 볼 수 있습니다. ② 건강하게 살 수 있습니다. 수련을 하면 마음이 편안해지고, 마음이 편안해지면 혈액순환이 잘 되고 신체의 모든 기능이 활발해져서 건강 상태가 좋아집니다. "자아시 있던 신병 물약자효 아닐런가" 라는 대신사님 말씀대로 수련을 해서 건강해진 사람을 얼마든지 볼 수 있습니다. ③ 강인한 체력과 탁월한 정신력, 인내력을 기르게 되고 ④ 정신이 총명해지고 고도의 창의력을 발휘하게 됩니다. ⑤ 도력을 얻어 많은 사람에게 감화를 주게 되고 ⑥ 정신을 개벽하여 새롭고 건전한 생활 습관을 기르게 되고 자기 운명을 개척할 수 있습니다. ⑦ 진리를 깨달아 무궁한 본래의 나를 찾게 됩니다. ⑧ 차차 모든 이치를 알고 모든 일을 뜻과 같이 할 수 있는 만사여의의 능력을 얻게 될 것입니다. ⑨ 나아가 천인합일의 경지에 이르러 도성덕립, 지상신선의 영원한 행복을 찾고 ⑩ 보국안민, 포덕천하, 광제창생, 지상천국 건설에 기여하는 참되고 보람 있는 생활을 하게 됩니다. 우리는 수련을 통해서 천인합일의 경지에 이를 수 있습니다. 다심에서 일심, 일심에서 무심 · 무념의 경지에 이르러 만유의 근본을 깊이 관조함으로써 활연관통해서 한울님의 무한지혜 · 무한능력을 얻어 쓸 수 있고 원만무결한 인격을 갖추고 드디어 공도공행 · 공도공용하는 경지에 이르게 될 것입니다.

둘째, 가정적으로 부화부순하여 화목한 가정이 됩니다. 우환 없는 행복한 가정이 되고 한울님의 무궁한 복록을 받습니다. 부모 조상님께 효도를 하면서 총명한 아들딸을 낳아 훌륭하게 기를 수 있고 또한 큰 정신적 유산을 남겨 주게 될 것입니다.

셋째, 교회적으로 동귀일체하여 화합하는 교회가 됩니다. 수련을 하면 천심을 회복하게 되고 한울님 마음은 하나이므로 자연히 화합이 되는 것입니다. 신앙통일과 규모일치를 이루어 계속 발전하는 교회가 됩니다. 모든 교인을 행복과 도성덕립의 길로 인도하는 교회가 되고 보국안민, 포덕천하, 광제창생, 지상천국을 건설하는 거룩한 교회가 되는 것입니다.

넷째, 사회적으로 많은 사람이 수련을 함으로써 성경신의 새로운 도덕질서를 확립하게 됩니다. 화합과 상부상조하는 아름다운 사회분위기를 이루게 되고 정신개벽, 민족개벽, 사회개벽을 실현하게 될 것입니다. 부정부패, 퇴폐와 범죄 없는 건전한 사회를 건설하고 물심양면으로 행복을 추구하는 도덕문명 새 세계를 건설하게 될 것입니다.

다섯째, 자연환경 보전으로 지구 문명의 새 길을 열어 나가게 될 것입니다.

사랑하면 한울 길에 가서 영의 다리를 이룬다는 것은 무슨 뜻인가요?

〈질문〉 『의암성사법설』 「무체법경」에 "내가 뭇 사람을 사랑하면 뭇 사람이 한울길에 가서 영의 다리를 반드시 이룰 것이요" 라는 말씀이 있는데 그 뜻이 무엇인지요?

〈답변〉 우선 우주가 하나의 영체靈體요 하나의 생명체라는 것을 알아야 하겠습니다. 이 일체의 원리를 알면 의문은 자연히 풀릴 것입니다. 모든 사람이 각각 떨어져 있고 삼라만상이 개개 별별이 떨어져 있지만 실은 하나의 이치기운으로 생성하고 있는 커다란 하나의 영체요 하나의 생명체라는 것을 알아야 할 것입니다. 포도송이에 많은 포도알이 각각 제 모습을 하고 달려 있지만 실은 한줄기에 붙어 있는 하나의 생명체인 것입니다. 따라서 내가 생각하고 말하고 행동하는 것이 그때그때 소멸되고 없어지는 것이 아니라 모든 사람에게 전달되고 온 우주에 파급된다는 사실을 알아야 할 것입니다. 내가 마음으로 남을 미워하고 원망하면 그 사람도 그것을 알고 나를 미워하고 원망하는 것입니다. 아무도 모르게 나 혼자 마음으로 생각만 해도 상대방이 그것을 알고 나를 미워하는 것입니다. 내가 마음으로 어떤 사람을 사랑하고 공경하면 그 사람도 나를 사랑하고 공경한다는 것을 알아야 할 것입니다. 우주가 하나의 영체이기 때문입니다.

그러므로 천도교인들은 자기 마음을 공경함으로써 한울을 바르게 공경하는 동시에 모든 사람을 한울같이 공경하고 물건도 다 공경해야 한다는 것입니다. 그래야 한울님의 감응을 받아 진리를 깨닫고 인간으로서의 도리를 다하면서 다른 사람들로부터 존경을 받고 도성덕립하여 영원한 행복을 찾게 될 것입니다. 우주질서에 인과의 법칙이 있다는 것을 알아야 하겠습니다. 좋은 원인을 지으면 좋은 결과, 좋지 못한 원인을 지으면 좋지 못한 결과가 돌아오는 것입니다. 원인은 무엇으로 짓는가? 생각과 말과 행동입니다. 평소에 무슨 생각을 많이 하느냐, 또 어떤 말과 행동을 하느냐? 이것이 원인이 되어 결국 그 결과를 받게 되는 것입니다. 수도를 잘 해서 해탈이 되면 인과의 굴레에서 벗어나 자유로운 사람이 되겠지만 그 전에는 누구를 막론하고 인과의 법칙에서 벗어날 수 없는 것입니다. 그러니까 우리는 남을 미워해도 안 되고 다른 사람들로부터 미움을 받아도 안 될 것입니다.

그것이 우리의 마음 길을 가로막는 것입니다. 남을 미워하는 마음이 있거나 또 다른 사람의 미움을 받으면 마음을 편안히 할 수 없고 일심一心 또는 무심無心의 경지에 이를 수가 없는 것입니다. 그것이 마음을 괴롭히는 잡념이 되고 장애가 되고 마음 길을 가로막는 것입니다. 깊이 생각해 보면 알 수 있습니다. "내가 뭇사람을 사랑하면 뭇사람이 한울길에 가서 반드시 영의 다리를 놓고, 뭇사람이 나를 사랑하면 내가 한울길에 가서 반드시 영의 다리를 놓는다" 는 말씀을 이해할 수 있을 것입니다.

한울길에 가서 영의 다리를 놓는다는 것은 옛날 사람들이 말하는 전설의 칠월칠석에 까마귀가 오작교를 놓는다는 그런 말이 아닙니다. 수련할 때에는 맑고 깨끗한 마음이 되어 다심에서 일심, 일심에서 무심의 진경에 나가야 하는데 이때 미운 사람이 있으면 문득 그 사람이 마음에 떠올라서 마음이 복잡해지고 산란해지고 도저히 한 걸음도 나아갈 수 없고 괴로움에 빠져 헤매게 되는 것입니다. 한울길에서 영靈의 다리를 끊는 것입니다. 수도해서 한울사람으로 자아완성을 이루려는 사람이나 장생불사의 길을 열어 나가는 사람은 누구를 미워해도 안 되고 미움을 받아도 안 되는 것입니다. 참회하고 용서해서 누구든지 다 좋아하고 모든 사람을 사랑하고 공경해야 할 것입니다.

지성으로 주문을 외우며 천덕사은을 염념불망함으로써 청정무구한 마음이 되고 무차별심이 되어 모든 사람을 공경하고 모든 물건을 공경하는 데까지 이르러야 한울님과 스승님과 천지만물과 내가 하나임을 깨달아 드디어 천인합일, 도성입덕이 될 것입니다.

무심 상태에 이르렀다면 그 다음은 어떻게 해야 하는지요?

〈질문〉 수련할 때에 열심히 주문을 외워서 복잡하던 마음이 한마음이 되고, 전혀 번뇌망상에 흔들리지 않는 부동심이 되고, 나아가 마음이 작용하지 않는 무념무상의 상태까지 이르렀다면 그 다음은 어떻게 해야 하는지요. 즉 다심多心에서 일심一心, 일심에서 무심無心의 경지에 이르렀을 때 그 다음은 어떻게 해야 하는지 방향을 말씀해 주시기 바랍니다. (하계수련생)

〈답변〉 중요한 질문을 하셨습니다. 우선 공부가 그처럼 깊어진 데 대하여 감사를 드리며 경의를 표합니다. 이 세상에서 가장 어려운 것이 마음을 비우는 일이라고 생각합니다. 그런데 마음을 비워서 무심 상태가 되었을 때 그 다음은 어떻게 하느냐가 또한 중요한 일이 아닐 수 없습니다.

도를 통하느냐, 못 통하느냐 그 열쇠가 바로 여기에 있지 않을까 생각됩니다. 우리가 천인합일의 자아를 완성하려면 수련을 열심히 해서 우선 강령, 강화의 체험을 통해 시천주를 확실히 깨달아야 하고, 그리고 본격적으로 수심정기 공부를 하면서 성경신을 체행하고 천지부모에 효도하고 부화부순하고 경천순천하면서 이신환성의 수련을 계속함으로써 차차차차 욕심과 감정과 나 자신을 버리고 한울님 마음과 하나가 되어 조화정에 이르게 될 것입니다. 나아가 모든 시련을 극복하고 천덕사은 염념불망하면서 독공수련을 계속함으로써 드디어 대도견성하여 만사지에 이르게 되리라 믿습니다. 우리는 수도의 방향을 시侍, 정定, 지知에 두고 성심신性心身 삼단을 다 깨닫고 만법, 만상, 화복의 인과를 깨닫고 허광심, 여여심을 거쳐 자유심이 되도록 힘써야 할 것입니다. 수련할 때에는 다심多心에서 일심一心, 일심에서 무심無心으로 나아가는 공부를 자주해야 할 것이며, 차차 그것을 자유자재로 할 수 있도록 공부해야 할 것입니다.

또한 영감으로 느낄 수 있는 무심에서, 느낄 수 없는 무심상태에까지 이르도록 공부해야 할 것입니다. 그 자리가 바로 무선무악, 불생불멸, 무루무증의 진경이요 무한 지혜, 무한 능력, 무진장의 보고입니다. 무심 상태가 되면 그대로 안주하거나 졸음에 빠지지 말고 밝은 마음으로 나아가다가 다시금 생각을 일으켜 활연관통하는 방향으로 나가야 할 것입니다. 무심 상태의 청정무구한 그 마음으로 이치를 생각하면 많은 진리를 깨달을 것이고, 사물을 관찰하면 그 근본과 경위가 분명해지고 일에 임하면 모든 일이 무위이화로 순리대로 이루어지고 마음을 쓰면 덕을 베풀게 되리라 믿습니다.

무심無心 자리가 종착점은 아닙니다. 경전에 "도가 어찌 빈空 데 맺으며 만물이 어찌 끊긴 데 맺으리오. 다시 한 층계를 더하여 반드시 자유를 쓰라"는 말씀이 있지 않습니까. 자유심에 이르러 무심행無心行, 무애행無碍行, 공도공행公道公行, 공도공용公道公用하는 데까지 나가야 한다고 하셨습니다. 특히 대신사님은 "우리 도는 무위이화라 그 마음을 지키고 그 기운을 바르게 하고 한울님 성품을 거느리고 한울님의 가르침을 받으면 자연한 가운데 화해나는 것이니라"고 말씀을 하셨습니다. 수심정기하고 성품을 거느리고 한울님의 가르침을 받아 그대로 하면 모든 일이 자연스럽게 된다는 그 이치를 분명히 알고 그 방향으로 닦아나가야 할 것입니다. 해월신사님은 "개인 각자가 능히 신과 인간의 합일이 자기됨을 깨달으면 이는 곧 모실 시侍 자의 근본이며 모실 시의 근본을 알면 능히 정할 정定의 근본을 알 것이요, 마침내 알 지知의 근본을 알 것이니, '지'는 즉 통이므로 모든 일이 함이 없는 가운데서 화하나니 무위無爲는 즉 천리와 천도에 순응함을 이름이니라"라고 말씀하셨습니다. 만사지에 이르러 만사무위萬事無爲의 중에서 화化하는 순리순도를 체득하라는 말씀입니다.

『의암성사법설』에 "오직 우리 수도하는 사람은 부지런히 하고 부지런히 하여 그치지 아니하고, 나아가고 나아가 물러가지 아니하여, 마음이 성품 깨닫는 데 들어가면 스스로 그 자리에 있을 것이니 한번 조용함에 비고 고요한 극락이요, 한번 기쁨에 크게 화한 건곤이요, 한번 움직임에 풍운조화이니라"라는 말씀이 있습니다. 「명리전」明理傳에는 "크게 깨달아 마음을 맑게 하기를 새로 만든 거울같이 하면 물건이 비치는 곳에 곱고 미운 것이 분명하고 일에 임하는 곳에 경위가 분명하여 사리에 통달하고 행함에 빠르니라" 는 말씀이 있습니다. 우리는 무심 자리를 터득하여 활연관통해서 진리를 깨닫고 인과의 굴레에서 벗어나 대자유를 찾고 순리순도하여 원만무결한 인격을 갖추고 나아가 사리에 달통하여 만사가 무위이화로 이루어지고 그리고 임의용지에 이르도록 더욱 열심히 수련해야 할 것이며 포덕광제를 위해서 힘써야 할 것입니다.

임사호천에 대해서 말씀해 주십시오

〈질문〉 경전에 '임사호천' 이라는 말씀이 있습니다. 여기에는 깊은 뜻이 있으리라고 생각합니다. 임사호천의 뜻이 무엇인지, 수운대신사께서 왜 임사호천이라는 말씀을 하셨는지 자세히 말씀해 주시기 바랍니다. (수련생)

〈답변〉 경전에 "불시풍우 원망해도 임사호천臨死號天 아닐런가" 라는 말씀이 있습니다. 그리고 "죽음에 임하여 한울님을 부르는 것은 사람의 상정常情이라" 는 말씀이 있습니다.

천도교에서는 죽음을 환원이라고 합니다. 임사호천은 죽음에 임하여 누구나 한울님을 찾는다는 말씀입니다. 평소에는 한울님 생각을 조금도 하지 않고 불시풍우不時風雨 원망하면서 온갖 죄를 다 저지르고 그저 자기가 잘 나서 사는 것처럼 착각 속에 헤매면서 살다가 죽음에 직면하면 그때서야 부랴부랴 한울님을 찾는다는 말씀입니다.

사람이 평소에는 한울님 은덕을 망각하고 살다가도 위기에 직면하면 한울님을 부르는 것이 사실입니다. 그때에는 어디 의지할 곳도 없고 하소연할 곳도 없으니까 부득이 한울님을 찾을 수밖에 없을 것입니다. 총탄이 비오듯 하는 전쟁터에서 죽음의 함정에 빠지게 되면 모두가 어머니를 찾거나 한울님을 부르짖으면서 신음하는 것입니다. 여기서도 임사호천의 이치가 분명하다는 것을 알 수 있습니다. 사형수들이 종교에 귀의하는 것을 보아도 임사호천하는 것을 알 수 있습니다.

그러면 수운대신사께서 왜 임사호천이라는 말씀을 하셨을까요. 거기에는 큰 뜻이 있다고 생각합니다. 죽을 때에 가서 한울님을 찾을 것이 아니라 평소에 한울님의 은덕을 잊지 말고 항상 경천순천敬天順天하면서 한울님의 뜻을 받드는 생활을 해야 한다는 간절한 교훈의 뜻이 담겨 있다고 생각합니다. 사람이 죽을 때에는 일생 동안 살아온 과정이 주마등처럼 순식간에 모두 떠오른다고 합니다. 그리고 대부분이 자신이 살아온 과정을 크게 후회한다고 합니다. 일생 동안 잘못한 것이 너무나 많기 때문일 것입니다. 그러나 돌이킬 수도 없고 어떻게 할 수 없는 최후 순간에 다달았으니 괴로울 수밖에 없을 것입니다. 또 죽은 다음에 어떻게 되는지 알 수 없으니까 불안감에 떨며 몸부림치고 크게 후회하면서 한울님을 부를 것이 분명합니다.

우리는 그때를 생각하면서 항상 한울님과 스승님의 은덕을 염념불망해야 하겠고 평소에 경천순천하면서 수도를 지성으로 하고 세상 사람들을 위해 덕을 많이 베풀어야 하겠습니다. 그리고 생명이 다하는 최후 순간까지 주문을 열심히 외워야겠다는 생각을 하게 됩니다. 스승님들께서는 환원하시는 그 최후 순간에도 한울님의 덕과 대도의 장래를 생각하시며 계속 주문을 외우셨습니다. 수도를 잘 하면 이 세상에서 평화롭고 행복하게 보람 있게 살 뿐만 아니라 환원할 때에도 조금도 두려움이나 후회 없이, 고통 받지 않고 편안한 마음으로 잠자듯이 환원한다고 합니다. 그렇게 되리라 믿습니다.

수도를 잘해서 죽고 사는 것이 둘이 아니고 하나라는 생사일여, 장생불사, 성령출세의 진리를 깨닫는 데 이르렀으니까, 또 세상을 위해 봉사와 포덕을 많이 했으니까 편안한 마음으로 환원할 것이 분명합니다. 특히 다심에서 일심, 일심에서 무심, 무아의 경지에 이르는 깊은 수련을 자주 해서 성품과 마음과 육신을 다 깨닫고, 그것을 자유자재로 함으로써 성령출세, 장생의 원리를 분명히 깨닫고, 따라서 환원할 때에 조금도 불안과 공포에 떨지 않고 편안한 마음으로 환원하게 되리라 믿습니다. 사람은 죽음에 대한 생각 특히 임사호천을 자주 생각함으로써 착하게 보람 있게 살 수 있습니다. 언제나 임사호천이라는 말씀을 늘 생각하면서 수도를 지성으로 해야 하겠습니다. 만약 세상 사람들이 자각하지 못하고 한울님의 덕과 진리를 소홀히 생각하고 계속해서 부정과 불의를 감행한다면 결국 임사호천하는 비극을 초래하지 않을까 심히 두려운 생각을 하지 않을 수 없습니다.

어떻게 하면 동귀일체가 될까요?

〈질문〉 지금 세상 사람들은 진정한 화합의 길을 찾지 못하고 서로 비방하고 싸우면서 살아가고 있습니다. 천도교는 동귀일체를 추구하는 종교인 줄 알고 있습니다. 그리고 동귀일체는 온 세상 사람이 한마음 한뜻으로 화합하는 것을 말하는 줄 압니다. 생각을 달리하고 행동을 달리하는 많은 사람들이 어떻게 한마음 한뜻으로 화합할 수 있겠습니까? 동귀일체를 위해서 우리가 해야 할 일이 무엇인가요? (서울 교인)

〈답변〉 경전을 보면 동귀일체와 인화人和에 대한 말씀이 많습니다. "쇠운이 지극하면 성운이 오지마는 현숙한 모든 군자 동귀일체 하였던가" "억조창생 많은 사람 동귀일체 하는 줄을 사십평생 알았던가" "한 사람이 착해짐에 천하가 착해지고 한 사람이 화해짐에 한 집안이 화해지고 한 집안이 화해짐에 한 나라가 화해지고 한 나라가 화해짐에 천하가 같이 화하리니…" "인화의 방책은 도가 아니면 할 수 없고 도로써 백성을 화하면 다스리지 않아도 절로 다스려진다."

지금 사회는 화합의 소리가 높습니다. 세상 사람들은 온통 한울님 마음을 잊어버리고 습관 된 마음, 각자위심으로 살면서 천리천명을 따르지 않고 싸우면서 살아가고 있습니다. 사람마다 얼굴 모습이 다르듯이 습관된 마음은 각양각색인데 어떻게 화합할 수 있을까? 이것은 현대인이 안고 있는 가장 심각한 문제가 아닐 수 없습니다. 그러나 스승님께서는 동귀일체가 된다고 분명히 말씀하셨습니다. 동귀일체는 일시적 친목이나 단결이 아니라 한마음 한뜻으로 화합하는 것을 말합니다. 동귀일체는 법이나 돈이나 권력으로는 결코 이룰 수 없습니다. 온 세상 사람이 천심을 찾고 우주가 하나의 영靈의 표현임을 알고 모든 사람과 만물이 나의 동포라는 일체의 진리를 알고 경천순천敬天順天하는 생활을 하면서 화합하는 방향으로 마음을 쓰고 노력해야 할 것입니다.

우리는 동귀일체를 위해서 다음과 같은 일을 해야 하리라 생각합니다. 첫째, 기도를 해서 한울님의 감응을 받고 수련을 해서 참회하고 '나'를 버리고 천심을 회복해야 할 것입니다. 기도와 수련으로 한울님의 감응을 받고 물욕과 감정과 '나'라는 관념을 버리고 한울님 마음을 회복하면 안 되는 일이 없을 것입니다. 한울님 마음은 오직 하나입니다. 정신을 쇄신하고 근본으로 돌아가면 너 나가 없습니다. 교당이나 수도원에서 많은 사람들이 열심히 기도하고 주문을 외우면 한마음 한뜻으로 화합이 되는 것을 볼 수 있습니다. 기도와 수련을 하면 천심회복이 되고 천심은 화합을 가져옵니다.

둘째, 신은 오직 한 분이라는 진리를 깨달아야 합니다. 이 진리를 알면 자연히 인류와 만물이 한 가족이라는 원리를 알게 되고 따라서 세상을 위해 희생할 마음과 경천순천할 마음이 생기고 모든 사람을 한울같이 섬기고 물건을 공경하는 생활을 하게 될 것입니다. 이렇게 하면 동귀일체 화합을 이루는 것은 물론, 도덕문명의 새 세계를 건설하게 될 것입니다.

셋째, 신앙통일과 규모일치, 정신통일과 행동통일을 해야 합니다. 경전에 "각자가 자기의 습관천을 믿지 말고 오직 자아 본래의 한울님을 믿는 것으로써 신앙을 통일하라 … 신앙통일은 먼저 정신통일에서 시작되는 것이니 경전의 문구만을 따져서 연구하지 말고 대도의 진리를 직각하는 데 노력하여 조용히 한울 땅이 생기기 이전의 소식을 들으라." 하시고 "각자 자기의 지력으로 판단하여 자행자지하지 말고 오직 사회 · 교회의 결의에 의하여 제정된 규범을 절대 엄수하라" 고 하셨습니다. 우리는 본래의 한울님을 믿는 동시에 천지미판 전 근본을 생각하여 정신을 통일하고 오관을 철저히 실행하면서 교헌과 의절과 제반 규정과 교회 결의사항을 잘 지켜야 할 것입니다. 이것이 동귀일체를 실현하는 길이 될 것입니다.

넷째, 도덕풍화가 일어나야 합니다. 봄바람이 불면 모든 나무에 꽃이 피듯이 수도하는 사람이 많아지고 도통군자들이 많아지면 그 덕화에 감화되어 동귀일체를 이룰 수 있을 것입니다. 요순시대에는 그 덕화에 훈육되어 백성들이 모두 요순같이 되었다는 말씀이 있습니다. 동귀일체를 주도하려는 사람은 먼저 기도를 하고 주문을 지성으로 외워서 나와 주문이 완전히 하나가 되도록 하면 만화귀일이 되고 동귀일체를 실현하게 될 것입니다. 바야흐로 대세는 세계일가, 동귀일체 시대로 흘러가고 있습니다. 과거에는 투쟁을 잘 해야 지도자가 되었지만 앞으로는 화합을 잘 해야 선구자가 될 것입니다. 천도교인들은 자아완성과 교회의 발전, 보국안민, 포덕광제를 위해 언제 어디서 무엇을 하든지 화합을 주도하는 일꾼이 되어야겠습니다.

소원을 이루는 좋은 방법은 없을까요?

〈물음〉 천도교는 포덕천하, 광제창생, 보국안민, 지상천국 건설을 목적으로 하는 새 종교인 줄 압니다. 따라서 나라와 세상을 위하는 동시에 개인적인 소원을 이루는 길도 밝혀 주리라 생각합니다. 저 역시 몇 가지 소원이 있어서 그것을 이루려고 여러 가지로 노력은 하고 있지만 왜 그런지 잘 이루어지지 않고 있습니다. 천도교에 소원을 이루는 좋은 방법이 있다면 말씀해 주시기 바랍니다. (신입교인)

〈답변〉 천도교를 잘하면 개인적인 소원도 이루는 동시에 국가 사회 전체의 소원을 이루는 길을 찾을 수 있습니다. 천도교야말로 나와 내 가정의 영원한 행복을 찾는 동시에 민족과 인류를 구하는 대도大道가 분명하다는 말씀을 드리고 싶습니다. 사람은 누구나 소원을 갖고 있는 것이 사실입니다. 개인은 개인의 소원, 가정은 가정의 소원, 교회의 소원, 민족의 소원, 인류의 소원이 있습니다. 그리고 그 소원을 이루기 위하여 모든 사람이나 공동체들이 나름대로 노력을 하고 있습니다. 그러나 세상 사람들은 그 방법을 잘 모르기 때문에 허공에 빌고 산에 빌고 바다에 빌고 바위나 나무에 빌고 그래도 안 되니까 팔자소관으로 생각하면서 살아가고 있는 것입니다.

경전에 "한 생각이 이에 있어야 만사가 뜻과 같이 되리라"一念在玆 萬事如意는 말씀이 있습니다. 지성으로 기도해서 한울님의 감응을 받고 수련을 해서 일심이 되면 모든 일이 뜻대로 된다는 말씀입니다. 이 말씀이야말로 인류의 모든 숙제를 풀어주고 희망과 용기를 주는 말씀이라고 생각합니다. 이 말씀에 따라 소원 이루는 방법을 몇 가지로 나누어서 말씀드리겠습니다.

첫째, 올바른 소원을 가져야 할 것입니다. 남에게 피해를 주거나 사회를 어지럽히는 좋지 못한 소원을 가져서는 안 되는 것입니다. 마약 장사를 해서라도 돈을 벌어야겠다는 그런 소원을 가져서는 안 된다는 말씀입니다. 그것도 이루어지기는 하지만 그것은 다른 사람을 못살게 하고 사회를 망하게 할 뿐만 아니라 자기에게 큰 죄악이 되고 불행의 씨앗을 뿌리는 것이 되기 때문입니다.

둘째, 열심히 노력을 해야 할 것입니다. 우선 공명정대한 소원을 세워 가지고 최선을 다해 노력을 해야 할 것입니다. 한울님께 기원만 하거나 운이나 요행수를 바라면서 앉아 있을 것이 아니라 정성과 공경과 믿음을 다해서 노력을 해야 할 것입니다. 수인사대천명修人事待天命이라는 말씀이 있습니다. 인사를 닦고 천명을 기다리라는 말씀입니다. 장사하는 사람은 우선 부지런하고 친절하고 성실해야 할 것입니다. 아침부터 저녁까지 부지런히 장사하면서 사람들에게 친절을 베풀고 좋은 상품을 정직하게 싼값에 팔면 많은 사람이 모이는 것입니다. 학생은 정신을 집중해서 부지런히 공부해야 성공하고 농부는 때맞추어 열심히 일을 해야 많은 수확을 걷을 수 있습니다.

셋째, 기도를 해야 합니다. 기도는 한울님의 지혜와 능력을 얻는 가장 좋은 방법입니다. 진실로 기도를 해서 한울님의 감응을 받으면 안 되는 일이 없을 것입니다. 기도를 하되 한울님을 부모님같이 생각하고 지난날의 모든 허물을 참회하면서 한울사람 되어 보국안민, 포덕천하, 광제창생, 지상천국 건설의 역군이 될 것을 굳게 다짐하면서 지극한 정성으로 기원해야 할 것입니다. 그러면 반드시 이루어질 것입니다.

넷째, 수련을 해서 수심정기 일념으로 소원을 간절히 생각하고 추구해야 할 것입니다. 마음을 닦아서 복잡한 마음을 없이하고 일심 또는 무심 상태가 되게 한 다음 그 마음으로 소원을 깊이 생각하면 반드시 지혜와 능력이 생겨 그것을 이룰 수 있을 것입니다. 생각은 현실화된다는 사실을 알아야 할 것입니다. 이미 이루어졌다고 생각하는 것이 좋습니다. 수기심 정기기, 솔기성 수기교, 화출어자연지중야(守其心 正其氣, 率其性 受其敎, 化出於自然之中也)의 원리를 잘 알고 적용하면 자연히 도를 깨닫는 동시에 안 되는 일이 없으리라 생각합니다.

다섯째, 특히 도성덕립과 도가완성, 보국안민, 포덕천하, 광제창생, 지상천국 건설을 항상 생각하면서 사심 없이 교회와 국가 사회의 일을 열심히 하면 개인 소원은 자연히 이루어지는 것입니다. 범인일수록 사사로운 소원이 많고 수도가 깊은 경지에 이를수록 무구무망無求無望으로 개인 소원은 다 없어지고 오로지 대도의 목적 달성에 심력을 기울이게 되는 것입니다.

아들딸의 포덕은 어떻게 하는 것이 좋을까요?

〈질문〉 저는 몇 년 전부터 천도교 신앙생활을 해 오면서 보람 있게 사는 길이 바로 천도교에 있다는 것을 알게 되었습니다. 그래서 우선 사랑하는 아들 딸에게 입교를 권하고 있지만 말을 잘 듣지 않아 고심하고 있습니다. 아들딸을 훌륭한 천도교인이 되도록 설득하는 좋은 방법을 말씀해 주시기 바랍니다. (서울 교인)

〈답변〉 우리는 천도교를 신봉함으로써 누구보다도 보람 있게 살 수 있고 영원한 행복의 길을 찾는 동시에 포덕천하, 광제창생, 보국안민, 지상천국 건설의 새 역사를 열어나갈 수 있습니다. 따라서 사랑하는 자녀손들에게 무엇보다도 천도교를 신앙하도록 하는 것이 많은 재산을 물려주는 것보다 더 값진 무가지보無價之寶의 유산이 되리라 믿습니다. 그러나 그것은 그리 쉬운 일이 아닙니다. 오늘과 같은 다종교 사회에서 또 천도교세가 미약한 상태에서 자녀들를 포덕布德하기란 매우 어렵다는 것을 누구나 느끼고 근심하고 있는 것이 사실입니다. 지극한 정성과 노력이 있어야 할 것입니다.

저는 자녀 포덕의 방법을 다음과 같이 말씀드리고 싶습니다.

첫째, 자녀들에게 신앙을 바라기 이전에 먼저 나 자신이 독실한 신앙생활을 하면서 생각과 말과 행동이 자녀 손들에게 감화가 되도록 힘써야 하겠습니다. 아침 저녁 청수를 봉전하고 기도하는 생활을 하면서 부화부순하고 온가족이 화목하고 성실하고 부지런하고 될 수 있으면 서로 존대말을 쓰고 꾸짖는 것보다 칭찬을 더 많이 하는 것이 좋을 것입니다. 그리고 평소에 좋은 습관을 기르도록 도와주고 즐겁게 지내도록 힘 써야 할 것입니다.

둘째, 아들딸이 스스로 신앙생활을 할 때까지 기도를 하고 수시로 심고心告를 하는 것이 좋을 것입니다. 한울님과 스승님의 특별한 감응으로 아들딸의 마음이 우러나서 기꺼이 신앙생활에 참여하도록 지극 정성을 다해서 기도를 하고 또 해야 할 것입니다.

아들딸이 입교해서 수도할 때까지, 도성입덕할 때까지 한평생 기도를 계속해야 할 것입니다. 지성감천이란 말도 있듯이 지성으로 기도해서 안되는 일 없습니다. 아들딸을 위해서 매일 새벽부터 하루 종일 수시로 기도하고 심고를 지성으로 하면 반드시 길이 열릴 것입니다. 생전에 이루지 못하면 환원한 후에도 성령으로 계속 힘쓰겠다는 생각을 해야 할 것입니다.

셋째, 알아듣게끔 타이르고 효유해야 할 것입니다. 신앙을 강요하거나 꾸짖을 것이 아니라 평범하게 지내다가 조용한 때를 이용해서 수시로 타일러야 할 것입니다. 사람은 기본적으로 신앙생활을 해야 참되게 건전하게 살 수 있고 영원한 행복을 찾는 동시에 자아완성을 할 수 있고 새 세상 건설에 참여할 수 있다는 것과 또한 천도교의 위대한 역사를 알려 주고 우리나라의 현실과 새 세상 건설의 길이 바로 천도교 인내천 진리에 있다는 희망적인 설명을 해 주어야 할 것입니다. 어느 정도 이해가 되면 경전을 읽어 보도록 권하고 또 『신인간』이나 그밖에 여러 가지 교서를 보도록 하는 등 노력을 계속하면 어떤 계기가 이루어져서 반드시 자녀손들이 기쁜 마음으로 천도교에 입교를 하고 수도생활을 하게 되리라 믿습니다. 다소 어려움이 있더라도 포기하지 말고 기도와 노력을 계속해야 할 것입니다.

저녁 9시 기도식도 온 가족이 모여 앉아 엄숙히 봉행하고 새벽기도도 하고 특히 시일에는 궁을기를 게양하고 온 가족이 교당에 나가는 기쁨을 갖도록 해야 할 것입니다. 이와 같이 계속 노력하면 반드시 이루어질 것입니다. 일단 입교하면 그것으로 끝내지 말고 의절에 따라 21일 기도를 봉행하고 수도원 수련과 강도회 참가, 또는 종학대학원 교육 등 점차 높은 수행과 교육과정을 밟아 나가도록 안내하고 도와드려야 할 것입니다.

인과因果에 대해서 말씀해 주십시오

〈질문〉 인과因果의 법칙에 대해서 말씀해 주시기 바랍니다. (신입교인)

〈답변〉 우주 질서에 인과의 법칙이 있습니다. 삼라만상이 무원칙하게 아무렇게나 되는 대로 나고 자라고 소멸하는 것 같지만 실은 육안으로는 보이지 않는 큰 원리에 의해서 진행된다는 것을 알아야 할 것입니다. 그 가운데 중요한 것이 인과의 법칙입니다. 우리는 그 인과의 법칙을 알아야 합니다. 그래야 밝은 미래를 내다보면서 건전하게 살아갈 수 있고 교회와 국가 사회의 진정한 화합과 영원한 발전을 도모할 수 있을 것입니다. 사람마다 인과의 법칙을 알면 사회는 자연히 밝아질 것입니다. 인과가 무엇인지 모르면 어두운 밤중에 길을 모르고 허둥지둥 걸어가는 것과 같아서 불행과 혼란의 악순환이 반복될 수밖에 없을 것입니다.

인과란 무엇인가? 원인을 지으면 결과가 돌아온다는 말입니다. 어제의 원인이 오늘의 결과가 되고 오늘의 원인이 내일의 결과를 가져온다는 말입니다. 좋은 원인을 지으면 좋은 결과, 좋지 못한 원인을 지으면 좋지 못한 결과가 돌아오고야 만다고 하는 이 인과의 법칙은 적당히 얼버무리거나 가감승제할 수 없는 냉엄한 철칙이라고 할 수 있습니다. 콩 심으면 콩 나오고 오이 심으면 오이 나오는 것이 자연의 법칙입니다. 오이 심었는데 콩 나오는 법 없습니다.

사람도 마찬가지입니다. 사람은 무엇으로 심는가? 생각과 말과 행동입니다. 평소 무슨 생각을 많이 하느냐? 어떤 말과 행동을 많이 했는가? 아무도 모르게 나 혼자 생각하고 말하고 행동하지만 그것은 그때그때 소멸되어 없어지는 것이 아니라 모두 우주 정신에 녹음이 되고 작용하다가 결국 나에게 되돌아오게 되고 자손에게까지 미치게 된다는 것입니다.

우주는 하나의 영체요 한 이치 한 기운으로 운행되기 때문입니다. 산에서 "야호!" 하고 소리치면 "야호!" 하고 메아리가 되어 되돌아오는 것입니다. 사람은 누구나 인과의 법칙 속에서 살아가고 있습니다. 한편으로는 원인을 짓고 한편으로는 결과를 받으면서 행복이니 불행이니 하면서 살아가고 있는 것입니다. 사람은 누구나 인과의 법칙에서 벗어날 수 없습니다. 그러나 수도를 잘해서 지난날의 모든 허물을 진심으로 참회하고 진리를 깨닫고 해탈이 되면 인과에서 벗어날 수 있습니다.

인과를 잘 모르겠거든 주문을 외우면서 자기의 과거를 깊이 생각하면 알 수 있을 것입니다. 그때 그래서 그렇게 되었구나 하는 것을 알게 될 것입니다. 세상에 원인 없는 결과는 없다는 것을 또한 알게 될 것입니다. 경전에 있는 무왕불복無往不復이란 말씀 가운데에도 순환의 이치와 아울러 인과의 뜻이 함축되어 있다고 생각합니다. 『의암성사법설』에 만법의 인과, 만상의 인과, 화복의 인과에 대한 말씀이 있습니다. 우리는 그 인과를 다 깨달아야 할 것입니다. 그래야 우주질서, 삼라만상의 생성의 원리, 화복의 원리 등 모든 천도의 진리를 활연관통해서 도성덕립이 되리라 생각합니다. 특히 우리는 인과를 알아야 하고 인과를 고칠 줄 알아야 하고 인과를 초월해야 대자유를 찾게 될 것입니다.

인과를 고치는 방법은 수련을 하면서 지난날의 좋지 못했던 모든 허물을 진심으로 참회하고 또 참회해서 습관심을 버리고 한울님의 감응을 받는 것입니다. 그리고 모든 것을 잊어버리고 새로운 생각을 해야 할 것입니다. 인과의 울타리에서 벗어나려면 수도를 해서 해탈이 되어야 할 것입니다. 그리고 인과가 없는, 본성 · 무극의 경지에 이르러야 할 것입니다. 현상계는 인과 아님이 없지만 천지무궁의 근본, 무극의 경지에는 인과가 없다는 것을 알아야 할 것입니다.

한울사람으로 자아완성을 하려면?

〈질문〉 저는 오래 전부터 수도생활을 해 오면서 강령 강화의 체험으로 한울님 모심을 깨닫고 많은 가르침과 확고한 신념도 갖게 되었습니다. 그러나 더 이상 전진이 안 되어 고민하고 있습니다. 어떻게 해야 빠른 시일 내에 한울사람으로 자아완성할 수 있겠는지 말씀해 주시기 바랍니다. (서울 교인)

〈답변〉 우리가 보국안민, 포덕광제의 거룩한 목적을 달성하려면 우선 나부터, 천도교인들부터 한울사람으로 자아완성이 되어야 할 것입니다. 한울사람이 되어야 한울 나라를 건설할 수 있습니다.

빠른 시일 내에 한울사람 되는 길이 분명히 천도교에 있음에도 불구하고 또 수도를 하면서도 아직 제자리걸음을 하고 있다는 것은 무엇인가 잘못이 있기 때문일 것입니다. 문제의 해답은 나를 버려야 한다는 것입니다. 스승님의 심법을 잘 알고 오관五款과 수계 사항 실천, 수련과 경전 공부 등 수도의 기본 사항을 충실히 실행하는 동시에 물욕과 감정과 그리고 '나' 라는 개체 의식을 완전히 버려야만 할 것입니다. '나' 라는 관념이 남아 있는 한 자아완성은 할 수 없다고 보아야 합니다. 자신을 죽었다고 생각하고 하루속히 한울사람으로 자아완성해서 포덕광제의 사명을 수행해야겠다고 간절히 생각하면서 극성수도를 해야 하겠습니다. 저 역시 모든 잘못을 참회하고 나를 버리고 다시 한 번 총 전진을 다짐하면서 다음의 과정을 거쳐야겠다는 생각을 하고 있습니다.

첫째, 진심으로 참회하고 끊임없이 전진해야겠습니다. 모든 잘못을 나에게 돌리고 지난 날의 모든 부족과 잘못을 진심으로 참회해서 한울님의 용서를 받아야겠습니다. 그리고 다시는 잘못을 되풀이하지 않아야 하겠습니다. 참회와 정진 없이는 도통을 하지 못할 것입니다. "참회하고 정진하는 아름다움이여, 나로 하여금 자아완성의 길로 인도하도다."

둘째, 욕됨을 참고 너그럽게 용서해야 하겠습니다. 여러 가지 어려움에 직면했을 때 오로지 천리 천명에 순종하면서 욕됨을 참고 너그럽게 용서하는 깊은 마음공부를 해야겠습니다. "나를 멸시하고 천대하고 욕되게 하는 고마움이여, 나로 하여금 영원한 행복, 자아완성의 길로 인도하도다." 특히 모든 사람을 내 몸같이 생각하고 무조건 용서하는 마음공부를 해야 하겠습니다. "너그럽게 용서하는 즐거움이여, 한울사람 되는 길이 열리도다."

셋째, 자나 깨나 주문 외워 기쁜 마음, 감사한 마음, 위하는 마음으로 남을 위해 기도하고 봉사하는 생활을 해야겠습니다. 그래야 도통의 길, 자아완성의 길이 환히 열리리라 생각합니다. "감사한 마음으로 남을 위해 기도하고 봉사하는 거룩한 마음이여, 지상신선의 길로 인도하도다."

넷째, 천인합덕입니다. 드디어 생각과 말과 행동이 한울님과 하나가 되는 것입니다. 나와 한울이 둘이 아니요 하나가 되는 것입니다. "거룩하도다 천인합덕이여, 한울사람의 경지에 이르도다."

다섯째, 포덕광제입니다. 한울사람 되고 보니 함정에 빠져 헤매는 세상사람들이 가련하게 보이고 포덕광제에 전력을 기울이게 될 것입니다. 거룩하도다 포덕광제여, 사람마다 도성입덕, 지상천국 건설의 길이 열리도다. 자나 깨나 주문 생각 일심으로 지켜내면 반드시 도성입덕할 것입니다. 잠깐도 천덕사은 잊지 않고 모앙하면서 나아가고 나아가면 반드시 한울사람이 될 것입니다.

수련의 성과를 요약해서 말씀해 주십시오

〈질문〉 수련을 해야 한다는 말씀을 많이 합니다. 왜 수련을 해야 하며 수련을 하면 어떤 성과가 있는지 말씀해 주시기 바랍니다. (신입교인)

〈답변〉 천도교인은 기본적으로 오관을 성실히 실행하면서 지성으로 수련을 해야 합니다. 수련은 자세를 바르게 하고 주문을 열심히 외우면서 마음을 닦고 단련하여 천심을 회복하고 진리를 깨닫고 자아완성을 추구해 나아가는 수행을 말합니다. 수련을 하지 않으면 깊은 신앙을 할 수 없고 도성덕립의 경지에 이를 수 없습니다.

신앙은 기도와 수련이요, 철학은 교리 · 교사 연구와 이치 공부요, 제도는 교헌과 의절 준수, 교회 기관 중심의 동귀일체 생활, 사회적 실천운동이라고 할 수 있습니다. 나무에 비유하면 신앙은 뿌리 · 줄기와 같고, 철학은 가지와 같고 제도는 꽃과 같다고 할 수 있습니다. 나무는 뿌리가 튼튼해야 하듯이 천도교인은 세 가지를 병행하되 우선 기도와 수련, 경전 공부를 열심히 하여 한울님 모신 증험을 얻고 한울님과 스승님의 감응을 받으면서 교리 · 교사 연구와 실천을 열심히 해야 할 것입니다.

기도와 수련을 하지 않고 교리 · 교사 연구와 실천운동만 추구하게 되면 결국 화합도 안 되고 사지사견私知私見에 빠져 오류를 범하거나 구두선口頭禪에 그치고 말 것입니다. 또 교리 · 교사 연구와 이치 공부, 오관 실행, 교헌과 의절과 실천운동을 무시하고 수련만 해도 안 될 것입니다. 그것은 맹신 또는 독선으로 흐르기 쉽습니다. 그러므로 끊임없는 기도와 수련으로 신앙을 튼튼히 다지는 동시에 경전과 교리 · 교사 연구와 실천, 그리고 스승님의 심법과 교회를 중심으로 동귀일체에 힘써야 할 것입니다. 또한 수련을 하되 정심수도하라는 스승님의 말씀을 명심하고 바른 마음을 가지고 중단 없이 계속해야 할 것이며 특히 수심정기, 성경신, 이신환성, 신앙통일과 규모일치, 도성덕립을 추구하고 포덕천하 광제창생, 보국안민, 지상천국 건설의 역군이 될 것을 다짐하면서, 가정과 직업에 충실하면서 지성으로 수련을 해야 할 것입니다. 그러면 차차차차 때로는 문득 문득 깨달음이 생기고 마음가짐과 생활 태도에 많은 변화가 일어날 것입니다.

수련의 성과를 다음과 같이 말씀드리고 싶습니다. 심화기화하여 마음의 평화를 찾고, 물약자효의 힘을 얻어 건강한 몸이 되고, 강인한 체력과 탁월한 정신력을 기를 것입니다. 마음의 능력을 얻어 모든 일이 뜻대로 이루어지게 되고 복잡한 사회생활에서 수련의 필요성을 절실히 느끼게 될 것입니다. 기억력, 판단력, 인내력, 감화력, 창의력이 생기고 총명해져서 학생들은 공부가 잘 되고 사업가는 사업을 잘 하게 되고 농부는 농사 잘 하게 되고 운동선수는 운동을 잘 하게 되고 무슨 일이든지 생각하고 노력하는 대로 잘 이루어지게 될 것입니다. 용모가 바뀌어 아름답고 훤한 모습이 되고, 타고난 재질을 충분히 발휘하게 되고, 장생불사의 진리를 깨달아 무궁한 나를 찾고, 물욕과 감정과 집착과 '나' 라는 개체 의식이 차차 없어지고 나아가 우주 생명과 하나가 될 것입니다. 인과를 알고 인과를 고치고 인과를 초월하게 될 것이며, 생사가 없고(無死生), 선악이 없는 본래의 나, 본성을 깨닫게 되고, 가볍고 분수없는 행동이 없어지고 교만한 마음과 망상도 차차 없어지고 지상신선의 원만한 인격과 행복을 찾게 될 것입니다. 드디어 대도견성, 도성덕립의 경지에 이르러 포덕광제의 사명을 수행하는 보람 있는 생활을 하게 될 것입니다.

신앙과 사상운동 중 어느 것을 주로 해야 할까요?

〈질문〉 천도교는 신앙적인 면과 사상 운동적인 측면이 있는 것 같습니다. 어떤 교인은 신앙을 위주로 하고 어떤 교인은 사상적으로 하는 경향이 있는데 어느 것이 옳은지요. 신앙과 사상 운동 중 어느 것을 주로 해야 하는지요. (신입교인)

〈답변〉 경전을 보면 신앙과 철학과 제도 세 가지에 대한 말씀이 있습니다. 신앙은 사람이 한울에 다가붙어서 자기 육신관념을 잊어버리는 것이고, 철학은 성령과 육신 양단을 나누어 그 진핵을 음미하여 진리를 깨닫는 것이고, 제도는 천일합일의 요점을 추출하여 성령과 육신의 바른 궤도를 찾아 제도적으로 새 세계 건설의 길을 열어나가는 것을 말합니다. 바꾸어 말하면 신앙은 기도와 수련이요, 철학은 교리 · 교사 연구와 사상운동이요, 제도는 의절과 교헌 · 규정 등 모든 제도 개선과 사회적 실천운동이라고 할 수 있습니다. 나무에 비유하면 신앙은 뿌리, 철학은 가지, 제도는 꽃과 같다고 할 수 있을 것입니다. '배근지달' 培根枝達이라는 말이 있습니다. 나무는 뿌리를 북돋아 주어야 크게 자란다는 말입니다. 뿌리가 튼튼해야 크게 자라서 가지도 싱싱하게 뻗고 잎도 활짝 피고 꽃도 피고 열매도 맺는 것입니다.

교인은 먼저 신앙이 독실해져야 하고 교회는 무엇보다도 우선 신앙이 튼튼해져야 할 것입니다. 튼튼한 신앙의 기초 위에 교리·교사 연구와 사상운동이 추진되어야 하고 제도와 사회개조 운동이 전개되어야 할 것입니다.

여기서 특히 유념해야 할 것은 신앙만 강조하고 철학과 제도를 무시하면 자칫하면 맹신·광신에 빠지기 쉽고, 신앙과 제도를 무시하고 철학·사상 운동만 강조하면 사지사견私知私見에 빠져 오류를 범하기 쉽고, 신앙과 철학 사상운동을 무시하고 제도개혁·사회개조 실천운동만 강행하면 뿌리가 병든 나무에 꽃을 피우려는 것과 같아서 결국 각자위심各自爲心이 되어 합심도 안되고 구두선에 그치고 말 것입니다.

새로 입교하신 분들은 우선 스스로의 신앙심을 돈독히 하는 데 주력해야 할 것입니다. 오관五款을 정성으로 실행하는 동시에 지극한 기도와 수련과 경전공부를 하여 진리를 연구하고 한울님의 감응을 받도록 힘써야 할 것입니다. 한울님 모심을 모르고 방황하다가 다행하게도 선각자를 만나 천도교에 입교했으므로, 우선 지성으로 수련을 하여 한울님의 감응을 받는 증험을 얻고 한울님 모심을 깨달음으로써 독실한 신앙생활을 하고, 자아완성, 도성입덕을 향해 계속 정진하고, 나아가 포덕천하, 광제창생, 보국안민, 지상천국 건설에 기여하는 보람 있는 생활을 하게 될 것입니다.

경전에 "닦는 사람은 헛된 것 같지만 실지가 있고, 듣기만 하는 사람은 실지가 있는 것 같지만 헛된 것이니라"라는 말씀이 있습니다. 우선 기도와 수련과 경전공부, 교리·교사 공부에 열중하여 신앙을 독실하게 하는 것이 좋으리라 생각합니다.

교회도 우선 신앙운동을 활발히 전개하여 신앙의 뿌리를 튼튼히 하면서 그 바탕 위에서 사상운동과 사회적 실천운동을 적극 전개해야 할 것입니다. 신앙이 확립되지 않으면 기초 없는 집과 같고 영양실조에 걸린 사람과 같아서 아무 일도 할 수 없는 것입니다. 신앙이 미약한 사람은 방황하거나 중단하기 쉽습니다. 그리고 과거 역사를 살펴보면, 수도를 지성으로 할 때에는 교회가 융성하여 위대한 역사를 창조했고, 수도를 소홀히하였을 때에는 혼란과 쇠잔의 길을 걸었음을 알 수 있습니다. 오늘날 교회 발전이 잘 안 되는 근본 원인도 기본적으로 신앙심 쇠약과 수련 부족에 있다고 생각합니다. 또한 부실한 신앙적 기초 위에서 연쇄적으로 교리 · 교사 연구와 사상운동 부진, 제도 개선과 사회적 실천운동 부족, 그리고 여기에 따르는 청소년과 교역자 육성 부족 등에 있다고 할 수 있습니다.

충효정신을 갖게 하려면 어떻게 해야 할까요?

〈질문〉 지금 세상 사람들은 온통 물질 만능주의에 빠져 충효정신은 꿈에도 생각지 못하는 것 같습니다. 가정에서 자손들에게 충효정신을 갖게 하려면 어떻게 하는 것이 좋을까요. (인천 교인)

〈답변〉 자녀손들에게 충효정신을 갖게 하는 것은 참으로 소중한 일입니다. 충효는 진심으로 나라를 위하고 부모에게 효도하는 것을 말합니다. 충효는 인간의 기본 윤리입니다. 사람은 충효정신을 가지고 있기 때문에 만물의 영장입니다. 충효정신을 잃어버리면 금수만도 못한 사람으로 전락하게 되는 것입니다. 경전에 "가마귀 새끼가 도로 먹임이여, 저것도 또한 효도와 공경을 알고, 제비가 주인을 앎이여, 가난해도 또 돌아오도다." "이 세상 사람이여, 어찌하여 앎이 없는고" "함지사지 출생들아 보국안민 어찌할고."

"한울님이 내 몸 내서 아국운수 보전하네"라는 말씀이 있습니다.

지금 세상 사람들은 온통 극단적 이기주의, 물질만능주의에 빠져 충효의 기본질서를 무너뜨리고 혼란상태에서 헤매고 있습니다. 돈 때문에 부모를 살해하고, 자살소동이 일어나고, 온갖 부정과 불의가 도처에서 끊임없이 일어나고 있습니다. 과거에는 우리나라를 동방예의지국이라고 했는데 참으로 부끄러운 일이 아닐 수 없습니다. 따라서 지금 우리 사회는 충효정신 확립문제가 매우 시급한 과제로 제기되고 있습니다. 자녀손들에게 충효정신을 심어주려면 여러 가지 방법이 있겠지만 천도교를 잘 하도록 가르치는 것이 가장 좋은 방법이라고 생각합니다. 천도교는 천지부모에 효도하고 자아완성, 도성덕립과 포덕천하, 광제창생, 보국안민, 지상천국 건설을 목적으로 하는 종교이기 때문에 천도교에 입교하여 오관 실행을 잘 하면 자연히 충효정신을 가지게 되는 것입니다.

천도교인들은 매사에 심고를 하고 주문을 외우면서 한울님과 스승님과 부모님의 은덕을 생각하는 동시에 매일 저녁 9시에 온 가족이 모여 청수를 봉전하고 기도식을 봉행합니다. 이 심고와 주문과 매일 기도가 자녀들에게 무언 중에 훌륭한 생각과 충효정신을 심어 주는 것입니다. 청수는 물과 같이 맑고 깨끗한 정신을 갖도록 하는 동시에 특히 대신사의 순도 · 순국정신을 심어 주기 때문에 자연히 충효의 정신을 갖게 되는 것입니다. 또한 경전과 교사를 공부하고 설교를 들음으로써 충효정신을 굳게 할 수 있습니다. 그리고 천도교는 지극한 기도로 한울님의 감응을 받는 동시에 끊임없는 수련으로 정신개벽을 추구하는 종교입니다. 한울님의 감응을 받고 정신을 개벽함으로써 새 사람이 되어 충효정신을 발휘하게 되는 것입니다.

위대한 사람을 만나면 자연히 공경하는 마음이 생기듯이 한울님의 감응을 받으면 새 사람이 되어 나라에 충성하고 부모님께 효도할 마음이 자연히 생기는 것입니다. 한울님의 감응을 받으려면 내 몸에 모신 한울님을 굳게 믿어야 하고 지극한 정성으로 기도를 해야 할 것입니다. 반신반의하거나 적당주의로 기도하면 한울님의 감응을 받지 못합니다.

그리고 정신을 개벽하려면 육신관념을 성령으로 바꾸어야 할 것입니다. 사람은 육신과 성령으로 되어 있는데 육신은 일시 객체요 성령이 영원한 주체임을 분명히 알아야 하고 육신관념을 버리고 항상 성령을 생각하면서 살아야 하는데 이것을 이신환성이라고 합니다. 물욕과 감정과 아집에 사로잡힌 복잡한 마음을 가지고는 진정한 충효를 하지 못합니다. 정신을 개벽하여 마음을 바르고 밝고 착하고 의롭게 함으로써 진정한 충효를 실현하게 될 것입니다. 천도교 신앙을 함으로써 진정한 충효의 정신을 가질 수 있습니다.

혼탁한 세속에서 벗어나려면 어떻게 해야 할까요?

〈질문〉 지금 사회가 너무나 혼탁합니다. 온 세상 사람이 함정에 빠져서 헤매는 것 같습니다. 혼탁한 세속에서 벗어나 진정한 자유와 행복을 찾으려면 어떻게 해야 할까요? 좋은 방법을 말씀해 주시기 바랍니다. (신입교인)

〈답변〉 지금 온 세상 사람이 천만 티끌 구덩이에 빠져 헤어나지 못하고 괴롭게 살아가고 있습니다. 정신적 고통과 육신적 질병, 사회적 불안, 도덕의 타락, 부정부패, 온갖 비리 현상이 우리의 정신을 어지럽게 하고 있습니다. 어떻게 하면 혼탁한 세속에서 벗어나 진정한 자유와 행복을 찾을 수 있을까? 이것은 우리 인류가 안고 있는 숙제요, 특히 현대인이 해결해야 할 중요한 과제가 아닐 수 없습니다. 저는 그 길이 분명히 천도교에 있다는 말씀을 드리고 싶습니다. 우리는 천도교에 입교하여 수도생활을 함으로써 나와 내 가정의 진정한 행복을 찾고 민족과 인류를 구하는 길을 열어 나갈 수 있습니다. 그 길을 다음과 같이 말씀드리고 싶습니다.

첫째, 뚜렷한 목적이 있어야 할 것입니다. 살아가는 목적 방향을 자아완성과 포덕천하, 광제창생, 보국안민, 지상천국 건설에 두고 오로지 그 길로 매진하면서 노고근면하는 생활을 해야 할 것입니다. 그러면 세속에 물들거나 함정에 빠지지 않고 건전하게 살 수 있고 자유와 행복을 찾을 수 있습니다. 인생의 의의와 목적은 한울 사람 되어 한울 나라를 건설하는 데 있습니다. 목적 방향을 여기에 두고 동요됨이 없이 번복지심 두지 말고 살아가면 능히 세속의 함정에서 벗어날 수 있습니다. 목적이 분명치 못하면 길을 잃고 헤매는 사람처럼 방황하게 되는 것입니다. 수도의 방법과 계단을 잘 알고 극성 수도하면서 대도의 목적 달성을 위해 힘쓰면서 사시기 바랍니다.

둘째, 한울님의 감응을 받는 생활을 해야 할 것입니다. 한울님 모심을 굳게 믿고 지성으로 기도하여 한울님의 감응을 받음으로써 세속에서 벗어나 자유와 행복의 길로 나갈 수 있습니다. 한울님의 감응을 받지 못하면 부모 잃은 고아처럼 외롭게 살면서 함정에 빠져 헤매기 쉽습니다.

셋째, 해탈이 되어야 할 것입니다. 끊임없이 수도해서 강령, 강화의 단계를 거쳐 자천자각, 해탈이 되어야 온갖 세속에서 벗어날 수 있고 대도견성에 이를 수 있다고 하였습니다. 해탈은 물욕과 감정과 아집 등 육신관념에서 벗어난다는 말이며 모든 인과와 애착과 속세에서 초월하는 것을 말합니다. 구름이 걷히면 찬란한 태양을 볼 수 있습니다. 수운대신사님도 세간의 분요한 것을 파탈하고 가슴 속에 맺혔던 모든 것을 털어 버리고 나서 경신 4월 5일 드디어 무극대도를 받게 된 것입니다.

모든 종교의 본령은 해탈에 있습니다. 빠른 시일 내에 해탈하는 길이 천도교에 있습니다. 한울님 모심을 굳게 믿고 천덕사은을 염념불망하면서 극성 수도해서 강령 · 강화를 체험하여 마음이 한울임을 깨닫고, 과거의 허물을 참회하여 인과를 고치고, 욕심과 희로애락을 조절 또는 초월하여 대인접물을 원만하게 하고, 다념에서 일념, 일념에서 무념에 이르는 공부를 지성으로 하면서 자기 마음을 굳게 지키어 잃지 않으면 자연히 해탈이 되리라 믿습니다. 나아가 청정한 마음으로 죽고 사는 것이 없는無死生, 예와 이제가 없는無古今 진경에 이르도록 수련 정진하는 동시에 내 마음이 한울님 마음과 하나가 되고 스승님 마음과 하나가 되도록 힘써야 할 것입니다. 그러면 차차 세속에서 벗어나 진정한 자유와 행복을 찾고 대도의 목적을 달성하게 될 것입니다.

보람 있게 영원히 사는 길은 없을까요?

〈질문〉 흔히 이 세상을 고해라 말하고 인생은 허무하다고 말합니다. 이 세상은 살아가기가 참으로 어렵고 괴로운 일이 너무나 많습니다. 그리고 세월은 너무나 덧없이 흘러갑니다. 어떻게 하면 인생을 성공적으로 보람 있게 살 수 있을까요. 보람 있게 영원히 사는 길을 말씀해주시기 바랍니다. (신입교인)

〈답변〉 저는 8 · 15해방 직후 소년시절부터 천도교를 신봉해 오면서 특히 수도생활을 하는 것을 무엇보다도 기쁘고 감사하게 생각하고 있습니다. 아직 부족함이 많지만 보람 있게 사는 길이 바로 여기에 있고 영원한 행복의 길이 바로 여기에 있다는 것을 알았기 때문입니다. 보람 있게 영원히 사는 길을 저는 다음 세 가지로 요약해서 말씀드리고 싶습니다.

첫째, 한울님 모심을 굳게 믿고 한울님을 부모님같이 섬기면서 천일합일의 자아완성, 도성입덕을 추구하는 수도생활을 해야 합니다. 진정한 행복의 길이 여기에 있습니다. 항상 한울님과 스승님 은덕을 생각하면서, 그리고 주문 · 청수 · 시일 · 성미 · 기도의 오관을 성실히 실행하면서 경전 공부와 교리 · 교사 연구와 수련을 열심히 해야 할 것입니다. 지성으로 수련을 해서 한울님 모신 증험을 얻고 한울님의 감응을 받게 되면 차차 나와 내 가정의 진정한 행복을 찾고 포덕천하, 광제창생, 보국안민, 지상천국 건설의 길이 여기에 있다는 확고한 신념과 사명감을 갖게 될 것입니다.

한 걸음 더 나아가 수심정기, 성경신, 이신환성의 깊은 수도생활을 계속하면서 부화부순과 사인여천 실행, 포덕교화와 봉사 활동 등 한울사업에 열중하고 한울님 마음과의 합일을 추구해 나가야 할 것입니다.

그러면 차차차차 무한한 기쁨과 희망을 안고 살 수 있고, 진리를 깨달을 수 있고, 만사여의의 능력을 얻게 되고, 교회와 세상을 위해 보람 있는 일을 하면서 영원한 삶의 길을 찾게 될 것입니다. 위대한 사람을 만나면 머리가 숙여지듯이 한울님과 스승님을 만나면 한없는 기쁨과 감격과 보람을 느끼게 되는 것입니다. 또 한편 육신은 사람의 한때의 객체요 성령이 영원한 주체임을 알고 항상 성령을 생각하면서 살아야 합니다. 그러니까 지극한 기도와 수행으로 한울님의 감응을 받고 한울님과의 합일을 추구하는 동시에 정신을 개벽하여 성령에 대한 생각을 항상 하면서 살아야 한다는 것입니다. 인생을 보람 있게 성공적으로 영원히 사는 비결이 여기에 있습니다.

둘째, 목적, 즉 꿈이 있어야 합니다. 그리고 그 꿈을 실현하기 위한 최선의 노력이 있어야 할 것입니다. 세종대왕이 한글을 창제한 것처럼, 수운대신사께서 만고 없는 무극대도를 창명하여 인류의 살 길을 열어 준 것처럼, 큰 꿈을 가지고 살아야 합니다. 꿈이 없으면 방황합니다. 간디는 "꿈이 없는 사람은 죽은 사람이다"라고 말했습니다. 저 산 너머에 그리운 어머니가 나를 기다린다고 할 적에 그 사람은 힘든 줄을 모르고 태산준령을 넘는 것입니다. 그리고 사람은 사명적 존재라는 말이 있습니다. 사람은 누구나 어떤 사명을 부여받고 태어난다는 말입니다. 그 사명을 알고 사명 완수를 위해 혼신의 노력을 기울임으로써 보람을 안고 힘차게 살아갈 수 있습니다.

셋째, 일을 해야 합니다. 사람은 일하기 위해서 태어났습니다. 노고근면勞苦勤勉의 생활을 해야 한울님의 감응을 받고 진정한 기쁨과 영원한 보람을 찾을 수 있습니다. 무료하게 놀기만 하면 고민이 생기고 질병이 생기고 아무 성과도 없는 실패 인생이 되고 마는 것입니다. 해월신사께서는 고난의 피신 생활 속에서도 가시는 곳마다 나무를 심고 멍석을 내고 짚신을 삼고 노끈을 꼬시는 등 잠시도 쉬지 않고 일을 하셨습니다. 대도의 목적 달성을 위해 열심히 일을 해야 영원한 보람과 행복을 찾을 수 있습니다.

한울님의 감응을 받으려면 어떻게 해야 하나요?

〈질문〉 천도교에서는 한울님의 감응에 대한 말씀을 많이 합니다. 의절에도 "한울님과 스승님 감응하옵소서"라는 말씀이 있고 참회문에도 "받들어 청하오니 감응하옵소서"라는 말씀이 있습니다. 한울님의 감응을 받으려면 어떻게 해야 하는지 말씀해 주시기 바랍니다. (신입교인)

〈답변〉 천도교인들은 지성으로 기도와 수련을 해서 한울님의 감응을 받는 증험을 얻어야 합니다. 그래야 깊은 신앙을 하게 되고 천도교인이 된 기쁨과 보람을 안고 살아갈 수 있습니다. 한울님의 감응을 받아야 마치 고아가 부모님을 찾은 것처럼 즐겁게 희망을 안고 살 수 있고 진리를 깨달을 수 있고 소원을 이루어 건강한 몸으로 일생을 성공적으로 살면서 대도의 목적 달성에 크게 기여하게 될 것입니다.

천도교를 신봉하면서도 한울님의 특별한 감응을 받지 못하면 아직 신앙의 본 궤도에 들어섰다고 할 수 없습니다. 감응이란 글자 그대로 느끼어 응한다는 말입니다. 즉 한울님과의 만남이 이루어지고 한울님과 통해서 가르침을 받고 지혜와 능력을 얻고 소원을 이룬다는 말입니다. 한울님은 간섭하지 아니함이 없고 명령하지 않음이 없는 가운데, 일반적 · 보편적 간섭이 있고 특별한 간섭이 있습니다. 태양이 솟아오르면 누구나 다 따뜻한 햇볕을 받습니다. 그것은 보편적 간섭입니다. 그리고 특별한 간섭, 특별한 사랑이 있습니다. 그것은 본인만이 압니다. 우리가 한울님의 특별한 감응을 받으려면 극성수도를 하면서 다음과 같은 각별한 노력을 기울여야 할 것입니다.

첫째, 한울님을 굳게 믿어야 할 것입니다. 믿음이 없으면 한울님과 통할 수 없습니다. 믿음이 없으면 한울님의 감응을 받지 못합니다. 사람도 서로 믿어야 친할 수 있습니다. 우선 한울님이 계시다는 것을 믿어야 할 것입니다. 사람에게 마음이 있듯이 우주에도 마음이 있습니다. 우주의 마음을 한울님이라고 합니다. 사람의 마음과 우주의 마음은 하나입니다. 그리고 한울님을 모시고 있다는 것을 믿고 한울님을 부모님같이 믿어야 할 것입니다. 또한 한울님은 생각하고 말하고 행하는 대로 선악을 가리지 않고 이루어 주신다는 것을 알고 마음을 바르게 하도록 힘써야 할 것입니다.

둘째, 한울님을 지극히 공경해야 할 것입니다. 한울님은 편벽됨이 없지만 성품을 거느리는 사람과 친하고(率性者惟親) 극진히 공경하면 친하게 된다(克敬唯親)는 말씀이 있습니다. 항상 천심을 지키고 모앙하는 마음, 두려워하는 마음, 기쁜 마음, 감사한 마음, 위하는 마음을 가지고 사람을 한울같이 공경하고 물건을 공경해야 할 것입니다.

셋째, 지극한 정성이 있어야 할 것입니다. 지성이면 감천이라는 말씀이 있습니다. 순일하고 쉬지 않는 것(純一無息)을 정성이라 이른다고 하였습니다. 성실성, 적극성, 근면, 근기根氣와 같은 마음가짐과 생활태도를 취해야 할 것입니다. 우리는 스승님의 가르침을 받들어 정성을 다해서 수심정기, 성경신, 이신환성의 수도생활을 함으로써 한울님과 스승님의 감응을 받을 수 있습니다.

넷째, 천덕사은 염념불망하면서 주문과 경전을 열심히 외우고, 매사에 심고하고, 오관을 성실히 실행해야 할 것입니다. 그리고 부화부순하고 직업에 충실하고 포덕천하 · 광제창생 · 보국안민 · 지상천국 건설을 위하여 교회사업을 열심히 하면 한울님과 스승님의 특별한 감응을 받을 수 있습니다.

다섯째, 사계명과 그 밖의 수칙을 잘 지키면서 지성으로 수도하여 마음을 바르고 밝고 착하고 의롭게 하면서 끊임없이 천인합일을 추구해 나가야 할 것입니다. 그러면 한울님과 스승님의 특별한 감응을 받을 것입니다.

지상신선地上神仙에 대해서 말씀해 주십시오

〈질문〉 천도교에서는 지상신선이라는 말씀을 많이 하는 줄 압니다. 지상신선이란 무엇입니까? (서울시민)

〈답변〉 『용담유사』에 "입도한 세상사람 그날부터 군자 되어 무위이화 될 것이니 지상신선 네아니냐" 라고 하셨습니다. 지상신선이 될 수 있다는 말씀입니다. 혼탁한 세상물결에 잠겨서 방황하다가 다행하게도 선각자를 만나 천도교에 입교함으로써 이제는 인간답게 살아야겠다는 새로운 마음을 가지게 되니까 그날부터 이미 새사람, 군자사람이 된다는 말씀입니다. 나아가 수도를 계속해서 성경신을 체행하고 경천순천하는 새 생활을 하니까 차차차차 진리를 깨닫게 되고, 높은 인격을 갖추게 되고, 모든 일이 무위이화로 자연한 가운데 이루어지게 되고, 드디어 지상신선의 대 자유, 대 평화, 장생불사의 영원한 행복을 찾게 된다는 것입니다.

그러면 지상신선이란 어떤 사람일까요? 한마디로 가장 이상적인 인격을 갖춘 사람이라고 할 수 있습니다. 진리를 깨닫고 원만무결한 인격을 갖추고 장생불사, 만사여의, 도성입덕을 이루고 세상을 위해서 열심히 일하는 가장 성스럽고 행복한 경지에 도달된 사람이라고 할 수 있겠습니다.

이 세상에서 세상 사람과 더불어 같이 살면서도 혼탁한 세상 물결에 휩쓸려 방황하지 않고 마음은 언제나 한울님과 스승님 은덕을 생각하고 보국안민, 포덕광제를 위해 열심히 일하는 사람이라고 할 수 있습니다. 좀더 구체적으로 살펴보면, ① 혼탁한 세상 물결에 휩쓸려 방황하지 않고 항상 한울님 마음을 지키면서 근심과 괴로움이 없이 기쁜 마음, 감사한 마음, 위하는 마음으로 사는 사람, ② 질병 없이 항상 건강하게 사는 사람, ③ 부끄러움이 없고 죄가 없는 사람, ④ 수심정기, 성경신, 이신환성의 이상적 인격을 갖춘 사람, ⑤ 만사여의의 능력을 갖춘 사람, ⑥ 진리를 환히 깨닫고 천인합일의 경지에 이른 사람, ⑦ 어려운 사람들을 도와주고 나라와 세상을 위해서 신명을 바쳐 봉사하는 사람입니다.

이와 같은 지상신선이 되려면 다른 도리가 없고 그 길을 밝혀 주는 천도교에 입교해서 열심히 수도를 해야 할 것입니다. 주문, 청수, 시일, 성미, 기도의 오관을 성실히 실행하면서 특히 21자주 문을 지성으로 외워야 할 것이며, 천덕사은 염념불망하면서 정심수도를 해야 할 것입니다. 물욕과 감정과 집착을 다 버리고, 자존심과 의구심과 미망념 등 육신관념을 버리고 티끌 하나 없는 깨끗한 마음이 되어, 성령을 주체로 한 생활을 하면서 항상 근본을 잊지 않는 경지에 이르러야 할 것입니다. '나'라는 관념, 개체의식을 다 버리고 무궁한 본래의 나를 찾아야 할 것이며, 시 · 정 · 지를 체득하고 성심신 삼단을 깨달아야 할 것입니다. 주문과 경전과 한울님과 스승님과 내가 하나가 되는 경지에 이르러야 할 것이며, 나아가 포덕천하, 광제창생, 보국안민, 지상천국 건설을 위해 사는 사람이 되어야 할 것입니다.

우리는 하루속히 지상신선의 경지에 이르러서 길을 잃고 헤매는 세상 사람들을 이 길로 인도해야 하겠습니다.

성심쌍수性心雙修란 무엇이고 어떻게 하는 것입니까?

〈질문〉 의암성사 법설에 성심쌍수性心雙修라는 말씀이 있습니다. 성품과 마음을 같이 닦으라는 말씀인 줄 알고 있습니다. 그런데 성품과 마음은 무엇이 다른지 또 어떻게 하는 것이 성품과 마음을 같이 닦는 것인지 말씀해 주시기 바랍니다. (동계수련생)

〈답변〉 "성품과 마음을 분별해서 같이 닦으라"는 말씀은 『의암성사법설』 「무체법경」 〈성심변〉 편에 주로 나옵니다.

우리가 천도교를 잘 하려면 오관을 실행하면서 지성으로 수련을 해야 합니다. 수련을 하되 우선 강령 · 강화의 체험을 통해 한울님 모심을 분명히 깨닫고, 내 몸에 모신 한울님을 부모님같이 섬기는 동시에, 한편으로는 수심정기 · 성경신 · 이신환성의 수련을 하면서 성품과 마음을 분별해서 같이 닦아야 할 것입니다. 성품과 마음을 분별하지 못하고 성심을 함께 닦지 못하면, 결국 수련은 열심히 하면서도 깊은 공부를 하지 못하고 좋은 성과를 얻지 못할 것입니다. 그래서 의암성사께서 성심변性心辨을 말씀하시고 성심쌍수를 말씀하신 줄 압니다. 이 말씀은 "그 마음을 지키고 그 기운을 바르게 하고 한울님 성품을 거느리고 한울님의 가르침을 받으면 자연한 가운데 화해난다"는 대신사님 말씀에 의해서 나왔다고 생각합니다.

성품과 마음은 무형이며 근본은 하나이지만 작용을 하면, 즉 생각을 하면 마음이고, 작용하기 전, 즉 생각이 일어나기 전 상태를 성품이라고 하는 것입니다. 「무체법경」 첫머리에 "성품이 닫히면 모든 이치와 모든 일의 원소가 되고 성품이 열리면 모든 이치와 모든 일의 좋은 거울이 되나니 모든 이치와 모든 일이 거울 속에 들어 능히 운용하는 것을 마음이라 이르고, 마음은 곧 신이요 신은 곧 기운이 이루는 바이니라"는 말씀이 있습니다.

나무에 비유하면 뿌리, 줄기는 성품이요, 가지는 마음이 되는 것입니다. 또한 성품은 무한지혜, 무한능력, 무한공급, 무진장의 보고라면 마음은 그것을 개척하고 가져다 활용하는 것이라고 할 수 있습니다.

그러면 어떻게 성품과 마음을 같이 닦을까? 우선 마음 닦는 공부를 해야 할 것입니다. 수련할 때에 단전에 정신과 기운을 집중하고 호흡을 깊고 길게 서서히 하면서 자세를 바르게 하고 지난날의 모든 허물을 참회하는 것입니다. 한울님과 스승님 그리고 부모님의 은덕도 모르고 물욕과 감정과 아집에 얽매여 몸부림치며 방황하던 모든 잘못을 뉘우치면서 청정무구한 마음이 되게 하고, 새로운 다짐을 하고, 다심에서 일심이 되게 하고, 심화기화하여 바르고 밝고 착하고 의로운 마음이 되게 하는 등 마음을 새롭고 일심이 되게 하는 것입니다. 이것을 마음 닦는 공부라고 할 수 있습니다.

그러나 여기서 그치지 말고 한 걸음 더 나아가 무념무상의 상태가 되도록 해야 할 것입니다. 아무런 생각도 일어나지 않게 하는 것입니다. 주문 생각도 안 하고 한울님과 스승님 생각도 안 하고 좋은 생각이건 나쁜 생각이건 전혀 생각이 없는 상태가 되도록 하는 것입니다. 그렇다고 해서 조는 것은 아니고 샛별같이 맑은 정신인데 아무런 생각도 없는 텅 빈 마음, 성성

불매惺惺不昧, 공공적적空空寂寂, 무심無心 상태가 되게 하는 것입니다. 나아가 무선무악, 불생불멸, 무루무증의 진경에 이르게 되는 것입니다.

생각을 하지 않는 공부, 공공적적 · 무심의 경지에 이르는 것을 성품을 닦는 공부 또는 견성 공부라고 합니다. 그러다가 생각이 일어나면 다시 마음을 닦아 다심에서 일심이 되게 하고 또 무심이 되게 하는 것입니다. 그래서 현송과 묵송을 하는 것입니다. 이렇게 성품과 마음을 쌍방으로 닦음으로써 한편으로는 진리를 깨닫게 되고 모든 죄악과 불행과 인과의 굴레에서 벗어나 자유를 찾게 되고 또 한편으로는 건강과 지혜와 만사여의의 능력을 얻게 될 것입니다. 그리하여 성품의 한쪽은 불생불멸이요, 마음의 한쪽은 만세극락이 되고, 육신은 청풍명월같이 되고, 집은 우주강산이 되고, 드디어 천인합일의 경지에 이를 것입니다. 성심쌍수하는 요령을 잘 체득해야 깊은 공부를 하게 되고 빠른 시일 내에 도를 깨닫게 되리라 생각합니다.

어떻게 해야 신앙통일과 규모일치가 될까요?

〈질문〉 천도교는 신앙통일과 규모일치가 되어야 크게 발전하리라 생각합니다. 어떻게 해야 신앙통일과 규모일치를 잘 할 수 있는지 말씀해 주시기 바랍니다. (일반교인)

〈답변〉 지금 우리 교회는 어느 때보다도 신앙통일信仰統一과 규모일치規模一致가 절실히 요청되고 있습니다. 그 이유는 신앙통일과 규모일치가 되어야 대도의 목적을 실현할 수 있기 때문입니다. 우리가 신앙통일과 규모일치를 해야 동귀일체를 이루어 민족 통일을 이루고 그리고 모든 종교의 화합과 신앙통일을 주도할 수 있을 것입니다.

의암성사께서는 "교회의 전체 행복은 교인의 신앙통일과 규모일치가 되는 데 있다"하시고 "신앙통일은 정신통일에서 시작되는 것이니 경전의 문구만을 추구치 말고 오로지 대도의 진리를 직각하는 데 노력하여 조용히 천지 미판 전의 소식을 들으라"고 하셨습니다. 또 "규모일치는 행동 통일이니라. 각자 자기의 지력으로 판단하여 자행자지 하지 말고 오직 사회(교회)의 결의에 의하여 제정된 규범을 절대 엄수하라. 인내천의 일대 목적과 성신환신, 규모일치, 지인공애의 삼대 강령과 성경신법 사과와 주문·청수·시일·성미·기도의 오관은 교회로서 제정한 유일한 규모니라"고 하시면서 "우리가 항상 지켜야 할 조건은 신앙을 99분으로 하고 규제를 1분으로 할 것이니 1분의 규제를 위반하는 사람이 어떻게 99분의 신앙을 할 수 있겠느냐"라고 하셨습니다. 신앙통일과 규모일치는 동시에 추구해야 할 것입니다.

신앙통일을 하려면 첫째는 자아 본래의 한울님을 믿어야 할 것입니다. 한울님 모심을 믿되 내 마음이 한울이라는 것을 믿어야 하고, 마음이 한울임을 믿되 습관된 마음이 아니라 본래의 마음이 한울님이라는 것을 알고, 정성과 공경과 믿음으로써 부모님같이 섬기고 받들고 합일을 추구해야 할 것입니다. 밉다 곱다 괴롭다 슬프다 이렇게 복잡하게 작용하는 마음은 습관 된 마음입니다. 습관된 마음을 한울님으로 착각하고 믿게 되면 아무런 발전도 할 수 없고 한울님의 감응을 전혀 받지 못하는 것입니다.

근본은 하나이지만 자라면서 습관적으로 생긴 습관심, 또는 물정심이 있고 그 안에 선도 없고 악도 없는 어린 아기 때의 마음, 청정무구한 본래의 마음이 있다는 것을 알아야 할 것입니다. 그 본래의 마음은 천지 만물을 꿰뚫어 있는 오직 하나의 한울님 마음인 것입니다. 사람마다 얼굴 모습이 다르듯이 습관된 마음은 각양각색이지만 본래의 마음은 오직 하나입니다.

둘째, 천지미판 전 소식을 들으라고 하셨습니다. 복잡한 이 세상 뉴스가 아니라 천지가 생기기 전 무형의 세계의 뉴스를 들어야 정신통일이 되고 신앙통일을 할 수 있다는 것입니다. 즉 마음을 고요하게 함으로써 즐겁고 건강하게 살 수 있고, 모든 일을 뜻대로 할 수 있는 지혜와 능력을 얻고 진리를 깨닫고 본래의 나, 영원한 나를 찾게 될 것이며 신앙을 통일할 수 있을 것입니다.

다음 규모일치를 하려면 우선, 교회에서 제정한 규제를 절대 엄수해야 할 것입니다. 즉 인내천의 일대목적과 삼강三綱, 사과四科, 오관을 철저히 실행해야 할 것입니다. 또한 교인은 의절과 교헌을 준수하고 교회의 기관을 존중하고 각종 회의의 결의를 따라야 하며, 교회는 모든 교인을 한울같이 섬기면서 의견을 수렴하여 회의의 결의를 거쳐 일을 해야 할 것입니다. 그리하여 교인과 교회가 완전히 하나가 되도록 해야 할 것입니다. 우리 교인들은 신앙통일과 규모일치를 위해서 다함께 힘써야 하겠습니다. 그래야 도성입덕할 수 있고 대도창명의 새 역사를 열어 나갈 수 있을 것입니다.

박암 설교집

영원한 행복의 길 1

등 록 1994.7.1 제1-1071
1쇄 발행 2011년 10월 15일

지은이 임운길
펴낸이 박길수
편집인 소경희
마케팅 김문선
디자인 이주향
펴낸곳 도서출판 모시는사람들
110-775 서울시 종로구 경운동 88번지 수운회관 1207호
전 화 02-735-7173, 02-737-7173 / 팩스 02-730-7173

출 력 삼영그래픽스(02-2277-1694)
인 쇄 (주)상지사P&B(031-955-3636)
배 본 문화유통북스(031-937-6100)
홈페이지 http://blog.daum.net/donghak21

값은 뒤표지에 있습니다.
ISBN 978-89-90699-98-5

이 도서의 국립중앙도서관 출판시도서목록(CIP)은 e-CIP 홈페이지(http://www.nl.go.kr/ecip)에서 이용하실 수 있습니다.
(CIP제어번호: 2011004056)